Gaby Hasenjürgen / Jochen Klein

SchADSkiste – Lernen mit Aufmerksamkeit

Wie Ressourcenorientierung und Methodenvielfalt zum Erfolg verhelfen

Gaby Hasenjürgen / Jochen Klein

SchADSkiste – Lernen mit Aufmerksamkeit

Wie Ressourcenorientierung und Methodenvielfalt zum Erfolg verhelfen

Unser Buchprogramm im Internet
www.verlag-modernes-lernen.de

Externe Links
Der Verlag weist ausdrücklich darauf hin, dass eventuell im Text enthaltene externe Links vom Verlag nur bis zum Zeitpunkt der Buchveröffentlichung eingesehen werden konnten. Auf spätere Veränderungen hat der Verlag keinerlei Einfluss. Eine Haftung des Verlages ist daher ausgeschlossen.

Veröffentlicht in der Edition:
verlag modernes lernen Borgmann GmbH & Co. KG
Schleefstraße 14 · D-44287 Dortmund

Gesamtherstellung in Deutschland: Löer Druck GmbH, Dortmund

Titelfoto: © Andreas – stock.adobe.com

Bestell-Nr. 5235 ISBN 978-3-8080-0878-2

Inhalt

Jochen Klein

Die SchADSkiste in der Integrativen Lerntherapie

Die SchADSkiste für das „Lernen mit Aufmerksamkeit" stellt mit ihrer ressourcenorientierten, individuellen Herangehensweise und methodischen Umsetzung einen wichtigen Bestandteil der Integrativen Lerntherapie dar.
Im folgenden Beitrag findet eine Einordnung der SchADSkiste in den Rahmen der Integrativen Lerntherapie statt. An Fallbeispielen werden die Vielfalt der Schwierigkeiten kindlichen Lernverhaltens und die Möglichkeiten der individuellen Förderung gezeigt. Mit dem „Entwicklungsmodell Schriftsprache und Rechnen" wird die Komplexität dieser Lernstoffe dargestellt, die wie die Lernentwicklung in den ersten Lebensjahren ein unaufhörliches „Lernen mit Aufmerksamkeit" verlangen.[1]

> ***Katja*** – Zum Schuleintritt war *Katja* gerade sechs Jahre alt geworden und Eltern und Erzieherinnen waren unsicher, ob die Einschulung nicht zu früh sei. In der Tat fand *Katja* sich in der Klasse und in der Schule nicht gut zurecht, wörtlich genommen in ihrer (Raum-)Orientierung und im übertragenen Sinn, was ihre Zuwendung zu den im Unterricht vermittelten Themen anging, besonders in der Schriftsprache. Nach ähnlich unguten Erfahrungen der älteren Schwester, der nach mehr als drei Schuljahren eine Lese-Rechtschreib-Schwäche bescheinigt wurde, nahmen die Eltern das Angebot einer frühen Lernförderung schon zum 2. Schulhalbjahr der ersten Klasse an. Die Lerntherapeutin fand sehr schnell heraus, dass *Katja* neben ihrer emotionalen Verunsicherung in der großen Klasse sowie leichten artikulatorischen Auffälligkeiten noch eine stark unzureichende phonologische Bewusstheit und Buchstabenkenntnis zeigte. Im behüteten Rahmen der Kleingruppe von fünf Kindern und mit zielgenauen spielerischen Angeboten war das kleine Handicap innerhalb eines halben Jahres überwunden.
> Ob *Katja* jemals eine „echte LRS" entwickelt hätte, weiß man nicht. Dass ihr die auf sie abgestimmte Intervention sehr geholfen hat, merkte sie selber („Ich habe das jetzt verstanden") und bestätigten die Lehrkraft und die Eltern.

Dieser kleine Bericht über *Katja* ist eines von vielen Beispielen für Integrative Lerntherapie – hier mit einer kurzen und relativ einfachen Erfolgsgeschichte. Das Spektrum von Lerntherapie ist natürlich erheblich vielfältiger, wie im Laufe dieses Textes deutlich werden wird.
Integrative Lerntherapie ist, kurz gesagt, eine Kombination von Lernförderung und Therapie. Lerntherapie ist in den 1980/1990er Jahren entstanden als außerschulisches Unterstützungsangebot. Lernförderung wurde schon immer in der freien Praxis angeboten, in der Regel für Kinder mit einer Lese-Rechtschreibschwäche. Sie war die Antwort darauf, dass schon damals eine erhebliche Anzahl von Kindern und Jugendlichen im Schulsystem nicht zurechtgekommen ist. Dyskalkulie, ADS, ADHS waren gerade neue Themen, Wahrnehmungs- und Bewegungsprobleme u. a. wurden in medizinischen Praxen betreut.
Immer mehr erkannten damals Fachkräfte, die mit Entwicklungs- und Lernförderung zu tun hatten, dass sie aus ihrer eigenen Fachdisziplin heraus an Grenzen stießen, wenn es darum ging, die bei ihnen Hilfe suchenden Kinder, Jugendlichen

und Eltern erfolgreich zu unterstützen. Es gab eine Vielzahl – aus heutiger Sicht – einseitig qualifizierter Heilpädagogen, Ergotherapeutinnen, Logopädinnen, Psychologen, Psychotherapeuten, selbsternannter LRS-Therapeuten, Nachhilfelehrer ..., die jede für sich davon ausgingen, dass ihr Ansatz der (einzig) richtige sei. Für einen Teil der Kinder und Jugendlichen reichten die Personen und deren Methoden auch aus, doch viel zu häufig erlebten Kinder und Eltern lediglich neue Misserfolge: Verbesserte sensomotorische Voraussetzungen alleine (Ergotherapie, Psychomotorik), verbesserte Sprache alleine (Logopädie, Sprachtherapie), verbesserte Schriftsprache (LRS- oder Legasthenietherapie), gestärkter Selbstwert, verbesserte Aufmerksamkeit (Verhaltens-/Psychotherapie) alleine führten nicht von sich aus zu verbesserten Schulleistungen. Eventuell stiegen die Kompetenzen in Teilbereichen, zeigten sich Fortschritte in der (Einzel-)Therapiestunde, doch allzu häufig fehlte der Transfer in die Schule.
Ein Lern-/Leistungsrückstand in der Schule war ja zumeist durchaus objektiv vorhanden, nicht nur „gefühlt" und als Blockade wirkend, sodass die weiter anhaltenden Misserfolge in der Schule den Aufbau der neuen Strategien bzgl. Verhalten, Sprache und Schriftsprache sabotierten – ganz grob formuliert.
In ersten übergreifenden Arbeitsgruppen wurde erkannt: Für eine solide Unterstützung bei erheblichen Lern-Leistungs-Rückständen oder -Störungen brauchen die Fachkräfte eine entwicklungsorientierte, d. h. ganzheitliche Sicht sowie eine interdisziplinäre Zusammenarbeit. Eine Kooperation von Medizin, Schul- und Sozialsystem war zwingend erforderlich, ein Wissens- und Kompetenz-Transfer zwischen Entwicklungstherapeuten, Kinderpsychologie und Fachdidaktik unabdingbar.
Zugleich wurde der bis dahin eher am Defizit orientierte Blick als hinderlich empfunden: cerebrale Dysfunktion, schwache Testwerte, negativer Fehlerbegriff ... Mitarbeiter in medizinischen und pädagogisch-therapeutischen Einrichtungen suchten Wege, um herauszufinden, was ein Kind bei allem Rückstand denn doch schon im Detail konnte, um daran ihre Hilfsangebote anzuknüpfen.

Eine ganz bedeutsame Erweiterung für die bis dahin weitestgehend rein kindzentrierten Konzepte stellte der systemische Ansatz dar, der sich heute in vielen pädagogischen und therapeutischen Konzepten wiederfindet. Systemisches Denken lenkt den Blick auf das Lebensumfeld des Kindes, seine Familie, seine Freunde, die Nachbarschaft, seine Schule und Lernumgebung: Wie sind die wechselseitigen Beeinflussungen? Wie förderlich oder beeinträchtigend wirken diese auf ein Kind? Wie wirken sich die Entwicklungs- und Lernmöglichkeiten des Kindes auf die Familie und in der Schule aus?
Die Arbeit mit dem Kind wurde systemisch abgerundet durch die Kooperation mit den Eltern und mit den Lehrkräften.

I. Interdisziplinäre Lerntherapie

Inzwischen ist die außerschulische Lerntherapie etabliert, bundesweit stellen mehr als tausend Praxen mit hochqualifizierten Kräften ein breites Wissen zur Verfügung. Vom Bundesverband Legasthenie und Dyskalkulie BVL sowie vom Fachverband für Lerntherapie FiL zertifizierte Ausbildungsgänge stehen für ein breit aufgestelltes, anspruchsvolles und eben interdisziplinär definiertes Berufsbild.

Eine hohe Professionalität ist erforderlich angesichts

1. der Klientel, der Alterszusammensetzung und der damit verbundenen Unterschiedlichkeit,
2. der Lerngegenstände Schriftsprache und Mathematik bezüglich
   - der Voraussetzungen aus der kindlichen Entwicklung,
   - der Komplexität von Schriftsprache und Mathematik,
3. des (lebenslangen) Lernens mit Aufmerksamkeit,
4. der gesteigerten Lernherausforderungen bei gesundheitlichen und emotional-sozialen Belastungen,
5. der Probleme des Lernenden mit den Systemen Familie und Schule.

1. Die Klientel in der Lerntherapie

Die Klientel in der Lerntherapie ist breit gefächert, zunächst einmal altersmäßig, und schon daraus resultieren große Ansprüche an die Lerntherapeutin.[2]

Der Schwerpunkt liegt in der Regel bei Kindern im Alter von 8 bis 12/13 Jahren, ggfs. findet bereits Frühe Lerntherapie in Kindertagesstätten, Vorschulen oder den ersten beiden Klassen statt. Eine steigende Zahl Jugendlicher von 14 bis 18 Jahren und am Arbeitsplatz in Nöte geratender Erwachsener rundet die stark differierende Klientel ab.

> *Katja*, als lernwilliges Kind, verlangt ein anderes Fachwissen als der 10-jährige *Till*, der unter einer extremen Aufmerksamkeitsbeeinträchtigung leidet. Für die Unterstützung *Katjas* sind Kompetenzen in der Sprachförderung notwendig. Für die Fortschritte von *Till* sind zuerst systemisches Denken und Kompetenzen in der Gesprächsführung wichtig: Den von *Tills* Hyperaktivität erschöpften Eltern hilft lösungsorientierte Beratung dabei, überhaupt eine regelmäßige und pünktliche Teilnahme *Tills* an den Therapiestunden zu gewährleisten, als Voraussetzung für die dann folgende (komplizierte) Zusammenarbeit mit *Till* selber. Hier wird zunächst wichtig, *Tills* Motivation und Veränderungsbereitschaft mit geeigneten Methoden zu fördern. Dann sind Kompetenzen im Bereich des Lernens mit Aufmerksamkeit gefragt, wenn es um die Vermittlung von Handlungsplanung und Selbststeuerung etc. geht.
>
> Der im Umgang mit dem Stift unerfahrene *Thomas* braucht gegen Ende der 1. Klasse neben der Sicherung der Buchstaben-Bilder ein feinmotorisches Ange-

bot, *Katharina* in der 4. Klasse eine auf ihren (Rück-)Stand gut abgestimmte Orthographie-Didaktik in Kombination mit einer Bewusstmachung ihrer durchaus vorhandenen Kompetenzen.

Für den an sich zweifelnden und an Plus-, Minus- und Gleichheitszeichen verzweifelnden *Sven* ist es wertvoll, sich seiner vielen Fähigkeiten im Klavierspiel bewusst zu werden, und dass er dafür auch reichlich Übungszeit und Geduld aufbringt.

Alleine die altersmäßig unterschiedlichen schulischen Anforderungen und Themen verlangen der Lerntherapeutin ein breites Handlungsrepertoire ab.

Bei jüngeren Kindern reichen dabei häufig eine gut angepasste Didaktik oder freundliches zugewandtes Eingehen auf die individuellen Lernfähigkeiten. Bei *Katja* ist zu sehen: Sie wünscht sich, dass sie besser lernen kann, sie kommt gern, sie will etwas erreichen, sie ist aufmerksam – dann kann aus dem Teufelskreis Lernstörungen schnell eine „Glücksspirale" werden.

Haben jedoch jüngere Kinder bereits durch erlittene Frustrationen große Selbstzweifel oder auch eine große Abneigung gegenüber dem Lernen entwickelt, ist auch hier schon Wissen über Methoden zur Selbstwertsteigerung und zur Förderung neuer Lernfreude von großer Wichtigkeit.

Dass die Lerntherapie-Arbeit mit Jugendlichen ganz anders ausfällt und der Weg zur „Glücksspirale" sich aufwendiger gestaltet, ist leicht vorstellbar: Die innere Bereitschaft, zu einer Lerntherapeutin zu gehen, um Hilfe zu bekommen, hält sich in Grenzen. Eigentlich bestimmen ganz andere Interessen und Themen die Gefühlswelt und den Zeitplan. Meist zwingt ein Druck von außen (Eltern, Schule) zur Lerntherapie, die Lernrückstände sind immens groß, unzählige negative Erfahrungen mit dem Lernen haben sich eingeprägt und vielleicht sogar zu psychosomatischen Beschwerden geführt. Je älter, desto häufiger zeigt sich die Erfahrung: Die Lerntherapeutin muss vor allem einen konkreten Auftrag des Jugendlichen erarbeiten, muss erst einmal eine Motivation wecken. Konnten im Kindesalter leicht spielerische Elemente mit der kognitiven Förderung verknüpft werden, braucht die starke und doch verletzte Persönlichkeit eines Jugendlichen ein besonders passendes Vorgehen, damit er oder sie sich auf den (schulisch bestimmten) Lernstoff einlassen kann.

Die 17-jährige *Svenja* mochte weder über ihre Schulsituation sprechen noch an ihrer sehr schlechten Mathematik-Situation etwas ändern. Ein Blick in die Zukunft, wie sie sich in ihrer Schulklasse anders verhalten könnte, brachte eine erste Annäherung. Die Zielvision ihres aktuellen Berufswunsches „Friseurin und Leitung eines Friseursalons" schuf die Einsicht, dass es dazu notwendig ist, Mathematik zu erlernen.

Der therapeutische Anteil in der Lerntherapie bekommt mit höherem Alter der Klienten zunehmend mehr Gewicht – unter anderem diesen Praxiserfahrungen einer Lerntherapeutin verdankt die SchADSkiste ihr Entstehen.

Zeitungsberichte von inzwischen erwachsenen und erfolgreichen ehemaligen Legasthenikern geben einen dezenten Hinweis auf die Tatsache, dass Fachleute von mindestens 2 Millionen Analphabeten in Deutschland ausgehen.

Michael hat eine schwere Sprachstörung, er bekommt mit 35 Jahren im Rahmen einer Reha-Maßnahme die Möglichkeit, mithilfe eines Lerntherapeuten auf die schriftliche LKW-Führerscheinprüfung hinzuarbeiten: Trotz starker Motivation ist bei schwerer LRS und lange Jahre vermiedenem Schriftgebrauch ein sehr differenziertes Vorgehen erforderlich.

2. Komplexität der Lerngegenstände Schriftsprache und Mathematik

Die Notwendigkeit des interdisziplinären Verständnisses von Lerntherapie wird sehr schnell sichtbar, wenn wir uns zunächst der Komplexität der Lerngegenstände Schriftsprache und Rechnen bewusst werden.
Das folgende Modell (s. Abb. 1, S. 18) ist ein Versuch, ohne Anspruch auf Vollständigkeit möglichst viele (Teil-)Fähigkeiten zu erfassen, die eine Rolle spielen, um die Lernaufgaben Lesen und Schreiben bzw. Rechnen erfolgreich zu bewältigen. Das Modell geht ganz grob erst einmal davon aus, dass die schulischen Lernprozesse auf vielfältigen Voraussetzungen in der kindlichen Entwicklung aufbauen.[3]

Einige Anmerkungen zum Modell:

- Dieses zweidimensionale Modell kann leider nicht abbilden, dass und wie alle Fähigkeiten miteinander verwoben sind.
- Deutlich wird, dass aus der Zeit der kindlichen Entwicklung von Geburt an bis zum Schuleintritt qualitativ ausreichende sensomotorische, sprachliche und psychische Voraussetzungen mitgebracht werden müssen. Auf dieser Basis kann sich ein Kind erst die kognitiven Lerninhalte Schriftsprache und Rechnen aneignen.
- Angesichts der Komplexität und der unglaublichen Fülle an geforderten Fähigkeiten ist leicht nachvollziehbar, dass manches Kind mit dem Schriftspracherwerb und mit Mathematik nicht gut klarkommt.

Lerntherapeutinnen müssen also von diesen Zusammenhängen aus der kindlichen Entwicklung wissen. Sie müssen für die Förderung der Kinder mit problematischen Lernkarrieren sowohl Deutsch- und Mathematik-Didaktik als auch spezifische LRS- und Dyskalkulie-Konzepte kennen – und all dies in Diagnostik und Förderung und Beratung zur Anwendung bringen.

Wichtige Voraussetzungen in der kindlichen Entwicklung

Δ 1 bis 6: Sensomotorische Grundlagen wie Feinmotorik, Stifthaltung, grobe Koordination, Körperhaltung, Gleichgewicht, Tonusregulierung ...

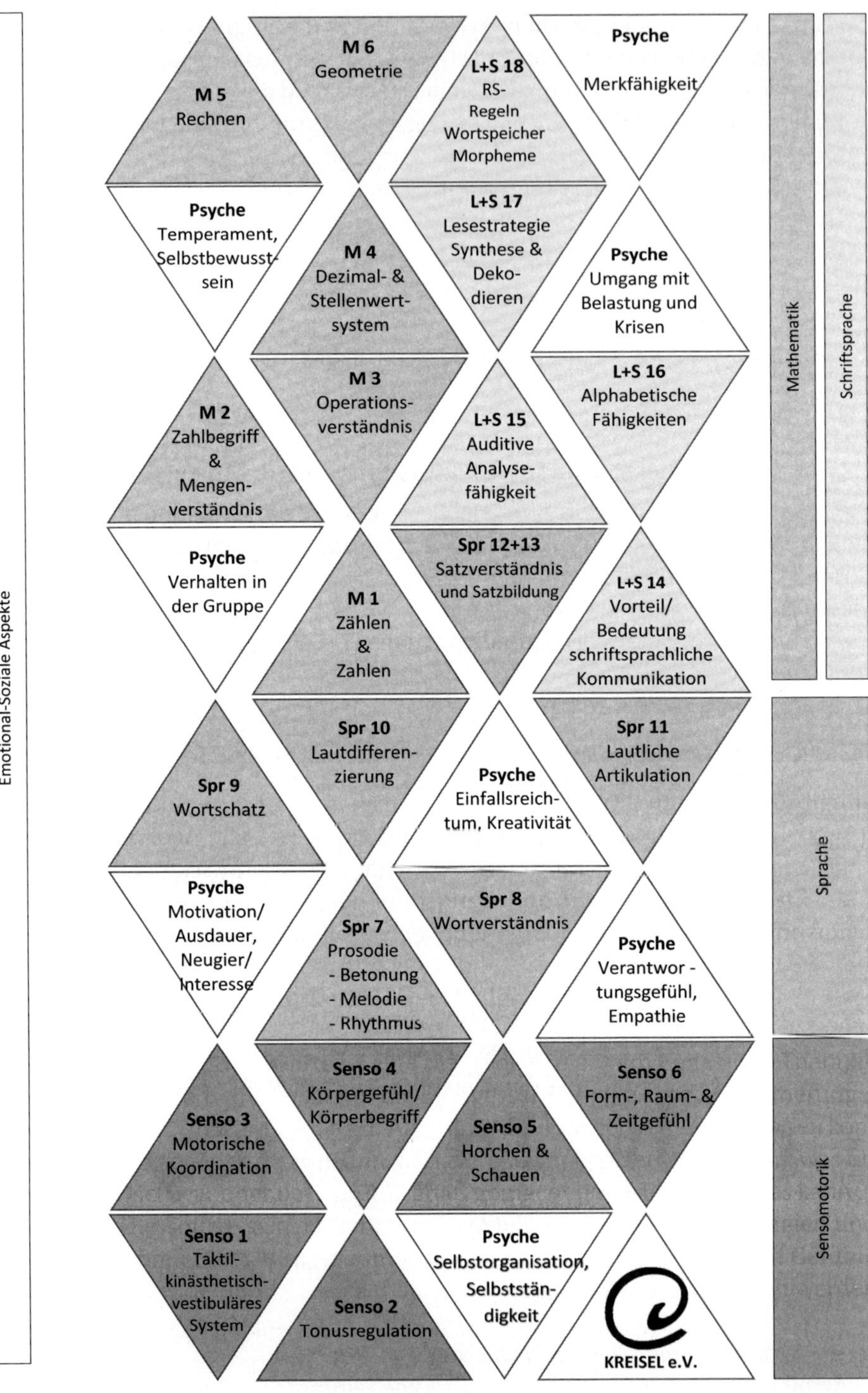

Bild 1: Entwicklungsmodell Schriftsprache und Rechnen [4]

Δ 7 bis 13: Sprachliche Grundlagen wie Laute differenzieren und artikulieren, Betonung, Melodie, Rhythmus, Worte und Sätze verstehen, Worte artikulieren, Sätze formulieren ...
Δ Psyche: Emotionale Grundlagen wie Selbsteinschätzung, Frustrationstoleranz, Energie- und Aktivitätspotenzial, Verantwortungsgefühl, Neugier, Kreativität, Selbstorganisation, Verhalten in Gruppen ...

Komplexität der Lernaufgabe Schriftsprache Δ 14 bis 18
Sind schon die Voraussetzungen immens, bedeutet auch der Lerngegenstand Schriftsprache an sich eine enorme Herausforderung an das Vermögen von Aufmerksamkeit, Konzentration und Motivation. Dies sei hier nur an einigen Beispielen angedeutet, die Liste ließe sich erheblich verlängern:

- Das Buchstabensystem hält einige optisch verwirrend ähnliche Zeichen bereit, deren Unterscheidung viel Aufmerksamkeit und Orientierung benötigt:
  ea mw nu hk sz? ft ...

- Das Lautsystem der gesprochenen Sprache mit ca. 80 Lauten und Lautvarianten (regionale Unterschiede nicht eingerechnet) muss kollidieren mit den nur 27 Buchstaben. Hier wieder nur einige wenige ausgewählte Beispiele:
  - etliche Laute werden ähnlich artikuliert und klingen ähnlich: e/i o/u m/n g/k d/t ...
  - für mehrere Laute gibt es nur ein Symbol: Symbol ch für die Lautung in „echt“ bzw. „acht“.
  - Allerdings gibt es auch für gleiche Laute verschiedene Buchstaben: /f/ => F oder V. Für den Laut /x/ gibt es mehrere Zeichen: x, chs, ks, cks, gs

  Es gibt etliche weitere durchaus geregelte, aber komplizierte Schreibungen: Verwirrend für das Kind, das viel Energie benötigt, um schreiben zu lernen.

- Beim Lesen stellt die Synthese, das Zusammenziehen von einzelnen Buchstaben zum Wort, einen besonders zentralen Schritt dar: R o s e. Dem Dekodieren (Entschlüsseln) folgt das Rekodieren. Der erlesenen Folge von Einzellauten muss der Leser einen Sinn geben, dafür muss er dieses Wort mindestens in seinem passiven Wortschatz haben, sonst ist die uns so geläufige „Rose“ ein Fremdwort, eine Vokabel, deren Bedeutung noch zu lernen ist.

- Aus der mangelnden Deckungsgleichheit von Buchstaben- und Lautsystem entstehen weitere Hürden: Der Leseanfänger erfasst jeden Buchstaben einzeln und muss zwei oder dann auch weitere Buchstaben zusammenfügen. Beim erlesenen V weiß er noch nicht, ob dies als /f/ oder /w/ zu artikulieren ist. Auch beim erlesenen Va sind noch beide Lautierungen möglich, erst das folgende s oder t entscheiden – vorausgesetzt man hat aufgrund seiner Sprachkompetenz (Wortschatz) oder des Kontextes (Artikel der/die oder auch aus dem bisherigen Text) eine Sinnerwartung: „Der Vater“, „die Vase“; „Die Blume steht in der ...“ Kann der Leser dem bisher Erlesenen noch keinen Sinn abgewinnen, muss er enorm viel Aufmerksamkeit und Interesse aufbringen, um die Worte zu entschlüsseln.

- Die meisten, wenn nicht alle, Wörter der deutschen Sprache haben mehrfache Bedeutungen. Das bekannte Teekesselchen-Spiel hat einen sehr ernsthaften Hintergrund:
  - Das zeigt einmal mehr, wie wesentlich gute Sprachkenntnis und Flexibilität sind: z. B. Tor oder Tor? Nachlass oder Nachlass?
  - Beim Erlesen geschriebener Sprache: Erst aus dem Kontext eines ganzen Satzes oder gar einer kleinen Geschichte kann ein Leser die aktuelle Bedeutung entscheiden – so lange muss er in seinem Gedächtnis das Bisherige behalten, dies gilt für den Leseanfänger. Der kompetente Leser liest mit automatisierten Lese- und Gedächtnisfunktionen, er braucht viel weniger Aufwand an Aufmerksamkeit, um die ganze Zeit mit mehreren Sinnerwartungen zu „spielen".

Daraus, dass eine präzise, hochsprachliche Artikulation sowie ein kompetenter Sprachgebrauch von allergrößter Bedeutung sind, ergibt sich, dass Kindern mit verzögerter Sprachentwicklung der Erwerb der Schriftsprache zusätzlich erschwert ist, denn sie verfügen häufig nicht über das erforderliche differenzierte Artikulationsvermögen und/oder es fehlt ein differenzierter Wortschatz und Satzbau. Dies gilt übrigens auch für viele Kinder mit anderem muttersprachlichen Hintergrund, da diese über ein anderes Lautsystem verfügen.[5]

Komplexität der Lernaufgabe Mathematik Δ M1 bis M6

- Das Erkennen von Ähnlichkeiten bzw. Gemeinsamkeiten sind Wahrnehmungsleistungen, die dem Sortieren, dem Abzählen, dem Mengenerfassen vorausgehen:
  - Dies gilt für Alltagsgegenstände wie Besteckteile, Spielzeug ebenso wie für Formen, Farben u. v. a.
  - Die spontane Mengenerfassung bis 4 sollte ein Erstklässler beherrschen …
  - Eine Mengenvorstellung entwickelt sich im Zusammenhang mit visuellen Vorstellungen …
  - Vorstellungen zum eigenen Körper und zum umgebenden Raum …
- Unendliche sprachliche Herausforderungen sind mit konkreten (Lebens-)Erfahrungen zu verbinden:
  - Klein, kurz, groß; einige, viele, vorne, vorwärts, alle, halb, doppelt …
  - Ein einfaches Zahlwort wie „Fünf" nimmt viele Bedeutungen an: 5 Minuten; die Glocke schlägt fünfmal; 5 : 0. Und die „Fünf" steckt auch im „5. Geburtstag" …
  - 10, 11, 12, 13, 14 … später aber 21, 22, 23, 24 … Und „zwanzig", aber „dreißig", „vierzig", „fünfzig" … und „vierzehn" und „vierzig" klingen sehr ähnlich …
  - das Aufschreiben und Lesen der drei- und mehrstelligen Zahlen: 137, 3.458 …

- Die darauf aufbauenden Themen der großen Zahlen, Rechenhandlungen Plus und Minus, die Multiplikation und Division, die schriftlichen Verfahren, Geometrie ...

Auch für Mathematik-Lernen ist also wieder die enge Verknüpfung zu erkennen von sensomotorischen, sprachlichen und den im Lerngegenstand begründeten mathematikspezifischen Anforderungen. Die meisten Kinder lernen im Großwerden durch aufmerksame Wahrnehmung ihrer Umwelt die Zahlwörter, mehr/weniger, größer/kleiner und Mengen von 2 oder 3 zu erfassen u. v. a. Zugleich gibt es eine enorme Zahl von Kindern, denen aufgrund unterschiedlicher belastender Hintergründe die Aneignung schwerfällt: beeinträchtigte Gesundheit, belastete Eltern, eine nicht-passende Schulsituation.

3. Komplexität der Lernaufgabe „Lernen mit Aufmerksamkeit"

In jeder Lebensphase – in der kindlichen Entwicklung, dann in der Schule und später im (Berufs-)Leben – liegt die allergrößte Herausforderung darin, sich konzentriert den unzähligen Lernaufgaben widmen zu können, die vielen einzelnen Informationen aus der Wahrnehmung des Umfelds zu sortieren und gedanklich zu strukturieren, sie in einer logischen Abfolge zu erarbeiten und das Gelernte auch noch im Gedächtnis zu verankern. Das Zusammenführen visueller, auditiver und taktil-kinästhetischer Informationen, der einfachste Lesetext, eine kleine Geschichte, Rechenaufgaben mit Symbolen und Sach- und Textaufgaben – alles benötigt die Fähigkeit zur Erfassung wesentlicher Informationen, die Unterscheidung von Unwesentlichem, die Fähigkeit, Ablenkungen auszublenden und alle Konzentration auf das eigene Ziel zu fokussieren, und die Fähigkeit, Lernstoff so zu verinnerlichen, dass er im Langzeitgedächtnis abgespeichert werden kann. Sind Kinder und Jugendliche hier durch eine Aufmerksamkeitsstörung beeinträchtigt, benötigen sie professionelle Unterstützung, die sich durch die profunde Kenntnis der Methoden zur Aufmerksamkeitsfokussierung auszeichnet. Da gerade die Aufmerksamkeitsstörung häufig mit oppositionellem Verhalten oder auch abwehrendem Verhalten als Folge von Frustrationen einhergeht, ist hier besonders auch Methodeneinsatz gefragt, der den Kindern wieder ermöglicht, sich offen für Verhaltensänderungen zu zeigen.

Systemisches Verständnis von Entwicklung und Lernen mit Aufmerksamkeit
Viele Kinder lernen das meiste im Leben „von alleine": Saugen, Essen, Trinken, Greifen, Krabbeln, Laufen, Sprechen, soziales Verhalten, Malen, Basteln, Singen ... immer gibt es eine Kombination von mitgebrachtem biologisch-genetischen Potenzial mit den Angeboten der Umwelt, der materiellen wie der personellen. Man-

che Anregungen von Mutter, Vater, Geschwister werden aufgegriffen – andere nicht oder nicht jetzt, sondern später; einige Mutter oder Vater zuliebe, andere, um mit der älteren Schwester mitzuhalten oder dem jüngeren Bruder zu zeigen, was man schon kann. Die Kinder lernen mit der ihnen möglichen Aufmerksamkeit sich und ihr Umfeld kennen, sie entdecken bzw. konstruieren Ähnlichkeiten und Unterschiede, finden Zusammenhänge, bilden Strukturen.
Mitunter ist die Frustration, etwas nicht zu können oder nicht zu bekommen, so groß, dass Verzweiflung, Wut überhandnehmen, bis hin zu heftigen Worten und zum Türenknallen ... Mitunter steht hinter dem der Schwester nacheifernden Lernbemühen ums Klettern ein „Das will ich auch!". Doch womöglich ist es gegenüber dem fußballspielenden Bruder auch genau anders: „Das schaffe ich nie!"
Innerhalb des in der Regel durchaus großen und unausgeschöpften genetischen Potenzials gibt es viel Spielraum für dessen Entfaltung. Die Umwelt – zumeist die familiäre, aber durchaus auch andere für ein Kind wichtige Menschen sowie materielle Voraussetzungen – trägt wesentlich dazu bei, wohin die Entwicklung geht, allerdings nicht in einem (mono-)kausalen, sondern immer in einem systemischen Verständnis, d. h. die familiäre Lebenssituation kann beides sein: förderlich und hinderlich. Ja, Strenge wird wohl erst einmal dämpfend wirken, aber womöglich weckt diese Strenge die Fähigkeit, Widerstand zu leisten, während ein anderes Kind entmutigt wird. Umgekehrt macht eine Überfülle an materiellen und Freizeitangeboten womöglich „satt" gegenüber schulischem Lernen und anderem.
Ein Mensch ist ein autonomes Wesen, im Spannungsfeld eigener Fähigkeiten und Bedürfnisse und fremder Erwartungen.

Dieser ganzheitliche und systemische Lernbegriff steht hinter der SchADSkiste und kommt zum Tragen, wenn wir *Lern*entwicklung *therapeutisch* begleiten.

4. Erschwertes Lernen durch gesundheitliche und emotionale Belastungen

Die enormen Herausforderungen zu bewältigen, fällt natürlich noch schwerer, wenn Belastungen wie gesundheitliche Beeinträchtigungen oder ungünstige Rahmenbedingungen in Familie und/oder Schule vorliegen.

Gesundheitliche Belastungen
Die im Lerngegenstand liegenden Hürden zum Lernen bekommen eine noch gravierendere Bedeutung, wenn einige körperliche Voraussetzungen (noch) nicht gut genug gegeben sind, wenn gesundheitliche oder andere Belastungen das Entwickeln von sensorischen, motorischen, sprachlichen und psychischen Voraussetzungen beeinträchtigt haben. Viele Studien zeigen auf, dass in den vergangenen Jahrzehnten Art und Zahl von Problemen ständig zunehmen, schon in der Schwangerschaft, peri- und postnatal, in den ersten Lebensjahren, in der Vorschulzeit und

in der weiteren Schulzeit. Eine Vielzahl von Wahrnehmungs- und Bewegungseinschränkungen wird diagnostiziert: erschwerte Feinmotorik, Koordinationsleistungen, Gleichgewicht, Tonusregulierung ... ADS, ADHS, Adipositas, Allergien, Asthma, Bronchitis, Heuschnupfen, Pseudokrupp, Neurodermitis, Autistische Störungen, Fetale Alkoholspektrumstörungen (FASD) – die Liste ließe sich endlos fortsetzen, diverse Verhaltensauffälligkeiten wie Unruhe, Ängste, Traurigkeit, Wut ... eingeschlossen. Spätere Depressionen, Ess-Störungen haben häufig in der Kindheit ihren Ursprung. (Nicht selten leiden übrigens Eltern selbst an einer psychischen Gesundheitsstörung und prägen damit das Familienklima.)[6]
All diese Beeinträchtigungen beeinflussen in unterschiedlichen Graden Entwicklung und Ausprägung der im Modell genannten Fähigkeiten – dass Krankheiten Bewegungs-, Sprach-, Hör- und Seherfahrungen negativ beeinflussen, liegt nahe. Gehäufte Mittelohrentzündungen stören die Entwicklung von Lautdifferenzierung und Artikulation; Bewegungsarmut bremst die motorische Entwicklung und die Sensibilität für Raum- und Körpergefühl; Hypermotorik erschwert den Aufbau feiner, feinster und kontrollierter, langsamer Bewegungsabläufe, wie sie z. B. für das Schreiben erforderlich sind; psychisches Unwohlsein lässt Kinder (und Erwachsene) manche Tage in gedämpfter, resignierter Stimmung verbringen, lieber alleine als mit anderen.

Emotionale Belastungen
Die Entwicklung von Fähigkeiten im Bereich Sensorik und Motorik sind also untrennbar verknüpft mit psychischen Erfahrungen, diese Zusammenhänge sind in dem Modell mit den Dreiecken „Psyche“ aufgegriffen: In enger Verknüpfung mit den Fähigkeiten prägen sich persönliche Eigenschaften, Einschätzungen, Verhaltensweisen aus. Diese entscheiden mit darüber, ob vorhandene Fähigkeiten abgerufen und gesteigert werden oder nicht.
Ein Kind kann für sich schon früh erleben, dass es, so wie es ist, „anders ist als andere“. Es spürt, erlebt seine Rückstände: Ihm misslingt, den Ball zu fangen oder zu schießen, es ist zu langsam, um auch nur ein einziges Mal Erster zu sein beim Auspacken oder wenn es darum geht, sich schnell anzuziehen. Ein Kind, dem vieles schwerfällt, leidet womöglich darunter – ja, viele Kinder erleben so etwas wie Misserfolg von sich aus und leiden. Hinter „womöglich“ verbirgt sich aber auch, dass manche Kinder den Vergleich mit anderen gar nicht ziehen und daher auch gar nicht leiden – oder zu leiden scheinen? Das sind vielleicht die Stillen, erst einmal Unauffälligen. Jedes Kind entwickelt seine eigene Gefühlswelt.
In der vorschulischen Zeit bekommen manche der Diskrepanzen zwischen Anforderungen und aktuellen Fähigkeiten sowie zwischen den eigenen Möglichkeiten und denen anderer Kinder noch nicht unbedingt einen großen Stellenwert. Doch mit Schuleintritt, wenn schon viele Vorläuferfähigkeiten und -fertigkeiten verlangt werden und wenn ein vergleichbares (!) Fortschreiten im Unterricht mehr und mehr eingefordert wird, lassen sich die Unterschiede nicht mehr leugnen.
Einige Kinder ziehen sich zurück und bringen keine mündlichen Beiträge ein. Andere verletzen mit frechen Sprüchen, durch stichelnde Worte oder auch kleine schi-

kanöse Handgreiflichkeiten. In etwas höherem Alter werden Gesinnungsgenossen gesucht und eine Clique zum Mobben gebildet. Das emotionale Empfinden ist eng verknüpft mit dem sozialen Erleben. Ein Kind entwickelt ein Selbstbild, hat gute oder schlechte Gedanken über sich selber, fühlt sich stark, stärker als andere oder es traut sich wenig zu, traut sich immer weniger zu anderen hin, sein Selbstwertgefühl sinkt rapide; verunsichert meidet es und scheitert es bei weiteren Aktivitäten, eben auch beim Lernen.

5. Erschwertes Lernen in den Systemen Familie und Schule

Ein Entwicklungs- und Lernproblem eines Kindes belastet immer auch seine Eltern und Lehrkräfte.

Belastete und belastende Eltern

Eltern müssen gesundheitliche Belastungen zusätzlich zur alltäglichen Lebensführung bewältigen. Bei Schuleintritt haben womöglich Kind und Eltern schon einige Jahre therapeutische Aktivitäten hinter sich. Kind und/oder Eltern haben Unterstützung bekommen – oder aber auch nicht. Dann stehen sie alleine der sehr neuen Lebenssituation gegenüber, womöglich leben die Eltern getrennt, es gibt keine Großeltern, wenig oder keine Freunde.

Hat schon das normale Großwerden alltägliche Herausforderungen mit sich gebracht – neben Freude auch Spannungen, Streit, schwierige Entscheidungen –, trägt nun das System Schule neue Erwartungen an Kind und Eltern heran, direkt ausgesprochen oder mit heimlichen Botschaften: Pünktliches Kommen, Sauberkeit, Versorgung mit Schulmaterial, häusliches Interesse an den schulischen Erlebnissen und Kümmern um Hausaufgaben ...; auch der soziale Druck der Schüler untereinander wird nach Hause getragen. Die Eltern können nicht nicht-reagieren, die Stimmung des Kindes, seine Körpersprache oder auch ausgesprochene Worte verlangen ein Umgehen. Klagen beim Einschlafen und Aufwachen, Kopf- und Bauchschmerzen, Tränen brauchen Antworten; die Begleitung bei Hausaufgaben, auch wenn diese verweigert oder vertrödelt werden, wird von schulischer Seite eingefordert, führt aber oft zu stundenlanger Miss-Stimmung, die den gesamten Alltag beeinträchtigt.

Soweit häusliche Konflikte sich auf erzieherische Situationen beziehen, kann und sollte Lerntherapie mithilfe von lösungsorientierter Gesprächsführung zu vermitteln versuchen. Gelingt die Entspannung des morgendlichen Kampfes um Aufstehen, Frühstück und Losgehen, gibt es einen ganz anderen Start in den Tag. Wenn für Hausaufgaben und Üben einvernehmliche Regelungen herausgearbeitet werden, verbessert dies sehr die Chancen für erfolgreiches Lernen. Dabei ist es wichtig, dass die Lerntherapeutin (trotz ihrer häufig größeren Nähe zum Kind) als allparteiliche Gesprächsleiterin den Weg ebnet zwischen der Eigenverantwortlichkeit des Kindes/Jugendlichen und der Verantwortlichkeit der Eltern.

Belastete und belastende Schule

So wie Eltern können auch Lehrkräfte einem größeren Lernproblem eines Kindes oder Jugendlichen nicht entgehen, spätestens wenn diese in irgendeiner (Verhaltens-)Weise auffallen. Die ganze Klasse ist häufig betroffen, sei es durch die aufwendige Mehr-Zuwendung, sei es auch durch störendes Verhalten des „Sorgenschülers".

Angesichts immer weiter steigender Anforderungen an die Schule – Stichworte im Jahr 2020: Digitalisierung, Inklusion, Migration, Individualisierung, Lehrermangel, Schul(re)formen – kommen viele Lehrkräfte an die Grenzen ihrer Möglichkeiten. Selbst wenn sie den Leistungsabfall eines Schülers erkennen, bleibt eher wenig Repertoire, das häufig den individuellen Erfordernissen nicht ausreichend Rechnung tragen kann. Ausgebildet für Unterricht in (großen) Klassen, kommen sie mit Binnendifferenzierung und eher programmartigen Förderkonzepten an die Grenzen. Lehrkräfte sind weder für Diagnostik noch für individuelle Förderung ausgebildet. Nicht selten kommt sogar ein Teufelskreis in Gang: Lern-Unsicherheit eines Schülers – Lehrer-Verunsicherung – Lern-Angst und -Versagen – Lehrer-Ratlosigkeit und -Stress.

Die für Lerntherapeutinnen mit ihrem speziellen Ausbildungshintergrund mögliche Vorgehensweise in der komfortablen Einzelsituation ist damit nicht vergleichbar.

Durch gelingende Kooperation und multiprofessionelle Zusammenarbeit bietet sich die Chance einer „zweiten Meinung" über ein Kind. Die Lehrkraft kennt ihre Klasse und die Lernziele, sie hat den Leistungsvergleich und erlebt ein Therapiekind im Kontext der Klasse. Möglich sind Abstimmungen zu nächsten Lernschritten, Absprachen zu in der Lerntherapie vereinbarten Ritualen, die die Lehrkraft übernimmt, sinnvolle Gestaltung von Erleichterungen und des Nachteilsausgleichs …

Davon profitieren alle Schülerinnen, da sich die Lehrkraft der Klasse insgesamt besser widmen kann, die Lern- und Lehrsituation ist für alle entspannter.

Durch solche Umfeldarbeit wird die Lerntherapie-Arbeit mit dem Kind erheblich effektiver.

Das System Familie: Management, Krisen und Kräfte

Das Management einer Familie

Das Zusammenleben mit Kindern und die Verantwortung für ein Kind stellt Eltern vor große Herausforderungen. Die Organisation des täglichen Lebens – Wohnraum, Nahrung, Kleidung, Arzttermine, Anträge, Urlaubsplanung, Finanzen, Kontakte … – erfordert Zeit und Energie. In den meisten Familien sind beide Eltern berufstätig und teilen sich im günstigen Fall die Aufgaben mehr oder minder gerecht; in Ein-Eltern-Familien muss die erwachsene Person – zumeist die Mutter – alles allein bewältigen. Kommen berufliche Probleme, Geldsorgen, gesundheitliche Belastungen bei einem Familienmitglied hinzu, gibt es Streit …, geht die Belastung schnell an die

Grenze des Schaffbaren. Die Erwachsenen sind mit sich selbst und ihren Problemen beschäftigt – und dann müssen sie auch noch Aufmerksamkeit für die Fortschritte, die Freuden und die Nöte der Kinder haben.
Als Kraftquelle können dann wieder die schönen, die fröhlichen Momente mit den Kindern wirken, das Zusammensein, das gemeinsame Lachen, Reden und Spielen. Den meisten Eltern gelingt das alles ausreichend gut – oft leider um den Preis dauerhafter tiefer Erschöpfung.

Psychisch erkrankte/hochbelastete Eltern
In Deutschland gilt ein Viertel der Bevölkerung als von einer psychischen Krankheit betroffen. Es ist davon auszugehen, dass auch eine erhebliche Anzahl der psychisch Erkrankten für Kinder zu sorgen hat. Für Kinder stellt das Leben mit einem psychisch erkrankten Elternteil eine erhebliche Gefährdung ihrer Entwicklung dar.

Sucht
Die Abhängigkeit von Substanzen (Alkohol, Schmerzmittel, illegale Drogen) oder nicht stoffgebundene Süchte schränken die Gesundheit und die Beziehungsfähigkeit der Person erheblich ein. Dennoch bemühen sich viele Eltern verzweifelt darum, ihren Kindern ein gutes Aufwachsen zu ermöglichen.

Armut
Ist die Finanzlage einer Familie dauerhaft unzureichend, bedeutet das eine große Belastung. Manche Eltern nehmen Zweit- und Drittjobs an, sind wenig zu Hause. Zeit und Geld sind dann knapp. Ist die prekäre finanzielle Lage verbunden mit Arbeitslosigkeit, entsteht häufig ein durchdringendes Gefühl von Wertlosigkeit, Hoffnungslosigkeit und Frustration für sich und die Kinder.

Gewalt in der Familie
Hier gibt es ein hohes Dunkelfeld. Neben dem unmittelbaren Leiden und Scham- und Schuldgefühlen gerät ein Kind unter Druck durch das Gebot der Geheimhaltung.

Förderliche Beziehungen in der Familie
Eine verlässliche, warmherzige Beziehung zwischen Eltern und Kind lässt in dem Kind eine tiefe Grundüberzeugung entstehen „Ich bin wertvoll – auch wenn mal etwas schiefgeht", „die Welt ist im Großen und Ganzen ein sicherer Ort, der von mir entdeckt werden möchte" und „wenn ich Hilfe benötige, ist jemand da, der sich um mich kümmert". So bildet sich ein Vertrauen in das Leben und zu sich selbst. Die Entwicklungspsychologie spricht von einem mehr oder weniger sicheren Bindungsmuster, das sich im Lauf der ersten Jahre im Kontakt mit den nahen Personen bildet. Offenheit für Neues, Zuversicht, Beharrlichkeit, Geduld, Humor und Kommunikations- und Kontaktbereitschaft und die Fähigkeit, mit Rückschlägen umzugehen, sind gute Voraussetzungen für das Lernen, für schulischen Erfolg und für ein gelingendes Leben.

Unter Berücksichtigung der elterlichen Möglichkeiten zur Mitarbeit kann in der ganzheitlichen und systemischen Lerntherapie eine lösungsorientierte Beratung ansetzen.

II. Lerntherapie in der Praxis: Grundhaltungen, Konzepte und Kompetenzen

„Kombination aus *Lernförderung* und *Therapie*", eine aktuell schwierige „*Lern*entwicklung *therapeutisch* begleiten" – aus den bisherigen Ausführungen leitet sich die knappste aller möglichen Beschreibungen von Integrativer Lerntherapie ab:

Ganzheitlich-systemisch.

Ressourcenorientiert mit Kind und Umfeld.

Der aktuelle Entwicklungs- und Lernstand des Lernenden hat der Ausgangspunkt der Arbeit zu sein, das direkte Umfeld Eltern und Schule ist einzubeziehen – und als eine der zentralen Prämissen systemischen Denkens und Arbeitens ist das Suchen und Finden und Unterstützen der Ressourcen aller Beteiligten charakteristisch. Lerntherapie ermittelt die vorhandenen und realistischerweise aktivierbaren Kräfte und arbeitet mit ihnen, d. h. es findet eine (diagnostische) Herausarbeitung von Kompetenzen des Kindes statt; ebenso wird in Gesprächen mit den Eltern eine Einschätzung der familiären Konstellation und Möglichkeiten gewonnen und in Kontakten mit der Schule, soweit von den Eltern gewünscht, werden deren Rahmenbedingungen und unterstützende Alternativen abgewogen.

Systemisch-lösungsorientiert
Lösungsorientiertes Arbeiten beschäftigt sich weniger mit dem Problem, sondern vielmehr mit möglichen Lösungen. Dem Klienten/der Klientin soll durch hilfreiche Fragestellungen ermöglicht werden, selber für sie passende Ideen zu entwickeln. Wichtige Grundüberzeugungen sind:

- ein Menschenbild, das von Interesse und Lernfähigkeit ausgeht und davon, dass jeder für sich und seine Haltungen und Handlungen verantwortlich ist,
- eine wertschätzende Haltung, Respekt gegenüber allen Personen; Unvoreingenommenheit und Interesse an deren Sicht- und Verhaltensweisen,
- die Überzeugung, dass jeder Mensch über die Ressourcen verfügt, die er zur Lösung einer schwierigen Situation benötigt,
- die Anerkennung mancher Fakten als Beeinträchtigungen, die nicht zu verändern sind, mit denen ein Auskommen gefunden werden muss.

Diese Überzeugungen führen dazu, dass – bei allem, was problematisch empfunden wird – nachgefragt wird, was denn auch funktioniert, welche Stärken/Kräfte/Fähigkeiten ein Mensch mitbringt, welche früheren Krisen damit überwunden wurden. Ziel ist es, Kräfte zu aktivieren, um mit einer unangenehmen Situation, die definitiv nicht zu ändern ist, möglichst gut zu leben. Die beratende Person löst vor allem durch Fragen neue Ideen, neue Sichtweisen beim Gegenüber aus.
Dies gilt in der Lerntherapie auch für Gespräche mit den Eltern und den Lehrkräften.

Systemisch heißt, auch in der Lerntherapie, einen Menschen in seinen Systemzusammenhängen zu sehen, also das Kind vor allem in seiner Familie, seiner Schule und in seiner Freizeit. In Gesprächen mit Eltern und Lehrkräften ist die Allparteilichkeit wichtig, ein grundsätzliches, unvoreingenommenes Wohlwollen gegenüber allen Beteiligten. Erst diese Grundlage und Haltung macht eine Zusammenarbeit mit dem Kind/Jugendlichen und mit Eltern und weiteren Bezugspersonen möglich – zur Allparteilichkeit gehört auch die Berücksichtigung von Belastungen auf Seiten von Eltern und Lehrkräften.

Integrative Lerntherapie arbeitet also auf verschiedenen Ebenen: Einerseits setzt sie durchaus und direkt am „Problem Lernen“ an; kognitive Lernfortschritte werden auch von Eltern, Lehrenden und Lernenden erwartet. Andererseits lehren systemischer Entwicklungs- und Lernbegriff und systemische Theorie, dass daneben ebenso viel Wert zu legen ist auf die Partizipation des Kindes/Jugendlichen, um stabile Fortschritte zu erzielen: Mit den Kindern/Jugendlichen zusammen sollen für sie selbst akzeptable/wünschenswerte Ziele gefunden werden, und die Lernprozesse sollen aktiv und altersentsprechend mitgestaltet werden.
Es ist das Ziel der Lerntherapie, das Selbstwertgefühl und das Selbstvertrauen zu stärken – durch die Kombination von Lernfortschritten und Persönlichkeitsstärkung.

Dazu gibt die SchADSkiste reichlich Hinweise. Eigene Kreativität soll vom Kind/Jugendlichen erfahren werden, durch entsprechende „Techniken“, die die Lerntherapeutin einsetzt, bewusst (gemacht) werden.

Grundhaltung und Vorgehen haben sich ganz praktisch niederzuschlagen in lerntherapeutischen Kompetenzen der
1. Beziehungsgestaltung und Gesprächsführung,
2. Diagnostik zur Förderung,
3. Förderarbeit mit dem Kind/Jugendlichen/Erwachsenen.

1. Beziehungsgestaltung und Gesprächsführung

Die Forschung hat die Bedeutung von Bindungs- und Beziehungskompetenz vielfach nachgewiesen. Die Fähigkeit, professionell Beziehungen aufbauen und halten zu können, ist ein entscheidender Schlüssel zum Erfolg bei der lerntherapeutischen Arbeit. Durch bisherige negative schulische Lernerfahrungen verunsicherte Kinder, Eltern und Lehrkräfte profitieren von der guten Beziehung zur Lerntherapeutin und deren wertschätzender und ressourcenorientierter Grundhaltung.

- Die Beziehung zum Kind
  Gerade ein in seiner Entwicklung gehandicaptes Kind benötigt und profitiert von eine(r) Person, die es emotional erreicht, die es in seinen aktuellen Grenzen genauer sieht und darin akzeptiert und zugleich andere (bisher kaum) gesehene bzw. gewürdigte Möglichkeiten entdeckt und einbezieht.

- Die Beziehung zu den Eltern
  Die meisten Eltern sind durch die problematische Lerngeschichte ihres Kindes stark verunsichert, manche sind enttäuscht oder gar gekränkt, andere waren, sind und bleiben überfordernd, manchen fehlt – nach vielen schwierigen Erfahrungen – das Zutrauen in ihr Kind und in sich selber, manche wirken womöglich in ihrer Hilflosigkeit desinteressiert.
  Für eine Entlastung des Kindes ist es in jedem Fall hilfreich und daher anzustreben, die Eltern zu erreichen und sie möglichst zur Mitarbeit zu gewinnen, denn in diesem Fall erzielt eine Lerntherapie eine größere Wirkung. Ist das nicht möglich, so gilt es doch, die Grenzen der Möglichkeiten und Fähigkeiten der Eltern zu respektieren und dem Kind dennoch die bestmögliche Unterstützung zukommen zu lassen.

- Die Beziehung zu den Lehrkräften
  Im Zusammenhang mit womöglich langwierigen Lernproblemen ist nicht selten die Beziehung zwischen Lehrkräften und einem Kind belastet und sehr häufig auch die Beziehung zu dessen Eltern.
  Hier kann sich die Lerntherapeutin mit ihrer empathischen, allparteilichen und ressourcenorientierten Beratungskompetenz konstruktiv einsetzen und wirkungsvoll vermitteln – wenn die Lehrkraft gesprächsbereit ist und die Eltern damit einverstanden sind.

Nicht zuletzt für die interdisziplinäre Kooperation, auch ggfs. mit weiteren Fachkräften (z. B. Logopädie, Ergotherapie), bringt die Lerntherapeutin neben der Kenntnis von deren spezifischen Angeboten einen kooperativen Arbeitsstil mit.

2. Diagnostik zur Förderung

Als Lerntherapeuten lernen wir natürlich nicht die Kinder mit bestens gelungenen Lernprozessen kennen, sondern bei „unseren“ Kindern gilt es herauszufinden, was sie schon an (Teil-)Kompetenzen mitbringen und wo „Belastungen" und „Rückstände" auftreten. Lerntherapie achtet – auf dem Hintergrund des entwicklungsorientierten Ansatzes und der Berücksichtigung möglicher Belastungen – grundsätzlich gleichermaßen auf Kompetenzen und Grenzen.

Dazu verhelfen standardisierte Testverfahren eher weniger, diese zeigen den Stand eines Lerners im Altersvergleich (zumindest bei Kindern, weniger bzw. gar nicht bei Jugendlichen und Erwachsenen). Diagnostik zur Förderung zielt darauf ab und ist darauf angelegt herauszufinden, welche hilfreichen Interventionen es geben könnte, und zwar sowohl fachlich *lernfördernd* bezogen auf die Lernvoraussetzungen sowie Schriftsprache und/oder Mathematik als auch *entwicklungstherapeutisch*: Die Lerntherapeutin möchte ein zum Lernstand und zum emotionalen Stand des Kindes, Jugendlichen bzw. Erwachsenen passendes Angebot machen können.

Lerntherapeutische Diagnostik sucht dabei gezielt nach bisher häufig unentdeckten oder vernachlässigten Ressourcen des Kindes. Dazu gehört im Sinne des ganzheitlichen Entwicklungs- und Lernmodells

- eine feine Beobachtung unter den aufgeführten sensomotorischen und sprachlichen Aspekten: Was gelingt in welchen Qualitäten?
- eine Erfassung der konkreten Kenntnisse und Strategien in Bezug auf die Lerngegenstände Schriftsprache und Rechnen und Lernen mit Aufmerksamkeit: Was kann der Lerner schon bei dem, was er nicht kann? Welche Buchstaben sind sicher, sodass man mit ihnen gut arbeiten kann? Welche Erklärungen gibt der Lerner für seine Schreibungen/Rechnungen? Wie lange oder in welchen anderen Situationen kann er sich schon gut konzentrieren?
- eine Einschätzung von psychischen Aspekten: Wie ist seine Motivation gegenüber dem Lernen? Wie steht das Kind im emotionalen Kontakt zu seinen Eltern, seinen Lehrkräften und anderen Kindern?
- Welche ganz anderen Kräfte und Stärken bringt das Kind, der Jugendliche mit und wie können sie genutzt werden?

Weitergehende Fragestellungen können sein: Wie könnte der gezielte Einbezug des Umfelds (Eltern/Familie, Lehrkräfte, gegebenenfalls weitere professioneller Helfer – Kinder- und Spezialärzte sowie im Umfeld verfügbare Freizeitangebote) weitere Wachstumsmöglichkeiten für das Kind eröffnen?

Die Ergebnisse und Einschätzungen bzgl. des Kindes bzw. Jugendlichen werden z. B. in einer übersichtlichen Tabelle dokumentiert, Eindrücke vom Umfeld in der Familien- und Umfeldkarte (siehe S. 31). So entsteht ein ganzheitliches und systemisches Bild. Eine so gestaltete Diagnostik zur Förderung mit allen Beteiligten zeigt auf, mit welchen vorhandenen Kompetenzen des Kindes, seiner Familie, seiner Schule und seines lokalen Umfelds die anstehenden Lernprozesse bewältigt werden können.

Die Familien- und Umfeldkarte in der Lerntherapie
Mit der Darstellung des Systems von beteiligten Personen aus dem gesamten Umfeld und aus der Familie bekommt zunächst einmal die Lerntherapeutin einen Überblick und kann nicht selten eine verworrene Situation transparent machen. Die Karte entsteht im Gespräch, durch entsprechende Fragen nach wichtigen Personen, nach deren hilfreichen oder ggfs. auch hinderlichen, z. B. das Kind belastenden Beitrag.
Wesentliches Ziel ist das Aufspüren von Ressourcen, in der Familie, in der Freizeit, in der Schule. Wen gibt es überhaupt? Wen könnte das Kind, könnten die Eltern um Unterstützung bitten, z. B. zur Entlastung und Entspannung einer konfliktreichen Hausaufgabensituation?
Mitunter werden jahrelange Therapien oder viel zu viele Freizeitaktivitäten sichtbar, der Verlust eines Großelternteils, ein Umzug im Zeitraum rund um die Einschulung ...
Es entsteht eine Dokumentation mit wichtigen Aspekten zum Verständnis der aktuellen Situation; bei einer späteren Wiederholung werden Änderungen sichtbar. Auch für die Eltern entsteht sehr häufig ein klareres Bild.

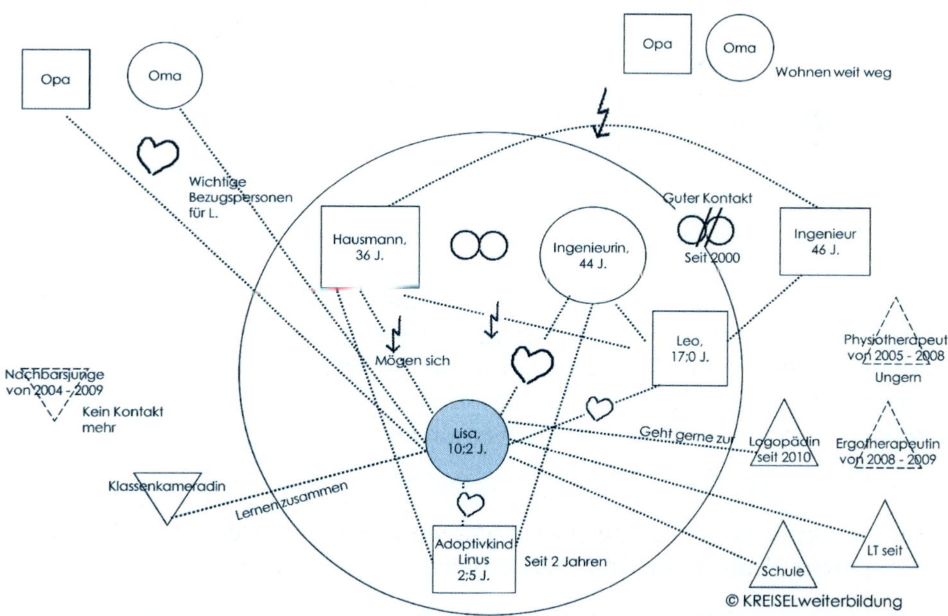

Bild 1a: Familien- und Umfeldkarte[7]

3. Kompetenzen in der Entwicklungs- und Lernbegleitung

Integrative Lerntherapie bietet umfassende Unterstützung für das Kind und den Jugendlichen – und das gleiche Vorgehen hat sich auch in der Arbeit mit Erwachsenen bewährt – in den Bereichen Sensomotorik, Sprache, Schriftsprache, Rechnen, Aufmerksamkeit, Psyche.
Dabei geht es immer darum, im Sinn des ganzheitlich-systemischen Erwerbsmodells je nach individuellem Kind, Jugendlichem oder Erwachsenen eine der Ausgangssituation angepasste Therapiegestaltung zu praktizieren – und diese durch ständige begleitende Verlaufsbeobachtungen zu aktualisieren. In der praktischen Arbeit werden die Konzepte zusammengeführt:

- Förderung der Lernvoraussetzungen Sensomotorik und Wahrnehmung mit Methoden, wie sie auch in Ergotherapie/Psychomotorik und Logopädie/Sprachtherapie genutzt werden
  - Bewegungsförderung insbesondere für Graphomotorik, Augen- und Mundmotorik,
  - Wahrnehmungsförderung insbesondere in den Bereichen auditive und visuelle Verarbeitung,
  - Tonusregulierung, in der Regel Tonus erhöhende, aber auch Spannung reduzierende Angebote. In Verbindung damit müssen häufig Aufmerksamkeit und Konzentration gestützt werden.

- Förderung der gesprochenen Sprache
  - Verbesserung von Lautdifferenzierung und Artikulation,
  - Kompetenzen im Grundwortschatz, Grammatik, Syntax als weitere zentrale Voraussetzungen für Aneignung und Umgang mit geschriebener Sprache, Schrift-Sprache.

- All dies geschieht ggf. in Kooperation mit Ergo- und Physiotherapie, Psychomotorik, Logopädie bzw. mit Ärzten sowie mit nichttherapeutischen Angeboten wie Kinderzirkus und mit weiteren Beratungseinrichtungen.

Innerhalb dieses breiten entwicklungsfördernden Spektrums findet dann die Unterstützung von elementarer Schriftsprache, elementarem Rechnen und Lernen mit Aufmerksamkeit ihren Platz, basierend auf den Fachdidaktiken Schriftsprache bzw. Rechnen sowie spezifischen Förderkonzepten zu LRS/Legasthenie und Dyskalkulie/Rechenschwäche und für das Lernen mit Aufmerksamkeit:

- Festigung von Laut-Differenzierung und Buchstaben-Sicherheit ...,

- auf Schriftsprache bezogene sprachanalytische Kompetenz wie Silbenkompetenz, Morphemdenken, Orthographie ...,

- Lesekompetenz, Synthesefähigkeit, Sinnentnahme bzw. Sinnkonstruktion ...,

- Mengenerfassung, Zahlvorstellungen, Ziffer-Zahl-Zuordnung ...,
- Seriation, Klassifikation; Bündelungen ...,
- Operationsverständnis der Grundrechenarten; Geometrie ...,
- Mengenzerlegung, Zehnerübergang, Zahlenräume und Textaufgaben ...

- Handlungsplanung, Selbststeuerung,
- Fokussierung der Aufmerksamkeit,
- Selbstorganisation,
- Steigerung der Gedächtnisleistung.

Aus psychologischer und auch aus lerntheoretischer Sicht stehen in der Regel folgende Aspekte im Mittelpunkt:

- Lernmotivation, Lern- und Arbeitsorganisation,
- Stärkung von Selbstwert und Verantwortung,
- Reflektion des eigenen Verhaltens,
- Konzentrationsförderung, Entspannungstechniken,
- Stärkung der sozialen Kompetenz.

Die „SchADSkiste in der Lerntherapie" hat vor allem hier ihren gewichtigen Platz: Die SchADSkiste bietet vielfältiges therapeutisches Handwerkzeug, ob Handpuppen, Rollenspiele oder Imaginationen. Sie stellt der Lerntherapie ein Handlungsrepertoire mit der unabdingbar wichtigen Kombination von Hypno- und Verhaltenstherapie zur Verfügung. Der Einsatz der verschiedenen Methoden ermöglicht es, dass ein verunsichertes oder abwehrendes Kind sich wieder offen für Veränderungen zeigt und neues Selbstwertgefühl und Lernmotivation gewinnt. Verschiedene Ansätze aus der kindertherapeutischen Arbeit sind so aufbereitet, dass man sie mit ein wenig Übung einsetzen kann. Die SchADSkiste will durch das Vorstellen von in der Praxis bewährten Konzepten aus Kinder- und Verhaltenstherapie die Lerntherapeutin ermutigen, kreativ und individuell und an die Bedürfnisse des Kindes angepasst vorzugehen. Alles ist handlich verpackt, mit gut verständlicher Gebrauchsanweisung – als Impuls, erste Grundlage für die eigene (Weiter-)Entwicklung. Das beginnt z. B. mit dem Nachvollziehen einer Imagination, geht weiter mit den vom Kind nahegelegten Anpassungen (z. B. an dessen Sprachgebrauch) bis hin zur Gestaltung eigener Geschichten.
Zur Förderung des Lernens mit Aufmerksamkeit werden Methoden zur Fokussierung der Aufmerksamkeit, zur Handlungsplanung und zur Verbesserung des Lernens und Behaltens vorgestellt, die den Kindern und Jugendlichen mit einer

Aufmerksamkeitsbeeinträchtigung wieder Lernerfolge auch im Hinblick auf die Schriftsprache und das Rechnen ermöglichen.

Die Wirksamkeit von Lerntherapie entsteht dabei nicht aus Programmen, gleichgültig ob es sich um ein verhaltenssteuerndes Programm oder ein Lernprogramm handelt. Deren Gemeinsamkeit ist die sublime Unterstellung „Das Programm ... macht den Erfolg". Auch wenn solche Programme ausgefeilte, aufeinander aufbauende Schritte bieten und sich als „allgemein wirksam" darstellen – im Einzelfall zählt einzig die Wirksamkeit bei dem jeweiligen Kind/Jugendlichen. Kein Programm kann individuell und flexibel genug sein, dass es für jedes Kind passt. Es braucht die Lerntherapeutin, die es womöglich modifiziert, passende Teile auswählt, Tempo herausnimmt oder beschleunigt. So können Lernprogramme die individuelle Förderung ergänzen. Um die Chancen für eine echte innere Partizipation des Kindes/Jugendlichen zu erhöhen, sind daher Persönlichkeit und Kompetenz der Lerntherapeutin durch entsprechende Ausbildung von allergrößter Bedeutung.

Grenzen der Lerntherapie

Gegenüber der inzwischen als unabdingbar anerkannten Interdisziplinarität soll an dieser Stelle auch festgehalten werden, dass dies selbstverständlich nicht heißt, dass eine Lerntherapeutin die genannten hochspezialisierten Berufe beherrschen soll. Sie sollte die nahestehenden medizinischen und beratenden Berufsbilder kennen, indem sie dort hospitiert oder beispielsweise in entsprechenden lokalen Arbeitskreisen aktiv ist (z. B. um bei gemeinsamen Fördergeschichten unterschiedliche Sichtweisen zu erfahren!).

Die Lerntherapeutin sollte allerdings für sich prüfen, was sie von deren vielfältigem Handwerkszeug in ihre praktische Arbeit einbeziehen kann, z. B. zur Tonuserhöhung, zur Entspannung, zur Artikulationsförderung, aus der Deutsch- und Mathematikdidaktik, aus der Gesprächsführung ...[8]

Und: Zur Interdisziplinarität gehört dringend hinzu, die persönlichen Grenzen und die Grenzen von Lerntherapie überhaupt zu erkennen. Kinder und Jugendliche mit vorrangig sensomotorischen Belastungen sollten auch vorrangig oder kooperativ mit Physiotherapie, Ergotherapie, Psychomotorik ... unterstützt werden. Kinder und Jugendliche mit vorrangig sprachlichen Belastungen in einer Sprachtherapie ..., bei Kindern mit Lernrückständen wegen längerer Krankheit bei sonst gutem Lernvermögen ist mitunter Nachhilfe ausreichend.

Bei massiver Hyperaktivität ist eindeutig der Kinder- und Jugendpsychiater die richtige Anlaufstelle, für Trennungs- und Scheidungsberatung, Sucht- und Gewaltthemen in der Familie u. a. ist der Verweis auf die dafür vorgesehen Spezialisten und Beratungsstellen das einzig Richtige – anstatt der Lerntherapie oder begleitend zur lerntherapeutischen Förderung.

Der gesamte Überblick über die Förderansätze zeigt: Lerntherapie ist gekennzeichnet durch die interdisziplinäre Verknüpfung vielfältiger Methoden aus Fachdidaktik (Deutsch Mathe, Englisch ...), Entwicklungstherapien (Ergotherapie Logopädie, Psychomotorik ...), Pädagogik und Entwicklungspsychologie. Lerntherapie kooperiert weiter mit Hals-Nasen-Ohren-Ärzten, Augenärzten, Kinderärzten, Sozialpädiatrischen Zentren – um aus diesem Fundus für die Entwicklung eines Kindes individuell hilfreiche Angebote zu machen. Zur erfolgreichen und professionellen Lerntherapie-Arbeit gehört nicht zuletzt auch das Schaffen guter und professioneller Rahmenbedingungen (Raum, Elternvertrag, Arbeiten unter Supervision ...)[9]

In diesem Beitrag wurde das Konzept der Integrativen Lerntherapie mit seinem ganzheitlichen und systemischen Verständnis von Lernen mit Aufmerksamkeit in der kindlichen Entwicklung und in der Aneignung von Schriftsprache und Rechnen zusammengefasst. Dieses Konzept spiegelt sich in der SchADSkiste mit ihrer ständigen, impliziten ressourcenorientierten Grundhaltung gegenüber allen Beteiligten und den vielfältigen Methoden für das erfolgreiche Lernen mit Aufmerksamkeit – eine echte Schatzkiste!

Anmerkungen

1) Der Beitrag basiert auf den Konzepten von KREISEL e. V., Institut für Weiterbildung und Familienentwicklung: www.kreiselhh.de

2) Da die weitaus überwiegende Zahl der Lerntherapeutinnen weiblich ist, wird in diesem Text durchgehend die weibliche Form verwendet. Männliche Leser und Therapeuten mögen sich angesprochen fühlen. Sie sind willkommen!

3) Das Modell ist übrigens gut nachzuvollziehen, wenn man sich immer wieder fragt: Was verlangt eine Situation alles? Abschreiben von der Tafel? Lesen? Wie komme ich zu Körpergefühl? Was verlangt die Situation noch, was noch ...?

4) Dieses Modell ist die Basis für Theorie, Diagnostik und Förderkonzeption in der Lerntherapieausbildung von KREISEL e. V. Dazu ausführlich: Jochen Klein und Detlef Träbert: Wenn es mit dem Lernen nicht klappt. Weinheim 2009. In der Ausbildung wird dies an einem dreidimensionalen „Drehmodell" veranschaulicht und be-greifbar gemacht.

5) Für Sie als erwachsene Leser: Wenn man etwas kann, ist es ja „babyeierleicht". Kleine Beispiele zu den „Tücken" der Schriftsprache gefällig? Literatur: Jochen Klein und Detlef Träbert: Wenn es mit dem Lernen nicht klappt, a. a. O.

6) Margarita Klein und Jochen Klein (Hrsg.): Bindung, Selbstregulation und ADS. Eltern und Kinder in Krisen mit Zutrauen begleiten. Dortmund 2003

7) Copyright Margarita und Jochen Klein: Die Familien- und Umfeldkarte, unveröffentlichtes Arbeitsmaterial der Lerntherapie-Ausbildung. Für Lerntherapie IN Schule gibt es eine gesonderte Darstellung.

8) Jochen Klein: Sensomotorik – Sprache – Schriftsprache. Spiele zur ganzheitlichen Lernförderung. Hamburg 2011. Eigenverlag, KREISEL e. V.

9) https://www.kreiselhh.de/lerntherapie/berufsbild-integrative-lerntherapie

Gaby Hasenjürgen

Die SchADSkiste

Einleitung

Als ich das erste Mal zu Beginn einer lerntherapeutischen Stunde einem Kind gegenübersaß, das mit verschränkten Armen, abweisendem Gesichtausdruck und abgewandtem Blick auf keinerlei Gesprächs- oder Spielangebot reagierte, zweifelte ich an vielem: Meine Stundenvorbereitung war möglicherweise nicht optimal genug. Ich hatte vielleicht nicht genug Informationen über das Kind und sein Umfeld. Überhaupt wäre es günstig, mehr über menschliche Kommunikation zu wissen. Kurzum, meine Problemhypnose funktionierte perfekt. Ich hatte gewissermaßen den Mastergrad im Aufspüren defizitärer Denkmuster soeben mit Leichtigkeit erreicht.
Natürlich geschah es auch, dass sich ein Kind sehr aufbrausend und aggressiv verhielt. Einmal kam es vor, dass ein Kind gleich zu Beginn aufstand und erklärte, dass es sowieso gegen seinen Willen hier sei und nun gehe. Es habe schon so viele Therapien kennengelernt und auf eine neue nun wirklich keine Lust. Des Öfteren erklärte mir ein Kind kurz und knapp: „Ich habe ADS. Da kann man sowieso nichts machen."

Wenn Sie dieses Buch in Händen halten, sei es als LerntherapeutIn, ErgotherapeutIn, SozialpädagogIn oder FörderlehrerIn in der Schule, haben Sie vermutlich diese oder ähnliche Situationen bereits erlebt.
Und – das ist das Entscheidende: Sie wollen etwas verändern, Sie halten nach Lösungen Ausschau.

Sie haben wahrscheinlich auch erlebt, dass Konzentrationstrainings und vorgefertigte Programme mit festen Stundenabläufen diesen Kindern – und vielleicht auch Ihnen – oft nicht gerecht werden. Deshalb suchen Sie nach Möglichkeiten, individuell auf das einzelne Kind eingehen zu können, ohne dass diese Suche nach geeigneten Methoden und Inhalten endlose Zeit beansprucht und Stundenvorbereitungen ausufern.
Sie erleben vielleicht den Druck, der von Eltern und LehrerInnen ausgeht, dass sich endlich Veränderungen einstellen mögen. Sie spüren den Leidensdruck des Kindes, der sich auf so unterschiedliche Weise zeigen kann. Sie möchten diesen Kindern gerecht werden und sie in dem Veränderungsprozess konstruktiv begleiten.

Die SchADSkiste möchte Ihnen Wege aufzeigen, wie Sie diese Ziele erreichen können. Sie erfahren, wie Sie mit Leichtigkeit Stunden vorbereiten können, indem Sie auf ein vielfältiges Repertoire an Methoden zurückgreifen und dies flexibel einsetzen können. Es wird Ihnen möglich sein, leichter und entspannter in die Therapiestunden zu gehen und auch leichter und effektiver Impulse zur Veränderung zu setzen.

Die SchADSkiste bietet Ihnen einen „Fahrplan", mit dem ein Weg hin zu einer konstruktiven Beschäftigung mit verschiedenen Konzentrationsstrategien geebnet wird.

Schritt für Schritt werden das Kind bzw. der Jugendliche, die oft schon in einem Teufelskreis negativer Lernerfahrungen feststecken, ermutigt, Fähigkeiten in sich neu zu entdecken und sich allmählich dem bisher ungeliebten Thema Lernen und Konzentration anders, erfolgversprechender zu nähern.
Sie lernen in der SchADSkiste natürlich dann auch die gängigen Konzentrationsprogramme und auch spezifische Lernstrategien kennen, um dann aber entsprechend der individuellen Bedürfnisse des Kindes – und auch Ihrer eigenen – einzelne Teile auszuwählen oder auch anzupassen.

Sie werden feststellen, dass Sie Teile der SchADSkiste auch im Zusammenhang mit anderen Lernproblemen der Kinder einsetzen können, ohne dass eine ADS im Spiel ist.
Sie werden die Erfahrung machen, wie kreativ Sie sein können, wie viel Freude es machen kann, einzelne Therapiemethoden auszuprobieren und auch abzuwandeln.
Und das Wichtigste: Die Kinder und Jugendlichen fassen wieder Zutrauen zu sich selbst, erleben sich als kompetent und können sich Veränderungsprozessen öffnen. Erfolge werden sichtbar und erlebbar.

Das Konzept der SchADSkiste

Die SchADSkiste bietet ein ressourcenorientiertes und praxisnahes Konzept zur Entwicklung der Konzentration, Selbststeuerung und Selbstorganisation sowie konkreter Lernstrategien bei Kindern und Jugendlichen mit Konzentrationsproblemen oder mit bereits diagnostizierter AD(H)S.
Ziel ist es, Kindern und Jugendlichen ein „Lernen mit Aufmerksamkeit" und damit auch wieder Lernerfolge zu ermöglichen.

In der SchADSkiste stehen bewusst nicht die Aufmerksamkeitsdefizit-/Hyperaktivitätsstörung, Klassifizierungssysteme, die Diskussion ihrer Ursachen, ihre Abgrenzung zu anderen Störungsbildern oder aber die medizinischen Behandlungsansätze im Mittelpunkt. Zu diesen Themen gibt es bereits umfangreiche und vielfältige Literatur.

Vielmehr ist es das Ziel der SchADSkiste, KindertherapeutInnen, wie LerntherapeutInnen oder ErgotherapeutInnen, und auch FörderlehrerInnen und SozialarbeiterInnen innerhalb der Schule einen ganz konkreten Fundus an Inhalten und Methoden zur Verfügung zu stellen, aus dem sie mit Leichtigkeit schöpfen können.
Zudem ist der Einsatz der SchADSkiste nicht auf die Arbeit mit der AD(H)S beschränkt, denn einzelne Teile der SchADSkiste können immer auch gut bei anderen Lernproblemen eingesetzt werden.
In der Regel arbeiten die TherapeutInnen dabei im Einzelkontakt, so können Methoden und Inhalte optimal an die individuellen Bedürfnisse des Kindes bzw. des Jugendlichen angepasst werden. Doch mit kleinen Modifikationen sind die Methoden und auch Inhalte gut z. B. auch in Kleingruppen und teilweise auch in ganzen Klassen einsetzbar.

Durch die konsequente Orientierung an den Ressourcen und Bedürfnissen ermöglicht das Konzept der SchADSkiste den Zugang gerade zu Kindern und Jugendlichen, für die standardisierte Konzentrationsprogramme (noch) nicht geeignet sind. Diese Kinder und Jugendliche haben, wenn sie zu uns kommen, oft bereits einen langen Weg durch Diagnostik und unterschiedliche Therapien hinter sich. Oft wurden neben einer AD(H)S zusätzlich weitere Komorbiditäten, z. B. eine LRS, Dyskalkulie oder auch ein Tourette-Syndrom, diagnostiziert.
Viele Kinder und Jugendliche haben zuvor in Schule und Förderung erlebt, dass vorrangig auf ihre Probleme und Defizite geschaut wurde, den gestellten Anforderungen konnten sie trotz enormer Anstrengung nicht entsprechen.
Aufgrund dieser häufig enttäuschenden Erfahrungen, die Kinder in Schule und auch in Therapien erlebt haben, sind sie oft frustriert, hoffnungslos, ängstlich oder auch reizbar, aggressiv. Die Kinder „verweigern" sich, reagieren ablehnend oder desinteressiert auf vorgefertigte Inhalte.

Viele Konzentrationsprogramme und Trainings, z. B. Manfred Döpfners „THOP", Gerhard Lauths und Peter Schlottkes „Training mit aufmerksamkeitsgestörten Kindern", Claus Jacobs' „Attentioner" oder Dieter Krowatscheks „Marburger Konzentrationstraining"[1] setzen jedoch in hohem Maß die Kooperations- und auch Veränderungsbereitschaft der Kinder und Jugendlichen voraus. Erfahrungsgemäß aber können Kinder, die bereits in einem negativen Teufelskreis aus Misserfolg und Demotivation gefangen sind, sich oft auf derartige Programme noch nicht einlassen, denn eine Veränderungsmotivation besteht noch gar nicht.
Der gewünschte „Nachvollzug" bereits vorgefertigter Abläufe entspricht zudem oft nicht dem Charakter von Kindern und Jugendlichen, die willensstark und sehr kreativ sind. Sie möchten mitgestalten und eigene Lösungswege entwickeln können.
Auch bei neueren Veröffentlichungen, wie Franz Petermanns und Sören Schmidts „Therapie-Tools bei ADHS im Kinder- und Jugendalter",[2] die nun auch verstärkt Therapiemotivation und Ressourcen einen Stellenwert einräumen, handelt es sich bei dem angebotenen Material noch oft um auszufüllende Fragebögen und Arbeitsblätter, d. h., dass in beträchtlichem Umfang „Paper- und Pencil-"Verfahren Anwendung finden. Auch hier kommt daher die kreative, sich das Thema aktiv aneignende Herangehensweise noch etwas zu kurz. Zudem ist der Blick auf das Thema teilweise auch noch recht defizitorientiert, so wird z. B. die Aufmerksamkeit auf Situationen gelenkt, in denen das Kind unaufmerksam ist, und nicht auf die bereits erfolgreichen Aspekte.

Wenn also eine Situation besteht, in der die Kinder z. B. frustriert sind oder sich ablehnend verhalten, in der die Lage festgefahren scheint, bietet die SchADSkiste ein Konzept, das wieder Entwicklung und Veränderung ermöglicht.
Entscheidendes Merkmal der SchADSkiste ist der konsequent ressourcenorientierte und individuelle Zugang. Die spezifischen Stärken der Kinder und Jugendlichen stehen von Beginn an im Zentrum.
Es wird nicht auf die Probleme und Defizite geschaut, sondern das Kind wird angeleitet, mit Freude und Entdeckerlust eigene, innere Ressourcen zu aktivieren.
So sind Kinder und Jugendliche weitaus offener, wenn es darum geht, positiv auf das Geschehen zu schauen, z. B. zu erforschen, wann das Kind sich immer, auch jetzt schon, gut konzentrieren kann und wie in dieser Situation dann die Bedingungen sind. Dieser Ressourcenblick ist die Grundlage der Arbeit mit der SchADSkiste und eine wichtige Voraussetzung für den Erfolg.
So entsteht eine große Motivation und Bereitschaft zur Veränderung des Verhaltens und zum Erlernen von Konzentrationsstrategien. Gerade diese Veränderungsbereitschaft und damit die Offenheit für Neues ist entscheidend für die Zielerreichung: erfolgreiches Lernen mit Aufmerksamkeit.
Die Kinder entdecken ihre Fähigkeiten, beginnen daran zu glauben, dass Veränderung möglich ist. Sie entwickeln nach und nach die notwendigen konkreten inneren Vorstellungen vom Ziel, die dann handlungsleitend werden. Sie können aktiv Lösungsideen entwickeln, sie planen und gestalten die Teilschritte ihres Wegs zum Ziel.

Sie können also handlungsorientiert, spielerisch und kreativ entdecken:

- Was genau ist für mich Konzentration?
- Was brauche ich dafür?
- Was habe ich schon?
- Was hindert mich noch?
- Wie genau sehen meine nächsten Schritte zum Ziel Konzentration aus?

Dieser Zugang, die Entwicklung von Motivation und Veränderungsbereitschaft zunächst ins Zentrum unserer Arbeit zu stellen, ist der Schlüssel zum Erfolg. Auf diesem Fundament aufbauend können dann im nächsten Schritt die Methoden der Konzentrationsförderung, des Selbstmanagements sowie konkrete Lernstrategien für das Lernen mit Aufmerksamkeit im Mittelpunkt stehen.

Viele Ideen und Methoden, die in der SchADSkiste vorgestellt werden, können nicht nur bei Kindern und Jugendlichen mit Konzentrationsproblemen oder einer diagnostizierten AD(H)S eingesetzt werden.
Vom gesamten ersten Teil der SchADSkiste mit seinen fünf Etappen und auch von einzelnen Elementen können alle Kinder und Jugendlichen profitieren, bei denen ganz unterschiedlich ausgestaltete Lernblockaden den Lernerfolg und auch Verhaltensänderungen behindern.

Häufig begegnen wir in der therapeutischen Praxis oder auch im schulischen Förderkontext Kindern, denen es noch nicht möglich ist, ganz konkret an einem bestehenden Lern- oder Leistungsproblem, wie einer LRS oder einer Dyskalkulie oder fehlender Lerntechnik, zu arbeiten. Ihre Energien sind an anderer Stelle noch gebunden. Sie leiden unter massiven Selbstwertproblemen, trauen sich nichts zu und haben deshalb vielleicht Ängste und/oder eine Abwehrhaltung gegenüber der Schule und dem Lernen oder Veränderungen generell entwickelt. Andere Kinder zeigen vielleicht ein oppositionelles Verhalten, um sich vor Anforderungen zu schützen, und verweigern sich zunächst jedem noch so gut gemeinten Änderungsvorschlag. Auch Kinder und Jugendliche, die aufgrund anderer Probleme in der Familie oder im Freundeskreis belastet sind, können sich (noch) nicht zuversichtlich und energiegeladen auf Therapie- oder Lernangebote einlassen. Die Teilnahme an einem festen Training, z. B. zur LRS, oder gar an einer Gruppe wäre für diese Kinder (noch) nicht erfolgversprechend, da sie zumeist abwehrend und überfordert reagieren würden.

In all diesen Fällen bietet der erste Teil der SchADSkiste viele Anregungen und eine Fülle von Material, um die Kinder zu stärken, sie ihre Ressourcen erkennen und innere Hürden überwinden zu lassen. Häufig ist es günstig, tatsächlich alle Etappen des ersten Teils der SchADSkiste mit den Kindern zu durchlaufen, um ein stabiles Fundament für die weitere Arbeit zu haben. Ist so wieder Zuversicht und eine Veränderungsbereitschaft entstanden, fällt dann die Arbeit am konkreten Lern- oder

Leistungsproblem, ein LRS-Training oder ein Lerntraining, wirklich auf fruchtbaren Boden. Jetzt können die Kinder und Jugendlichen das Lernangebot annehmen, das Gelernte anwenden und so auch wieder Lernerfolge erleben.

Die Inhalte des zweiten Teils der SchADSkiste eignen sich auch für Kinder und Jugendliche, die massive Lern- bzw. Lernstrategieprobleme in einzelnen Bereichen haben, ohne dass eine AD(H)S diagnostiziert wurde. So haben viele Kinder Probleme, sich bei einer Störkulisse auf ihre Aufgabe zu konzentrieren oder aber die Fähigkeit zur Handlungsplanung ist noch nicht ausreichend ausgeprägt. Manchen Kindern fehlen einfach Strategien, um Gelerntes besser behalten zu können. Bei solch abgegrenzten Lernproblemen können dann einzelne Elemente des zweiten Teils der SchADSkiste gut eingesetzt werden.

Die SchADSkiste kann also bei unterschiedlichen Problemstellungen genutzt werden.
Der erste Teil kann als notwendiger „Vorlauf" für die Arbeit an anderen Lernproblemen dienen. Es ist auch die Variante denkbar, den ersten Teil der SchADSkiste mit einzelnen Bereichen des zweiten Teils zu kombinieren oder aber nur einzelne Kapitel des zweiten Teils bei Bedarf zu nutzen.

Kinder und Jugendliche mit ausgeprägten Konzentrationsproblemen oder auch einer bereits diagnostizierten AD(H)S sind sozusagen „All-in-one-Kinder", auf sie treffen fast alle Aspekte zu. Hier ist ab der ersten Seite der SchADSkiste alles nutzbar und es ist oft auch sinnvoll, die SchADSkiste „von vorne nach hinten" durchzuarbeiten.
Es geht darum, diese Kinder mit ihrem ausgeprägten eigenen Willen, ihrem Beteiligungswunsch und ihrer Kreativität über die Inhalte und Methoden des ersten Teils der SchADSkiste „ins Boot zu holen". Darauf aufbauend können wir dann mit dem zweiten Teil der SchADSkiste an den wichtigsten Kompetenzen für ein Lernen mit Aufmerksamkeit arbeiten. So werden den Kindern und Jugendlichen wieder Lernerfolge ermöglicht.

Der Ausdruck „Lernen mit Aufmerksamkeit" wird hier als ressourcenorientierter und positiv konnotierter Gegenpol zum Begriff der „Aufmerksamkeitsstörung" eingesetzt.

Die „Aufmerksamkeit" bezieht sich auf die Fähigkeit des Menschen, äußere Reize, aber auch Gedanken und Gefühle wahrzunehmen. Wichtig ist dann die Fähigkeit, die verschiedenen Inhalte zu gewichten, sich auf bestimmte, als relevant erkannte Dinge zu fokussieren, zu konzentrieren und irrelevante auszublenden.[3]
Der Ausdruck „Lernen mit Aufmerksamkeit" umfasst also die Wahrnehmung von Inhalten, die Fokussierung und Konzentration auf das Wesentliche sowie den Aspekt der Aneignung und des Behaltens, des Lernens.

„Konzentration" wird so also als willentliche, intensive Fokussierung der Aufmerksamkeit auf bestimmte Tätigkeiten oder ein Ziel verstanden.[4]

Oft werden in der Literatur die Begriffe „Aufmerksamkeitsschwäche" und „Konzentrationsschwäche" oder auch „unkonzentriert" und „unaufmerksam" synonym verwendet.[5] Wichtig ist hier das inhaltliche Verständnis: Beides meint, dass es Kindern schwerfällt, die Aufmerksamkeit dauerhaft auf eine Aufgabe zu richten, sich nicht ablenken zu lassen und auch nicht vorzeitig die Aufgabe abzubrechen.[6]

In den medizinischen Klassifikationssystemen werden dann die Begriffe „Aufmerksamkeitsdefizit-/ Hyperaktivitätsstörung" (DSM IV) und „Hyperkinetische Störung" bzw. „Einfache Aufmerksamkeits- und Hyperaktivitätsstörung" (ICD-10) benutzt. Hier können jeweils verschiedene Ausprägungen, Mischtypen und Subtypen spezifiziert werden.
Symptom-Kriterien sind in beiden Fällen Unaufmerksamkeit, Impulsivität, also das unüberlegte Folgen von Handlungsimpulsen, sowie Hyperaktivität.[7]

In der SchADSkiste wird der Begriff ADS, Aufmerksamkeitsdefizitsyndrom, als allgemeiner Begriff für alle Erscheinungsformen benutzt.[8]

Diese Abgrenzungen der Begrifflichkeiten sind allerdings eher theoretische Überlegungen und Definitionen, die innerhalb der wissenschaftlichen Diskussion hilfreich sind.
In der Praxis sind jedoch z. B. Unaufmerksamkeit, Ablenkbarkeit und Impulsivität eng verwoben. Nimmt ein Kind alles wahr, kann seine Aufmerksamkeit nicht fokussieren, so reagiert es oft auch impulsiv auf diese Reize.

In der SchADSkiste wird der Fokus auf die konkrete und praktische Arbeit gelegt.
In der praktischen Umsetzung bedeutet das, immer die Verflechtung der Aspekte im Blick zu haben und unsere Methoden und Inhalte individuell den Bedürfnissen des Kindes anzupassen, ob es nun um eine diagnostizierte ADS oder aber „nur" um ein abgegrenztes Lernproblem wie fehlende Lernstrategien für dauerhaftes Behalten geht. In der Kommunikation mit dem Kind und seinen Eltern oder LehrerInnen werden wir wohl meist den Begriff „Konzentration" nutzen, da er im allgemeinen Sprachgebrauch, in der Alltagssprache ja fest verankert ist.
Ziel unserer Arbeit ist in jedem Fall das erfolgreiche „Lernen mit Aufmerksamkeit".

Drei zentrale Anliegen durchziehen das gesamte SchADSkisten-Konzept:

- Die innere Haltung der **„Wertschätzung"**, d. h., es geht darum, mit einem Ressourcenblick und einer Haltung des Nichtwissens den Kontakt zum Kind aufzubauen.
- Die **„Macht der Bilder"**, d. h., es gilt, die Bedeutung zu erkennen, die eine innere Vorstellung für das Handeln und die Zielerreichung hat.

- **„Geltenlassen"**, d. h. zu erkennen, dass eine Veränderung nur durch Akzeptanz entstehen kann. Denn: „Es ist leichter, sich zu ändern, wenn es einem erlaubt ist, der zu sein, der man ist."[9]

Die SchADSkiste bietet im **ersten Teil** zur **„Entdeckung der Ressourcen"** einen „Fahrplan", der es den Kindern und Jugendlichen Schritt für Schritt ermöglicht, wieder Zutrauen in sich und ihre Fähigkeiten zu fassen und sich einem Veränderungsprozess zu öffnen, sodass wieder eine Bereitschaft entsteht, sich dem Thema „Lernen mit Aufmerksamkeit" zuzuwenden.
Gerade diese aktiven Kinder und Jugendlichen, die aktiv mitgestalten und selbst Lösungen entwickeln wollen, können durch die angebotenen Inhalte und Methoden mit „ins Boot der Veränderung" geholt werden. Sie können ihre Ideen in die Stunden einbringen sowie Freude und Erfolg bei bisher als schwierig empfundenen Themen erleben.
In diesem Fahrplan gibt es mehrere Etappen auf dem Weg zum Erfolg:

- Annäherung ans Ziel,
- Identifizierung mit dem Ziel,
- Visualisierung des Ziels,
- Definition des Ziels und
- erste Zielvereinbarungen.

Diese Etappen strukturieren den ersten Teil der SchADSkiste.
Der Fahrplan kann als umfassender Therapieplan, z. B. einer Lerntherapie, dienen. Die vorgestellten Methoden und Inhalte werden dabei in diesen sich organisch entwickelnden und sich stufenweise aufbauenden Therapieplan eingeordnet.
Gleichzeitig ist es auch möglich – dank Methodenvielfalt und leichter Umsetzbarkeit in die Praxis –, die einzelnen Bausteine flexibel einzusetzen.
Dieser erste Teil der SchADSkiste „Entdeckung der Ressourcen" umfasst inhaltlich die Teilaspekte

- „Ruhe und Konzentration finden",
- „Ressourcen entdecken" und
- „Selbstvertrauen aufbauen",
- „Rituale und Anker im Lernprozess" sowie
- „Jede Menge Hilfe für Veränderungen".

Methodisch werden hier Imaginationen, z. B. zu einem „Erfolgsmoment" oder zu einem „inneren Helfer", hypnotherapeutisch begründete metaphorische Geschichten sowie handlungsorientierte Elemente wie Spiele oder Handpuppenarbeit vorgestellt.
Diese methodischen Anregungen sind konkret, praxisbezogen und ohne viel Vorarbeit einsetzbar. Gleichzeitig ist der Fundus so offen und vielgestaltig in der An-

wendung, dass er problemlos den spezifischen Bedürfnissen des Kindes oder des Jugendlichen angepasst werden kann.
Diese neu entdeckten Ressourcen, die wieder gewonnene Motivation, die Veränderungsbereitschaft, die Freude am Gestalten von Lösungswegen bilden nun das Fundament, auf dem die Arbeit an den Fähigkeiten Konzentration, Selbststeuerung und Selbstorganisation aufbauen kann.

Die **Entwicklung der Fähigkeit Konzentration** steht daher im **zweiten Teil** der SchADSkiste im Mittelpunkt.
Handlungsplanung und Selbststeuerung sind hier elementare Ziele, um eine Impulsverzögerung und systematisches Vorgehen zu etablieren. Ein Schwerpunkt wird dabei auf das **Selbstinstruktionstraining** sowie auf **effektives Lernen trotz Ablenkung** gelegt, da diese Punkte die entscheidenden Parameter für einen Lernerfolg im schulischen Kontext sind.
Grundlegende Ansätze und Programme hierzu werden knapp zusammengefasst und an ausgewählten Beispielen praxisnah vorgestellt. Dieser Überblick ermöglicht es, einzelne Ansätze auszuwählen und Themen entsprechend dem eigenen Schwerpunkt später weiter zu vertiefen. Bei der Vorstellung bleibt immer im Blick, wie eigene Therapiematerialien für diese Ziele nutzbar gemacht und wie sie auch an die individuellen Bedürfnisse und Interessen des Kindes angepasst werden können.
Natürlich ist es auch möglich, auf der Grundlage der fünf Etappen des ersten Teils der SchADSkiste die Arbeit mit einem Programm anzuschließen, das durch das Fundament des ersten Teils überhaupt erst seine Wirkung entfalten kann.

Auch der **Gestaltung des Materials und der Aufgaben** kommt entscheidende Bedeutung zu, denn Lernen und Behalten fallen einem Kind und Jugendlichen bei einer Strukturierung der Inhalte und der Vorgehensweise viel leichter, selbstständige Handlungsplanung ist dann eher möglich. Deshalb werden Gestaltungsmöglichkeiten und spezifische Aufgabenstellungen, die zu einem reflexiveren Arbeitsstil führen, ebenfalls zum Thema.

Fähigkeiten wie Handlungsplanung und Selbststeuerung werden auch in größeren Zusammenhängen, z. B. bei der **selbstständigen Bearbeitung der Hausaufgaben**, benötigt. Gerade Hausaufgaben sind jedoch oft ein spannungsgeladenes Thema in Familie und Schule. Deshalb werden Möglichkeiten aufgezeigt, wie hier eine Selbstorganisation gelingen kann, indem Lösungswege und Strukturierungshilfen auf motivierende Weise gemeinsam mit dem Kind erarbeitet werden.
Die Selbstorganisation des Lernens hat auch einen großen Stellenwert, wenn es darum geht, neue Lerninhalte besser aufzunehmen und Gelerntes besser zu behalten. Hier geht es um **effektive Lernstrategien für dauerhaftes Behalten**. Gerade die den Kindern oft langweilig erscheinende, aber notwendige Routine des Wiederholens kann auch unterhaltsam und spannend gestaltet werden. Methodisch

geht es dabei um fantasievolle Gedächtnisstrategien, z. B. den „Zauberkünstler", die das Vokabellernen leichter werden lassen. Außerdem werden Mnemotechniken vorgestellt, die es ermöglichen, Wissen leichter und schneller im Langzeitgedächtnis abzuspeichern und jederzeit, sogar in stressigen Situationen, wieder abrufen zu können. So können Lernen und Behalten Spaß machen, und die Lernfreude wird wieder zu einem Motor für Motivation und Erfolg.

Entscheidend für den nachhaltigen Erfolg all dieser Strategien ist dann der Transfer in den Alltag, der lange Atem auf dem Weg zum Ziel. Damit die Umsetzung der erlernten Strategien in der Schule und zu Hause gelingen kann, brauchen das Kind und auch der Jugendliche **Unterstützungssysteme** und Strukturierungshilfen **im Alltag**. Es gilt, die Ressourcen der Eltern und LehrerInnen zu nutzen. So werden abschließend Strategien vorgestellt, um Hürden und Rückschläge auf dem Weg zum Ziel gemeinsam zu meistern. Wenn alle Beteiligten einen Ressourcenblick entwickeln, entsteht **„Aufmerksamkeit für Erfolge"**.

Teil I: Entdeckung der Ressourcen:

Fähigkeiten entdecken und an Veränderung glauben: der Fahrplan zum Ziel

Wenn die Kinder zu uns kommen, haben sie schon einen langen Weg hinter sich und oft schon so viele enttäuschende Erfahrungen gemacht, dass sie nicht ohne Weiteres wieder mit Elan und Optimismus eine (neue) Therapie starten können. Vielleicht befinden sie sich auch in einer Abwehrhaltung, da es das Umfeld wie Elternhaus und Schule ist, das sich Veränderung wünscht, jedoch nicht das Kind selbst.
Wir kennen das als Erwachsene auch: Es ist frustrierend und entmutigend, immer wieder gesagt zu bekommen, dass man sich nicht „richtig“ verhält, zu unkonzentriert ist, dass man Aufgaben nicht bewältigt, die Erwartungen der anderen Menschen nicht erfüllt oder eben auch gar nicht erfüllen kann. Es ist verständlich und nachvollziehbar, dass Menschen auf solche Erfahrungen, je nach Persönlichkeit, mit Rückzug und Resignation oder auch mit Reizbarkeit und Aggression reagieren. Dies führt wiederum zu Konflikten und verschärft die Situation. Es entsteht eine Dynamik, die erneut zu Misserfolg und Demotivation führt.

Das Ziel unserer Arbeit ist es, den Kindern und Jugendlichen hier einen Weg aufzuzeigen, um diesen Teufelskreis zu verlassen, und sie auf dem Weg hin zu einer positiven Veränderung zu begleiten.

Das Entscheidende ist, wieder Zuversicht zu kreieren, den Kindern und Jugendlichen das Gefühl zu vermitteln, dass es berechtigt ist, Hoffnung auf Veränderung zu haben. Diese Zuversicht ist die unabdingbare Voraussetzung für das Lernen mit Aufmerksamkeit, sie ist das Fundament, auf dem dann ein funktionales Training aufbauen kann.
Deshalb ist es so wichtig, den Kindern wieder den Zugang zu ihren Ressourcen zu ermöglichen und sie ihre Fähigkeiten entdecken zu lassen. Neu gewonnenes Selbstvertrauen und Zuversicht lassen die Kinder dann wieder an Veränderung glauben.

Neben der Entdeckung der Fähigkeiten geht es auch darum, das Durchhaltevermögen und die Ausdauer zu stärken, damit der Weg der Veränderung auch mit langem Atem gegangen werden kann.

Wichtig ist es auch, das Einverständnis der Kinder und Jugendlichen für einen Weg der Veränderung zu erhalten.
Nur wenn die Kinder nicht die Sorge haben, dass sie anders werden sollen, als sie sind, sind sie offen für Neues. Denn: „Es ist leichter sich zu verändern, wenn es erlaubt ist, der zu sein, der man ist.“

Wenn Kinder nach ihren Zielen gefragt werden, sagen sie oft „Ich muss mich konzentrieren lernen!“. Hier ist es enorm wichtig, miteinander zu besprechen, was denn das genau bedeutet. Wir haben alle eine Vorstellung davon, was Konzentration ausmacht, aber ist es auch die gleiche, die unser Gegenüber im Kopf hat? Für ein erfolgreiches Lernen mit Aufmerksamkeit ist es entscheidend, genauere Zielvorstellungen zu entwickeln.

Erst wenn ich ein genaues Bild meines Ziels vor Augen habe, kann ich es auch ansteuern. Das Ziel wird konkretisiert, indem beobachtbare Verhaltensweisen formuliert werden. Der gesamte Weg zum Ziel „Konzentration" sollte ebenfalls genau geplant werden und dazu in mehrere Teilschritte zerlegt werden. Durch diese Operationalisierung werden auch Teilerfolge messbar, so sind auch kleine positive Veränderungen erkennbar und wahrnehmbar.
Es geht also darum, die Kinder in das „Boot der Veränderung" zu holen, indem die folgenden Fragen zu Beginn der Therapie zum Thema werden:

- Kann ich das? (Aspekt der Fähigkeiten)
- Schaffe ich das? (Aspekt der Ausdauer und Umgang mit Rückschlägen)
- Will ich das überhaupt? (Aspekt der Akzeptanz von Veränderung)
- Wie genau? (Aspekt der Zielvorstellung und Operationalisierung)

In dem „Fahrplan zum Ziel" wird diese Anbahnung in mehreren einzelnen Etappen konkretisiert.
Dabei kommen Methoden zum Einsatz, die die Stärken dieser Kinder nutzen. Die oft außergewöhnliche Kreativität dieser Kinder, ihre Stärke, handelnd und mit allen Sinnen die Welt zu erforschen, ihre oft großen Fähigkeiten im Bereich der visuellen Wahrnehmung, ihr Wunsch mitzugestalten – all dies kann mit Hilfe der vorgestellten Methoden Wirkung entfalten.

Diese Phase der Anbahnung, wie sie in dem „Fahrplan" Ausdruck findet, ist Voraussetzung für jede weitere konstruktive Beschäftigung mit dem Thema. Hier gilt es, ausreichend Zeit einzuplanen und den Kindern so eine Entwicklung zu ermöglichen. Wie die lösungsorientierten Fachleute hier gerne sagen: „No jump to conclusion!" Oder, wie es ein Sprichwort so treffend ausdrückt: „Man kann das Wachsen des Grases nicht beschleunigen, indem man an den Halmen zieht!"
Wenn das Kind das Tempo auf dem Weg zum Ziel bestimmen kann, kommt es am schnellsten ans Ziel. Hier ist auf unserer Erwachsenen-Seite Gelassenheit gefragt, besonders auch, was die Kommunikation mit dem Umfeld betrifft. Natürlich haben die Schule und das Elternhaus Erwartungen und hoffen oft auf schnelle Veränderung. Hier hat es sich als sehr hilfreich erwiesen, das Konzept zu Beginn der Therapie ausdrücklich mit den Eltern zu besprechen. Wenn auch die Eltern und die LehrerInnen mit ins Boot geholt werden, können sie als sehr wichtige Ressourcen wirken. Sie erleben nicht nur sich in ihrer Rolle (wieder) als wirksam, sondern können durch einen (wiedergewonnenen) Ressourcenblick auf das Kind auch in ihm neue Kräfte wecken.
All das ist eine Entwicklung, die es wert ist, etwas Zeit zu bekommen. Oder, wie Buddhisten uns „effektiv denkenden" Erwachsenen mit auf den Weg geben: „Wenn du es eilig hast, geh langsam!"

1. Etappe: Annäherung an das Ziel

In dieser ersten Etappe auf dem Weg zum Ziel geht es ganz grundlegend darum, wieder zur Ruhe und damit auch zur Konzentration zu finden. Die Kinder und Jugendlichen können ein wenig innehalten, durchatmen und aufmerksam sein für das, was im Inneren vorgeht. Durch das Sammeln von Ressourcen kann dann allmählich wieder Selbstvertrauen aufgebaut werden. Die persönlichen Entdeckungen des Kindes in dieser Phase können dann als Ritual und Anker im Lernprozess auf Dauer nutzbar gemacht werden. Zudem geht es darum, für das Kind erfahrbar zu machen, dass es nicht allein auf sich gestellt ist in dieser Situation, sondern dass es jede Menge Hilfe für Veränderungen gibt.

1.1 Die Therapeuten-Rolle

1.1.1 Die Haltung des Nicht-Wissens

„Sie müssen mich fragen und nicht sich, wenn Sie mich verstehen wollen!"

(Johann Georg Hamann in einem Brief an Immanuel Kant, 1759)

Wir fragen uns oft in der Rolle der Therapeutin[10], was in dem Kind wohl gerade vorgehen mag, welche Bedürfnisse es hat, mit welchen Fragen es sich beschäftigt und was es wohl aktuell am meisten braucht, damit es ihm gut geht. Nicht selten sind wir dann damit beschäftigt, viele Hypothesen und mögliche Therapieinhalte und -methoden zu durchdenken. Das ist zeitaufwendig und erweist sich nicht selten dennoch nicht als passend.
Oder aber LehrerInnen und auch Eltern formulieren Erwartungen an die Therapie und setzen eigene Schwerpunkte und Therapieziele. So kann es sein, dass ein Kind mit diagnostizierter ADHS plus LRS sowie Problemen im Sozialverhalten eine Therapie beginnt. Für den Lehrer ist das hyperaktive Verhalten des Kindes in der Schulstunde eine Belastung und er formuliert eine Reduzierung der motorischen Unruhe als das dringlichste Ziel. Die Eltern hingegen machen sich große Sorgen um die schwachen Rechtschreibleistungen des Kindes, fürchten um seine beruflichen Zukunftsaussichten und sehen in einer Verbesserung der Rechtschreibleistung das wichtigste Ziel. Sprechen wir jedoch mit dem Kind und fragen es nach seiner Einschätzung, was sich möglichst zum Guten verändern soll, so kommt möglicherweise die Antwort: „Ich möchte mich besser mit meinen Mitschülern verstehen."

Dann kann es genau das Richtige sein, mit dieser, dem Kind am Herzen liegenden Thematik, die Therapie zu beginnen. Hier ist der Veränderungswunsch schon da und damit auch eine Motivation. Das Kind erlebt, dass es in seinen eigenen Bedürfnissen wahrgenommen und ernstgenommen wird. Hier entsteht die große Chance,

dass auch die Beziehung zwischen Therapeutin und Kind einen vertrauensvollen Anfang nimmt. Wenn das Kind dann in dem ihm wichtigsten Bereich erste Veränderungen erlebt, sich damit wieder als selbstwirksam erlebt, ist ein wichtiger Schritt getan, um sich dann auch mit erstarktem Selbstwertgefühl und Motivation den anderen Themen zuzuwenden.
Mit einer Haltung des Nicht-Wissens dem Kind zu begegnen bedeutet auch, ihm mit Wertschätzung zu begegnen. Die Wünsche und Bedürfnisse des Kindes werden handlungsleitend, auch Erfahrungen des Kindes, z. B. frühere Lösungs- und Bewältigungsversuche, können gewürdigt werden.

1.1.2 Der Ressourcenblick

„It's not a bug, it's an undocumented feature!"
(Es ist kein Fehler, es ist eine undokumentierte Funktion!)

(Quelle unbekannt, das Zitat wird oft Bill Gates oder Steve Jobs oder Linus Torvalds zugeordnet.)

Der konsequente Ressourcenblick kann auch auf den ersten Blick problematisch wirkende Verhaltensweisen in einem anderen Licht erscheinen lassen. So „kritzelt" und malt ein Kind vielleicht häufig im Unterricht und füllt so in einer Schulstunde zahlreiche Blätter, statt, wie gewünscht, ein Tafelbild abzuschreiben oder dem Lehrer zuzuhören. Bei genauerem Hinsehen kann man jedoch entdecken, dass das Kind nicht nur gut zeichnen kann, sondern mit wenigen Strichen Comicfiguren auf dem Papier entstehen lässt, die einem Profi Ehre machen würden. Die als „Unaufmerksamkeit" wahrgenommene Verhaltensweise offenbart auf den zweiten Blick ein ungewöhnliches Talent, für das nur noch ein geeigneteres Setting gefunden werden muss. Entscheidend ist hier, dass das Verhalten des Kindes nicht nur unter dem Aspekt der fehlenden Aufmerksamkeit kritisch gesehen oder auch abgewertet wird, sondern dass diese künstlerische Fähigkeit des Kindes Wertschätzung und Bestätigung erfährt. So kann dieses Zeichentalent und die Kreativität z. B. in der Therapie bei der Erstellung eines „Lösungscartoons" konstruktiv genutzt werden.

Aber auch grundsätzlich im Gespräch mit dem Kind nach Ressourcen Ausschau zu halten kann viel zur Selbstwertstärkung des Kindes beitragen und uns als Therapeuten nicht zuletzt wertvolle Hinweise auf Lösungen bieten. Gerade Kinder, die es schon gewohnt sind, sehr defizitorientiert über sich zu denken, sind vielleicht zu Beginn zögerlich und ratlos, da sie schon der Ansicht sind, dass sie „nichts gut können". Doch Kinder verfügen immer über sehr viele Fähigkeiten in verschiedenen Lebensbereichen. Es ist wichtig, sich hier nicht nur auf den schulischen Leistungsbereich zu konzentrieren, sondern auch Hobbys etc. in den Blick zu rücken. Selbst Kinder, die der Meinung sind, es gebe nichts, was sie bisher erfolgreich gelernt hätten, haben so vieles in ihrer Entwicklung bereits bewältigt: Sie haben sprechen gelernt, singen, malen, laufen, meist auch Fahrradfahren, all dies sind große Leistungen.

Oft kann man durch kleine methodische Ideen diesen Defizit-Blick weiten und auf Ressourcen lenken. Die Kinder erhalten ein weißes Blatt Papier, das leer ist, bis auf einen schwarzen Punkt in der Mitte. Dieser schwarze Punkt in der Mitte steht für das Problem, das das Kind aktuell belastet. Aber das Leben besteht noch aus so viel mehr, und dies wird durch den noch leeren weißen Bereich des Blattes symbolisiert. Das Kind kann nun mit Worten, Symbolen oder Bildern all das, was es an Fähigkeiten in sich trägt, z. B. Gitarre spielen, singen, Judo etc. oder auch äußere Ressourcen wie ein Haustier, die Lieblingsmusik oder das Baumhaus im Wald auf das Papier bringen. Innere Ressourcen und äußere Kraftquellen werden so als Gegengewicht zum Problem sichtbar und bekommen Gewicht. Oft können Kinder so auch schon feststellen, dass es durchaus Bereiche gibt, in denen sie bereits über eine gute Konzentration verfügen. Ein Instrument zu spielen oder auch in einem Computerspiel aufmerksam zu bleiben, die einzelnen Übungen im Judo ausführen zu können, all das sind Fähigkeiten, die dann auch für schulische Bereiche nutzbar gemacht werden können. Möglicherweise ist es bei einem sportlich engagierten Kind so, dass es ein handelnder Lerntyp ist, dem es hilft, beim Lernen in Bewegung zu sein, z. B. beim Vokabellernen im Raum umherzugehen, statt still auf einem Stuhl zu sitzen. So können schon kleine Veränderungen in der Lernumgebung und im Lernverhalten positive Veränderungen bewirken, Ressourcen kommen wieder in den Blick, und das Kind erlebt sich als selbstwirksam.

1.1.3 Lösungsorientierte Kommunikation

„Lösungen lauern überall!“

(Paul Watzlawick)

Bei dem Aufspüren von Ressourcen und bisher schon erfolgreichen Bewältigungsversuchen ist es sehr hilfreich, auf die zentralen Fragen zurückzugreifen, die in der lösungsorientierten Kurzzeittherapie Verwendung finden.[11]
In der SchADSkiste sind diese auf das Thema Konzentration hin zugeschnitten worden und können als Gesprächsleitfaden dienen.

- **Ausnahmefragen:** *In welchen Situationen kannst du dich gut konzentrieren?* - Der Fokus wird nicht auf die problematischen Bereiche gelegt, sondern man kann sich den Bereichen zuwenden, in denen es bereits gut läuft. Ist die gewünschte Fähigkeit schon bei bestimmten Tätigkeiten vorhanden, stärkt dies das Selbstbewusstsein des Kindes und wir als TherapeutInnen bekommen Hinweise auf Settings, in denen die Bedingungen für Konzentration günstig sind.

- **Skalierungsfragen:** *Wo/bei welcher Zahl stehst du im Moment auf einer Skala von 1 bis 10, wie hast du es bis dahin geschafft? Wo ist dein Ziel? Was müsstest du tun, um z. B. von einer 3 auf eine 4 zu kommen?* - Die aus der Verhaltenstherapie stammenden Skalierungsfrage dient zum einen der Selbsteinschätzung des Kindes und ist für die TherapeutIn von hohem diagnostischen Wert. Schätzt das Kind sich z. B. selbst ungünstiger ein, als es der Lehrer tut? Oder empfindet es die Situation als gar nicht so kritisch, wie es das Umfeld einschätzt? Die Frage nach der Zielvorstellung gibt Aufschluss darüber, ob das Kind z. B. bei einer Veränderung um 2 Punkte mit der Situation zufrieden wäre oder aber erst bei der Ziffer 10, also in einer nahezu perfekten Situation, das Gefühl hätte, einen Erfolg erzielt zu haben. Die Frage nach der Veränderung von einer Stufe auf die nächste lenkt die Aufmerksamkeit auf die einzelnen Schritte hin zum Ziel. So können Teilschritte auf dem Weg zum Ziel genau definiert werden, indem beobachtbares Verhalten beschrieben wird. Beispielsweise kann das Kind formulieren, dass es auf der Stufe 4 dann geschafft hat, zu einem festgelegten Zeitpunkt mit den Hausaufgaben zu beginnen und mindestens 10 Minuten dabeizubleiben. Oder aber es setzt sich das Ziel, in einer Schulstunde auf die Aufgabe konzentriert zu bleiben, ohne mit dem Nachbarn zu sprechen. Mit solchen Zielformulierungen werden auch kleine Erfolge messbar und erlebbar.

- **Wunderfrage:** *Wenn über Nacht ein Wunder geschieht: Wie wirst du entdecken, dass es geschehen ist und ein Problem gelöst ist? Was würdest du dann tun, was du im Moment noch nicht tust?* - Die Wunderfrage kann in eine kleine märchenhafte Geschichte verpackt werden, sodass das Kind sich besser solch eine Veränderung „wie durch Zauberhand“ vorstellen kann. Hier wird die Aufmerksamkeit auf die kleinen Veränderungen gelegt, die eine Problemlösung mit sich bringen würde. Möglicherweise sagt das Kind, dass es bemerkt, beim Aufwachen gute Laune zu haben, und sich auf den Tag freut. Auch die Eltern reagieren vielleicht anders, die Stimmung zu Hause ist gelöster und entspannter. Es geht also nicht um die Verbesserung schulischer Leistungen, die sonst oft als Veränderungsziel genannt wird, sondern um kleine atmosphärische Verbesserungen. Die Folge-Frage, was das Kind in so einem Fall dann anderes tun würde, zielt darauf, dass schon eine Veränderung der Gestimmtheit eine bessere Motivation und Lernbereitschaft erzeugt und somit wichtige Voraussetzungen für Lernerfolge schafft. Diese Frage bietet sich auch in Elterngesprächen an, um auch hier den Blick zu weiten, von einer zuvor auf Noten gerichteten „Problemhypnose“ hin zu Verhaltens- und Gefühlsebenen, die für ein wieder entspannteres Miteinander so wichtig sind.

- **Bewältigungsfragen:** *Wie hast du es, trotz aller Schwierigkeiten, bisher geschafft?* – Hier wird oft deutlich, dass die Kinder sich bereits Strategien angeeignet haben, um die Situation zu bewältigen. Konkret haben sie sich z. B. Helfer gesucht, üben etwa die Vokabeln mit der Großmutter. Oder sie haben ein Berufsziel, das sie motiviert, weiterzumachen und nicht aufzugeben.

- **Selbstvertrauen- und Zuversichtsfragen:** *Was lässt dich glauben, dass du es* *schaffen kannst? Über welche Fähigkeiten verfügst du schon? Was hast du alles schon gelernt und geschafft in deinem Leben?* - Durch die Frage werden Suchprozesse nach grundsätzlichen, charakterlichen Eigenschaften ausgelöst. So sagte ein Kind z. B.: „Ich bin stur, ein Dickkopf. Ich erreiche, was ich will!" Dies kann dann konkretisiert werden. Was macht „Sturheit" aus? Beispielsweise: nicht aufgeben, am Ball bleiben, immer wieder aufstehen. Woran sieht man das konkret? Wann hast du diese Fähigkeit schon mal erfolgreich eingesetzt? Etwa beim Fahrradfahren: Man fällt hin und versucht es wieder. Diese Fragen auch den Eltern zu stellen, in Anwesenheit des Kindes, kann erstaunliche Wirkungen entfalten. Die Kinder erleben, dass die Eltern ihnen die Veränderung zutrauen, das kann enorme Kräfte freisetzen.

Es kommt nicht selten vor, dass gerade Jugendliche mit Vorbehalten zu uns kommen und auch ihre Veränderungsmotivation zu Anfang relativ gering scheint. Sie sind möglicherweise nicht aus eigenem Antrieb zu uns gekommen und brauchen Zeit, um sich zu öffnen. Sie wollen nicht über ihre Probleme mit uns sprechen, stellen vielleicht auch den Sinn des Ganzen in Frage.
Solcher Skepsis zu Anfang können wir beispielsweise begegnen, indem wir auf anderem Weg als der direkten Frage ein Gespräch einleiten. Die indirekte Methode des „As-if-Frames" kann hier sehr hilfreich sein: Angenommen, die Therapie *würde* dir weiterhelfen, was *könnte* sich dann für dich ändern? (Eine Variation der „Wunderfrage") Was *könnte* sich für dich klären, auf welche Fragen *würdest* du eine Antwort finden?
Die im Konjunktiv formulierten Fragen eröffnen einen Möglichkeitsraum, können innere Suchprozess initiieren, ohne dass der Jugendliche sich durch direkte Fragen womöglich unter Druck gesetzt fühlt.

1.2 Imaginationen

„Mach die Augen zu und was du dann siehst, das ist deins!"

(Mein Vater)

1.2.1 Theorie-Baustein: die Kraft der inneren Bilder – zum neurobiologischen Hintergrund

Diese Botschaft meines Vaters war wohl dazu gedacht, die – aus Sicht der Erwachsenen – zu hochfliegenden Wünsche und Träume des Kindes zu begrenzen. Der Effekt war jedoch ein ganz anderer: Es ist ja nicht etwa nur eine schwarze Wand, die dann wahrnehmbar ist. Wenn man die Augen schließt, kann eine fantastische Welt in der Vorstellung, vor dem inneren Auge, entstehen. Dort ist alles möglich. Zukunftsvisionen nehmen Gestalt an, und neue Wege können zur Probe gegangen werden, ohne unmittelbare Auswirkungen fürchten zu müssen. Diese inneren Vorstellungen sind eine wichtige Voraussetzung für ein erfolgreiches Handeln in der Realität. Die Neurobiologie der letzten Jahre hat dazu wichtige Erkenntnisse gewonnen. Hier werden nun die wichtigsten vorgestellt und entsprechend des Wissens um „die Macht der Bilder" auf knappe, jedoch innere Bilder evozierende, Aussagen beschränkt. Wer sich detaillierter mit dem Thema beschäftigen möchte, dem seien die Bücher von Gerald Hüther und Heidrun Vössing empfohlen[12].

Menschen denken, fühlen und handeln auf bestimmte, individuelle Weise. Diese jeweils spezifische Art und Weise, wie das eigene Gehirn benutzt wird, entscheidet darüber, welche Verschaltungen der Nervenzellen durch häufige Nutzung stabilisiert und gefestigt werden und welche neuronalen Verknüpfungen durch Nichtbenutzung verlorengehen. Für unser Gehirn heißt es also: „Use it or lose it!"[13]
Unsere inneren Bilder beeinflussen dabei die Art unseres Denkens, sie entscheiden darüber, ob wir eher entdeckungsfreudig oder eher ängstlich in die Welt schauen, denn wir haben ein Bild von uns selbst, von unseren Fähigkeiten im Kopf und entsprechend dieser Vorstellungen nutzen wir unser Gehirn.[14] Betrachten wir uns selbst als wagemutig und stark, so entwickeln wir eher Gedanken, die Neues entdecken lassen oder nach Lösungen suchen. Sehen wir uns eher als vorsichtig oder ängstlich, so werden auch eher Denkprozesse angestoßen, die von Sorge, Angst oder Resignation begleitet sind.

Unser Denken, unsere inneren Bilder und Vorstellungen bleiben jedoch nicht nur folgenlose Gedankenspielerei, sondern sie lenken dann auch unser Handeln! Unsere Leitbilder und Visionen von der Zukunft steuern unser Verhalten. Wir Menschen sind – meistens – in der Lage, vorausschauend zu planen, und wir tun dies auf der Basis unserer inneren Bilder.

Auch unsere Emotionen und Sinne werden von diesen inneren Vorstellungen beeinflusst. Lesen Sie nun das Wort „Zitrone", so haben Sie vermutlich nicht nur sofort das Bild einer Zitrone vor Augen, ihre Farbe und Form wie ein Foto vor sich, sondern Sie spüren auch den säuerlichen Geschmack im Mund und die Mundmuskeln ziehen sich zusammen. Vielleicht verziehen Sie auch unwillkürlich das Gesicht, da dieser Geschmack bei Ihnen eine kleine Abwehrreaktion auslöst.[15]

Von Gunter Schmidt, dem eloquenten Systemtherapeuten, wird berichtet, dass er während eines – durchaus unterhaltsamen – Vortrags die Zeit vergaß, sodass die geplante Pause nicht mehr einzuhalten war. In dem Wissen über die „Kraft der inneren Bilder" schlug er seinem Publikum vor: „Stellen Sie sich eine Pause vor!" Die einzelnen Menschen konnten z. B. imaginieren, wie sie kurz vor die Tür gehen, an der frischen Luft tief einatmen, sich vielleicht im Foyer in einen bequemen Sessel setzen und die Beine ausstrecken. Und das ist das Erstaunliche: Der Körper reagiert auf diese inneren Vorstellungsbilder so, als passiere es tatsächlich gerade! Die Muskeln entspannen sich, die Atmung vertieft sich, ein angespannter, konzentrierter Gesichtsausdruck wird weicher. Der Erholungseffekt einer Pause stellt sich so durch die genaue Vorstellung davon ein, durch das konkrete, detailreiche Ausmalen der Situation. Natürlich kann die Vorstellung nicht dauerhafter Ersatz für das reale Handeln sein, aber die Kraft unserer Vorstellung kann durchaus enorme Kräfte freisetzen.

Auch in unseren Erinnerungen und aktuellen Wahrnehmungen spielen Bilder eine große Rolle. Sind diese Bilder dazu noch in stark emotional aufgeladenen Situationen entstanden, gehen sie so schnell nicht mehr aus dem Kopf. Sie bleiben eng mit dem limbischen System, also dem Teil des Gehirns, der der Gefühlsverarbeitung dient, verbunden. Die miteinander verknüpften Bilder und Emotionen sind daher besonders stabil verankert und gefestigt.[16] Viele von uns haben eine besondere Erinnerung an ein Schulfach, nicht wegen des Inhalts des Fachs, sondern wegen des Lehrers, der es unterrichtete. So haben wir vielleicht ein Fach abgelehnt und engagierten uns entsprechend wenig, da uns der Lehrer unsympathisch war, sein Unterrichtsstil uns nicht ansprach oder uns sein Verhalten sogar Angst machte. Diese emotionalen Reaktionen verbanden sich in unserem Gehirn mit dem Inhalt des Fachs. Die Aversion gegen ein Fach hielt sich vielleicht für lange Zeit. Mochten wir hingegen den Lehrer gern, waren wir motiviert und anstrengungsbereit, sogar, wenn das Fach uns eigentlich weniger attraktiv schien. Erfahrungen, die wir machen, ob gute oder schlechte, werden in unserem Gehirn verankert und haben auch für die Zukunft Einfluss darauf, wie unsere neuronalen Netzwerke genutzt werden.

Doch wir sind durch unsere negativen Erfahrungen nicht für unser ganzes Leben in unserem Denken und Handeln festgelegt, denn die gute Nachricht ist: Die Verschaltungsmuster in unserem Gehirn sind veränderbar! Neuroplastizität ist der wissenschaftliche Ausdruck für diese Veränderbarkeit unseres Denkens und Fühlens. Bestehende neuronale Muster können durch neue Erfahrungen „überschrieben“ werden und neue Wege im Denken und Fühlen eröffnen.[17]

Wichtig für die Verankerung neuer Erfahrungen ist eine Aktivierung des limbischen Systems. Wenn wir etwas Neues und Unerwartetes erleben, bewertet unser Gehirn dies sofort, und zwar als negativ oder positiv. Es setzt eine Ausschüttung von Signalstoffen in kortikalen Hirnregionen ein und die Bahnung neuer Synapsen wird stimuliert. Unser Gedächtnis verfügt also nicht nur über Erinnerungen für das, was getan wurde, also für die Fakten, sondern auch für die Bewertungen und Gefühle dabei. Wir verfügen damit nicht nur über eine Erinnerung an unsere Handlungen, sondern über ein „emotionales Gedächtnis“ für erfolgreiche und erfolglose Bewältigungsstrategien.
All dies bedeutet: „Wenn etwas gut, effektiv und nachhaltig gelernt werden soll, müssen Emotionen im Spiel sein“[18], und zwar positive!

Lernen geschieht dann besonders erfolgreich, wenn es Spaß macht! Positive Erfahrungen im Lernprozess, Freude, Bestätigung, Motivation und natürlich das Erfolgserlebnis sind die Garanten für effektives Lernen und Behalten.

Doch wie genau können neue Erfahrungen alte, ungünstige Erfahrungen „überschreiben"? Wie können effektiv „neue Spuren" im Gehirn angelegt werden?
Die wichtigste Erkenntnis dabei ist: Es wird ein inneres Handlungsbild aktiviert, BEVOR es zu einer Handlung kommt. Damit es überhaupt zu einer Handlung kommt, muss ein Handlungsbild evoziert werden [19], müssen innere Bilder die Aufmerksamkeit in eine bestimmte Richtung lenken.
Jedes Bild und jede Lernerfahrung ist als neuronales Erregungsmuster gespeichert. Je häufiger dieses Muster aktiviert wird, umso stabiler ist es.
Stellen Sie sich eine wilde Wiese vor, in der das Gras schon lange unbekümmert wachsen konnte. Wenn Sie ein Mal diese Wiese durchqueren, drücken Sie beim Gehen das Gras auf den Boden. Doch kurz nachdem Sie die Wiese verlassen haben, wird sich das Gras wieder aufrichten, so, als ob nie zuvor ein Mensch darüber gegangen wäre. Gehen Sie jedoch häufiger den gleichen Weg über diese Wiese, so wird das Gras bald dauerhaft am Boden liegen bleiben. Machen Sie diese Schritte immer wieder und wieder, so entsteht allmählich ein kleiner Pfad, der sich mit der Zeit zu einem Weg ausdehnt. Ist dieser Weg dann einmal richtig verfestigt, kann man sich immer schneller mühelos darauf bewegen.
Das neuronale Erregungsmuster, das Sie aktivieren, ist von einem Feldweg zur „neuronalen Autobahn" geworden.
Wenn also neue Denkweisen und auch Verhaltensänderungen gelingen sollen, brauchen wir diese neuen Spuren im Gehirn, die vom Feldweg zur Autobahn werden.[20]

Um ein Erregungsmuster im Gehirn zu aktivieren ist es also nicht nötig, eine Handlung gleichzeitig auszuführen. Es reicht aus, Handlung zu beobachten, oder auch, sie sich nur vorzustellen, um die handlungssteuernden Neuronen zu aktivieren. Dies haben wir den Spiegelneuronen, mirror neurons, zu verdanken. In Verhaltensexperimenten konnte man feststellen [21], dass zum einen, wie zu erwarten, bei einer Person, die eine Handlung ausführt, die entsprechenden beteiligten Hirnareale aktiviert sind. Spannend ist jedoch, dass auch bei jemandem, der die Handlung eines anderen nur beobachtet, der also nicht selbst aktiv wird, die gleichen Hirnareale, die z. B. für den motorischen Ablauf der Handlung, die Bewegung der Hände etc., zuständig sind, aktiviert sind. Es reicht also aus zu sehen, was beim Gegenüber geschieht, um die entsprechenden Erregungsmuster im eigenen Gehirn zu produzieren. Durch die Entdeckung dieser Neuronen konnte eine Art „neurobiologische Resonanz" nachgewiesen werden.[22]
Besonders interessant ist, dass es sogar ausreicht, nur die Vorstellung von etwas zu haben, um die neuronalen Muster im Gehirn zu aktivieren. Natürlich wird nicht jede vorgestellte Handlung umgesetzt, doch erhöhen Vorstellungen einer Handlung die Chance ihrer Realisierung.[23] Diese „Macht der Bilder" können die Kinder,

die zu uns kommen, mithilfe passender Methoden und Techniken gut einsetzen, um ihre Ziele zu erreichen, Einstellungs- und Verhaltensänderungen umzusetzen und wieder Erfolge zu erleben.

Für unsere Arbeit ist es dabei ganz wichtig, mit den Kindern nicht nur über ihre Ziele zu sprechen, sondern darauf zu achten, dass die Kinder auch innere Vorstellungen davon gewinnen. Wenn wir nur „darüber reden", könnte es sonst passieren, dass die Begriffe leere Worthülsen bleiben. Nicht nur das Ziel abstrakt im Kopf zu haben, sondern die angestrebte Handlung zu visualisieren, ist entscheidend für eine Veränderung. Die detaillierte Vorstellung einer Handlung hat viel größere Chancen, in der Realität umgesetzt zu werden, als eine bloße verbale Äußerung.[24]

1.2.2 Die Macht der Bilder – zentrale Thesen

„Von Hägar lernen heißt siegen lernen!"

(Unbekannter Wikinger)

Da visuelle Eindrücke, besonders, wenn sie ungewöhnlich und überraschend sind, besonders einprägsam sind, wird nun Hägar die wichtigsten Thesen zur „Kraft der inneren Bilder" noch einmal veranschaulichen. *(s. Abb. 2a/b–5, S. 61–62)*

Bild 2a/b: Hägar hat genaue Vorstellungen vom Ziel ...

Bild 3: Die anderen auch ..., allerdings ihre eigenen.

Bild 4:
Hägar lernt dazu, formuliert sein Ziel genauer: „Rudert!" Nun will er auch noch zusätzlich große Motivation wecken …

Bild 5:
Die Bedeutung seiner Worte wird sehr eigenwillig interpretiert …

Oder, wie eine sprachwissenschaftliche Grundmaxime lautet: Über den Inhalt der Botschaft entscheidet der Empfänger! Jeder Mensch deutet die Worte des anderen vor seinem eigenen Erfahrungshintergrund, deshalb ist die Frage „Was genau verstehst du unter …?", also die genaue, detaillierte Kommunikation über die Inhalte so wichtig.

Erwartungen beeinflussen die innere Gestimmtheit. Wenn ungünstige Vorstellungen das Denken bestimmen, so wirkt sich das stark auf die Motivation und Handlungs- bzw. Veränderungsbereitschaft aus. Die Aussicht auf Belohnungen, also positive Verstärkung, kann die Motivationslage hingegen entscheidend verbessern. *(s. Abb. 6 und 7, S. 63)*

Wenn Sie in Zukunft das Stichwort „Macht der inneren Bilder" lesen, werden Ihnen vermutlich sofort die Hägar-Cartoons einfallen. Die vermittelten Inhalte haben es so in Ihr Gedächtnis geschafft. Genau so funktioniert erfolgreiches Lernen! Auch die Kinder, die zu uns kommen, können davon profitieren.

Denn:

Innere Bilder spielen bei Veränderungen „eine ganz zentrale Rolle, weil sie so umfassend auf unser Denken und Fühlen einwirken. Die Veränderung innerer Bilder mithilfe imaginativer Methoden ist somit eine der effektivsten Möglichkeiten, neue Spuren im Gehirn anzulegen."[25]

Bild 6: Konkrete positive Zielvorstellungen

Bild 7: Motivation durch positive Emotionen

(Bild 2a/b–7: © 2003 KFS/Distr. Bulls [Dik und Chris Browne])

1.2.3 Der Einstieg in Imaginationen – nützliches Handwerkszeug

Den meisten Kindern fällt es leicht, sich auf Imaginationen einzulassen. Sie leben noch in einer Welt, in der beides, die äußere Realität und die inneren Bilder und Fantasien einen gleichwertigen Stellenwert haben. Magische Welten, Märchen, Rollenspiele sind ein wichtiger Teil ihres Lebens.
Jugendliche können für diese Methode und die Idee der „Macht der Bilder“ gewonnen werden, indem auf das Berufsleben oder auch den Sport Bezug genommen wird. Auch ManagerInnen absolvieren Stressbewältigungskurse oder auch Coachings, um Kräfte zu sammeln und neue Ziele zu avisieren. Im Fußball hat das „mentale Training“ mittlerweile große Bedeutung erlangt. PsychologInnen schulen die SportlerInnen, da nicht nur die körperliche Fitness für einen Erfolg wichtig ist. Gerade die inneren Überzeugungen und das Selbst-Bewusstsein machen oft den Unterschied aus zwischen einer guten und der besten Mannschaft. An sich und den eigenen Erfolg zu glauben, selbst, wenn nicht immer ein Sieg am Ende steht, ist entscheidend. Jedes Kind hat schon einmal gesehen, wie jede Fußballmannschaft vor Beginn des Spiels einen Kreis bildet, die SpielerInnen sich gegenseitig die Arme um die Schultern legen und durch motivierende Rufe ihre Kräfte mobilisieren. Sie rufen „Wir schaffen das!“, „Wir machen die Tore und gewinnen!“. Natürlich gewinnt am Ende trotzdem nur eine Mannschaft, dennoch ist der Glaube an den eigenen Sieg und die Zuversicht die entscheidende Voraussetzung für die Möglichkeit eines Erfolgs!

Zu Beginn einer Arbeit mit Imaginationen kann es hilfreich sein, einfache, kurze Geschichten einzusetzen, die von den Inhalten her noch nicht so sehr in die Tiefe gehen, sondern in erster Linie dazu dienen, einen Zustand der Entspannung und Offenheit zu ermöglichen.
Wir bekommen dazu auch wichtige Hinweise darauf, welche Art der Präsentation für das einzelne Kind hilfreich ist. Manche Kinder genießen es, die Geschichten ganz in Ruhe anzuhören und dabei die Augen zu schließen. Andere wiederum wirken vielleicht unruhig, und es würde ihnen helfen, während des Zuhörens motorisch aktiv zu werden, indem sie beispielsweise Ideen zu dem Gehörten malen oder plastisch darstellen.

Grundsätzlich ist es günstig, eine angenehme Körperhaltung einzunehmen. Dazu ist es nicht unbedingt nötig, sich hinzulegen, auch im Sitzen können Imaginationen wunderbar wirken. Entscheidend ist vielmehr, dass für einen Moment die Aufmerksamkeit auf das körperliche Empfinden gelenkt wird: Sitze ich überhaupt bequem? Fühlt es sich besser an, beide Füße auf dem Boden zu haben? Möchte ich mich anlehnen, um besser zu entspannen? Was möchten meine Hände? Lege ich sie in meinen Schoß? Oder möchten die Hände etwas tun, z. B. zeichnen?

Damit die Imaginationen ihre optimale Wirkung entfalten können, ist es nützlich, feste Rituale einzuführen, die das Signal für Öffnung und Entspannung sein können.

Bewährt hat sich z. B., vor Beginn einer Geschichte drei Mal tief ein- und auszuatmen und dabei eine Hand auf den Bauch zu legen, um so die Atmung auch fühlbar zu machen. Verstärkend können die Kinder beim Einatmen an ein Wort denken, z. B. „ICH", und beim Ausatmen „BIN". Die Gedanken schwirren weniger im Kopf umher, und es wird eine stärkere Fokussierung möglich.

Ein weiteres Ritual kann eine sogenannte Rahmengeschichte sein, die am Anfang und Ende jeder themenbezogenen Imagination erzählt wird. Es wird dabei immer dieselbe Geschichte, z. B. die der Feder, eingesetzt. Am Anfang platziert dient sie als Signal für den Einstieg in eine tiefere Entspannung. Am Schluss einer themenbezogenen Imagination wirkt sie als Zeichen für das allmähliche Ende der tiefen Entspannungsphase und erleichtert so die Rückkehr aus der Imagination.

1.2.4 *Imagination: „Der rote Luftballon" mit der Rahmengeschichte „Die Feder"*

1.2.4.1 *Rahmengeschichte: Trance-Induktion „Die Feder"*

Ich werde dir jetzt einige Dinge erzählen, die dir helfen können, dich zu entspannen. Du kannst mir zuhören und brauchst weiter nichts zu tun. Du kannst es dir gut gehen lassen. Setze dich oder lege dich so hin, wie es bequem für dich ist ... Wenn du magst, kannst du die Augen schließen ... Nimm einen tiefen Atemzug, ganz tief ... und jetzt atme langsam wieder aus ... Du atmest ein ... und aus ... ein ... aus ...

Du nimmst wahr, wie du hier sitzt, du spürst, wie deine Füße den Boden berühren, du fühlst, wie die Lehne des Stuhls deinen Rücken stärkt, du spürst, wie deine Arme ganz entspannt neben dir ruhen.
Du hörst vielleicht Geräusche, draußen auf der Straße, die näher kommen, sich wieder entfernen, so wie eine Welle, die an den Strand gespült wird und sich dann wieder zurückzieht ... und genau so atmest du ein und aus und du spürst, wie sich deine Brust hebt und senkt, während du atmest.
Und du kannst spüren, wie der Luftstrom durch deine Nase, deine Kehle hinunter, tief in den Brustkorb hineinfließt ... und noch tiefer in deine Mitte sinkt und du immer tiefer und tiefer entspannst. Bei jedem Atemzug kannst du noch ein bisschen tiefer entspannen ...

Stell dir nun vor, du siehst eine Feder. Du siehst, wie sie langsam vom Himmel herab zu Boden schwebt. Immer tiefer und tiefer ... und bei jedem Atemzug kannst du noch ein bisschen tiefer diese erholsame Entspannung fühlen.
Es kann sein, dass deine Gedanken andere Wege gehen, lass sie ruhig gehen ... Du kannst entspannen.
Dein Bewusstsein kann sich entspannen und dein Unbewusstes genießt diesen Zustand des tiefen Friedens.

Die Feder schwebt noch ein bisschen tiefer und ist fast am Boden angelangt ... Das Gefühl des Friedens und der Ruhe breitet sich immer mehr aus.
Gleich ... jetzt berührt die Feder den Boden und auch du hast den Zustand tiefster Entspannung erreicht. Du fühlst dich ruhig, friedlich, ganz bei dir.

1.2.4.2 Themenbezogene Imagination: „Der rote Luftballon“

(in Anlehnung an eine ähnliche Geschichte von Rüdiger Retzlaff[26])

Es gibt vielleicht Dinge, die dich belasten, Gefühle oder Gedanken, Sorgen, Ängste oder Probleme. Egal, was es auch ist, du selbst bist in Ordnung, so wie du bist. Und es gibt Lösungen für das, was dich belastet.

Um innerlich Platz zu schaffen für die Lösungen, kann es wichtig sein, die Probleme erst einmal in einen sicheren Abstand von dir wegzurücken.

Stell dir einen roten Luftballon vor, der noch nicht aufgeblasen ist. Mit diesem Luftballon kannst du belastende Gefühle, Gedanken und Sorgen wegschicken.
Atme nun tief ein und puste dann, im Ausatmen, in den Luftballon hinein ... und mit jedem Ausatmen kannst du belastende Gefühle, Gedanken und Probleme in den Ballon hineinatmen ...
Du bläst den Ballon auf, immer weiter, du siehst, wie der Luftballon wächst, wie er immer größer und größer wird ...
Alles Unangenehme bläst du in den Luftballon hinein ...
Nun machst du den Luftballon zu, indem du einen Knoten knüpfst.

Und dann ... jetzt ... lässt du den Luftballon los ... Langsam steigt er auf, höher, immer höher ...

Und du spürst, dass du selbst ganz leicht und frei wirst ... je weiter sich der Luftballon entfernt ... erleichtert ... frei ...
Und nun siehst du, wie der Luftballon, ganz klein geworden, am Horizont verschwindet.

Und du spürst, dass nun in dir eine Menge Platz und Freiraum entstanden ist und du kannst diesen freien Raum jetzt mit etwas anfüllen, mit Leichtigkeit, Freude, Energie.
Stell dir nun eine Farbe vor, vielleicht deine Lieblingsfarbe, und stell dir vor, wie diese Farbe in dich hineinfließt, dich allmählich auffüllt mit Kraft, Energie, Freude, mit guten Gefühlen.
Und du genießt dieses Gefühl der Fülle, der kraftvollen Energie und der Freude.

1.2.4.3 Rahmengeschichte: Herausführung aus der Trance „Die Feder“

Du spürst ganz viel positive Energie und du siehst auf einmal wieder die Feder vom Anfang. Die Feder wird von dieser positiven Energie, wie von einem kleinen Windhauch, langsam und allmählich vom Boden, wo sie in Ruhe lag, aufgenommen und allmählich emporgetragen. Und sie steigt weiter, immer weiter langsam nach oben.

Im gleichen Maße, in dem die Feder von dem Lufthauch nach oben getragen wird, steigen auch deine Wahrnehmungen und Gedanken wieder auf, immer weiter nach oben, bis sie ganz oben – jetzt – in deinem Bewusstsein angekommen sind ...
und auch du kommst jetzt – in deinem Tempo – allmählich wieder zurück in diesen Raum, du nimmst wahr, wie du hier sitzt, du fühlst die Lehne des Stuhls, die deinen Rücken stärkt, du bewegst vielleicht ein bisschen deine Finger oder streckst die Beine aus. Du räkelst und streckst dich vielleicht, ganz so, wie dein Körper und dein Geist es jetzt brauchen, um wieder ganz im Hier und Jetzt anzukommen.
Und wenn du die Augen wieder öffnest und wieder ganz aufmerksam in diesem Raum angekommen bist, fühlst du dich ganz erfrischt und erholt.

Die themenbezogene Imagination „Roter Luftballon" kann aufgrund ihrer Anschaulichkeit und einfachen Struktur gut eingesetzt werden, wenn Kinder und Jugendliche noch wenig oder gar keine Erfahrung mit Imaginationen haben. Gerade zu Beginn einer Therapie, wenn die Kinder noch sehr mit Problemen belastet sind, eignet sich der „rote Luftballon" zudem gut, um zunächst einmal die bestehenden Probleme ein Stück von sich wegzurücken. Diese Distanzierung lässt einen Freiraum entstehen, der Entlastung bringt oder sogar schon Neues entstehen lässt.
Wie bei vielen Imaginationen wäre es auch hier möglich, die vorgestellte Handlung auch tatsächlich auszuführen. Das Kind kann einen Luftballon aufblasen, dabei in der Vorstellung alle düsteren Gedanken hineinpusten, um danach den Luftballon z. B. tatsächlich fliegen zu lassen oder aber vielleicht mit einem Knall platzen zu lassen. Einige Kinder haben die Idee, den Luftballon in den Praxisräumen zurückzulassen oder aber direkt im Papierkorb zu entsorgen. Die Probleme hinter sich zu lassen, sie damit loszuwerden, kann eine sehr befreiende symbolische Handlung sein.

1.2.5 Sprachliche Gestaltungsmittel und die Rolle des Erzählenden

Grundsätzlich sind beim Einsatz von Imaginationen einige sprachliche Gestaltungsmittel von Bedeutung. Zum einen ist es wichtig, viele Affirmationen von Sicherheit, Vertrauen und Schutz einzusetzen, sodass die Kinder sich entspannen können und sich sicher fühlen.

Die Gedanken werden in der Gegenwartsform formuliert, d. h., Verben stehen im Präsens, sodass im Denkprozess der gewünschte Zustand bereits erreicht ist. Grundsätzlich ist von Bedeutung, nur Positiv-Formulierungen zu nutzen, da unser Gehirn mit Verneinungen nicht gut zurechtkommt. Erinnern Sie sich nur an den Satz „Denk nicht an den rosa Elefanten!", der unweigerlich sofort das Tier im Raum auftauchen lässt.

Die gewählten Worte implizieren schon die Veränderung: „Du kannst jetzt entspannen!" „Können" verweist gleichzeitig darauf, dass die Fähigkeit bereits vorhanden ist. Das Wort „vielleicht" lässt dem Kind die Wahl, ob und wenn ja, welche Bilder entstehen. Dabei öffnet das Wort noch durch seine Zusammensetzung aus „viel" und „leicht" einen Horizont, der zahlreiche Möglichkeiten und einen einfachen Zugang dazu aufscheinen lässt.

Mit dem Kind oder Jugendlichen in einen guten Kontakt zu kommen, ist eine wichtige Voraussetzung für das Gelingen von Imaginationen. So ist es nützlich, die Haltung des Gegenübers wahrzunehmen und auch selbst einzunehmen, um so ein Zeichen zu setzen, dass der körperlichen Gestimmtheit des anderen wohlwollend begegnet wird.
Natürlich werden wir auch die Inhalte und Erzählweise an das Kind, das uns zuhört, anpassen. So können wir beispielsweise Vorlieben des Kindes, Hobbys oder das Lieblingstier in die Geschichten einfließen lassen. Auch besondere Interessen des Kindes für einen bestimmten Film etc. können so gut genutzt werden.
Dieses Einlassen auf das Spezifische unseres Gegenübers, dieses wohlwollende Aufnehmen, wird in der hypnotherapeutischen Therapiemethode „pacing" genannt.[27]

Im nächsten Schritt, wenn wir erleben, dass das Kind bereit ist, sich auf die Geschichte einzulassen, können wir dann erste Impulse setzen oder Veränderungsideen anbieten. Diese Phase hin zu einer für das Kind passenden Lösung wird dann „leading"[28] genannt.

Das Zusammenspiel von „pacing" und „leading" wird auch als „yes-Set" bezeichnet. Ein Beispiel für dieses Vorgehen enthält die Tranceinduktion „Feder": Zunächst wird genau das mit Worten beschrieben, was der Wahrnehmung des Kindes exakt entspricht: „Du spürst, wie sich deine Brust durch deinen Atem hebt und senkt." Ja, so spürt es das Kind. Im zweiten Schritt heißt es: „Du kannst spüren, wie der Atem an deiner Kehle vorbeiströmt". Ja, so ist es. Von der äußeren Wahrnehmung geht es dann über zu einer inneren: „Und der Atem sinkt noch tiefer, bis hin zu deiner eigenen Mitte." Ja! Im letzten Schritt dann findet die Weiterführung, die Entwicklung zu etwas Neuem statt: „Und es gelingt dir, noch ein bisschen tiefer zu entspannen!" Dies ist die Botschaft, der Auftrag, der mit Verben der Zuversicht verstärkt wird. Es geht also um eine sanfte Lenkung, die zu neuen positiven Entwicklungen führen kann, die natürlich zuvor auch von dem Kind als Ziel so benannt wurden.[29]

Eine Kongruenz von Inhalt und Erzählweise ist natürlich ebenfalls günstig. Wenn wir das Sprechtempo oder auch die Tonlage unserer Stimme entsprechend dem erzählten Inhalt verändern, wird die Geschichte umso anschaulicher und miterlebbar.

Oft ist es so, dass Außengeräusche, wie der Autoverkehr draußen oder Stimmen auf dem Flur, das Klingeln eines Telefons während des Erzählens wahrnehmbar sind. Hier können wir, statt uns gestört und unterbrochen zu fühlen, diese Außengeräusche in unsere Geschichte einbauen und so sogar die Ressourcen noch stärker aktivieren. Diese Technik der Nutzbarmachung von Phänomenen oder Fähigkeiten, die „Utilisation", ist der Hypnotherapie von Milton Erickson entlehnt.[30]

So kann z. B. der Autoverkehr verglichen werden mit Wellen am Meer: „Du nimmst vielleicht gerade draußen Autos wahr, die näher kommen. Du hörst die Motorengeräusche, die lauter werden, um dann allmählich wieder leiser zu werden, wenn die Autos sich wieder entfernen. Wie die Wellen am Strand, sie rauschen heran, um sich dann wieder zurückzuziehen, ein gleichmäßiges Kommen und Gehen."

Grundsätzlich ist es gut, viele Sprechpausen zu machen, dem Kind Zeit zu lassen, eigene Bilder zu entwickeln.
Beim Zuhören entstehen allmählich Bilder und Empfindungen.

Für viele ist es entlastend, auch zu hören, dass es völlig in Ordnung ist, wenn Gedanken kommen und gehen. Nichts muss, alles kann. Die Kinder können sich auch mal treiben lassen, sich dem Fluss der Gedanken überlassen. Wichtig ist: „Tu, was gut für dich ist, alles ist in Ordnung."

1.2.6 Gut zu wissen

Bei den Imaginationen und auch bei den im Weiteren in der SchADSkiste vorgestellten Therapieelementen wie Handpuppenarbeit etc. wird auf Methoden zurückgegriffen, die der Psychotherapie entstammen. Im Förderkontext z. B. einer Lerntherapie stehen bei der Nutzung dieser Methoden jedoch das Lernen bzw. die positive Ausrichtung auf den Lernprozess im Zentrum. Der Einsatz der Methoden in diesem Kontext dient also dazu, den Kindern oder Jugendlichen eine positive Grundstimmung zu vermitteln und ihnen die Möglichkeit zu eröffnen, sich mit den eigenen Ressourcen (wieder) zu verbinden.
Diese Art der Arbeit ist unbedingt abzugrenzen von einer Kinder- und Jugendpsychotherapie, die von PsychologInnen und KinderpsychiaterInnen durchgeführt wird. Wenn also erkennbar wird, dass ein Kind oder Jugendlicher Verhaltensweisen oder Denkmuster zeigt, die auf eine psychische Störung oder Erkrankung hinweisen, so ist selbstverständlich unbedingt an einen Facharzt bzw. einen Psychotherapeuten zu verweisen. Dort können dann beispielsweise Depressionen, Angsterkrankungen etc. diagnostiziert und professionell behandelt werden.
Für uns, die wir mit Kindern und Jugendlichen in Therapie und Förderung arbeiten, gilt immer: Eine Fachfrau oder einen Fachmann erkennt man daran, dass sie bzw. er seine Grenzen kennt, benennt und interdisziplinär mit anderen Fachrichtungen zusammenarbeitet.

Imaginationen, die z. B. im lerntherapeutischen Kontext eingesetzt werden, sind immer darauf ausgerichtet, positive Bilder zu evozieren, an Ressourcen anzudocken. Deshalb ist nicht zu befürchten, dass ungewollt z. B. ängstigende Inhalte auftauchen.
Auch können Sie mithilfe der hier vorgestellten Merkmale und Gestaltungsmittel eigene Geschichten erfinden, die dann individuell an den Wünschen und Bedürf-

nissen des Kindes ausgerichtet werden können. So kann z. B. das Lieblingstier eines Kindes der „Held“ einer Geschichte werden, mit dem das Kind sich dann leicht identifizieren kann.

Es ist dabei jedoch wichtig, ein paar Aspekte zu berücksichtigen: Wenn Sie Geschichten erfinden wollen, die an Erlebnisse des Kindes in der Vergangenheit anknüpfen, so sollte unbedingt deutlich werden, dass es um positive Erinnerungen geht, um so den inneren Suchprozess des Kindes in diese Richtung zu lenken und nicht womöglich ungeplant traumatische Erinnerungen des Kindes an die Oberfläche zu holen. Werden also Altersregressionen Thema, so könnte eine Formulierung sein: „Erinnere dich an ein schönes, positives Erlebnis in deiner Vergangenheit, als es dir richtig gut ging und du ganz sicher und entspannt warst.“

Bei den recht offen gehaltenen Imaginationen ist es leicht, sie durch kleine Veränderungen den individuellen Erfordernissen des jeweiligen Kindes anzupassen. Ist ein Kind beispielsweise Heuschnupfenallergiker, so kann (bzw. sollte) bei einer Rahmenhandlung etwa statt einer Wiese ein Strand imaginiert werden. Empfindet das Kind hingegen einen Wald eher als dunkel und bedrohlich, so ist stattdessen eine offene Landschaft, eine weite Ebene hier passender.

Wenn Sie einige Erfahrungen mit Imaginationen gesammelt haben, möchten Sie vielleicht auch die Arbeit mit „inneren Anteilen“ in Ihre Arbeit einbauen.[31] Ähnlich, wie es Friedemann Schulz von Thun mit seinem „inneren Team“ macht[32] können wir auch mit den Imaginationen (oder, wie später beschrieben, auch mit Handpuppen) arbeiten. Der wütende Teil beispielsweise, der immer wieder in einem Kind zutage kommt, kann in Verhandlungen mit einem anderen Teil treten, der sich Ruhe und Gelassenheit wünscht. Möglicherweise bekommen diese Teile auch eine Gestalt, sei es in Kämpfern oder wilden Tieren etc. Um auch hier eine positive, konstruktive Beschäftigung mit diesen Inhalten möglich zu machen und auch die Kontrolle über den Prozess zu behalten, haben sich vier Arbeitsregeln bewährt, die auf den Kinder- und Jugendpsychiater Götz Renartz und seine „Zauberwiesenstrategie“ zurückgehen[33]:

1. „Operiere aus der Sicherheit heraus!“: Die Sicherheit und der Schutz sind das Wichtigste. So kann es hilfreich sein, sich Unterstützung zu sichern, indem z. B. der innere Helfer oder andere Unterstützer dem Kind zur Seite gestellt werden.
2. „Greif nicht an, sondern verhandle!“: Statt zu kämpfen, ist es immer günstiger, eine Einigung oder einen Kompromiss zu erzielen, indem z. B. der Anteil gefragt wird, was er (eigentlich) möchte und dann darüber verhandelt wird.
3. „Benutze im Falle eines Falles das Notbremsensignal!“: Sollte trotz der vorsichtigen Vorgehensweise doch einmal eine für das Kind evtl. ängstigende Situation entstehen, so gibt es auch hier einen Ausweg. Vorab kann mit dem Kind vereinbart werden, dass es jederzeit aus der Geschichte „aussteigen“

kann. Dazu zieht es, wie früher in den Zügen, die Notbremse, d. h., es führt die entsprechende Handbewegung als Signal für den sofortigen Ausstieg aus und beendet die Situation.

4. „Wenn du nicht weiter weißt: Zaubere!": Innerhalb einer Imagination kann es natürlich sein, dass das Kind nicht auf Anhieb eine Lösung findet. Doch in der Fantasie ist alles möglich. Das Kind kann dann herbeizaubern, was ihm gerade fehlt, sei es einen Goldschatz oder eine Zauberkraft.

1.2.7 *Die zentrale Imagination: Der Erfolgsmoment*

Unter den verschiedenen Imaginationen nimmt der „Erfolgsmoment" eine besondere Stellung ein. Gerade, wenn die Kinder und Jugendlichen, die zu uns kommen, sehr verunsichert oder auch demotiviert sind, ist diese Imagination ein Türöffner. Sie lässt die Kinder schon verloren geglaubte Ressourcen und Kräfte wiederentdecken. Da diese Imagination so tiefgehende Wirkung entfaltet, kann sie gut zu Anfang einer gemeinsamen Arbeit eingesetzt werden und dann immer wieder, als festes Ritual im Lernprozess, aktiviert werden.

Der Erfolgsmoment: Moment of concentration

(In Anlehnung an den „moment of excellence" von Thies Stahl [34], die Imagination wurde auf das Thema Konzentration zugeschnitten.)

Rahmenhandlung/Tranceinduktion

Lege deine Hand auf deinen Bauch und atme drei Mal tief ein und aus. Beim Einatmen denke „ICH", beim Ausatmen „BIN".

Stelle dir nun eine Wiese vor, eine Wiese, die genauso aussieht, wie du sie am liebsten magst. Zwischen all den grünen Gräsern wachsen viele Blumen. Vielleicht entdeckst du schon deine Lieblingsblume.
Die Wiese ist so schön, dass du Lust hast, sie zu betreten. Und das tust du ... jetzt ... und du schlenderst über diese Wiese. Vielleicht magst du deine Schuhe ausziehen und barfuß über die Wiese laufen. Während du gehst, kannst du das Gras unter deinen Füßen spüren. Du schaust dir all die Blumen genauer an, die vielen verschiedenen Formen und Farben und du freust dich über ihren Anblick. Vielleicht bemerkst du auch den zarten Duft einiger Blumen. Während du dich so umschaust, hörst du vielleicht Vogelgezwitscher, und du schaust hoch in den Himmel. Da siehst du, wie ein paar Lerchen ihre Kreise am Himmel ziehen. Ein paar kleine Wolken sind auch am Himmel zu sehen. Es ist angenehm warm, und du kannst eine leichte Sommerbrise ganz sanft auf deiner Haut spüren. Du fühlst dich einfach nur wohl und ganz entspannt und du genießt es, auf dieser Wiese zu sein.

Wie du so über die Wiese schlenderst, entdeckst du, dass ganz hinten, am Rand der Wiese, ein Wald beginnt. Du spazierst in diese Richtung und entdeckst unter den Bäumen am

Waldrand einen besonders schönen, großen, alten Baum. Er wirkt uralt, vielleicht ist es eine Eiche oder eine Buche, und von ihm scheint eine große Kraft auszugehen ...
Du gehst zu diesem schönen alten Baum. Du hast Lust, dich hinzusetzen, auf den Boden, und dich mit dem Rücken an den Stamm zu lehnen ...

Du lehnst dich an den Stamm, schaust hoch in die mächtige Krone, du siehst, wie das Sonnenlicht bunte Lichtsprenksel in die grünen Blätter zaubert.
Du spürst die Kraft des Stammes in deinem Rücken, die Kraft und Stärke des Baumes, und du merkst, wie gut dir das tut.
Du kannst all die Ruhe und Stärke des Baumes spüren ...
Vielleicht siehst du die Kraft als sanftes Licht oder kannst sie als Summen hören, möglicherweise als Wärme spüren ...
Diese Ruhe und Kraft beginnt jetzt in deine Füße zu strömen ...,
angenehm ... warm ... Diese Ruhe und Kraft fließt weiter durch deine Beine ..., in deine Waden und in deine Oberschenkel ... Du nimmst die Ruhe und Kraft der Erde auf und lässt sie deinen Bauch ausfüllen ... dann weiter hinaufsteigen ... über den Rücken und die Brust ... bis hinauf in den Kopf ... Du spürst, wie dich diese Ruhe und Kraft sicher und gelassen macht, dir neue Energie gibt ...

Du spürst dieses Gefühl von Ruhe und Kraft ... und du kannst es dir immer wieder holen, wenn du an diesen Ort der Kraft denkst ...

Erinnere dich nun an eine Situation in deinem Leben, die du als sehr schön, angenehm und vor allem als sehr erfolgreich erlebt hast.
Du erinnerst dich und siehst ***dich*** *in der Situation, einer Situation, in der du im Vollbesitz deiner Kräfte und Fähigkeiten bist. Du bist in der Lage, all deine Fähigkeiten zu bündeln und deine ganze Aufmerksamkeit auf das zu richten, was dein Ziel ist, was du erreichen möchtest.*
Diese Situation kann lange zurückliegen, vielleicht sogar Jahre, sie kann aber auch erst gestern gewesen sein.
In dieser Situation bist du fähig, all deine Kraft, vielleicht auch deine körperliche, deine Aufmerksamkeit und Konzentration einzusetzen, um ans Ziel zu gelangen.
Du bist mit all deinen Sinnen, deinen Augen und Ohren und mit deinen Gedanken auf dein Ziel ausgerichtet. Du bist ganz aufmerksam und konzentriert bei der Sache, denkst nur an deine Aufgabe, dein Ziel, und so bist du in der Lage, etwas ganz Tolles zu schaffen.
Du schaffst durch den ganzen Einsatz deiner Konzentration und all deiner Fähigkeiten etwas Großartiges und du bist richtig stolz auf dich und auf das, was du erreichen kannst. Du fühlst dich toll, du spürst deine Kraft und Stärke, du spürst deine Konzentration, die dich ganz ausfüllt, die dich wie positive Energie durchströmt.

Es kann sein, dass du sofort eine Situation findest, es kann auch sein, dass es eine Zeit dauert, bis du sie entdeckst. Vielleicht ist dies auch ein Startsignal dafür, dass du diese Situation demnächst, in der Zukunft finden wirst ...
Wie es auch bei dir ist, es ist in Ordnung.

Wenn im Moment noch keine Situation aufgetaucht ist, so kannst du vielleicht einen angenehmen Spaziergang machen, in einer Landschaft, die dir gefällt, und einfach deine Gedanken ziehen lassen.

Wenn du schon eine Situation gefunden hast, die du als sehr erfolgreich erlebt hast, so geh nun in deiner Vorstellung in diese Situation hinein und erlebe sie noch einmal mit allen Sinnen.
Wie ist diese Situation genau?
Wo bist du da?
Wer ist dabei?
Was genau ist das Tolle, Erfolgreiche, Schöne an der Situation? Das ganz Besondere?
Was passiert genau?
Was genau tust du, dass es so gut läuft?
Was tust du, was vielleicht die anderen?
Was noch?
Welche deiner Fähigkeiten wirken da, wie würdest du sie nennen?
Und wenn du dich in dieser Situation erlebst:
Wie ist deine Körperhaltung?
Und wenn du in dieser Haltung bist: Was siehst du?
Welche Geräusche, Klänge, Worte oder Töne hörst du, während du das siehst?
Welche Gefühlseindrücke hast du in diesem Moment?
Gibt es vielleicht einen Satz, der zu dieser Situation passt, oder ein Wort, das für dich diese Situation beschreibt und auch das Gefühl des Erfolgs?

Vergegenwärtige dir noch einmal den entscheidenden Augenblick in dieser Situation und was du genau tust, dass es so gut läuft.
Suche dir den schönsten Moment heraus und schau dir diese Sequenz noch einmal an.
Und wenn dir der Moment zu kurz ist, mache ihn einfach länger, schau ihn dir in Zeitlupe an und genieße ihn in vollen Zügen.

Du genießt es, in dieser Situation zu sein.
Und du weißt, dass du, wann immer du dies willst, wieder diese Situation erleben und dich so gut fühlen kannst.
Und du weißt auch, dass du dieses Gefühl mit in dein zukünftiges Leben nehmen kannst, es dir Kraft und Energie gibt.

Nun klingt in dir dieses gute Gefühl nach, du fühlst dich angefüllt mit guten Energien, du schaust in die große Krone des uralten Baumes, spürst wieder seinen Stamm stärkend an deinem Rücken.
Und du weißt, dass du auch an diesen Ort jederzeit wiederkommen kannst.

Nun verabschiedest du dich von dem Baum und diesem Ort, stehst auf und kehrst langsam, mit schlendernden Schritten zur Wiese zurück …

Und wenn du wieder auf der Wiese angekommen bist, schaust du dich vielleicht noch einmal um, betrachtest noch einmal deine Lieblingsblume ...
und verlässt dann wieder diese Wiese und kommst mit all der
guten Energie wieder zurück ins Hier und Jetzt.
Und du streckst und räkelst dich vielleicht, machst ein paar tiefe Atemzüge, schaust dich wieder um und kehrst zurück hier in diesen Raum ...

Diese Imagination gliedert sich in verschiedene Teile:

- Zunächst wird die beste Situation ausgewählt.
- Im nächsten Schritt wird diese Situation vergegenwärtigt, sprachlich wird das Präsens benutzt. Alle Sinneskanäle, das Sehen, Hören, Fühlen werden angesprochen.
- Der entscheidende „Moment of concentration" wird intensiv wahrgenommen, indem dieser Moment zeitlich auseinandergezogen und in Zeitlupe angeschaut werden kann.

Es ist individuell unterschiedlich, ob die Kinder uns während der Imagination von ihren inneren Bildern und Ideen erzählen oder aber still zuhören und sich zunächst nicht äußern. Beides ist in Ordnung.

1.2.8 Das Ankern der Ressourcen durch Rituale: Kraftwörter, Konzentrationssprüche und Kompetenzhaltung

Wenn das Kind oder der Jugendliche einverstanden ist, können wir im Anschluss an die Imagination noch einmal auf ein paar Punkte intensiver Bezug nehmen. So kann z. B. der Satz oder das Wort, das besonders zu diesem Erfolgsmoment passt, zum Kraftsatz oder Kraftwort werden und so eine Möglichkeit sein, das Erlebnis zu ankern und auch in der Zukunft zu Verfügung zu haben.
Ankern bedeutet, neu entdeckte Ressourcen oder Lösungsideen mit Bildern, Orten, Gegenständen, Bewegungen oder Gesten zu verknüpfen. Ist die Ressource z. B. durch eine Geste verankert, kann die Ausführung der Geste die Ressource aktivieren.[35]
Ein selbst gemaltes Bild dieses Wortes kann auch gut als visueller Anker dienen. Es ist die komprimierte Form des Erlebnisses.[36] *(s. Bilder 8 und 9, S. 75)*

Auch ein inneres „Foto" des entscheidenden Augenblicks kann so ein Anker sein. Gerade Kinder mit motorischer Unruhe wählen oft Situationen, in denen Bewegung und ihre Körperlichkeit von Bedeutung sind.
David[37], ein vierzehnjähriger Jugendlicher, der Schwimmer in einem Verein war, wählte als seinen Erfolgsmoment die Situation auf dem Starterblock, kurz bevor der Wettkampf beginnt: in gebückter Haltung, fokussiert auf den Start, das Signal zum Beginn gespannt erwartend. Kann es ein passenderes Symbol für absolut fo-

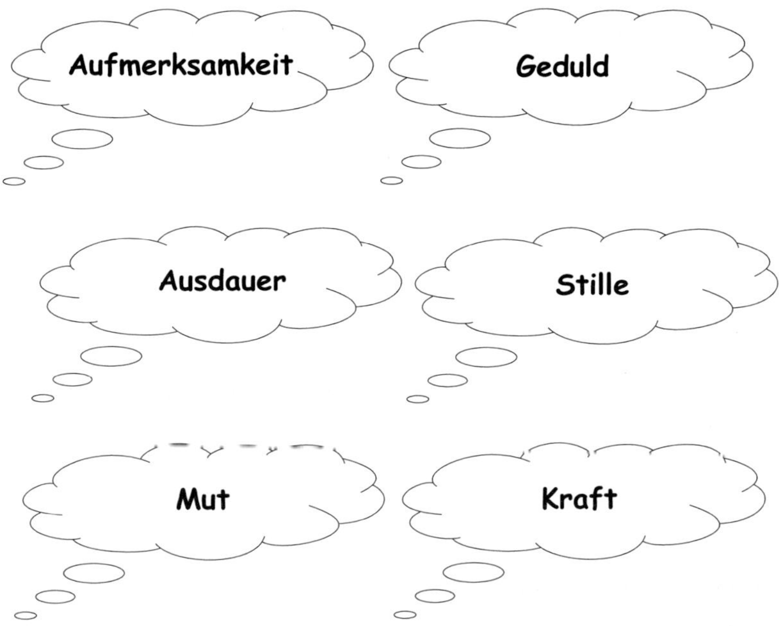

Bild 8: Kraftwörter, die den Kindern auch vorgeschlagen werden können

Bild 9: Kraftwort MUT

kussierte Aufmerksamkeit geben? Auch Impulskontrolle und Handlungsverzögerung sind hier perfekt in Szene gesetzt. Wenn Kinder ein Musikinstrument spielen, ist es häufig der Moment der Aufführung eines neu erlernten Stücks, in dem die maximale Konzentration sichtbar wird.

Ein Jugendlicher, dessen Schwierigkeit aktuell die noch fehlende Schnelligkeit war, der z. B. oft nicht ausreichend Zeit in Klassenarbeiten zur Verfügung hatte, wählte als seinen Erfolgssatz: „Ich schaff es in der Zeit!" Ein Experte im Formulieren des prägnanten Erfolgssatzes: Er wählte eine Positivformulierung, benutzt das Präsens und ist selbst Akteur in diesem Szenario.

Fällt es Kindern noch schwer, passende Sätze zu finden, so können auch verschiedene Konzentrationssprüche angeboten werden:

- Konzentriert geht's wie geschmiert![38]
- Mit Mut geht's gut!
- Ruhig und still geht's, wie ich will!
- Ich weiß, ich kann, ich bleibe dran!
- Wenn ich will, ist alles um mich still!
- Genau geschaut und dann getraut!
- Tief innen ist alle Kraft drinnen![39]

Eine weitere Möglichkeit, die Ressource zu ankern, ist die Einnahme einer bestimmten Körperhaltung, der Kompetenzhaltung. *(s. Bilder 10, S. 77)*
Charlie Brown (s. Bild 10, S. 77) macht deutlich, wie wichtig die Körperhaltung für das ist, was wir empfinden. Unsere Haltung beeinflusst unsere Gefühle und unsere Stimmung. Wenn wir niedergeschlagen sind und den „Kopf hängen lassen", sind wir nicht nur in unserer Wahrnehmung eingeschränkt. Auch unsere Nerven in der Halswirbelsäule geben die Information an unser Gehirn weiter, das diese Haltung mit einem „Stimmungstief" verbindet. Deshalb gilt auch „Jede Aufwärtsbewegung bewirkt eine positive Gestimmtheit!", wie es Claudia Croos-Müller so treffend ausdrückt[40]. Wir können also unsere Kraft und Zuversicht aktivieren, indem wir unsere Kompetenzhaltung einnehmen, an unseren Erfolgsmoment denken und so unser Gehirn auf die erfolgreiche „Datenautobahn" schicken.

Schauen Sie einmal, wie Ihre persönliche Kompetenzhaltung aussieht. Wie sitzen oder stehen Sie, wenn Sie an einen Ihrer Erfolge denken? Welche Körperhaltung lässt Sie schnell wieder in Ihre Kompetenz finden? Sollten beide Füße den Boden berühren oder ein Fuß dynamisch nur mit der Spitze aufsetzen? Ist Ihr Rücken aufrecht dabei? Was tun Ihre Hände?

Eine Verankerung dieser inneren Haltung der Kompetenz ist auch mithilfe von Gesten, Handbewegungen oder anderen „Ankern" möglich. Soll die Berührung des linken kleinen Fingers Ihr Signal sein, um sich an Ihren Kompetenz- und Erfolgsmo-

Bild 10: Zur Bedeutung der Kompetenzhaltung (© Peanuts Worldwide LLC/Distr. Andrews McMeel Syndicate/Distr. Bulls)

ment zu erinnern? Oder soll es ein Symbol in Ihrem Kalender oder ein kleiner Stein in Ihrer Hosentasche sein? Egal, was es auch ist, es hilft Ihnen, Ihre Fähigkeiten im richtigen Moment zur Verfügung zu haben.

Möglicherweise gibt es eine Situation, die in nächster Zukunft zu bewältigen ist. Dann ist die Methode des „Future Pace", d. h. des mentalen Erlebens zukünftiger Situationen, die dem NLP entlehnt ist, sehr hilfreich.[41] Sie gehen in Ihre Kompetenzhaltung, denken an Ihren Erfolgsmoment, vergegenwärtigen sich das großartige Gefühl des entscheidenden Augenblicks und spielen dann in Gedanken die zukünftige Herausforderung durch. Sie können sich wie in einem Film sehen und zwar in einem erfolgreichen! Sie sehen sich, wie Sie mit all Ihrer Kompetenz diese Situation nicht nur bewältigen, sondern zu einem Erfolg führen. Durch diese Art des „Probehandelns" ist es möglich, die bevorstehende Situation zu üben, sich mental darauf vorzubereiten, um dann im entscheidenden Moment ganz da und erfolgreich zu sein.

1.2.9 *Imagination „Die Entdeckung des inneren Helfers" – Es gibt Unterstützung!*

Gerade, wenn Kinder sich noch wenig zutrauen, Sorge haben, dass sie die Veränderungen nicht bewältigen, es nicht schaffen, ihre Ziele zu erreichen, ist es ein gutes Gefühl, nicht allein zu sein. Hilfe und Unterstützung können das Kind beflügeln. Das Konzept des „inneren Helfers" geht davon aus, dass die Fähigkeiten schon im Kind vorhanden sind, es nur noch nicht den Zugang dazu gefunden hat, bzw. selbst noch nicht an seine Fähigkeiten glauben kann. Deshalb wird dieser Anteil externalisiert, das bedeutet, er bekommt gewissermaßen außerhalb des Kindes eine Gestalt, sodass das Kind sich dem leichter annähern und sich allmählich damit identifizieren kann.[42]
Die Arbeit mit dem „inneren Helfer" lässt sich nicht nur bei Imaginationen, sondern auch bei den „Metaphorischen Geschichten" und in der Handpuppenarbeit einsetzen, wie noch gezeigt werden wird.

Diese Geschichte ist sehr offen, es bleibt der Imagination des Kindes überlassen, welche Gestalt der innere Helfer annimmt. Es ist jedoch auch möglich, dem Kind Vorschläge zu machen: Ist es vielleicht eine Eule, ein Eichhörnchen, ein alter Zauberer?
Die Imagination sollte zudem wieder in eine Rahmenhandlung, z. B. die der Feder, des Baums oder der Wiese, eingebettet sein.
Auch hier kann das Erlebnis vertieft werden, indem das Kind zu dem Erlebten ein Bild malt und dieses dann später auch als „visuellen Anker nutzen" kann.[43]

Die Entdeckung des inneren Helfers

Stell dir vor, du hast Lust, einen kleinen Waldspaziergang zu machen. Stell dir nun einen Wald vor, so, wie er dir am besten gefällt.
Viele große, alte Bäume stehen in diesem Wald und das dichte grüne Laub bildet ein schützendes Dach. Die Sonnenstrahlen fallen durch die Baumkronen und zaubern kleine Lichtpunkte auf die Blätter.

Da entdeckst du einen Weg, der in diesen Wald hineinführt, und du hast Lust, ihm ein wenig zu folgen. Du bist neugierig, was du im Wald entdecken wirst, und du kannst ganz sicher sein, dass es nur Gutes und Schönes sein wird. Nach wenigen Schritten bemerkst du, dass der Weg von einem kleinen Bach begleitet wird. Es ist schön zu sehen, wie das Wasser sich glucksend und sprudelnd seinen Weg über Kieselsteine und kleine Felsen bahnt. Der Waldweg ist mit Laub und weichem Moos bedeckt und so kannst du ganz leicht und federnd einen Fuß vor den anderen setzen. Alles in dir beginnt sich leicht zu fühlen, wenn du in die Baumkronen schaust und die Blätter im Sonnenlicht siehst. Alles ist so entspannt, leicht und einfach.

Wie du eine Weile so gehst, bemerkst du, dass der Wald viel heller wird, er scheint sich zu

öffnen. Als du näher kommst, erkennst du, dass es eine Lichtung ist. Mitten im Wald ist eine freie, große Wiese, und sie sieht sehr einladend aus. Seltene Blumen wachsen dort, es ist ganz ruhig und still. Du hast Lust, dich hier ein wenig auszuruhen und findest am Rand der Lichtung eine alte Eiche mit einem dicken, breiten Stamm. Du setzt dich zu den Füßen der Eiche und lehnst dich an sie an. Du fühlst dich so ganz sicher und geborgen und weißt, dass diese Lichtung nur Gutes für dich bereithält.
So sitzt du am Fuß der Eiche, blinzelst vielleicht ein bisschen in das Sonnenlicht und lässt es dir einfach gut gehen.

Wie du so ganz entspannt dort sitzt und vor dich hin träumst, kommt dir der Gedanke, wie schön es manchmal wäre, wenn es jemanden gäbe, der immer für dich da ist. Auch, wenn es wichtige Menschen in deinem Leben gibt, wie deine Eltern, Großeltern, Lehrer oder Freunde, die dich unterstützen, so wäre es doch wunderbar, wenn es noch jemanden gäbe, jemanden mit ganz ungewöhnlichen Fähigkeiten, der immer auf deiner Seite ist, dem du vertrauen kannst und der vor allem immer einen Rat für dich hat. Jemand, der weiß, was dich belastet, der genau die Probleme und Schwierigkeiten kennt, vor denen du manchmal stehst. Ein Berater, der immer weiß, wie es weitergehen kann, der Lösungen hat für deine Probleme. Der immer eine Idee hat, der voller Hoffnung und Zuversicht ist. Ja, das wäre schön. Wie wäre es, wenn so ein Wesen genau jetzt in dein Leben tritt?

Und während du so vor dich hinträumst, lässt du deinen Blick über die Lichtung schweifen. Da bemerkst du auf einmal ein leichtes Knacken in den Ästen eines Baumes und du kannst noch nicht genau sagen, was es ist. Gespannt schaust du in die Richtung, aus der das leise Geräusch kam. Wenn nun jemand, der immer an deiner Seite steht, ein ganz treuer Freund und Helfer, für dich auftaucht, was für ein Wesen ist das? Vielleicht ein bestimmtes Tier, ein Vogel oder ein anderes Tier? Oder ein Zauberwesen? Vielleicht ist es ein weiser alter Zauberer oder eine Fee? Vielleicht ist die Gestalt deines Helfers auch eine ganz andere.
Schau noch mal aufmerksam in die Richtung, aus der das Geräusch kam. Da, es bewegen sich sanft ein paar Blätter zur Seite. Du bist ganz neugierig und freust dich schon, was du gleich entdecken wirst.

Wenn sich – jetzt – ein Wesen zeigt, frag es bitte, ob es dein innerer Helfer ist und dein Berater sein möchte. Wenn das so ist, so kannst du ihm danken, dass er zu dir gekommen ist.
(Wenn du noch nicht sicher bist, ob es der Berater ist, so ist das Rascheln der Zweige und die sanfte Bewegung der Blätter das Zeichen, dass er bald auftaucht, vielleicht in einem Moment, in dem du gar nicht bewusst an ihn denkst. In jedem Fall kannst du sicher sein, dass dein innerer Berater sich bald zu erkennen gibt.)
Dein innerer Helfer hat Lust, sich neben dich zu setzen und du fühlst dich sofort ganz sicher und geborgen. Es ist schön, so einen weisen Berater neben sich zu wissen. Er ist an deiner Seite und ganz für dich da.

Vielleicht fragst du ihn nun etwas ... etwas, was dir wichtig ist, was dir schon lange am Herzen liegt. Vielleicht fragst du ihn um Rat, nach einer Idee.
Vielleicht möchtest du ihm auch einfach nur erzählen, wie es dir gerade geht.

Und dein innerer Helfer hört dir aufmerksam zu ..., sieht dich dabei voller Verständnis an ... und du weißt, er ist sehr weise und weiß immer weiter ...
Vielleicht hörst du seine Antwort direkt ... oder du spürst auf andere Art, was dir dein Verbündeter sagen möchte ... Vielleicht gibt er dir ein Zeichen.
Nimm das, was er dir mitteilt, tief in dich auf, es wird nachwirken, auch, wenn du jetzt vielleicht noch nicht alles verstehst.
Du kannst spüren, wie seine Kraft und Stärke auf dich übergeht. Du bist froh, dass es ihn für dich gibt.

Du bleibst noch einige Zeit ... solange du möchtest ... bei ihm und genießt die Zeit mit ihm und das Gefühl, mit ihm zusammen zu sein.
Wenn du bereit bist, den Weg zurückzugehen, gib mir ein Zeichen.

Du dankst deinem inneren Helfer für sein Erscheinen und seinen Beistand und verabschiedest dich freundlich. Und du weißt, dass du jederzeit wiederkommen kannst, an diesen Ort,

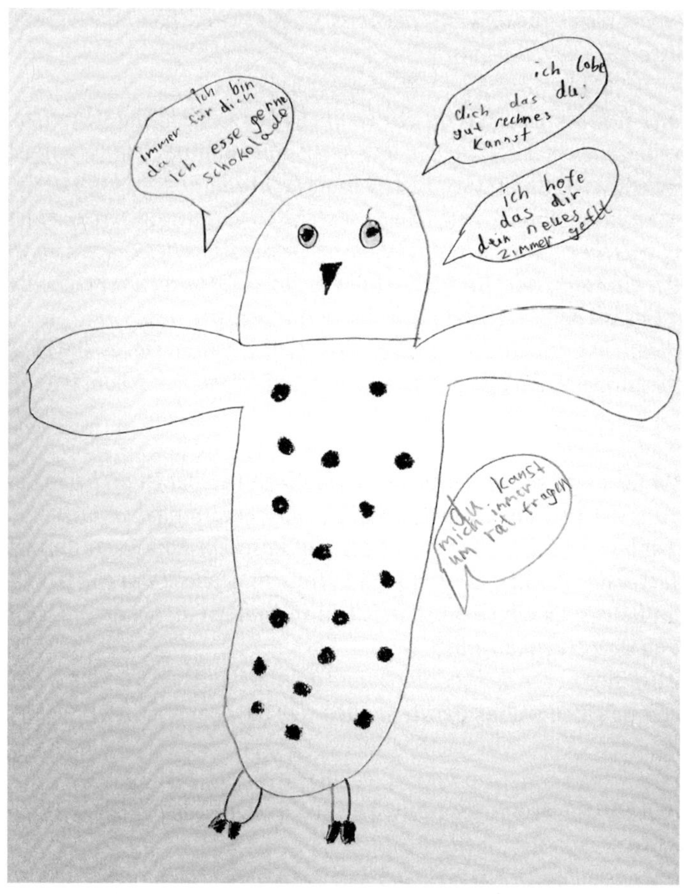

Bild 11: Eule als innerer Helfer

um Kraft zu tanken. Du kannst auch sicher sein, dass von nun an dein innerer Helfer immer da sein wird, wenn du ihn brauchst. Er wird zur Stelle sein und dir auf seine Weise mitteilen, was dir helfen kann.

Nachdem ihr euch verabschiedet habt, stehst du auf, gehst über die Lichtung und betrittst wieder den Waldweg und gehst den Weg zurück, den du gekommen bist. Wieder begleitet dich der kleine Bach mit seinem Gurgeln und Plätschern. Du schaust dich um, gehst weiter den Weg zurück, bis du wieder am Waldrand angekommen bist. Du fühlst dich so leicht und frei, dass es dich ganz glücklich macht. Und du kannst sicher sein, dass du jederzeit auf die Unterstützung deines inneren Helfers vertrauen kannst und dass du dieses Gefühl von Leichtigkeit und Freude immer wieder erleben kannst. (s. Bild 10, S. 80)

1.2.10 Ressourcen sammeln: Sicherheit und Geborgenheit

Wenn Kinder und Jugendliche noch sehr belastet sind und den Wunsch nach Ruhe und Geborgenheit haben, ist die Imagination des „Orts der Ruhe und der Sicherheit“ sehr hilfreich. Hier kann das Kind seine Lebenssituation nach seinen Bedürfnissen gestalten und findet so in Zeiten von Stress und Unruhe immer wieder einen Rückzugsort. Auch hier gibt es die Möglichkeit, diesen Ort zu malen oder auch zu bauen, um ihn so zu ankern.
Manchmal ist es auch einfach nur erholsam, wie in der Geschichte des „Däumlings“, für kurze Zeit wieder ein kleines Kind zu sein, das keinerlei Erwartungen erfüllen soll. Diese Phase der Regression, beschützt und begleitet von „idealtypischen guten Eltern“, kann eine Kraftquelle sein, um dann wieder den Erfordernissen des Alltags begegnen zu können.

1.2.10.1 *Imagination: „Reise an einen Ort der Ruhe und der Sicherheit“*

Stell dir einen Ort vor, an dem du richtig gerne bist. Es kann ein Ort sein, an dem du schon einmal warst, es kann aber auch ein Traumziel oder ein Ort in deiner Fantasie sein. In jedem Fall ist es ein Ort, an dem du dich sicher und geschützt fühlst.

Wie sieht dieser Ort aus?
Ist er in der Natur, am Meer oder im Wald?
Ist es ein Gebäude, vielleicht eine Burg oder ein Haus?
Wie genau sieht dein Ort aus?...
Sollen bestimmte Dinge dort sein? Ein Schaukelstuhl, ein Computer?...
Gibt es bestimmte Farben dort?...
Was möchtest du dort hören? Deine Lieblingsmusik oder vielleicht nur das Meer?...
Möchtest du etwas Bestimmtes an diesem Ort tun? Oder möchtest du vielleicht gar nichts tun?
Wo genau befindest du dich, wenn du an diesem Ort bist?

Wie fühlt es sich an, an diesem Ort zu sein? Ist es ein Gefühl der Sorglosigkeit, des Glücks oder der Sicherheit?
Wo in deinem Körper kannst du dieses Gefühl besonders stark spüren? In deiner Herzgegend? Oder in deinem Bauch?
Möchtest du noch etwas verändern an deinem ganz eigenen Ort? Du kannst alles genau so gestalten, wie es für dich am schönsten ist.

Du kannst dich richtig wohlfühlen an deinem Ort der Ruhe und der Sicherheit. Du kannst dich ausruhen und Kraft tanken oder genau das tun, was du am liebsten tun möchtest. Alles ist genau so, wie du es möchtest. Du kannst es einfach nur genießen, an diesem Ort zu sein.

Du kannst jederzeit an diesen Ort zurückkehren, wann immer du willst. Es kann wichtig sein, dich manchmal selbst daran zu erinnern, dass es diesen Ort für dich gibt und eine Möglichkeit zu haben, sofort an diesen Ort zu gelangen.
Überlege dir deshalb ein Signal oder ein Zeichen, das dich erinnern kann. Vielleicht berühren sich deine Finger wie zu einem Schnippen oder du umfasst den kleinen Finger deiner Hand. Oder du steckst dir einen kleinen Stein in deine Hosentasche, der dich dann erinnern kann. Such dir eine Geste oder ein anderes Signal aus, das für dich besonders gut passt.
Und du kannst sicher sein, dass dieses Zeichen dir sofort möglich macht, an deinen inneren Ort zu gelangen. Du wirst merken, dass der Ort sofort vor deinem inneren Auge auftaucht und dir so hilft, dich wieder gut, ruhig und sicher zu fühlen. Es ist so praktisch, so einen Ort immer dabei zu haben.

1.2.10.2 *Imagination: „Däumling in der Nussschale"*

(Diese Geschichte ist Karin Ziethoff, Psychologin und Lerntherapeutin, zu verdanken, in Anlehnung an eine ähnliche Geschichte von Klaus Vopel [44])

Stell dir vor, du wirst für einen Moment ganz klein, so klein, wie der Däumling im Märchen.

Jetzt kommen zwei freundliche Zauberwesen zu dir: eine gute Fee und ein guter Zauberer. Sie sind deine inneren Freunde und Helfer. Die beiden nehmen dich ganz zart hoch und setzen dich vorsichtig in eine wunderbar weich ausgepolsterte Nussschale.

Dann setzen die beiden diese Nussschale in einen Suppenteller, der mit frischem, klarem Wasser gefüllt ist. Du machst es dir ganz bequem in deiner Nussschale und die gute Fee deckt dich liebevoll mit einer weißen Daunenfeder zu.

Nun taucht der gute Zauberer vorsichtig eine Fingerspitze in das Wasser und macht damit ganz leichte Wellen, sodass deine Nussschale sanft auf dem Wasser schaukelt. Du fühlst dich in deiner Nussschale vollständig geborgen und weißt, dass du ganz sicher und beschützt bist, denn deine gute Fee und dein guter Zauberer passen immer auf dich auf und schauen, dass es dir gut geht.

Du kannst es so richtig genießen, in deiner Nussschale auf dem Wasser zu schaukeln. Zufrieden schaukelst du auf den Wellen auf und ab und träumst dabei von etwas sehr Schönem. Du darfst einfach mal nichts tun, ganz in Ruhe sein. Alles ist in Ordnung und entspannt. Alle sind zufrieden mit dir und glücklich, dass du da bist und auch du kannst zufrieden mit dir sein.
Auf und ab schaukelst du und bist ruhig und entspannt dabei, froh und glücklich. Du schaukelst sanft hin und her und spürst die Ruhe in dir.

Und nach einer Weile, wenn du soweit bist, verabschiedest du dich bei deinen beiden Zauberwesen, in der Gewissheit, dass du jederzeit wiederkommen kannst, um hier Ruhe und Geborgenheit zu finden. Und du kannst das von hier mitnehmen, was du brauchst für dein Leben.

Mit diesen guten Gefühlen von Sicherheit, Ruhe und Freude kannst du nun allmählich wieder so groß werden, wie du ja schon bist, und in deiner eigenen Geschwindigkeit mit deiner Aufmerksamkeit wieder frisch und wach zurückkommen in diesen Raum und in deinen Alltag.

1.2.11 Aufbau von Selbstvertrauen, Mut und Kraft

1.2.11.1 *Imagination: „Der Kraftanzug"*

(Eine ähnliche Idee findet sich bei Melanie Gräßer und Eike Hovermann[45])

Manchmal fühlst du dich vielleicht schwach, ängstlich oder unsicher. Du hast vielleicht Sorge, eine bestimmte Situation oder ein Problem nicht bewältigen zu können. So etwas passiert. Jedem Menschen. Doch du kannst etwas tun, um dich wieder stärker, kraftvoller und mutiger zu fühlen.

Stell dir vor, du könntest dir einen Kraftanzug oder Zaubermantel anziehen, der all das hat, was du brauchst, um dich stark zu fühlen.

Wie sieht dieser Kraftanzug aus? Ist er besonders dick oder wetterfest? Welche Farbe hat er? Aus welchem Material ist er? Ist es vielleicht eher ein Fell, das wärmt und dich wie ein Bär fühlen lässt? Oder ist es vielleicht eine Art Ritterrüstung, die dich schützt? Vielleicht hat dieser Kraftanzug auch noch andere Zauberkräfte. Oder du möchtest noch etwas dazu, Ohrenschützer, einen Helm, alles ist möglich.
Überlege dir, was genau dieser Kraftanzug an Eigenschaften haben soll, damit es genau der richtige für dich ist.
Und immer, wenn du bemerkst, dass du unsicher bist oder dich nicht stark genug fühlst, kannst du in deiner Vorstellung in diesen Kraftanzug schlüpfen und du wirst merken, das du dich gleich kraftvoller und mutiger fühlst.

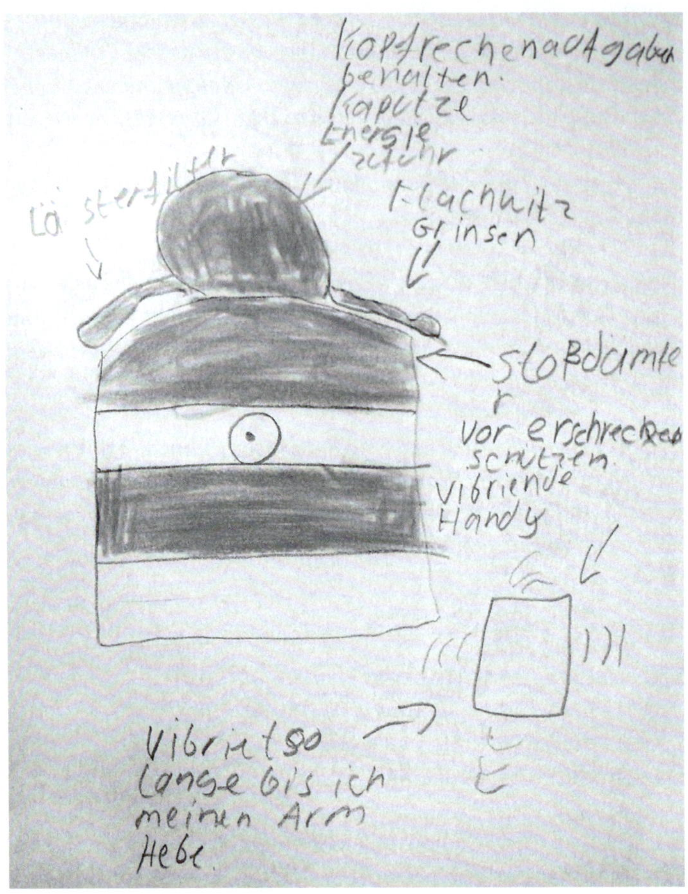

Bild 12: Hannes' Warn-Weste

Hannes erfand sich eine ganz spezielle Warn-Weste. Sie hat ganz außerordentliche Mechanismen, auf „Nervereien“ der anderen zu reagieren: So hat sie einen „Lästerfilter“, der unangenehme Kommentare anderer einfach wegfiltert. Zudem verfügt sie über eine Vorrichtung zum „Flachwitz-Grinsen“, ebenfalls eine sehr effektive Reaktion. Sollte ihn jemand von hinten anrempeln, so gibt es einmal das „hintere Auge“, das für ihn alles im Blick behält, und auch den „Stoßdämpfer“, der „vor Erschrecken schützt“. Um seine Beteiligung im Unterricht zu steigern, ist ein Handy eingebaut, das solange vibriert, bis Hannes seinen Arm hebt. Um sein Gedächtnis zu unterstützen, gibt es sogar noch eine besondere Kapuze, die gerade bei Kopfrechenaufgaben für die nötige „Energiezufuhr“ sorgt. *(s. Abb. 12)*
Welch eine großartige Lösungskompetenz!

Vielleicht haben Sie gerade auch Lust bekommen, Ihren eigenen Kraftanzug zu erschaffen?

1.2.11.2 *Imagination: „Ein Platz für die Unruhe"*

(in Anlehnung an eine ähnliche Geschichte von Daniel Wilk[46])

Oft spüren wir eine Unruhe, die uns rastlos und nervös werden lässt. Wir versuchen uns zur Ruhe zu bringen, gegen die Unruhe anzukämpfen. Doch das ist schwer.
Es kann auch sein, dass wir die Unruhe wie eine starke Kraft wahrnehmen, die in uns macht, was sie will, und wir haben vielleicht das Gefühl, sie ist außer Kontrolle geraten. Doch genau kennen wir sie meist nicht.
Dabei lohnt es vielleicht, einmal näher hinzuschauen. Denn vielleicht hat die Unruhe auch eine gute Seite.

Wenn du deine Entdeckungsreise zu deiner Unruhe startest, wirst du zunächst wahrnehmen, dass noch viele Ereignisse, Gedanken und Gefühle des Tages in deinem Kopf umherschwirren. Das ist in Ordnung.
Nimm diese Gedanken und Gefühle wahr. Vielleicht denkst du an einzelne Sätze, die du heute in der Schule gehört hast. Vielleicht blitzen einzelne Bilder von Menschen oder Dingen auf, die du heute gesehen hast. Es gibt wahrscheinlich auch Gefühle dazu, wie Ärger oder Freude. All das darf sein.

Nimm diese Gedanken und Empfindungen wahr, nimm wahr, wie sie kommen und auch wieder gehen. Denn das tun sie – so wie sie gekommen sind, gehen sie auch wieder, ohne Anstrengung. Du bemerkst, wie du ruhiger werden kannst, wie dein Atem langsam ruhiger wird, wie dein Körper sich allmählich entspannen kann. Nimm ein paar tiefe Atemzüge, um diese Empfindungen zu verstärken.

Beginne nun, auf deine Entdeckungsreise zu deiner Unruhe zu gehen. Gehe in der Vorstellung auf eine Reise durch deinen Körper. An welchen Stellen kannst du noch Spuren der Unruhe entdecken? Ist vielleicht dein Gesicht angespannt, sind deine Bauchmuskeln angespannt oder wollen deine Hände sich bewegen? Spürst du einen etwas schnelleren Herzschlag als gewöhnlich? Gibt es andere Hinweise, wo die Unruhe sich bemerkbar macht?

So lernst du allmählich deine ganz eigene Unruhe kennen.

Wenn diese Unruhe eine Gestalt hätte, wie sähe sie aus? Wäre sie bei dir ein kleines hüpfendes Tier oder schnelle Pfeile, die hin und her sausen?

Schau dir an, was deine Unruhe tut, beobachte sie ein Weilchen. Sie hat ganz schön viel Energie, deine Unruhe.
Und diese Energie, die in der Unruhe steckt, ist auch oft sehr wichtig. Sie ist kraftvoll und aktiv.

Nur macht sie manchmal, was sie will. Sie will sich zeigen, doch sie stört dich vielleicht gerade, weil du dich auf etwas konzentrieren willst.

Es ist auch anstrengend, immer so viel Unruhe in sich zu haben. Denn es kostet auch Kraft, wenn die Unruhe sich ausbreitet.

Selbst die Unruhe muss sich mal ausruhen.

So kann es hilfreich sein, der Unruhe ein Angebot zu machen. Sie kann sich manchmal so richtig austoben, wenn du einverstanden bist. Vielleicht mag sie es, besonders beim Fußballspielen so richtig aus sich herauszukommen.
Dafür bittest du sie – wenn es dir gerade wichtig ist – sich ein wenig auszuruhen, sich einen Platz zu suchen, wo sie zur Ruhe kommt.

Schau einmal, wo in deinem Körper ein geeigneter Ruheplatz für deine Unruhe ist. Kann sie sich in deinem Bauch zusammenrollen und ein Nickerchen halten? Oder, wenn deine Unruhe die Gestalt eines Tieres hat, gibt es eine Höhle oder ein Nest, in das sie sich zurückziehen kann?
So kannst du einen Platz für deine Unruhe finden, wo sie sein kann. Und du kannst ruhiger werden.

Mit der Unruhe ist es wie mit allem: Sie kommt. Und sie geht auch wieder. Vielleicht hat sie eine Zeit lang in deinem Leben eine größere Bedeutung. Dann gibt es auch eine Zeit, in der sie weniger stark ist oder vielleicht sogar ganz aufhört.

Und wenn du die Unruhe wieder einmal spürst, kannst du überlegen, ob es für dich gerade in Ordnung ist oder ob du sie bittest, an ihren Platz zu gehen.

Denn beides hat seinen Platz: die Unruhe und die Ruhe.

Durch die Beobachtung des eigenen Gefühls der Unruhe findet eine Distanzierung statt. Das Kind oder der Jugendliche kann auf das Gefühl schauen, ist nicht mehr eins damit. So wird dann auch eher möglich, diese Empfindung zu steuern. Ein ganz wichtiger Aspekt dieser Imagination ist es, die Unruhe auch zu akzeptieren, sie nicht ganz verdrängen zu wollen. Neben der Ruhe wird auch der Unruhe ein Platz im Leben angeboten, sodass das Kind sich selbst in seinem So-Sein auch leichter ganz akzeptieren kann.

1.2.11.3 *Imagination: „Umgang mit unangenehmen Gefühlen"*

(In Anlehnung an eine ähnliche Geschichte von Eva Manteufel und Norbert Seeger[47])

Erinnere dich kurz an eine Situation, in der du so richtig wütend warst. Wenn du dieses Gefühl wieder in dir wachrufst, dann fühlt es sich vielleicht wie ein roter Lavastrom an, der kochend hochsteigt. Oder es ist wie ein dicker Steinbrocken, der dir im Magen liegt und platzen will. Schau einmal, was es bei dir genau ist.

Und wenn du eine Gestalt für deine Wut gefunden hast, stell dir vor, wie sie – aber nur zur Hälfte – deinen Körper verlässt. Vielleicht kannst du sie in einen Krug schütten, wenn sie eine flüssige Form hat. Oder du legst einen Stein oder Ähnliches an einem bestimmten Ort ab. Du kannst schon spüren, wie sehr dir dies Erleichterung bringt.

Stell dir nun vor, dass du die andere Hälfte dieses Gefühls, die noch in dir ist, zum Vorschein kommen lässt. Vielleicht gießt du dieses Gefühl in eine Schale oder, wenn es eine festere Form hat, legst du es in ein Kästchen.

Schau dir nun dieses Gefühl an. Hat es noch die gleiche Farbe wie zu Anfang, hat es noch die gleiche Energie? Oder hat sich etwas verändert? Gibt es vielleicht etwas, was dieses Gefühl dir mitteilen will?

Wenn deine Wut vom Anfang eine Botschaft hätte, welche könnte das sein?

Es kann hilfreich sein, sich die eigene Wut immer mal anzuschauen und ihr einen Platz zu geben, du wirst bemerken, wie sich dieses Gefühl verändern kann, sodass du gut mit ihm zurechtkommst.

Auch in dieser Imagination geht es darum, Gefühlen nicht hilflos ausgeliefert zu sein. Es ist möglich, einen inneren Abstand zu ihnen zu gewinnen. Oft finden die Kinder und Jugendliche ganz ungewöhnliche Plätze, um ihre Gefühle zu deponieren: z. B. einen Kühlschrank, der natürlich das heiße Gefühl der Wut auch abkühlen kann, oder aber das Gefühl wird ins Weltall katapultiert. Auch hier gilt: Wichtig ist auch die Akzeptanz des Gefühls und die Möglichkeit, sich konstruktiv z. B. mit der Wut auseinanderzusetzen, dazu kann das Kind oder der Jugendliche die zweite Hälfte des Gefühls z. B. in eine andere Gestalt bringen oder mit ihr in einen Dialog treten.[48]

1.2.11.4 *Imagination: „Die 7 Eigenschaften der Lösung"*

Eine sehr offene Imagination, um Zuversicht, Mut und Kraft für Lösungen zu kreieren, ist die Imagination „Die 7 Eigenschaften der Lösung" – in Anlehnung an eine Praxisübung von Therese Steiner.[49]

Unsere Bilder, die wir im Kopf haben, haben Einfluss auf das, was wir denken und tun. Deshalb ist es so wichtig, positive Bilder zu haben und uns vorzustellen, wie wir etwas haben möchten. Dann können wir auch – mit mehr Mut und Zuversicht – viel erreichen.

Angenommen, du hast bereits eine Lösung für das Problem, das dich gerade beschäftigt. Ist das nicht ein tolles Gefühl?

Stell dir vor, deine Lösung hat eine bestimmte Form. Wie sieht die aus? Ist sie rund oder eckig?

Und welche Farbe hat deine Lösung? Ist sie blau wie der Himmel oder rot wie eine Rose oder bunt?
Welche Beschaffenheit hat deine Lösung? Wenn du sie berührst, sie in der Hand hältst, wie fühlt sich die Oberfläche an?
Welchen Ton hat deine Lösung? Tönt sie wie ein Musikinstrument oder klingt sie wie eine Glocke, singt sie wie ein Vogel?
Wenn deine Lösung nach etwas duftet, wonach? Duftet deine Lösung wie eine Blume oder riecht sie wie das Meer?
Wenn deine Lösung einen Geschmack hat, du deine Lösung essen könntest, wonach würde sie schmecken? Wäre sie süß oder scharf?
Wenn deine Lösung eine Bewegung ist, was würde sie tun? Hüpfen oder tanzen oder schlendern?

Du kannst sicher sein, dass deine Lösung sich entwickelt. Auch, wenn du vermutlich noch nie auf diese Weise über eine Lösung nachgedacht hast.

Gibt es schon ein Bild, das dir jetzt klar vor Augen ist?

Von allen Eigenschaften deiner Lösung, die du nun entwickelt hast, gibt es eine, die besonders auf die Lösung zutrifft?
Dann konzentrier dich noch einmal ganz auf diese besondere Eigenschaft und nimm sie intensiv wahr.

Deine Lösung nimmt mehr und mehr Gestalt an und du kannst zuversichtlich in die Zukunft schauen.

Diese Imagination ermöglicht eine positive Gestimmtheit, eine Öffnung für mögliche Lösungen. Es werden Elemente der Lösung offenbar, indem sie auf verschiedenen Sinnesebenen Gestalt annimmt. Die Eigenschaft der Lösung, die als besonders bedeutsam angesehen wird, kann dann wieder als „Anker“ dienen, um sich selbst in eine zuversichtliche, lösungsorientierte Haltung zu versetzen. So wird der „Boden bereitet“ für Lösungen und für Veränderung. Diese Technik des „seeding“, die auf Milton Erickson zurückgeht[50], befördert die Entwicklung einer konkreten Lösung, es wird möglich, zuversichtlich nach Lösungen zu schauen.

1.3 Handpuppenarbeit

„Spielraum lassen – das ist das Geheimnis!"

(Quelle unbekannt)

1.3.1 Theorie-Baustein: Teile-Arbeit, innerer Helfer für Veränderung, Externalisierung von Anteilen, Probehandeln

Viele Kinder äußern sich nur ungern direkt und verbal. Das Besprechen von Konflikt- oder Problemsituationen löst bei ihnen oft den Impuls des Rückzugs oder der Verweigerung aus. Doch auch ihre Wunschvorstellungen oder Ziele mit Worten auszudrücken ist nicht immer einfach. Kinder leben in einer Welt der Empfindungen, der inneren Bilder. Abstrakt „darüber zu reden", wie die Erwachsenen es tun, ist ihnen fremd, und sie finden sich oft in Situationen wieder, in denen „über sie" statt mit ihnen gesprochen wird.
Aus diesem Grund kann der Einsatz von Handpuppen sehr hilfreich sein. Sie erleichtern den Kindern sich mitzuteilen, denn das Kind spricht ja nicht selbst, sondern durch einen Stellvertreter.
Die Arbeit mit zwei Handpuppen kann zudem für die Arbeit mit unterschiedlichen inneren Anteilen genutzt werden.

Das Teile-Konzept wird von unterschiedlichen psychotherapeutischen Schulen genutzt. Es geht auf die Grundidee zurück, dass die „Einheit der Person, die Ganzheit des Menschen, seine Heilheit über die Verdeutlichung, Auseinandersetzung, Versöhnung und Integration seiner Teile hergestellt werden kann, so auch bei Kindern".[51]
Die Komplexität einer Persönlichkeit setzt sich aus Erfahrungen, Überzeugungen, aus Selbst- und Fremdbewertungen zusammen. Durch die Identifizierung einzelner Teile, das Herausarbeiten ihres Sinns und ihrer Aufgaben kann diese Komplexität überschaubarer werden. Stärken und besondere Fähigkeiten können so herausgearbeitet werden. Auch ungeliebte oder abgespaltene Anteile bekommen so ihren Platz und Akzeptanz. Versöhnung und Reintegration dieser Teile in die Gesamtheit der Persönlichkeit werden möglich.[52]
Siegfried Mrochen und Hiltrud Bierbaum, Pioniere der hypnotherapeutischen Arbeit mit Kindern, beschreiben dies so: „Diese Abfolge von Identifizierung bzw. Profilierung eines Teils, über das Herausarbeiten seiner Aufgaben in der Ökologie bzw. im Gleichgewicht der Person und der Anregung zur gründlichen Auseinandersetzung mit den ungeliebten Aspekten, zur Einleitung eines Prozesses der Versöhnung mit den abgespaltenen Anteilen bis zur vollständigen Integration in die Persönlichkeit des Betroffenen, scheint generell eine wichtige Struktur von Veränderung und Heilung überhaupt zu sein; und zwar unabhängig davon, ob dieser Prozess – ini-

tiiert – in einer einzigen Therapiestunde, in einem Jahr oder – zufällig – ausgelöst durch bestimmte Lebensereignisse ohne therapeutische Interventionen vonstatten geht.
Die klärende oder versöhnende Arbeit mit unbekannten, ungeliebten oder abgespaltenen Persönlichkeitsanteilen ... ist zweifellos eines der wichtigsten Konzepte therapeutischer Arbeit."[53]

Auch bei der Arbeit mit den Handpuppen geht – nach Holtz und Mrochen[54] – es um die Herausarbeitung folgender Aspekte (Hier gelten natürlich auch die grundsätzlichen Überlegungen, die unter *1.2.6 Gut zu wissen* beschrieben wurden.):

- Profilierung der Teile
- Auseinandersetzung mit ihnen
- Utilisierung und Akzeptanz
- Integration und Versöhnung

„Ungeliebte Teile, Persönlichkeitseigenschaften und Beschwerden werden externalisiert, während erwünschte Eigenschaften mit Hilfe von magischen Objekten angeeignet und (wieder) internalisiert werden."[55]
Ungeliebte, eigene Anteile, unangenehme Gefühle etc. können demnach über das Hilfsmittel der Handpuppe ausgedrückt werden, das Kind bleibt ja, wenn es durch die Puppe spricht, in einer Distanz zu den als unangenehm erlebten Gefühlen.
Auf der anderen Seite können Wunschfähigkeiten über die Handpuppe Gestalt annehmen und in ihren einzelnen Facetten ausgemalt und in der Imagination bereits erlebt werden. Diese Form des Probehandelns stellt, wenn wir an die „Macht der Bilder" denken, bereits einen wichtigen Schritt auf dem Weg zum realen Erleben der Fähigkeit dar.

Hier soll zunächst ein Einsatzfeld beschrieben werden, in dem vorrangig eine Ressource durch die Handpuppe Gestalt annehmen kann. Wie schon bei der Imagination „Die Entdeckung des inneren Helfers" liegt dem Konzept die Überzeugung zugrunde, dass die Fähigkeiten, die das Kind braucht, bereits in ihm vorhanden sind.[56]
Jetzt gilt es die Fähigkeit wieder oder auch neu zu entdecken und für die Lösung nutzbar zu machen. Es findet hier also wieder eine Externalisierung innerer Anteile statt.
Es kann so eine Art innerer „Selbstberatung" stattfinden, das Kind macht die Erfahrung, dass es „sich selbst etwas geben kann".[57]
Die Handpuppe ist hier das Hilfsmittel, mit dem ein Gespräch über die Ressourcen initiiert werden kann. Sie dient als Vorbild für die Fähigkeit, die das Kind in sich entwickeln möchte.

Aber die Handpuppenarbeit entfaltet noch größere Wirkung. Das Kind kann nicht nur die Fähigkeit (wieder) in sich entdecken, sondern auch genauere, detailliertere

Zielvorstellungen entwickeln, wie sich diese Fähigkeit einsetzen lässt. Hier geht es das erste Mal um die zu Beginn erwähnte Operationalisierung des Ziels.

Tiere bieten sich als Identifikationsobjekt an, (fast) jedes Kind hat sein Lieblingstier und verbindet auch mit verschiedenen Tieren unterschiedliche Eigenschaften: der mutige Löwe, der vorsichtige Hase, der kluge und schnelle Fuchs.

1.3.2 Zur konkreten Arbeitsweise

Eine Auswahl an verschiedenen Stofftieren macht es leichter, das passende Tier zu finden, das die gewünschte Fähigkeit verkörpert. Therapeutische Handpuppen, z. B. aus dem Folkmanis-Verlag[58], sind hervorragend geeignet. So gibt es das Schaf Dolly, das, im wörtlichen Sinne, noch eine andere Seite hat: Wenn man das Innenleben der Handpuppe nach außen wendet, entdeckt man einen Wolf. Es findet sich ein Krokodil, das trotz seiner imposanten Erscheinung doch einen ängstlichen Blick hat und natürlich Löwen, Hasen und auch Spinnen. Diese Handpuppen haben großen Aufforderungscharakter und werden von den meisten Kindern sehr geschätzt. Will man lieber auf kleinere Exemplare zurückgreifen, so sind Mini-Stofftiere, die als Finger-Handpuppen z. B. über den Zeigefinger gestülpt werden können, eine gute Alternative. *(s. Abb. 13)*

Bild 13: Folkmanis-Handpuppen ()

Grundsätzlich können wir zwischen einer ganz offenen Arbeit mit den Handpuppen und einer stärker geführten Vorgehensweise wählen.

Ein sehr offener Einstieg ist es, das Kind ohne weitere Vorgaben ein Tier auswählen zu lassen und dann darüber ins Gespräch zu kommen, was das Tier alles besonders gut kann. So kann das Kind sich mit der Methode vertraut machen, wir kommen in ein lockeres Gespräch mit dem Kind und erhalten zudem noch diagnostische Informationen darüber, was dem Kind gefällt oder auch wichtig ist.

Möglich ist auch, das Kind zu fragen: Was glaubst du, welches Tier kann sich besonders gut konzentrieren? Bei der Annäherung an das Tier werden dann die einzelnen Fähigkeiten konkreter, die das Kind in dem Tier erkennt.

In der stärker geführten Variante überlegt sich das Kind, welches Tier am ehesten die Eigenschaften und Fähigkeiten hat, die das Kind braucht, um sein Ziel zu erreichen.
Oft wird als Ziel ganz allgemein „Konzentration" genannt. Nun kann es zunächst darum gehen, das sehr allgemeine Ziel zu präzisieren, zu operationalisieren, es in Teilfähigkeiten zu zerlegen.
Denn solche Teilfähigkeiten können im Unterschied zu einer sehr abstrakten und allgemeinen Fähigkeit „Konzentration" gut beobachtet und auch in kleinen Schritten erlernt werden. Wenn Sie zurückdenken an die „Macht der Bilder": Nur wenn das Kind eine genaue Zielvorstellung hat, kann es auch beginnen, sie umzusetzen. Was genau möchte das Kind lernen: genauer hinschauen, besser zuhören, sich rechtzeitig von anderen Beschäftigungen lösen und sich ganz aufmerksam einer Aufgabe widmen?
Im nächsten Schritt wählt das Kind ein Tier aus, das aus seiner Sicht am ehesten diese Fähigkeit verkörpert.

Wir können zu Beginn der Arbeit mit einer sehr offenen Herangehensweise arbeiten, um dann später differenzierter und zielgerichteter zu werden. Welches Vorgehen Sie zu welchem Zeitpunkt wählen, hängt natürlich auch in starkem Maße von den Bedürfnissen und Wünschen des jeweiligen Kindes ab.

Es beginnt nun ein Dialog zwischen Ihnen, der Therapeutin und – dies ist ganz wichtig – mit dem Tier! Sie halten den Blickkontakt mit der Handpuppe, so wird es für das Kind leichter, wirklich in die Rolle des Tieres zu schlüpfen. Das Kind kann sich auf diese Weise von seinem inneren Befinden etwas distanzieren.

Zur Vertiefung der Arbeit mit Handpuppen ist sehr Therese Steiners und Insoo Kim Bergs „Handbuch Lösungsorientiertes Arbeiten mit Kindern"[59] zu empfehlen. Auf Therese Steiners Arbeit geht auch ein Teil der hier aufgeführten Fragen zurück, die den Dialog mit der Handpuppe strukturieren können.[60] Empfohlen sei auch Rüdiger Retzlaffs „Spiel-Räume"[61]. Dort werden verschiedene Techniken und Beispiele für den Einsatz der Handpuppen vorgestellt.

1.3.2.1 Die Arbeit mit dem inneren Helfer – *„Die Eule „Intu“: Etwas in mir kann das schon!“*

Der Dialog wird durch Fragen strukturiert (nach Therese Steiner)[62]:

Wie heißt du?

Was kannst du gut?

Was noch?

Wie hast du das gelernt? Wo und wann?

Wie machst du es genau?

Kannst du es mir mal zeigen?

Die Fragen regen eine differenzierte Auseinandersetzung an, da das Kind in der Rolle des Tieres antwortet und dabei ja ganz konkret werden muss.
Solch ein Dialog könnte so aussehen:

Guten Tag, Eule! Es freut mich, dich kennenzulernen. **Wie heißt du denn?**

Ich heiße „Intu“.

Hallo, Intu, ich bin sicher, **du kannst viele Dinge richtig gut**. *Magst du mir ein bisschen darüber erzählen?*

Oh, ich kann gut schlafen und dösen. Ich schlafe nämlich den ganzen Tag.

Ich bin beeindruckt. – ***Was kannst du denn noch?*** *Ich bin überzeugt, du kannst noch viel mehr.*

Ich kann auch gut Mäuse essen, die sind nämlich sehr lecker.

Das ist ja spannend. ***Wie gelingt es dir denn****, die Mäuse zu fangen? Sie sind ja ganz schön schnell.*

Ja, das stimmt, aber ich kann mich einfach gut konzentrieren!

Wie hast du das denn gelernt?

Naja, am Anfang hat es nicht so gut geklappt, die Mäuse waren immer so schnell in ihren Löchern verschwunden. Ich bin immer schnell losgeflogen, ihnen hinterher, aber ich war nicht schnell genug. Da saß ich dann müde und hungrig auf dem Ast und musste mich ausruhen.

Aber als ich dort so saß, konnte ich die Mäuse genau beobachten und da wusste ich, was ich mache.

Du hast die Mäuse beobachtet? Das ist ja interessant.
Wie machst du es denn genau?

Ich sitze auf meinem Ast, ganz still. Das ist wichtig, denn wenn ich mich bewege, verscheuche ich die Mäuse. Dann schaue ich genau nach unten, ob sich da etwas bewegt. Genau gucken, das kann ich gut! Es ist auch wichtig, nicht einzuschlafen, sondern im richtigen Moment hochzufliegen und zuzugreifen.

Wie geht das denn, genau gucken? Kannst du es mir mal zeigen?

(Das Kind kann nun die Handpuppe entsprechend bewegen. Eine mögliche Verbalisierung wäre:
Also ich beuge den Kopf ein bisschen nach unten, damit ich gut sehen kann, wo sich etwas bewegt. Wenn ich irgendwo einen Schatten sehe, gucke ich noch mal ganz genau hin, ob er sich verändert, ob es eine Maus ist, die sich bewegt. Und ich entdecke so natürlich auch ihre Schlupflöcher, ich lerne ihre Wege kennen. Dann kann ich im entscheidenden Moment starten, ich spanne meine Muskeln an, hebe meine Flügel und stürze mich hinunter auf die Maus.)

Es ist wichtig, dem Kind bei diesem Handpuppenspiel viel Zeit zu geben. Hier hat sich das Spiel von einem offenen Start zur Beschäftigung mit den Themen „visuelle Aufmerksamkeit" und „Impulsverzögerung" entwickelt. Bei dieser ersten Annäherung geht es noch nicht um eine exakte Zielfestlegung und auch nicht um die Erwartung bestimmter Antworten. Das Kind begibt sich vielmehr in einen Such- und Findeprozess. Es öffnet sich so allmählich möglichen Veränderungen. Welche Fähigkeiten sind vorhanden, welche Verhaltensweisen werden auf welche Weise erlernt, um zum Ziel zu kommen? Dies sind die Fragen, denen sich das Kind mit Hilfe der Handpuppen nähert. All dies geschieht in der Welt der Handpuppen. So kann das Kind Zuversicht und die Kompetenz der „Selbstberatung" entwickeln. Es ist nicht nötig, hier schon einen Transfer auf die Lebenssituation des Kindes zu leisten und z. B. konkrete schulische Herausforderungen anzusprechen.

Es ist jedoch möglich, in einem zweiten Teil das gewählte Tier behutsam als „inneren Helfer" zu installieren und so eine Brücke zum Lebensalltag des Kindes zu schlagen, jedoch ohne konkrete Vorschläge zur Verhaltensänderung zu machen. Denn Ziel ist es ja, das Kind für sich selbst Lösungen entwickeln zu lassen. Unsere Rolle ist es „nur", das Kind auf diesem Weg zu begleiten. Hätten wir schnell „Ratschläge" parat, so könnte diese pädagogische Einflussnahme gerade bei diesen Kindern schnell zu einer Abwehrhaltung oder Verweigerung führen. *„No jump to conclusion!"* Dieser prägnante Satz der Lösungsorientierten Therapien ist hier das bessere Motto.

Eine Vertiefung der Handpuppenarbeit könnte demnach durch folgende Fragen strukturiert sein:

Weißt du, dass „Tom" (Name des Kindes) genau so aufmerksam werden will wie du?

Was glaubst du, wann und in welcher Situation wird Tom diese Fähigkeit wohl besonders brauchen?

Eventuell: Gibt es etwas, was du Tom jetzt schon raten kannst?

Ich bin gespannt, was sich beim nächsten Mal schon alles geändert hat, wo du für Tom schon hilfreich sein konntest!

Ich danke dir!

Nach Beendigung des Dialogs wird die Handpuppe wieder weggelegt, und erst dann besteht wieder Augenkontakt mit dem Kind.

Die Frage nach Zeitpunkt und Ort berührt die Ebene der Kontextualisierung des gewünschten Verhaltens. So wird konkret und eingrenzbar, in welcher Situation eine Veränderung des Verhaltens hilfreich sein könnte. Möglicherweise hat schon zu diesem frühen Zeitpunkt das Kind, in der Rolle des Tieres, eine Idee, wie Veränderung gelingen kann. Falls dies der Fall ist, kann es natürlich schon genutzt werden. Der Satz „Ich bin gespannt ..." unterstellt, dass sich in jedem Fall in der nächsten Zeit schon eine positive Veränderung zeigen wird. So wird Zuversicht und Vertrauen in das Kind und seine Fähigkeiten ausgedrückt.

1.3.2.2 Dialogische Teile-Arbeit – *„Der ‚Kannichtosaurus' und der Schmetterling": „Gesetzt den Fall, es hat was Gutes ...!"*

Verfügen Kinder noch nicht über ein ausreichendes Selbstwertgefühl, so liegen oft Überzeugungen von Minderwertigkeit oder Versagensängste zugrunde. Diese Überzeugungen und Ängste führen womöglich noch ein Schattendasein, sie werden verdrängt – wirken jedoch dennoch und blockieren das Kind, seine Leistungsfähigkeit voll auszuschöpfen. Es kann aber auch sein, dass das Kind ganz offen und völlig überzeugt sagt: „Ich lerne das sowieso nicht!"

In so einem Fall kann es hilfreich sein, eine Variante der Handpuppenarbeit einzusetzen.
Eine Möglichkeit ist es, dem Kind zu erläutern, dass wir auf unterschiedliche Weise mit uns umgehen, über uns denken. Mal denken wir positiv von uns, mal sehen wir nur das, was ungünstig ist.

Als externalisierte Gestalt des Gedankens „Ich lerne das sowieso nicht" kann nun der „Kannichtosaurus", den Rüdiger Retzlaff erfunden hat, vorgestellt werden.[63] Das Kind kann eine Handpuppe auswählen, die diesen „Kannichtosaurus" verkörpern soll. Anschließend kann das Kind sich eine Handpuppe aussuchen, die stellvertretend für seine guten Gefühle steht, die die Überzeugung vertritt, dass das Kind vieles gut kann und dafür sorgt, dass es dem Kind gut geht. Ist der „innere Helfer" hier schon installiert, könnte auch er diese Rolle übernehmen.
Beide Tiere werden zunächst etwas genauer interviewt, um sie näher zu charakterisieren. Fragen könnten sein (in Anlehnung an Karl. L. Holtz und Siegfried Mrochen) [64]:

Magst du etwas über dich erzählen?
Was tust du gern?
Was magst du gar nicht?
(Profilierung der Teile)

Nun können beide Tiere in einen Dialog miteinander treten:

Wie lange kennt ihr euch schon?
Was stört dich an dem anderen?
(Auseinandersetzung mit den Teilen)

Allmählich kann es dann in die Phase der Annäherung der Teile gehen. Nun geht es um die Utilisierung, d. h., ungeliebte Anteile werden nach ihrer denkbaren Funktion gefragt:

Was könnte es Gutes haben, dass es dich gibt?
Bewirkst du irgendetwas Positives, Gutes für das Kind?

In der nächsten Sequenz des Spiels kann es dann um die Frage nach gegenseitiger Akzeptanz oder möglicher Aussöhnung gehen.

Was müsste passieren, damit ihr euch die Hand reicht?
Was wäre, wenn der andere Teil dir seine Freundschaft anbietet oder deine Hilfe bräuchte.
Was wäre dann?
Oder aber:
Könntet ihr einmal ausprobieren, euch die Hände zu reichen?
Wie fühlt sich das an?
Oder aber:
Was könnt ihr beide, gemeinsam, für das Kind schaffen?
Wie könntet ihr das Kind bei seinem Ziel der besseren Konzentration unterstützen?

Die Kinder verbalisieren solch einen Dialog natürlich auf unterschiedliche Weise, abhängig vom Alter, ihren sprachlichen Fähigkeiten, ihrer Persönlichkeitsstruktur.

Es ist aber auch nicht unbedingt notwendig, direkte Antworten zu erhalten. Vielmehr geht es darum, einen Perspektivwechsel und innere Suchprozesse[65] beim Kind auszulösen. Gelingt dies, ist schon viel erreicht. Dieses „Seeding“, wie Milton Erickson sagt, die Idee zu säen, dass jeder Teil sinnvoll sein kann, seine Berechtigung hat in einem spezifischen Kontext, [66] kann schon ein Schritt hin zur Integration der verschiedenen Anteile sein.[67]

Der Kannichtosaurus und der Schmetterling

Therapeutin: Mögt ihr etwas über euch erzählen? Was tut ihr gern? Was mögt ihr gar nicht?

Kannichtosaurus: Also ich habe oft ganz schlechte Laune. Ich mag es überhaupt nicht, soviel zu lernen, das bringt sowieso nichts, Mathe – das kann keiner begreifen. DAS KANN ICH NICHT!!! Ich hab richtig Angst davor! Viel lieber mag ich lesen, besonders Krimis.

Schmetterling: Also ich fliege sehr gerne durch die Gegend, ganz leicht schwebe ich umher und alles sieht so schön aus von oben. Meist habe ich gute Laune und denke gar nicht an Mathe. Und ich mag es gar nicht, wie Kannichtosaurus so ist, er verdirbt mir immer die Laune, immer stöhnt und meckert er.

Kannichtosaurus: Ja, das ist wieder typisch. Und ich mag es gar nicht, dass Schmetterling immer so tut, als sei alles leicht und einfach. Das ist es nicht!!!

Schmetterling: Mir wäre am liebsten, du wärst weg!

T.: Das scheint ja manchmal schwierig zwischen euch zu sein. Oft ist es ja so, dass es nicht nur eine Seite am anderen gibt, die euch nervt, sondern auch eine andere. Was könnte es denn möglicherweise Gutes haben, dass es dich gibt, Kannichtosaurus?

Kannichtosaurus: Ich erinnere den Schmetterling an Mathe, denn irgendwie ist das ja wichtig. Wenn ich nicht so eine Angst davor hätte …

T: Was könnte es Gutes haben, Schmetterling, dass es dich gibt?

Schmetterling: Ich habe keine Angst und nehme alles leicht.

T: Was könntet ihr für den anderen tun, was meint ihr?

Schmetterling: Ich könnte dem Kannichtosaurus Mut machen.

Kannichtosaurus: Glaubst du, dann könnte ich mehr von Mathe verstehen? Vielleicht könnten wir mal zusammen Mathe machen? Nur ganz kurz! Aber vielleicht versteh ich dann was?

T: Das hört sich gut an! Wäre das einen Versuch wert?

Kannichtosaurus: Ja, ich glaube schon.

Schmetterling: Vielleicht …

T.: Vielleicht habt ihr dann ja beide bessere Laune! Mögt ihr euch die Hand geben als Zeichen, dass ihr es miteinander versuchen wollt?

Hier werden schon schulische Inhalte zum Thema. Mehrere Aspekte wie Angst vor dem Lernstoff und der Wunsch nach Leichtigkeit und Freizeit finden hier im Spiel ihren Ausdruck. Es wird möglich, nach einem Ausgleich zu suchen, da beide Blickwinkel ihren Platz erhalten und Wertschätzung erfahren.
Im Spiel kann aber auch etwas ganz anderes Inhalt werden, z. B. aus der Welt des Tieres. Es kommt auch vor, dass die Kinder in einer Spielsequenz zwischen zwei Ebenen hin und her wechseln.

1.3.2.3 Dialogische Teile-Arbeit der besonderen Art: *„Das Schaf Dolly: Alles hat zwei Seiten … mindestens!“*

Lina, ein 8-jähriges Mädchen, hatte starke Konzentrationsprobleme und zeigte zum Teil auch aggressive und oppositionelle Verhaltensweisen, wenn sie überfordert war. Diese Situation wirkte sich mehr und mehr auf den Leistungsbereich aus, da Lina die Unterrichtsinhalte nicht mehr ausreichend aufnehmen konnte. Die Eltern und die Lehrerin waren zu dem Schluss gekommen, dass eine Lerntherapie Lina helfen könnte. In der Lerntherapie war zunächst an eine Beschäftigung mit dem Thema Konzentration gar nicht zu denken, da Lina dem Thema noch sehr ablehnend gegenüberstand. Die Arbeit mit Handpuppen schien eine gute Möglichkeit, auf indirektem Weg mit Lina ins Gespräch zu kommen. Denn gleich zu Anfang der Lerntherapie hatte Lina spontan das Schaf Dolly aus den bereitliegenden Handpuppen ausgewählt und mit der Handpuppe gespielt. Sie hatte Dollys Innenleben entdeckt und begeistert abwechselnd den Wolf und das Schaf hervorgeholt. In der Folge entstand dieser Dialog:

Therapeutin: Guten Tag, Schaf, wie heißt du denn?

Lina: Hallo, ich bin Dolly!

T.: Schön, dass du da bist, Dolly, magst du mir ein bisschen von dir erzählen, was du alles so kannst?

Lina: Tja, ich kann ziemlich viel, Gras fressen, auf der Wiese liegen, solche Sachen … ich bin eben ein richtiges Schaf!

Bild 14: Dolly

Bild 15: Dolly: Schaf und Wolf gleichzeitig

Bild 16: Wolf

Handpuppen
(Bilder 14–16: © Folkmanis – Alle Rechte vorbehalten!)

T.: Was macht denn ein richtiges Schaf aus?

Lina: Ja, ich bin lammfromm, auch wenn ich schon ein erwachsenes Schaf bin, ich bin immer ganz lieb und ruhig.

T.: Wie hast du das denn geschafft? Es ist ja nicht immer leicht, ganz ruhig zu bleiben.

Lina: Das stimmt, das kann ich dir sagen, früher war ich ganz oft sehr wütend, da war ich ein richtiger Wolf. (Lina wendet das Schaf Dolly nach innen, zum Vorschein kommt der Wolf.) *Da war ich sauer, hab die Zähne gefletscht und laut gebellt und geknurrt. Es gab Leute, die hatten Angst vor mir! Heute ist das nur noch manchmal so.*

T.: Oh, ich bin beeindruckt! Und wie hast du geschafft, so lammfromm zu werden?

Lina: Naja, ich hab oft Ärger bekommen, wenn ich so die Zähne gefletscht habe und einmal, da wollte ich das lassen und habe ganz tief geschnauft, so … und dann noch mal … das macht mein Papa manchmal, wenn er sauer ist … und ich habe gemerkt, dass das besser war für mich …

T.: Wie machst du das genau? Kannst du es mir mal zeigen?

Lina: Also ich schnaufe ganz tief (macht es vor, tiefes Einatmen) *und dann noch mal ... so...* (und lässt den Wolf wieder nach innen wandern, das Schaf Dolly kommt wieder zum Vorschein.)

T.: Das ist ja toll! Was du alles kannst! Du kannst ja richtig zaubern und dich verwandeln, klasse!!

Hier hat Lina sich spielerisch und indirekt mit Aggression und den Folgen beschäftigt. Zwar noch nicht in der Realität, doch im Spiel war schon eine Distanzierung und Suche nach Veränderungsmöglichkeiten möglich. Durch die Handpuppe mit den zwei Gesichtern hat Lina geschafft, eine Distanz zu ihrem wütenden, manchmal unkontrollierten Anteil herzustellen und gleichzeitig durch diese Distanzierung den wütenden Anteil kontrollieren und korrigieren können. Es ist nun eine Wahlmöglichkeit zwischen den Verhaltensweisen sichtbar geworden, es gibt eine Perspektive, den Wutausbrüchen nicht länger scheinbar hilflos ausgeliefert zu sein, sondern auch mal gelassener zu reagieren.
Lina hat in den folgenden Stunden immer wieder Dolly zur Hand genommen und das Handpuppenspiel wurde zum festen Ritual jeder Stunde. Unsere Beziehung festigte sich – auch durch die Akzeptanz des So-seins von Dolly – und allmählich konnte Lina sich auf Spiel-, Gesprächs- und Förderangebote einlassen. Ein Anfang war gemacht.

Auch in „Tonjas Tigergeschichte“ im Kapitel „Metaphorische Geschichten“ werden die Themen Abwehr und Wut noch einmal aufgenommen.

1.3.2.4 Anpassung an die Lebenswelt der Jugendlichen

Die Handpuppenarbeit eignet sich besonders für jüngere Kinder bis zum Alter von ca. 10 bis 11 Jahren. Bei älteren Kindern und Jugendlichen kann der Ansatz dieser Arbeit dennoch genutzt werden.

Zunächst können Vorbilder, Ideale, Idole erfragt werden. Wen findet der Jugendliche toll, eine Figur aus einem Film, einem Computerspiel, einem Buch? Es wäre ungünstig, eine reale Person aus dem nahen Umfeld zu wählen, da reale Personen erfahrungsgemäß und auch verständlicherweise unserem Idealbild und unseren Erwartungen nicht standhalten können.
Oft sind es Figuren aus den immer noch populären Star Trek oder Star Wars Filmen, die genannt werden. Gerade bei Jungen hat immer noch James Bond neben anderen Action-Helden große Konjunktur.

Wenn es möglich ist, kann der Jugendliche in einem Rollenspiel kurz in die Rolle des „Helden“ schlüpfen. Ist dies dem Jugendlichen eher unangenehm, können wir mit dem Jugendlichen ein Gespräch darüber führen, wie z. B. James Bond sich wohl verhalten würde, wenn er vor einer Herausforderung steht.

Wenn wir als Erwachsene die Helden, Filme oder Spiele nicht kennen, so ist das kein Problem, sondern eher von Vorteil. Der Jugendliche kann uns von dieser Welt erzählen, in diese Welt einführen. Für unsere gemeinsame Beziehung kann dies von Bedeutung sein, der Jugendliche erlebt sich als der Kenner, der Experte. Nun sind die Erwachsenen in der Rolle des Lernenden. Es ist auch nicht zu unterschätzen, wie wohltuend es für die Jugendlichen sein kann, ausführlich einem interessierten Gegenüber, einem Erwachsenen, z. B. über ein Computerspiel zu berichten.

1.3.2.4.1 *„James Bond – der coole Entscheider"*

In der lerntherapeutischen Praxis begegnete mir Felix, ein aktiver, schnell agierender Junge, 13 Jahre alt. Er verhielt sich impulsiv, besonders in Arbeitssituationen, er erzielte noch nicht das Leistungsniveau, das für ihn möglich war, da er z. B. in Klassenarbeiten die Aufgabenstellungen nur überflog und sich schnell an die Arbeit machte. So übersah er Fragen, seine Arbeitsergebnisse wirkten schnell unstrukturiert und ohne „roten Faden".
Seine eigenen Ziele – und natürlich die seiner Lehrer – waren genaueres, strukturierteres Vorgehen, mit anderen Worten Impulskontrolle und Handlungsplanung, bei Erhalt seiner Kreativität und Aktivität.

Auf die Frage nach seinen Helden, Idolen war schnell klar, dass James Bond sein absoluter Favorit war. Felix kannte sämtliche Filme und konnte deren Inhalt problemlos – und auch sehr strukturiert! – wiedergeben.
Möglicherweise tauchen bei Ihnen nun Zweifel auf, ob bei einem Jungen, der zu Überaktivität und Impulsivität neigt, ausgerechnet ein Action-Held das richtige Vorbild sein kann.
Hier spielt zum einen der Gedanke der Teile-Arbeit eine Rolle, dass es auch immer eine „gute Seite" des Verhaltens gibt, dass ein Verhalten also im richtigen Setting sinnvoll und angemessen sein kann. Es ist möglich, die Verhaltensweise so zu akzeptieren und letztlich zu integrieren.
Indem wir den Helden des Jugendlichen positiv in die Therapie integrieren, ist auch einer guten Kooperation der Weg geebnet. Der aktive, schnell handelnde Teil von Felix wird akzeptiert und genutzt. Diese Akzeptanz ist Voraussetzung für Veränderung.
Denn:
Es ist leichter sich zu ändern, wenn es einem erlaubt ist, der zu sein, der man ist.

Therapeutin: Jetzt habe ich ja schon viel über die Abenteuer James Bonds erfahren. Wie trifft James Bond denn schwierige Entscheidungen? Erinnerst du dich an eine Situation, in der James Bond sich vor eine wichtige Entscheidung gestellt sah?

Felix: James Bond war in eine Falle geraten, in der Villa seines Gegners, und musste schnell weg.

T: Was hat er gemacht? Ist er losgerannt?

Felix: Er musste sich ja schnell in Sicherheit bringen, ein Kampf wäre hier aussichtslos gewesen. Er wollte fliehen, aber sein Hinweg war versperrt. Doch er wusste, dass auf dem Dach des Gebäudes eine große ebene Fläche war, auf der der Hubschrauberlandeplatz des Gegenspielers war. Er rannte also durch die Geheimgänge, bis er an eine Treppe kam, die nach oben führte. Dieser Treppe folgte er, aber seine Verfolger waren dicht hinter ihm. Also versteckte er sich kurz, bis sie vorbei waren und setzte dann seinen Weg nach oben fort. Als er auf dem Dach ankam, war der Hubschrauber jedoch nicht da, auf den er so gehofft hatte. Doch er hatte, bevor er in das Gebäude gegangen war, sein Auto in einem Versteck nahe des Gebäudes geparkt, um im Notfall verschwinden zu können. Und jetzt sah man, dass er die ganze Zeit ein Seil dabei hatte, das schräg um seine Schulter gelegt war. Also hat er, wie ein perfekter Kletterer, sich von dort oben, vom Dach, auf dem er stand, blitzschnell mit dem Seil herabgelassen. Er rannte schnell zu seinem Auto im Versteck und brauste davon.

T.: Da hat er ja jede Menge Entscheidungen getroffen: Flucht statt Kampf, den Hubschrauber auf dem Dach für die Flucht nutzen …
Er kannte sich ja auch gut aus …

Felix: Ja, er hat sich vorher einen Plan vom Gebäude besorgt! Ich finde auch cool, dass er immer einen Ausweg gewusst hat. Das war clever, dass er sein Auto in der Nähe versteckt hatte.

T: Das hat er sich ja schon vorher überlegt!

Felix: Genau! Und er war so clever, ein Seil mitzunehmen, sonst wäre er ja von dem Dach gar nicht weggekommen.

T: Er hat sich vorher schon überlegt, was alles passieren könnte und sich sehr gut vorbereitet…

Felix: Aber er ist auch absolut mutig und traut sich was!

T: Stimmt, ohne Mut hätte er sich nie mit dem Seil von oben heruntergelassen …

Felix: Und er hat ganz schnell entschieden, was er als Nächstes macht!!

T: Das ist wahr. Er hat sich schnell entschieden und er war gut vorbereitet. Beides muss wohl da sein, um so ein cooler Typ zu sein.

Felix war einverstanden, in einem nächsten Schritt gemeinsam zu überlegen, in welcher Situation er diese Fähigkeiten gut gebrauchen könnte und wie die einzelnen Schritte dann genau aussähen.
Wie sähe für eine Klausur das James-Bond-Vorgehen aus? Gute Vorbereitung, einen Plan machen, dabei jedoch in der Ausführung flexibel bleiben, Hilfsmittel bereithalten und natürlich: mutig und in der Situation entschlusskräftig sein!
Denkbar wäre auch, in so einem Fall den Jugendlichen zu fragen, was sein Held dem Jugendlichen raten würde, was er in einer bestimmten Situation machen würde. Dann wäre noch eine Distanz des Jugendlichen zum realen Problem gegeben und die Helden-Figur wäre die Stimme des inneren Helfers, der noch nicht zur Verfügung stehende Ressourcen aktiviert.

1.3.2.4.2 *„Seven of Nine – ein starkes Gegenüber"*

Oft vermeiden Jugendliche auch das direkte Gespräch über Probleme oder Konflikte. Doch über den „Umweg" der Erfragung von Ressourcen oder „Vorbildern" können solche Konflikte durchaus thematisiert werden.
So ist beispielsweise bei einem Konflikt mit einem Elternteil eine „Stellvertreter"-Diskussion oder -Auseinandersetzung durchaus möglich.

Laura, eine 17-jährige Jugendliche, deren schulische Leistungen mehr und mehr zurückgingen, war von ihrer Mutter zur Therapie angemeldet worden. Die Tochter lebe in ihrer eigenen Welt, träume in der Schule vor sich hin, sei unaufmerksam und womöglich auch den Leistungsanforderungen nicht gewachsen. Allen Hilfestellungen durch die Mutter stehe Laura ablehnend gegenüber. Ziel der Therapie sollte laut der Mutter sein, Lauras Leistungsfähigkeit zu steigern.
Laura war zunächst sehr zurückhaltend und auch nicht bereit, von sich zu erzählen oder ihre Sicht der Situation zu schildern. Bei der Sammlung der Ressourcen, Interessen und möglichen Idole wurde schnell klar, dass Laura ein ausgesprochener Star-Trek-Fan war. Sie kannte sämtliche Filme nahezu auswendig, hatte eine Bibliothek auch alter Filme angelegt.
Zwei Figuren aus einer älteren Serie waren ihr besonders wichtig: Eine jüngere Frau „Seven of Nine", die oft in Konflikt mit dem weiblichen Captain „Kathryn Janeway" stand. „Seven of Nine" fühlte sich oft ungerecht behandelt und unterlegen, „Janeway" hingegen war eine Führungsfigur, die dominant und kraftvoll Entscheidungen traf und Urteile fällte.
Es war zu spüren, dass diese Konstellation im Film Laura außerordentlich fesselte, immer neue Beispiele und Szenen fielen ihr ein, um die Dynamik der beiden Frauen zu beschreiben. Laura war hochmotiviert, darüber zu berichten, sie sprudelte vor Energie. Sie brachte Poster, Texte etc. in die Therapiestunden mit, und wir setzten uns gemeinsam mit der Beziehung dieser beiden Filmfrauen auseinander: Was könnte die Motivation jeder der Frauen sein, sich so zu verhalten, was empfindet das Gegenüber bei bestimmten Äußerungen, wie lassen sich die Konflikte zwi-

schen den beiden erklären? Allmählich wurden auch Lösungsideen zum Thema: Was könnte man den beiden raten? Laura dachte sich Dialoge aus, die die beiden Frauen aus der kommunikativen Sackgasse führen könnten. Sie ließ bei „Seven of Nine" Stärke und Selbstvertrauen wachsen, sodass sie „Janeway" kraftvoll gegenübertreten konnte.

Nicht ein einziges Mal thematisierten wir das Verhältnis Lauras zu ihrer Mutter oder aber ihre schulischen Probleme.

Dennoch – oder vielleicht auch gerade deshalb?! – zeigten sich nach einer Weile Veränderungen: Die Mutter berichtete, dass es weniger Konflikte zu Hause gebe, dass die Lehrer eine stärkere Aufmerksamkeit Lauras im Unterricht wahrnehmen. Laura fühlte sich gestärkt, brachte selber Ideen ein, welche Themen in der Therapie für sie wichtig seien. Auf ihren Vorschlag hin erarbeiteten wir dann Strategien zur Aufmerksamkeitssteuerung im Unterricht oder aber zur Steigerung der Lernmotivation.

All dies wurde möglich, weil wir den persönlichen Konflikt zwischen Laura und ihrer Mutter zunächst zum zentralen Thema gemacht hatten – allerdings auf sehr indirekte Weise. Der Konflikt wurde externalisiert und nahm im Rollenkonflikt der beiden Star-Trek-Figuren Gestalt an. So war es Laura möglich, sich dem Thema zu nähern. Auf dieser Ebene konnte auch nach Lösungen gesucht und der Konflikt entschärft werden. Erst danach war es dann möglich, konkrete Lernstrategien etc. ins Zentrum unserer Arbeit zu stellen.

1.4 Metaphorische Geschichten

„Es ist leichter sich zu ändern, wenn es einem erlaubt ist, der zu sein, der man ist."

(Verfasser unbekannt)

1.4.1 Theorie-Baustein: therapeutische Metaphern, Annahme und Veränderung des Symptoms durch Reframing

Eine gute Möglichkeit, um Lösungen für Probleme zu finden, bietet die metaphorische Geschichte.

Ihre Grundlage ist die „Philosophie des Annehmens und Geltenlassens".[68] Es geht um Annahme **und** Veränderung des Symptoms.

Symptome werden als „Botschaft ... des Unbewussten betrachtet, das ungeachtet vergangener Ursachen zu seiner eigenen Auflösung genutzt werden kann".[69]

Diese Sichtweise geht auf die grundlegenden Arbeiten Milton Ericksons zurück; er entwickelte die Ansätze der „Utilisation", also der Nutzbarmachung, des Symptoms.[70]

Der Arbeit mit metaphorischen Geschichten im Kontext der SchADSkiste liegt vor

Sehr geehrte Leserin, sehr geehrter Leser,
uns interessieren Ihre ganz persönliche Meinung sowie Ihre Interessengebiete. Beides ist für die zukünftige Arbeit unseres Verlages sehr wertvoll. Vorteil für Sie: Über entsprechende Neuerscheinungen werden Sie regelmäßig informiert. Sie erhalten unsere Bücher im Buchhandel oder direkt beim Verlag.

Diese Karte lag im Buch (bitte eintragen!):

Verlags-Bestell-Nr. ____________

Aufmerksam wurde ich auf das Buch durch:

- ○ Verlagsprospekt
- ○ Empfehlung meines Buchhändlers
- ○ Empfehlung eines/r Bekannten
- ○ Anzeige in einer Zeitschrift
- ○ Fortbildung beim Autor
- ○ Namen des Autors
- ○ Pressebesprechung
- ○ Internetrecherche allgemein
- ○ Homepage des Verlages
- ○ Geschenk

Mein Urteil:

Ich arbeite im Fachbereich: ________________________________

Bitte informieren Sie mich über folgende Sachgebiete:

- ○ Entwicklungsförderung in Theorie und Praxis
- ○ Diagnostik / Frühförderung
- ○ Kita
- ○ Grundschule
- ○ Sonderpädagogik / Sozialpädagogik / Heilpädagogik
- ○ Ergotherapie / Neurologie
- ○ Sprachheilpädagogik / Sprachtherapie / Logopädie
- ○ Praktische Psychologie / Trainingsprogramme
- ○ Psychotherapie und Beratung
- ○ ____________________
- ○ ____________________

Bitte den Absender auf der Rückseite nicht vergessen!

L 9206 10_17

allem das Werk Joyce C. Mills und Richard J. Crowleys „Therapeutische Metaphern für Kinder und das Kind in uns" zugrunde, und es sei allen empfohlen, die diese Art der Arbeit mit Geschichten weiter vertiefen wollen.[71]

Symptome werden in diesem Kontext als „Ergebnis blockierter Ressourcen (der natürlichen Fähigkeiten und Möglichkeiten des Kindes)" gesehen.[72] Solche Blockaden können entstehen, wenn das Kind unterschiedlichste Situationen als Problem oder Hürde wahrnimmt und so unter Druck gerät. „Wenn das Kind nicht ganz es selbst sein kann, so sind die seiner Persönlichkeit innewohnenden Ressourcen nicht voll verfügbar und andere, eingeschränkte Lösungen – Symptome – sind das Ergebnis."[73]
Das Symptom wird als „symbolische und metaphorische Mitteilung des Unbewussten" gesehen, es ist Ausdruck des Leids und gleichzeitig eine Botschaft, da es Hinweise auf mögliche Lösungen enthält.[74]
Wenn ein Kind als Symptom z. B. Angst oder Aggression zeigt, so ist es wichtig, diesen Gefühlen zunächst einen Platz zu geben, sie anzunehmen und gelten zu lassen. Es wäre nicht hilfreich, sofort auf die Lösungsseite zu wechseln und das Kind womöglich zu schneller Veränderung aufzufordern durch Ratschläge wie „Sei mutig!" oder „Streng dich an!". Eine Veränderung des Verhaltens wird vielmehr durch Akzeptanz möglich, durch unsere und die des Kindes. Es gilt also auch hier: „No jump to solution!"
Wenn wir, als Erwachsene, z. B. Kopfschmerzen als lästig und belastend empfinden und dieses Krankheitssymptom möglichst schnell mit Hilfe einer Tablette loswerden wollen, so verlieren wir dabei unter Umständen aus dem Blick, dass dieser Schmerz vielleicht auch ein Warnsignal war, der uns darauf hinwies, dass unsere Arbeitsbelastung zu hoch und unsere Ruhezeiten zu kurz waren.

Das Symptom wird also zunächst anerkannt als Ausdruck von Leid und als Botschaft, um es dann umzudeuten.[75] Die Frage „Gesetzt den Fall, das Symptom hat etwas Gutes, was könnte das sein?" hilft uns, dieser anderen Seite des Symptoms auf die Spur zu kommen, und die veränderte Bewertung zeigt uns auch erste Lösungswege auf.
Diese neue Deutung wird in der Tradition der Erickson´schen Hypnotherapie auch Reframing[76] genannt. Es findet eine Umdeutung und Neubewertung des Symptoms statt. Das Verhalten des Kindes z. B. kann in einem anderen Setting durchaus angemessen sein. Diese Sicht ermöglicht eine andere Verarbeitung und lässt auch eine Offenheit für Lösungen entstehen.
Diese Nutzbarmachung des Symptoms im Sinne Ericksons ist jedoch nicht nur eine Philosophie der „Annahme und des Geltenlassens" des Symptoms, sondern auch eine Technik, deren Einsatz Veränderungen in Sichtweise und Verhalten ermöglicht.
Symptome werden als Metaphern verstanden, die Auskunft darüber geben, was das Problem eigentlich ausmacht. Die Aufgabe der TherapeutInnen besteht dann darin, geeignete Metaphern zu entwickeln, die Geschichten möglicher Lösungen erzählen.[77]

Wenn wir also metaphorische Geschichten erzählen, nutzen wir Metaphern. In vielem erinnern metaphorische Geschichten an Märchen. Märchen werden jedoch in unserem Zusammenhang als literarische Metaphern von der therapeutischen Metapher unterschieden. Literarische Metaphern dienen der Beschreibung von Erfahrungen, ihr Ziel ist das Erzeugen einer „bildhaften Vertrautheit". Hauptziel der therapeutischen Metapher sind jedoch „Veränderung, Neuinterpretation und Reframing". Die LeserInnen oder ZuhörerInnen werden zu Lösungen geführt, die sie schon in sich tragen. Es findet eine Wiederaneignung projizierter Stärken und Fähigkeiten statt.
Dieser Herangehensweise liegt wieder die tiefe Überzeugung zugrunde, dass alle „Antworten, Fähigkeiten und Ressourcen *in* jedem Einzelnen vorhanden sind."[78]

Entscheidend dafür, dass die therapeutische Metapher ihre Kraft zur Veränderung entfalten kann, ist, dem Kind eine Identifikation zu ermöglichen. Dazu muss das Kind eine Verbindung zwischen seiner persönlichen Situation und den Ereignissen der Geschichte herstellen können. Wichtig ist dabei, das Problem genau genug darzustellen, sodass das Kind sich mit den erzählten Geschehnissen und Gefühlen identifizieren kann und erlebt, dass es nicht nur ihm allein so ergeht. Gleichzeitig muss die Metapher indirekt genug sein, um das Kind nicht zu beschämen oder gar „vorzuführen".[79] Im besten Fall „trifft" die Geschichte „ins Schwarze, aber eigentümlich entfernt ... und sie aktiviert spezifische Fähigkeiten und Ressourcen, aber allgemein und ohne bedrohlich zu wirken".[80]

1.4.2 Metaphorische Geschichte: *„Der Löwe und die Eule" – auditive Aufmerksamkeit*

Es war einmal ein kleiner Löwe, der lebte in einer großen Familie mit vielen Geschwistern. Du kannst dir bestimmt vorstellen, wie turbulent es da oft zuging. Manchmal war es wie auf einer Kirmes.
Umso besser war es, dass der kleine Löwe über eine ganz fantastische Fähigkeit verfügte: Wenn es ihm zu bunt und einfach zu laut wurde, konnte der kleine Löwe seine Ohren verschließen, sodass er von dem ganzen Lärm, der ihm auf die Nerven ging, nichts mehr mitbekam. Das war besonders hilfreich, wenn seine Geschwister sich gerade mal wieder lauthals stritten.

Doch es gab manchmal auch Situationen, in denen der kleine Löwe nicht merkte, dass er seine Ohren wieder „auf Durchzug" geschaltet hatte. So bekam er z. B. nicht mit, wenn seine Geschwister sich zum Grillen verabredeten und dann wurde er traurig und manchmal auch zornig, wenn er so eine tolle Gelegenheit, Spaß zu haben, verpasst hatte.

Als es wieder mal soweit war – er hatte gerade mitbekommen, dass er ein Löwenfest verpasst hatte – war er so traurig, dass er ganz allein in die Savanne hinauslief. Er lief so lange weiter, bis er nicht mehr konnte. Dann setzte er sich erschöpft unter einen großen Baum. So saß er da, an den Stamm gelehnt, die Tränen liefen ihm übers Gesicht und er war kreuzunglücklich.

Da, was war das? Er hatte ein Geräusch gehört, ganz deutlich! In der Savanne musste man aufmerksam sein. Doch konnte das sein? Das Geräusch kam von oben, erst klang es nach einem zarten Rascheln, dann fast wie ein Räuspern.
Der Löwe schaute in die Baumkrone und rief: „Ist da jemand? Ich habe ganz genau gehört, dass da oben jemand ist!" Und gerade, als er ganz aufmerksam war, hörte er eine knarrende, knarzende Stimme, die sagte: „Mensch, Löwe, jetzt hast du mich mit deinem Weinen geweckt. Und das am hellichten Tag!" Als er ganz genau hinschaute, entdeckte er oben auf einem Ast eine alte Eule, die mit ihren großen, klugen Augen zu ihm hinunterschaute. „Die ganze Nacht war ich auf der Jagd und bin jetzt müde und brauche meinen Schönheitsschlaf, gerade heute Nacht war ich besonders erfolgreich, ich habe drei Wüstenrennmäuse gejagt und bin später noch zum Wasserloch geflogen."
Der Löwe war sehr beeindruckt und hörte der Eule gespannt und aufmerksam zu, die Eule erlebte ja wirklich einiges.

Aber sie war nicht wirklich böse auf ihn, sondern fragte jetzt: „Was ist denn passiert? Warum bist du so traurig?" Und der Löwe erzählte ihr seine Geschichte und er schloss mit den Worten: „Ich bin so verzweifelt, nie kann ich gut zuhören, nie kriege ich wichtige Sachen mit, ich werde das nie lernen, hast du nicht einen Rat für mich? Eulen sind doch weise und klug!"

Da lächelte die Eule verschmitzt und meinte: „Du bist so ein kluger Löwe, du brauchst gar keinen Rat von mir! Denn ... du hast ja schon die Gabe des guten, aufmerksamen Zuhörens. Du hast so gut hingehört, dass du mich da oben in dem Baum gehört hast! Und du hast mir gerade so aufmerksam zugehört, meinen Abenteuern gelauscht. Du bist ein großartiger Zuhörer!! Du weißt schon, wann es wichtig ist, aufmerksam hinzuhören und hast auch im richtigen Moment deine Ohren benutzt, das ist ganz toll!"

Der Löwe war ganz überrascht, aber es stimmte. Die Eule hatte recht! Er konnte gut zuhören, das hatte er gerade bewiesen, er war unglaublich erleichtert, als er das erkannte. Er fühlte sich gleich viel zuversichtlicher und hoffnungsvoller.

Er bedankte sich bei der Eule für ihre Unterstützung und machte sich freudig wieder auf den Weg nach Hause. Unterwegs achteten seine Ohren ganz mühelos auf die Stimmen der Vögel, des Windes in den Bäumen und auf den Klang seiner Schritte und der kleine Löwe freute sich ungemein über seine wiederentdeckte Fähigkeit.

Zunächst wird die Eigenschaft „weghören können" positiv beschrieben, die Besonderheit des kleinen Löwen wird positiv angenommen. Sie wurde sogar als hilfreich und sinnvoll in einem bestimmten Setting beschrieben. Das Symptom „Weghören", „Nicht zuhören", wurde nutzbar gemacht, utilisiert, und seine Sinnhaftigkeit benannt. Dann gerät der kleine Löwe jedoch in eine metaphorische Krise, sein Ver-

halten gerät ihm zum Nachteil und bereitet ihm Probleme. Ein Ausweg zeigt sich hier auf zwei Ebenen gleichzeitig: Er durchlebt eine parallele Lernsituation, d. h., er macht erstens die Erfahrung, dass er zuhören kann. Zweitens begegnet er einem inneren Helfer, einem Berater, der als externalisierte Ressource wirkt.
Grundsätzlich ist es gut möglich, nur eine der Lösungsoptionen anzubieten. Wenn wir selbst Geschichten schreiben, ist der „innere Helfer" immer eine gut umsetzbare Möglichkeit.

1.4.3 „*Der Löwe und die Eule*": methodische Überlegungen

Hier noch einmal die Zusammenfassung der wichtigen Kriterien:
(in Anlehnung und auch Abwandlung der Crowley´schen Elemente)[81]

- Annehmen und Geltenlassen des als problematisch erscheinenden Verhaltens

- Würdigung der Symptome, ihre Sinnhaftigkeit benennen
  (in Anlehnung an Crowley/Mills und i. S. des Erickson'schen Ansatzes der Utilisierung der Symptome)

- Metaphorischer Konflikt/ Krise

- Parallele Lernsituation, die erfolgreich ist (Ermöglichung anderer Erfahrungen, veränderte Problemsicht)
  und/oder
  Repräsentation der Fähigkeit und der Ressourcen in Helfern
  (Personifizierung; Externalisierung unbewusster Prozesse)
- Wiederaneignung der Fähigkeit und Wiederentdeckung der Ressourcen
  oder
- Lösungsmöglichkeiten anbieten

Weitere Möglichkeiten der Arbeit mit der Geschichte sind denkbar:

- Der Geschichte kann ohne Weiteres so genutzt werden, dass sie im Dialog erzählt wird: „Was glaubst du, sagt die Eule dem kleinen Löwen?"

- Der Löwe kann durch das Lieblingstier des Kindes ersetzt werden (Individualisierung) und evtl. später zum „Krafttier" weiterentwickelt werden.

- Die Geschichte kann gemeinsam weitererzählt werden: Wie ergeht es dem Löwen, welche Vorteile hat sein neues Verhalten, welche Schwierigkeiten erwarten ihn möglicherweise, wie kann er das Hören „einschalten", wie fühlt er sich bei seinem ersten Erfolg?

- Die Situation kann mit Handpuppen gespielt werden

- Und, und, und ...

Wir können die Geschichten auch schon zu Beginn gemeinsam mit den Kindern konstruieren. Wir beginnen die Geschichte und lassen die Hauptfigur in eine Krise geraten oder vor einem großen Problem stehen. Dann kann ein innerer Helfer oder eine andere Figur, der das Kind die passenden Fähigkeiten zuschreibt, auftauchen. Das Kind kann dann die Geschichte weitererzählen und so eigene Lösungsideen entwickeln.

Ich kann nur empfehlen, selbst eigene Geschichten für die Kinder oder gemeinsam mit den Kindern zu erfinden. Es macht Spaß und entfaltet große Wirkung! Und es ist leichter, als Sie zunächst vielleicht denken. Mit der Zeit werden Sie merken, dass Sie Geschichten auch ad hoc erzählen können, ohne sie vorher geplant und zu Papier gebracht zu haben.

1.4.4 Tipps zum Erfinden eigener Geschichten

Bewährt hat sich, zunächst von einem Symptom oder problematischen Verhalten auszugehen. Das ist die Sicht der Dinge, die an uns herangetragen wird. Und dieses Symptom kann in einer Geschichte dann zu einem metaphorischen Konflikt führen. In einem zweiten Schritt geht es darum, den möglichen „Sinn", die Sinnhaftigkeit des Verhaltens zu entdecken. Was ist eine mögliche Ressource „hinter" dem Verhalten? Wie müsste das Setting sein, damit das Verhalten „nützlich" wäre? In einem dritten Schritt geht es dann um eine Zielformulierung. Wie können Lösungsmöglichkeiten aussehen, wie kann die Ressource angeeignet werden?

Hilfreich ist es, als Brainstorming eine dreigliedrige Tabelle zu erstellen. In der mittleren Spalte tragen wir nur als Stichwort das „Problem" ein, in die linke die „Sinnhaftigkeit" und in die rechte dann das Ziel, die Lösung.

Beispiele könnten sein:

Sinnhaftigkeit	Problem	Lösung
Lebendigkeit	motorische Unruhe	Ruhe
vielseitig interessiert	mangelnde Ausdauer	Ausdauer
Schnelligkeit	Ungeduld	Geduld

Sinnhaftigkeit	Problem	Lösung
Kreativität/Fantasie	Chaos	Handlungsplanung
Lebensfreude	Impulsivität	Gelassenheit
Autonomiebestreben	Störverhalten	Anerkennen von Regeln
Aufmerksamkeit für alles	Ablenkbarkeit	Aufmerksamkeit steuern

Ihrer Fantasie sind keine Grenzen gesetzt. Zu Beginn ist es vielleicht nicht so einfach, die linke Spalte der „Sinnhaftigkeit" zu füllen, wir sind es gewöhnt, schnell auf die „Lösungsseite" zu gehen. Doch es lohnt sich, denn, wie gesagt: Es ist leichter sich zu ändern, wenn es einem erlaubt ist, der zu sein, der man ist.
Mit den plakativen Begriffen der Tabelle haben wir schon das Grundgerüst unserer Geschichte. Erfahrungsgemäß ist es hilfreich, dann in folgender Reihenfolge vorzugehen:

Metaphorische Geschichten

- Wahl eines Problems
- Wahl eines Tiers
- Annehmen und Geltenlassen
- Konflikt durch das Symptom
- Parallele Lernsituation und/oder Helfer
- Entdeckung der Ressource oder Lösung

Wer es möchte, kann auch hinsichtlich der sprachlichen Mittel noch differenzierter vorgehen und so die Wirkung der Geschichte noch vertiefen.

Beispiele für sprachliche Feinheiten der metaphorischen Geschichten:

Eingestreute Suggestionen (wirksamer als direkte)
- Wohlbefinden
- Ich habe ganz genau gehört!
- Ich höre aufmerksam zu!
- Du weißt schon, wann es wichtig ist, zuzuhören.
- Er fühlte sich zuversichtlicher.

Nutzung sensorischer Sprachpräferenzen:
- Das leuchtet mir ein (visuell)

- Ich habe das verstanden (auditiv)
- Ich habe ein gutes Gefühl, wenn ich das tue (kinästhetisch)

Sensorische Verwebung:
Ins Gleichgewicht bringen der sensorischen Funktionen

- Während du das siehst, atmest du tief ein und fühlst dich ganz leicht.[82]

1.4.5 Metaphorische Geschichte: *„Der schnelle Löwe Jula" – Impulskontrolle, Handlungsplanung, Ausdauer*

(Diese Geschichte ist Karin Ziethoff, Psychologin und Lerntherapeutin, zu verdanken.[83])

Es war einmal ein einzigartiger Löwe, der war quicklebendig und hatte großen Spaß daran, die Landschaft, in der er lebte, zu erkunden.
Er rannte den ganzen Tag durch die Gegend, weil er so viel Freude daran hatte, sich zu bewegen und Neues zu entdecken.

Dieser wunderbare Löwe wurde von seinen Eltern und Freunden Jula genannt. Er war schnell wie der Blitz und die anderen Tiere sahen ihn oft pfeilschnell an sich vorbeirennen. Jula war außerdem sehr beweglich: Er konnte superschnell einen Baum hinaufklettern oder einen Fluss überspringen oder in einer Höhle verschwinden.

Schnell zu sein, ist für einen Löwen sehr wichtig, damit er sich zum Beispiel schnell in Sicherheit bringen kann, wenn mal wieder ein Jäger unterwegs ist, der Löwen jagen will.
Seine Beweglichkeit half Jula, Verfolger abzuschütteln und sichere Verstecke zu finden, in denen ihn niemand finden konnte.

Außerdem war es eine große Hilfe, schnell zu sein, wenn man rechtzeitig am Abend nach der Entdeckungstour wieder zu Hause sein wollte, um mit der ganzen Löwenfamilie zu Abend zu essen. Es war auch wichtig, wenn man schnell zu seinen Freunden wollte, um möglichst lange mit ihnen spielen zu können.

Jula hatte viele Freunde: Da gab es den starken Tiger und den großen Elefanten, den lustigen Präriehund und eine große, wilde Katze. Jula liebte es sehr, mit ihnen Fangen zu spielen.

Immer so in Bewegung zu sein, konnte aber auch fürchterlich anstrengend für den kleinen Löwen werden, denn er ruhte sich nie lange genug aus, um Kraft zu schöpfen. Er wollte schließlich nichts von den aufregenden Abenteuern, die er in der Welt erleben konnte, verpassen.

Manchmal, wenn zum Beispiel im Wald Baumstämme oder Äste herumlagen, stolperte Jula darüber und fiel hin, weil er so schnell rannte, dass er die Hindernisse nicht rechtzeitig sah oder sie falsch einschätzte.

Wenn er dann so am Boden lag und sich seine schmerzenden Pfoten rieb, war er sehr traurig. Er spürte dann, dass es auch Probleme brachte, immer mit vollem Tempo unterwegs zu sein und immer ganz schnell ganz viel erleben zu wollen.

Als er mal wieder mittags nach dem Essen ganz schnell losgerannt war, auf der Suche nach seinen Freunden, mit denen er Fangen spielen und neue Abenteuer erleben wollte, spürte er schon nach kurzer Zeit, dass er sehr erschöpft war. Völlig außer Atem setzte er sich unter einen Baum.

Nachdem er sich ein wenig erholt hatte, bemerkte er einen wunderschönen, bunten Vogel, der über ihm auf einem Ast saß. Der Vogel sah verwundert auf Jula herunter und fragte ihn mit seiner freundlichen Vogelstimme: „Du bist ja ganz kraftlos. Bist du schnell gerannt?"

Jula nickte.

Da sagte der Vogel: „Wenn ich immer so schnell fliegen würde, ohne Pausen zu machen, wäre ich auch ganz schön erschöpft und mir würde die Kraft fehlen, den weiten Weg zu meinem Winterquartier zu fliegen."

Jula fragte erstaunt: „Du wohnst gar nicht immer hier?"

„Nein", sagte der Vogel, „von April bis September wohne ich im Norden und in den anderen Monaten des Jahres wohne ich hier in deiner Gegend. Denn ab September wird es für mich im Norden zu kalt und ich muss mich auf den weiten Weg hierher zu euch in den warmen Süden machen. Wenn ich im Norden bleiben würde, könnte ich den Winter dort nicht überleben."

„Und wie schaffst du es, so eine weite Strecke zu fliegen?", fragte der Löwe.

Der Vogel antwortete: „Diese weite Stecke schaffe ich nur, wenn ich meine Kraft gut einteile. So fliege ich, wenn ich morgens ausgeruht bin und mein Frühstück gefuttert habe, eine Strecke.
Aber nur so weit, wie ich es gut schaffe.
Ich beobachte meinen Körper und wenn ich merke, dass ich mich nicht mehr richtig konzentrieren kann oder wenn ich nicht mehr geradeaus fliegen kann oder wenn ich spüre, dass ich müde werde, suche ich mir einen schönen, großen Baum und setze mich auf einen gut geschützten Ast und ruhe mich etwas aus.
Entweder schlafe ich ein bisschen oder ich unterhalte mich mit anderen Vögeln, die mit mir auf dem Baum sitzen. Dann fresse ich mit ihnen eine kleine Stärkung oder ich schaue mir einfach ganz in Ruhe die Umgebung an. Da gibt es immer ganz interessante Sachen zu sehen. Wenn man so versteckt auf einem Baum sitzt, kann man gut andere Tiere beobachten. Das ist oft richtig lustig.
Wenn ich mich so eine Weile in Ruhe beschäftigt habe, fühle ich mich wieder kräftiger und fliege weiter.

Nach einiger Zeit spüre ich dann, dass ich wieder eine Pause brauche. Manchmal ist es nur eine kleine Pause und ab und zu eine größere. Wenn ich ganz genau in mich hineinspüre, merke ich, was ich brauche. Tja, so mache ich das. Ich teile meine Kräfte ein und tanke zwischendurch immer wieder frische Energie.
Würde ich ohne Pause durchfliegen, würde ich irgendwann ganz erschöpft vom Himmel fallen und wäre eine leichte Beute für Vogeljäger. Dafür bin ich mir wirklich zu schade. Die sollen mich nicht kriegen. Schließlich möchte ich noch viele Abenteuer in Freiheit erleben."

Jula hatte aufmerksam zugehört und war sehr nachdenklich geworden. Er dachte sich, dass an dem, was der schöne Vogel erzählt hatte, viel Wahres war. Auch er hatte ja jetzt eine ganze Weile unter diesem Baum gesessen, sich mit dem Vogel unterhalten und dadurch genau so eine Pause gemacht, wie sie der Vogel beschrieben hatte.

Dann machte Jula das, was der Vogel gesagt hatte: Er spürte in sich, in seinen Körper hinein – ganz nach innen.
Und er bemerkte zu seinem großen Erstaunen, dass er seinen Körper auch von innen spüren konnte, so, als hätte er dort ebenfalls auf seltsame Weise so etwas wie Arme und Beine, Hände, Augen und Ohren und so weiter. Hier gab es ganz schön viel zu entdecken.
Und Jula bemerkte, dass sein Körper sich verändert hatte. Als er sich vorhin nach seinem schnellen Lauf unter den Baum gesetzt hatte, hatte er sich müde und erschöpft gefühlt.
Jetzt, nachdem er eine Pause gemacht hatte, fühlte er wieder neue Kraft, mit der er locker weiterlaufen konnte.

Jula freute sich, dass er den Vogel kennengelernt hatte und dass dieser ihm so viel Wichtiges erzählt hatte. Er bedankte sich bei ihm und wünschte ihm noch eine schöne Zeit. Sie verabredeten, dass sie sich mal wieder treffen wollten, und beide freuten sich darüber.

Bald darauf machte Jula sich auf den Weg zu seinen Freunden. Aber diesmal rannte er nicht blitzschnell los, sondern probierte einen leichten Trab, damit er seine Kräfte nicht wieder so schnell verbrauchte.
Zweimal legte er noch Pausen ein, eine kurze und eine etwas längere. Dazu suchte er sich wieder Bäume aus, schaute den Käfern und Ameisen zu und träumte ein bisschen.
Nach jeder Pause spürte er mit seinen inneren Fühlern, dass er viel ausgeruhter und kräftiger geworden war.

Als er schließlich bei seinen Freunden ankam, fühlte er sich viel ruhiger und kräftiger als sonst. Und so hatte er viel mehr Spaß an den tollen Spielen, die sie miteinander spielten.
Oft gewann er sogar, weil er sich ausgeruht richtig gut konzentrieren konnte.
Er fühlte sich einfach richtig gut: stark und ruhig.

Und Jula freute sich, dass er den wunderbaren Vogel getroffen hatte und ihm so aufmerksam zugehört hatte. Er dachte schon mit Freude daran, dass er ihn bald wiedersehen würde. Vielleicht könnten sie ja auch miteinander spielen und Spaß haben.

An diesem Abend kehrte Jula glücklich und zufrieden ins Löwenlager zu seiner Löwenfamilie zurück. Heute hatte er einen neuen Freund gefunden und etwas Wichtiges gelernt. Es war ein guter Tag.

In dieser Geschichte geht es um die Eigenschaften „motorische Aktivität“ und „Schnelligkeit“, die zunächst positiv konnotiert sind und in ihrer Sinnhaftigkeit in bestimmten Settings gewürdigt werden. Doch dann kommt es auch hier wieder zu einer metaphorischen Krise, in der genau das Verhalten die Figur auch in Bedrängnis bringt. Doch ein Helfer, der als externalisierte Ressource wirkt, repräsentiert die Ressourcen Selbstwahrnehmung, Impulskontrolle und Handlungsplanung, sodass auch genügend Ausdauer auf einem langen Weg zum Ziel zur Verfügung steht. Im letzten Abschnitt der Geschichte gelingt es in einer parallelen Lernsituation der Figur sogar schon, diese Ressourcen auch in sich zu entdecken.

1.4.6 Metaphorische Geschichte: *„Tonjas Tigergeschichte“ – oppositionelles Verhalten, Motivation, Selbstvertrauen*

Die neunjährige Tonja kam zu mir, da sie große Probleme hatte, in der Schule dem Unterricht zu folgen. Dies lag zum einen daran, dass sie teilweise überfordert war und an ihre Leistungsgrenzen stieß. Zum anderen wurde sie von den Lehrern als sehr unkonzentriert und sprunghaft beschrieben. Nach kurzer Zeit habe sie keine Lust mehr, angefangene Arbeiten bringe sie nicht zu Ende. Sie lasse sich auch nur ungern auf Neues ein. Ziel der Arbeit sollte zum einen eine gesteigerte Lernmotivation sein. Zum anderen sollte geschaut werden, inwieweit die Konzentrationsfähigkeit sich soweit positiv beeinflussen ließe, dass sie ihr Leistungspotenzial voll ausschöpfen kann.

Tonja war zunächst sehr verschlossen, jeden Vorschlag, jede Anregung, ein Spiel auszuprobieren, lehnte sie ab und fand: „Alles ist doof!“ Sie bezeichnete sich selbst als „bockig“. Manchmal ließ sie sich auf die Stunde ein, probierte Dinge aus, aber nach kurzer Zeit befand sie z. B. das Bild, das sie gemalt habe, sei einfach nur schlecht und zerriss es. An eine Arbeit zum Thema Konzentration war zunächst noch gar nicht zu denken. Es ging vielmehr darum, überhaupt erst einmal eine Bereitschaft bei Tonja zu wecken, anderes und auch sich selbst etwas positiver zu sehen.

Es war einmal ein kleiner Tiger. Der wohnte bei Tonja und war oft sehr wild und bockig.
Er hatte aber auch viele Ideen, viel Energie und Kraft, das fand Tonja oft sehr schön.
Aber wenn er so bockig war, machte er Tonja das Leben schwer. Dann fand der kleine Tiger Tonjas Bilder hässlich, wollte das neue Spiel nicht kennenlernen. Er fand alles nur doof und sagte „NEIN!“ zu allem.
Das machte Tonja oft sehr traurig und dann wusste sie gar nicht mehr weiter, denn sie wollte das neue Spiel ja kennenlernen oder ein schönes Bild malen, aber wenn der Tiger so bockig war, nahm er ihr den ganzen Mut.

So wusste Tonja gar nicht, was sie machen sollte. Denn eigentlich mochte sie den Tiger ja auch.
Doch dann hatte sie eine rettende Idee: Denn was tut man, wenn wilde Tiere bei einem wohnen? Man ZÄHMT sie!
Und so schaute Tonja nach einer schönen Höhle, in der der Tiger zur Ruhe kommen konnte, sich etwas ausruhen oder schlafen konnte, wenn er mal wieder ZU wild war.
Wenn der kleine Tiger ihr dann sagte „Ey, dein Bild ist hässlich!“ oder „Ey, du kannst dich ja gar nicht konzentrieren! Du schaffst das ja sowieso nicht!“ oder andere blöde Sachen, dann sagte sie ganz bestimmt zu ihm: „Das stimmt nicht! Ich schaff das und ich werde auch das mit der Konzentration besser lernen und noch viele andere Dinge, alles, was ich will!“
Und dann verzog sich der kleine Tiger in seine Höhle und ließ Tonja in Ruhe. Und sie bekam wieder Mut und Lust, neue Sachen auszuprobieren.
Und manchmal, wenn Tonja viel Energie oder wilde Spiele wollte, dann erlaubte sie dem Tiger, die Höhle zu verlassen und mit ihr wild zu sein, gerade so, wie es Tonja gut tut.
Und so hatte Tonja es geschafft, ihren Tiger zu zähmen.
Er durfte manchmal wild sein, aber er musste in die Höhle, wenn er zu bockig war und wieder alles doof fand, was Tonja tat. Aber mit der Zeit war das immer seltener der Fall.
Und so konnten Tonja und ihr Tiger prima miteinander leben. Tonja malte schöne Bilder, die ihr und anderen gefielen, und sie traute sich mehr und mehr, schwierige Sachen zu machen, sie konnte immer häufiger bei einer Sache bleiben, bis sie fertig war. So konnte sie oft feststellen, was sie schon gelernt hatte und auch was sie noch lernen konnte und es ging ihr einfach gut.

Ich wählte eine direktivere Form der Geschichte, in der Lösungen explizit vorgeschlagen werden, da mein Eindruck war, dass an ein gemeinsames Gespräch oder sogar an einen Austausch über mögliche Lösungsideen noch nicht zu denken war. Die Geschichte beschrieb das Symptom und ließ Tonja gleichzeitig die Kontrolle über das Symptom erlangen.[84]
Zu Anfang wird ein Verhalten geschildert, das mit seiner Lebendigkeit und Kraft auch seine positiven Seiten hat. Doch der Tiger, der innere Anteile verkörpert, bringt dennoch die Figur durch sein oppositionelles Verhalten in eine schwierige Situation. In dem Moment jedoch, in dem die Figur das Verhalten kontrollieren kann, entscheiden kann, wann die „wilde“ Seite ihren Ausdruck finden kann, erlangt sie Selbstwirksamkeit. Das oppositionelle Verhalten, das bei Tonja auch dem Selbstschutz vor Überforderung und Enttäuschung diente, kann so neuem Selbstvertrauen und dann auch neuer Lernmotivation Platz machen.

Da Tonja gerne las, schrieb ich ihr diese kurze, einfach strukturierte Geschichte, die sie selbst lesen und auch mit nach Hause nehmen konnte. Allein die Tatsache, dass ich nur für sie diese Geschichte geschrieben hatte, schien sie tief zu beeindrucken. Die Mutter berichtete, dass Tonja fast täglich die Geschichte hervorhole und sie sich selbst und anderen laut vorlese.
Auch in unseren Stunden wurde es zum Ritual, zunächst die Tigergeschichte vorzulesen. Nach und nach öffnete sich Tonja, wir spielten die Szenen mit Tonja und

dem Tiger nach. Die Geschichte war der Schlüssel sowohl für einen guten Beziehungsaufbau zwischen uns als auch für eine Steigerung der (Lern-)motivation. Es wurde langsam möglich, auch Konzentrationsspiele o. Ä. zu machen und so an der Ausdauer und Aufmerksamkeitsspanne zu arbeiten. Durch die Tigergeschichte gab es nur noch selten die Situation, dass Tonja „bockig" war, wie sie es ja selbst nannte und z. B. ein Spiel nicht zu Ende spielen wollte. Wir konnten dann beide über die Situation lächeln, dass wieder mal der Tiger zu Besuch war, und so löste sich die aufgebaute Spannung in ihr wieder.

1.4.7 Gefundene Geschichten

„Dazu fällt mir eine Geschichte ein."

(Bernhard Trenkle)

Auch Bilderbücher, in denen Ressourcen oder Lösungen von Bedeutung sind, eignen sich hervorragend zum Einsatz als metaphorische Geschichte. Sie können vorgelesen werden, um einen in der Therapie gerade wichtigen Aspekt zu vertiefen. Zum Beispiel am Ende einer Stunde kann solch eine Geschichte das Erlebte und Erzählte dieser Stunde noch einmal auf andere Weise, auf einer metaphorischen Ebene, aufgreifen und so den Boden bereiten für Veränderung. Die Geschichten können als Beispiel wirken, wie Menschen in schwierigen Situationen handeln, welche Lösungswege sie gefunden haben. Es können so Perspektiven verändert und Suchprozesse ausgelöst werden. Durch dieses Seeding im Erickson'schen Sinne können eigene, individuelle Lösungen vorbereitet werden.[85]

Bilderbücher wie „Pumpernickel und die Katze Flora"[86] zeigen, wie sehr die Angst wächst, wenn man vor ihr davonläuft, und wie die Maus, statt weiter davonzulaufen, sich der Wirkung hypnotherapeutischer Methoden bewusst wird. Die Maus stellt sich der Katze, respektive der Angst, und reduziert so das zum Monster angewachsene Gegenüber auf eine überschaubare Größe, mit der sich umgehen lässt.

Die Frage der eigenen Perspektive steht auch im Zentrum des Bilderbuchs „Ich komm dich holen!".[87] In zunehmender Panik erwartet ein kleines Wesen die Ankunft eines großen Monsters, die Spannung steigt ins Unerträgliche – bis plötzlich die Sicht auf die Dinge eine andere wird, der Blick sich weitet und erkennbar wird, dass das Monster gerade mal Fingergröße hat! Der Perspektivwechsel hat die Erleichterung gebracht.

Die Geschichte vom „Kleinen Piraten"[88] berichtet von einem eher rabiaten und stürmische Überfälle organisierenden Piraten, der jedoch unglücklich ist ob der Abwehr- und Fluchtreaktion seiner „Opfer", denn er würde gerne Freundschaften schließen. Er versteht die Reaktion der anderen nicht, denn eigentlich macht er ja nur, was er gelernt hat, er überfällt Leute. Im Laufe der Geschichte macht er die Erfahrung, auch hier durch eine parallele Lernerfahrung und einen Helfer, dass ein Mensch durchaus „umlernen“ kann. Spannend an diesem Bilderbuch ist, dass das Verhalten des Piraten nicht abgewertet wird und auch keine Lösungen vorgegeben werden, sondern nur ganz offen die Möglichkeit am Horizont auftaucht, dass der kleine Pirat auch alles ganz anders machen könnte. Diese Haltung ermöglicht es, dass ein zuhörendes Kind sich einem Veränderungsprozess öffnet, da es nicht kritisiert oder mit pädagogischen Ratschlägen zur Veränderung gedrängt wird.

Ein wunderbares Beispiel für Reframing, also durch ein verändertes Setting eine gegebene Eigenschaft oder Fähigkeit in einem anderen Licht erscheinen zu lassen, bietet die Geschichte von „Zilly, die Zauberin, und die schwarze Katze“.[89] Die mit Zauberkräften ausgestattete Hexe Zilly verwandelt mehrmals das Aussehen ihres ursprünglich schwarzen Katers, damit sie ihn besser und leichter wahrnehmen und erkennen kann, denn sie lebt in einem Schloss, in dem alles schwarz ist, da kann ein schwarzer Kater schon mal übersehen werden. Doch sie erkennt schnell, dass all diese Veränderungen des Katers ihn – und auch sie – nicht glücklicher machen und so entscheidet sie sich, das Setting zu verändern. Sie zaubert ihr Schloss in den schillerndsten Farben und ihr Kater kann schwarz bleiben, wie er ist. Eine Geschichte, die sich auch gut als Elternlektüre eignet!

Es ist empfehlenswert, die Geschichte zu erzählen und darüber hinaus keine weitere Deutung, Interpretation oder Übertragung auf die Situation des Kindes vorzunehmen. Dies könnte schnell als „pädagogischer Zeigefinger“ gewertet werden, und die Geschichte verliert ihre Magie und Wirkung. Wir können darauf vertrauen, dass das Kind die für es wichtigen Aspekte wahrnimmt und ein „intuitives Verstehen“[90] und eine für das Kind passende Integration in die eigene Lebenswirklichkeit möglich wird.

Auch Geschichten, die wir in einem anderen Kontext kennenlernen, wie z. B. Sagen oder Märchen, können wir nutzen.
Bernhard Trenkle versammelt in seinem Buch „Dazu fällt mir eine Geschichte ein“ etliche vielseitig einsetzbare kleine Geschichten.[91]
„Die Geschichte von den Bambusbauern“ kann z. B. gut eingesetzt werden, um Zuversicht zu kreieren, wenn eine Entwicklung Zeit braucht. So werden jahrelang Bambuskeimlinge gegossen, ohne dass Leben oder eine Entwicklung sichtbar wird. Doch nach einer Zeit des Wartens wird der Bauer mit umso größeren und schnell wachsenden Pflanzen belohnt. Auch nach einer längeren Phase vermeintlich ohne offensichtliche Veränderung war doch einiges in Bewegung gekommen.[92]
Die Indianer-Geschichte vom „Kampf zweier Wölfe“ kann dem Zuhörer zeigen, dass auch widerstreitende Anteile in einer Person existieren können, verändert und sogar beeinflusst werden können. Die Geschichte schildert den inneren Kampf des Indianers, in dem sowohl ein gutmütiger und freundlicher als auch ein Wolf mit

schwierigen Eigenschaften wie Egoismus, Neid etc. wohnt. Die Frage des jungen Indianers ist, welcher Wolf den Kampf wohl gewinnt. „Der, den du fütterst!", sagte der Alte.[93]

1.5 Zeichnungen

„Ein Bild sagt mehr als 1000 Worte!"

(Quelle unbekannt)

1.5.1 Theorie-Baustein: die künstlerische Metapher

Das Malen oder Zeichnen ist eine Ausdrucksmöglichkeit, die keine verbalen Fähigkeiten erfordert. Zeichnungen im Sinne einer „künstlerischen Metapher" bieten einen nonverbalen Zugang und sind so ein alternatives Ausdrucksmittel für Kinder und Jugendliche, die wenig oder gar nicht verbal kommunizieren möchten.
Bilder und Zeichnungen können so eine „wichtige ergänzende Meta-Botschaft zu verbalen Mitteilungen und zum Verhalten des Kindes" sein. Sie sind „Konstruktionen der Wirklichkeit des Kindes".[94]
Durch die Zeichnungen wird „dem inneren Bereich von Gefühl und Empfindung ... äußerer Ausdruck verliehen".[95] Es können beispielsweise Fähigkeiten oder Stärken gemalt werden und so einen symbolischen Ausdruck finden. Auf diese Weise werden Ressourcen nicht nur identifiziert, sondern auch aktiviert. So nehmen mithilfe der Zeichnung als „therapeutische Metapher" Ressourcen und Lösungen greifbar Form und Farbe an.[96]

Mithilfe der Zeichnungen und Bilder kann das Kind, ähnlich wie bei der Arbeit mit den Handpuppen, auch Gefühle oder Konflikte externalisieren. „Durch das Sichtbarmachen und die Verdinglichung der Erfahrungen als Bild wird eine Dissoziation des inneren Geschehens gefördert. Wie bei der Beobachtertechnik ... wird eine bessere Verarbeitung von ... Erfahrungen ... möglich. Bilder und Gestaltungen machen das Erlebte handhabbar und verbessern das Gefühl von Selbstkompetenz."[97]
Die Kinder können so ihre Erfahrungen verarbeiten und integrieren. Sie kommen zu bildhaften Lösungen, die ihnen ein Probehandeln ermöglichen.[98]
Crowley und Mills betonen, aufbauend auf den verschiedenen Ansätzen in der Kunsttherapie, den „lebendigen Nutzen" als Ziel ihres Ansatzes der „therapeutischen Metapher". „Dieser lebendige Nutzen schließt die andauernde Erfahrung der Befreiung angestauter Gefühle *sowie* die gleichzeitige Aktivierung innerer Ressourcen und Stärken mit ein." Eine Beschreibung des Problems *und* der unbewussten, zurzeit möglichen Lösung ist für sie die wichtigste Funktion des Kunstwerks. Es geht um die „Erlaubnis, unbewussten Prozessen Zeit und Raum zu geben, sich schöpferisch auszudrücken".[99]

Und: Es macht einfach Spaß, zu zeichnen und zu malen. So kommt eine Leichtigkeit ins Spiel, die den oft verbal dominierten therapeutischen Prozess beflügeln kann.

Wichtig ist auch hier: Es geht nicht darum, die Bilder zu interpretieren oder zu bewerten, sie werden als Ausdruck innerer Prozesse gewürdigt und ihre Wirkung kann sich ohne „verbale Intervention" entfalten.
Es kommt vor, dass Kinder Sorge haben, nicht gut genug zu malen oder auch ganz absolut äußern: „Ich kann nicht malen!"
Dann kann es helfen, die „Galerie der Blödel-Kunst" vorzustellen.[100] In diese Galerie werden nur die allerblödesten Bilder aufgenommen, und das Kind wird gebeten, einen gebührend schrecklichen Beitrag zu dieser Sammlung zu erstellen. Dann entfällt jeglicher Leistungsdruck, und das Kind kann mit Freude ans Werk gehen.

1.5.2 Zeichnen innerer Ressourcen – Malen zu Beginn der Therapie

Das Zeichnen innerer Ressourcen bietet uns die Möglichkeit, Einblick in die „Landkarte an Ressourcen und Hintergrundstrukturen" zu erhalten, die „in später erzählte Metaphern aufgenommen werden können". Für das Kind oder den Jugendlichen kann das Zeichnen „ein Erlebnis der Katharsis und der emotionalen Befreiung ermöglichen".[101] In einer Zeichnung kommen Kontexte, Eindrücke und Assoziationen zum Ausdruck, die in dieser Form kaum verbal vermittelbar sind. Gleichzeitig können Lösungsentwürfe und Wunschbilder Gestalt annehmen, die dem Kind helfen, auch im Alltag seine Aufmerksamkeit und seine Handlungen auf positive Veränderungen zu richten. „Die Macht der Bilder" entfaltet auch hier ihre Wirkung.

In der ersten Phase der Therapie kann der bekannte „Steckbrief", also die Frage nach Lieblingsbeschäftigung, Lieblingstier, Lieblingsessen etc. als Bild oder Zeichnung gestaltet werden.
Ressourcen werden gesammelt, indem Hobbys, positive Eigenschaften, Kenntnisse etc. durch Bilder, Symbole, in jedem Fall „ohne Worte" dargestellt werden.

Eine Variante stellt das „vierblättrige Kleeblatt" dar:
Ein Blatt wird zunächst in vier Felder, die vier Blätter des Kleeblatts, eingeteilt. Im ersten Feld kann das Kind darstellen, was es gern macht, z. B. in seiner Freizeit. Im zweiten Feld kann es darstellen, was es gut kann. Es wird also nach Fähigkeiten und Fertigkeiten gefragt. Im dritten Feld kann das Kind zum Ausdruck bringen, was es gern besser können würde. So bekommen wir einen ersten Hinweis auf die Wünsche und Ziele des Kindes. Das vierte Feld steht zur freien Verfügung, es ist der Fantasie des Kindes überlassen, wie es das freie Feld füllt. So gibt es Spielraum für das Kind, ein Thema anzuschneiden, das ihm wichtig ist, zuvor aber noch keine Erwähnung fand.

Ein Klassiker ist das Gestalten eines „Orts der Ruhe und der Kraft“. Es geht um einen Ort in der Imagination oder das Abbild eines realen Rückzugsortes wie eine Waldhütte etc. Die Imagination „Reise an einen Ort der Ruhe und Sicherheit“ kann hier als Einstieg genutzt werden. Die so entstandenen Bilder spielen oft über einen langen Zeitraum eine große Rolle im Leben der Kinder, ein Ort, an dem alles so ist, wie sie es sich wünschen und der vor allem immer und überall zur Verfügung steht. Auch wenn Kinder in einer akuten Krise sind, können sie mithilfe des Bildes wieder schneller zu innerer Stabilität und Ruhe finden.

1.5.3 „Alles gut“-Bilder

Eine weitere Gestaltungstechnik ist die Entwicklung von „Lösungsentwürfen und Wunschbildern“ z. B. „durch Ressourcen-und Power-Bilder“.[102] Konkret wird das Kind gebeten, sich zu malen, wenn alles richtig gut ist und es sich rundum wohlfühlt.

Bild 17: Ressource Pippi Langstrumpf

Bild 18: Meine Wut ist wie ein Wirbelsturm

Dazu kann es seine Ressourcen Gestalt annehmen lassen und z. B. auch Lösungsfiguren malen, mit denen es sich identifizieren kann. *(s. Abb. 17, S. 120)*

Natürlich kann es auch wichtig sein, als belastend oder negativ empfundene Gefühle zunächst Gestalt annehmen zu lassen. Auch sie brauchen erst einmal einen Platz, müssen gesehen und auch angenommen werden. Denn „es ist leichter, sich zu ändern, wenn es einem erlaubt ist, der zu sein, der man ist".
Ist ein Kind z. B. schnell aufbrausend und wütend, so kann es dieses Gefühl in einem Bild darstellen. Es kann hilfreich sein, zunächst mit dem Kind zu überlegen, wie es dieses Gefühl nennen würde: Wut? Ärger? Frust? Dann kann das Kind überlegen, wie es den Satz „Meine Wut ist wie ein ..." vervollständigen würde. Durch die Suche nach einem Vergleich befindet sich das Kind dann schon auf der metaphorischen Ebene und es ist leicht, ein stimmiges Bild oder eine Gestalt für das Gefühl zu finden. *(s. Abb. 18)*

Es ist möglich, schon an diesem Punkt einen Schritt weiterzugehen. Wir können gemeinsam mit dem Kind überlegen, ob und unter welchen Bedingungen sich dieser Zustand oder dieses Bild, z. B. einer Gewitterwolke oder eines brodelnden Vulkans, verändert. Braucht es Veränderungen im Außen? Bei einem Gewitter könnte z. B. einsetzender Regen die Wetterlage beruhigen. Vielleicht muss es aber auch erst eine Weile richtig donnern und blitzen, bevor die Lage sich beruhigt. Wenn das Kind zu Zaubermitteln greift, lässt es vielleicht die Blitze zu Sternenstaub werden,

Bild 19: Ein Vorher-Nachher-Doppelbild, das zum Ende einer Therapie entstand: Lillys verdorrte Blumen werden zu einem Blütenstrauß.

so sind sie schön anzusehen, aber für niemanden mehr gefährlich. Auch die Veränderung kann natürlich zu Papier gebracht werden. So entstehen dann „Vorher-Nachher-Bilder".

Auf der metaphorischen Ebene kann das Kind so den eigenen Gefühlen Ausdruck geben und sich auch, wenn das hilfreich ist, durch die Vergegenständlichung des Gefühls in eine innere Distanz zum eigenen Erleben begeben. Zusätzlich kann die Erkenntnis Gestalt annehmen, dass Veränderung möglich ist. Das Kind kann erle-

ben, dass es selbst auch Einfluss auf die gegenwärtige Situation nehmen kann. Ein Gefühl der Selbstwirksamkeit und der Hoffnung kann entstehen und so den Boden bereiten für „reale" Lösungsprozesse im Alltag.
Mit Hilfe der „künstlerischen Metapher" können die Kinder die Erfahrung machen, dass es möglich ist, sich von angestauten Gefühlen zu lösen und zu befreien. Gleichzeitig entdecken sie in sich Kräfte, die sie aktivieren und nutzen können.[103]
Doppelbilder, die ein Problem in einem Bild darstellen und ihm ein „Alles-gut"-Bild gegenüberstellen, können natürlich für alle Situationen und Probleme genutzt werden. Ob Ärger mit dem Lehrer oder den Eltern, Stress mit den Hausaufgaben, schwierige Fächer, alles hat auch eine andere Seite. *(s. Abb. 19, S. 122)*

1.5.4 Lösungs-Cartoons

Aufbauend auf den Arbeiten von Crowley und Mills zum therapeutischen Einsatz von Cartoons hat Therese Steiner eine wunderbare Methode entwickelt: den Lösungs-Cartoon.[104] Hier geht es um einen mehrschrittigen Weg vom Problem hin zur Lösung, eine ausgefeilte Variante des Vorher-Nachher-Bildes.

Ein großer Bogen Papier wird in sechs etwa gleich große Felder eingeteilt. Im Folgenden werden dann sechs Schritte auf dem Weg zum Ziel in Bilder umgesetzt.

1. Das erste Bild stellt das Problem dar.
2. Das zweite Bild zeigt einen inneren Helfer, einen Helden oder eine andere mächtige Figur, die die Kraft hat, das Problem zum Verschwinden zu bringen.
3. Im dritten Bild wird eine Lösung gezeigt, die das Kind mit Unterstützung des inneren Helfers gefunden hat.
4. Das vierte Bild zeigt die Situation, in der die Lösung bereits gewirkt hat und sich für das Kind etwas geändert hat.
5. Das fünfte Bild bildet einen Ort und eine Zeit ab, in der die Lösung für das Kind besonders bedeutsam ist.
6. Das sechste Bild stellt dar, wie das Kind dem Helfer dankt, z. B. durch ein Geschenk oder ein anderes Zeichen des Dankes.[105]

Das Finden des Helfers und sein Beitrag zur Lösung sind die entscheidenden Etappen auf dem Weg zum Ziel. Hier ist Zaubern und auf wundersame Kräfte zu vertrauen ausdrücklich erlaubt. Auch das Andocken an eigene Ressourcen, die Erinnerung an Situationen, in denen Probleme gelöst wurden, kann eine Möglichkeit sein. Wir Erwachsene müssen keine Sorgen haben, dass das Kind die Cartoon-Arbeit 1:1 auf die Realität überträgt und dort auf ein Wunder wartet. Die Kinder können die Ebenen gut unterscheiden und sehen sie auch nicht im Widerspruch. Es geht ja vielmehr darum, bei den Kindern wieder Zuversicht und die Hoffnung auf eine Lösung ihres Problems zu kreieren. Die Methode des Cartoons ist da zur Aktivierung ihrer Ressourcen und Problemlösefähigkeiten ausgezeichnet geeignet.

1.5.4.1 Beispiele für Cartoons: Angst vor der Klassenarbeit, Aufpassen im Unterricht, Stress bei der Klassenarbeit, der Chaos-Manager

Cartoon: Angst vor der Klassenarbeit, Bild der 10-jährigen Marie:

Die Angst vor der Klassenarbeit legt sich wie eine riesengroße düstere schwarze Kugel in der Nacht auf das Bett des Kindes. Dann jedoch erscheint eine Fee als innerer Helfer und zaubert dem Kind einen Kuschelbären als Unterstützer herbei, sodass das Kind beschützt vor der schwarzen Kugel entspannt schlafen kann. Besonders bedeutsam wird diese Angstfreiheit am Tag, wenn das Kind in den Alltag geht. Zum Schluss erhält die Fee als Dank einen Blumenstrauß.

Bild 20: Cartoon: Angst vor der Klassenarbeit, Bild der 10-jährigen Marie

Cartoon: Aufpassen im Unterricht und Helfer finden, Bild der 12-jährigen Mara:

Die Figur, Kim Possible, sitzt in der Schule und verzweifelt, da sie „nichts mehr versteht". Dann jedoch tauchen zwei Helfer auf, Lene und der Delphin. Kim bittet beide um Unterstützung und bekommt einen Motivationssatz „Lösung: Anstrengen, du schaffst das!". Beide Helfer begleiten Kim in den Unterricht und Kim wagt nun, mit neuem Selbstvertrauen, die Lehrerin um Rat zu fragen. Hilfreich ist diese neue Verhaltensweise in wirklich allen Fächern! Als Dank bekommen die beiden Helfer zwei Gutscheine.

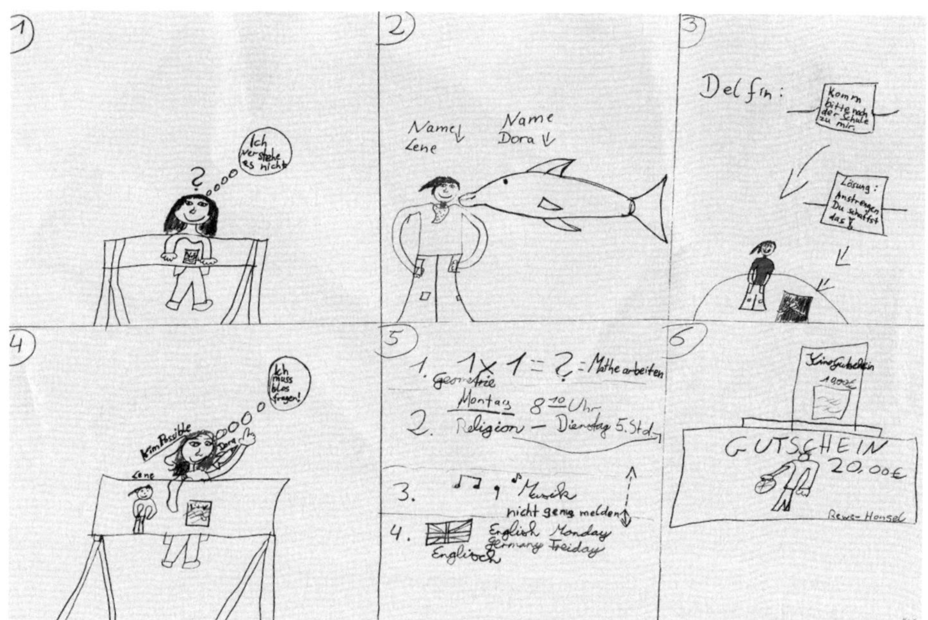

Bild 21: Cartoon: Aufpassen und Helfer finden, Bild der 12-jährigen Mara

Cartoon: Stress bei der Klassenarbeit, Impulskontrolle, Handlungsplanung, Bild des 13-jährigen Marius:

Marius, ein wirklich guter Geschichtenerzähler, konnte oft in der Klassenarbeit seine Gedanken nicht sortieren, sodass seine Texte zu unstrukturiert blieben. Er schrieb drauflos, planlos. Sein Problem war: „Wie kriege ich eine gute Geschichte hin?“ Dumbledore als innerer Helfer „weiß, was du brauchst“. Er zaubert die Probleme weg, sodass Marius ruhig und konzentriert an die Arbeit gehen kann und ein gutes Ergebnis erzielt. Als Dank bekommt Dumbledore ein Buch mit Zaubersprüchen.

Bild 22: Cartoon: Stress bei der Klassenarbeit, Impulskontrolle, Handlungsplanung, Bild des 13-jährigen Marius

Cartoon: Der Chaos-Manager, Bild des 14-jährigen Christian:

Sowohl in seinem Kopf als auch in seinen Heften etc. herrschte bei Christian das Chaos, was ihn selbst sehr betrübte. Für das Chaos fand er das Bild des Wirbelwinds „Alles durcheinander". Dann jedoch kam ein innerer Helfer ins Spiel, der ihm Mut machte: „Versuch es doch!" Der innere Helfer schnappt sich den Wirbelsturm und lässt ihn – bei Gegenwehr des Wirbelsturms „Neeeiinn!" – verschwinden. Im Lösungsbild liegt das Heft und der Stift – und nur das – akkurat auf dem Tisch, alles ist übersichtlich geworden. Als Dank bekommt der innere Helfer einen Stern.

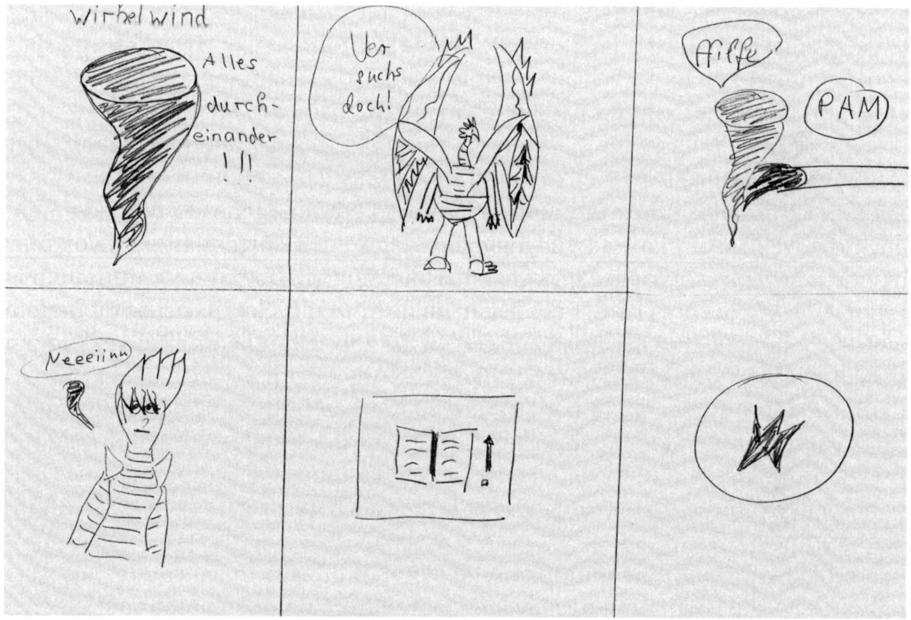

Bild 23: Cartoon: Der Chaos-Manager, Bild des 14-jährigen Christian

1.6 Kombination der Methoden: *Ben, die Eule und das Gockelhühnchen*

Als Ben die Lerntherapie begann, war er 10 Jahre alt und ging in die 4. Klasse. Er war ein aufgeweckter Junge mit vielen Ideen und Interessen. In der Schule wurde seine Situation jedoch zunehmend schwierig, da es mehr und mehr Konflikte mit Mitschülern und Lehrern gab. Von Seiten der Lehrer wurde Ben als leicht aufbrausend beschrieben, der seine Gefühle nicht kontrollieren könne. Kleinere Streitigkeiten wuchsen sich – im wörtlichen Sinne – zu handfesten Auseinandersetzungen aus. Obwohl die Lehrer bei Ben eine gute Auffassungsgabe und eine gute Leistungsfähigkeit erkannten, erzielte Ben jedoch keine Erfolge. Es fiel ihm schwer, sich beim Lernen, z. B. von Vokabeln, zu konzentrieren, er vergaß Gelerntes schnell wieder und konnte zuvor Verstandenes in Klassenarbeiten nicht abrufen. Die Lehrer meinten, dass diese Frustrationen Bens aufbrausendes Verhalten noch verstärkten. Zudem gelinge es Ben nicht, sich an Regeln zu halten, er stehe ständig auf, rufe immer wieder in den Unterricht hinein, könne nicht abwarten, bis er aufgerufen werde, provoziere seine Mitschüler mit Kommentaren etc. Es gab immer wieder Konflikte, Verweise, bis hin zu Klassenkonferenzen etc. Ziel der Lehrer war natürlich, dass Bens Sozialverhalten sich verändert. Die Eltern verzweifelten zunehmend daran, dass trotz vieler Stunden gemeinsamen Lernens keine Erfolge, z. B. beim Vokabellernen sichtbar wurden. Die familiäre Situation war mehr und mehr angespannt.
Schon eine Weile zuvor waren bei Ben in einer kinderpsychiatrischen Einrichtung eine ADS, bei gut durchschnittlichem IQ, sowie fortbestehende Restreaktionen frühkindlicher Reflexe, hier des Moro-Reflexes, diagnostiziert worden. Ein persistierender Moro-Reflex kann bei Kindern zu starken Stimmungsschwankungen, Überreaktionen und Wutausbrüchen führen. Aufbrausendes Verhalten, Ängste, Probleme bei der Filterung von Reizen, all dies können also Symptome eines persistierenden Moro-Reflexes sein – und natürlich auch Ausdruck einer Aufmerksamkeitsstörung.
Ben erhielt zunächst eine motopädische Behandlung, die die nachträgliche Ausreifung bzw. die Hemmung noch bestehender Restreaktionen durch spezielle Bewegungsübungen zum Ziel hatte. Auf eine medikamentöse Therapie der ADS war zunächst verzichtet worden.

In der Lerntherapie wurde nun also nach erfolgreicher Beendigung der motopädischen Behandlung die konkrete schulische Situation Thema. Für Ben selbst standen die zunehmenden Konflikte mit den Lehrern und Mitschülern im Zentrum. Hier wünschte er sich dringlichst Veränderungen.
Er wirkte zwar interessiert und engagiert, wollte aktiv etwas ändern, fühlte sich jedoch den Situationen und auch seinen Emotionen oft hilflos ausgeliefert. Er konnte sich oft im Nachhinein nicht erklären, wie die Konflikte entstanden waren und vor allem nicht, wie sie so eskalieren konnten.
Es ging also für Ben darum, wieder das Gefühl zu erlangen, die Situation beeinflussen und sogar Konflikte konstruktiv lösen zu können.

In einer ersten Phase erzählte er zunächst Beispiele für Konflikte, und es war schon zu bemerken, dass es ihn erleichterte, darüber zu sprechen, auf meine Nachfragen hin genauere Details zu berichten, ohne dass das Erzählte gewertet oder sein Verhalten kritisiert wurde.

Durch das Berichten gelang es ihm, die Ereignisse in eine Chronologie zu bringen, Auslöser für die Konflikte zu benennen und die stufenweise Entwicklung der Konflikte zu beschreiben. So ergaben sich also schon viele Anhaltspunkte für Veränderung, jede Stufe in der Entwicklung des Konflikts bot ja die Möglichkeit der Steuerung durch ein verändertes Verhalten.

Schon die Analyse des jeweiligen Konflikts unter Fragestellungen wie „Kann das Verhalten des Mitschülers auch eine anderes Ziel verfolgt haben als das, dich zu ärgern?" brachten Einsichten und veränderte Sichtweisen. Die Haltung „Unterstelle eine positive Absicht bei dem Verhalten deines Gegenübers" kann ja schon eine Distanz schaffen. Die noch gerade als sehr persönlich empfundene Kränkung erscheint plötzlich in einem anderen Licht. Vielleicht war der andere unsicher, hatte sich über etwas anderes geärgert und war deshalb so scharf im Ton gegenüber Ben. Hier war schon der erste entscheidende Schalthebel für Ben. Denn wenn er sich nicht persönlich attackiert fühlen musste, reagierte er nicht gekränkt und ging nicht gleich zum „Gegenangriff" über, weil er meinte, sich verteidigen zu müssen.

Es war deutlich, dass diese Sichtweise bei Ben schon erheblich zur Entspannung beitrug. Es hatte sogar seinen „analytischen Ehrgeiz" geweckt, über die Motive des anderen zu spekulieren. Dadurch entstand eine lockere Atmosphäre und es gab Freiräume für neue Gedanken und Gefühle.

So konnten wir uns dann dem nähern, was in Ben während eines Streits vorging. War es von Anfang an ein Gefühl von Wut, das in ihm aufstieg? Oder Ohnmacht oder Kränkung? Wo genau spürte er in seinem Körper das Gefühl? Für Ben war es vorrangig die Wut, die in ihm unaufhaltsam aufstieg. Er lokalisierte die Wut in seinem Bauch, in dem der Druck dann größer und größer wurde und über den Hals dann hinauswollte. Die Wut musste über Schreien und dann auch über Handgreiflichkeiten hinaus, Ben hatte das Gefühl, dass dies völlig autonom geschah und er keine Chance hatte, diese Aufwallung zu beeinflussen und zu steuern.

Er fühlte sich ohnmächtig und hilflos.

Um eine erste Distanz zu diesem übermächtigen Gefühl zu bekommen, schlug ich Ben vor, ein Bild seiner Wut zu malen. Welche Farbe, Größe, Gestalt hätte seine Wut? Er malte mit großem Engagement einen Vulkan, dessen Feuer hoch schlug und dessen Lava nur so in alle Richtungen strömte.

Um auch jetzt schon eine erste Möglichkeit einer Veränderung zum Positiven sichtbar zu machen, um also Zuversicht zu kreieren, bat ich Ben, ein Bild zu malen, wie dieses Gefühl und vielleicht auch der Vulkan aussieht, wenn „alles gut" ist. Ben malte einen Berg, der in eine üppige Landschaft eingebettet war, in der das Klima angenehm und ausgeglichen war. *(s. Bilder 24 und 25, S. 130)*

Ben war bei vielen Konflikten der Ansicht, sein Gegenüber habe ihn „provoziert" und er habe eben verbal und mit Fäusten zurückschlagen müssen. Natürlich liegt

Bild 24: Vorher: Meine Wut ist wie ein Vulkan

Bild 25: Nachher: „Alles gut!“

es nicht in unserer Macht, unser Gegenüber zu beeinflussen, doch es ist ja immer möglich, unsere eigene Haltung oder Sichtweise zu verändern. Zum einen hilft dann die Haltung „Unterstelle eine positive Absicht". Zum anderen können wir uns mit etwas Distanz zum Problem alternative Verhaltensweisen überlegen. Entsprechend der Idee, dass alle Ressourcen dafür bereits in Ben vorhanden sind, er sie nur noch nicht zur Verfügung hat, ging es nun darum, diese inneren Ressourcen zu aktivieren.
Hier kam die Geschichte „Entdeckung des inneren Helfers" zum Einsatz. Für Ben war ganz schnell klar, dass es die Schneeeule sein musste, die durch ihre Weisheit und Besonnenheit für diesen Fall der perfekte Ratgeber war. Als Namen für den Helfer wählte er schlicht „Eule". Ich bat Ben, die Eule – in einem inneren Dialog – zu fragen, ob sie schon eine Botschaft für ihn habe. Und ja, das hatte sie! „Bleib cool, Ben, das kannst du!"
Er malte dann ein Bild dieser Eule, das er mit nach Hause nahm. So war der innere Helfer auch dort präsent.
Wir überlegten, wo die Eule in seiner Vorstellung Platz nehmen sollte, damit er sie immer, auch in der Schule, zur Verfügung hatte. Ben entschied, dass der beste Platz für die Eule auf seiner linken Schulter sei. Da könne sie ihm ihre Ratschläge direkt ins Ohr flüstern und würde ihn dort, da er Rechtshänder war, auch nicht beim Schreiben stören.

In den folgenden Stunden berichtete Ben, wenn es Konflikte gegeben hatte. Wir sprachen dann kurz über den Inhalt, sodass ich wusste, worum es ging, um dann sofort in Kontakt mit dem inneren Helfer zu treten. Ben nahm dazu die Handpuppe der Schneeeule und ließ sie antworten, wenn es um Lösungsvorschläge ging. So fragte ich z. B. die Eule, ob sie eine Idee habe, was Ben so wütend gemacht habe und ob sie schon Vorschläge hat, wie es Ben bald besser gehen kann. Wenn die Eule antwortete, dass Ben sich erst einmal beruhigen kann, um dann später zu überlegen, wie es in dem Konflikt weitergehen kann, so fragte ich nach, wie das genau aussehen kann, dieses „Beruhigen". Die Eule begann dann, sanft mit den Flügeln auf und ab zu wedeln, um so die Aufregung zu „besänftigen", wie sie sagte. Es sei eine Art Schutz und auch eine Möglichkeit der Beruhigung.
Ich bat Ben dann, diese Vorstellung einmal zu malen. So entstand das Bild „Die Eule besänftigt das Gockelhühnchen". Ben fand für das, was beruhigt werden wollte, das Bild des „Gockelhühnchens", das aufgeregt und hektisch Krach schlägt und dabei in einer schwarzen Wolke aufsteigt. Hier hatte er das ursprüngliche Bild des Vulkans als Symbol für seine Wut integriert. Spannend ist dabei, dass zu diesem Zeitpunkt schon eine ironische Distanz zu seinen eigenen Wutausbrüchen möglich war. Mit einem breiten Grinsen beschrieb er das zappelnde Gockelhühnchen, das sich erst gar nicht wieder „einkriegen" kann. Doch durch die sanften Flügelschläge der Eule ist es möglich, ruhiger zu werden. *(s. Bild 26, S. 132)*

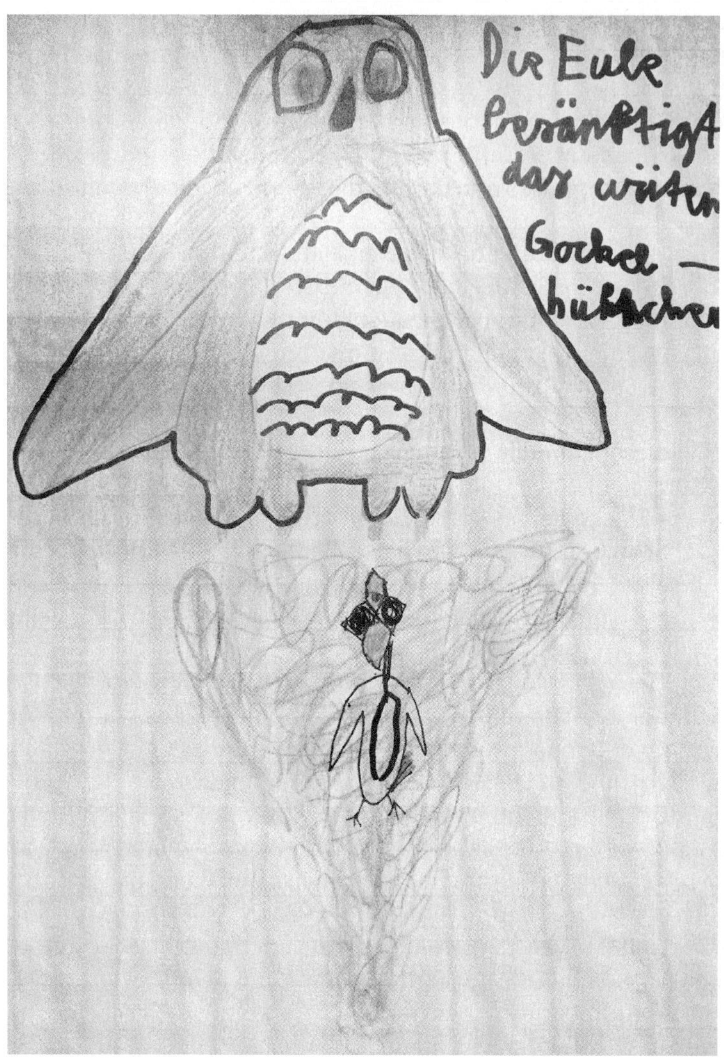

Bild 26:
Ben – Die Eule und das Gockelhühnchen

In der Folgezeit waren diese und ähnliche Spielsequenzen mit der Handpuppe der Eule und weitere Zeichnungen oft Thema.
Die Imagination des „Future Pace“ ermöglichte Ben dann, eine erwartbare Situation in der Zukunft, z. B. einen Streit mit einem Mitschüler, vorab durchzuspielen. Wenn es eine Äußerung eines Mitschülers gab, die Ben ärgerte, spürte er zu seinem Bauch und schaute, wie groß das Gefühl der Wut schon war. Durch diese Beobachtertechnik erreichte er schon in diesem Moment eine gewisse Distanz. Er atmete dann tief durch und überlegte sich in der geschützten Therapiesituation, wie er ruhig und gelassen darauf reagieren könnte. Durch diese Imaginationen konnte er sich auf Si-

tuationen im doppelten Sinn „in Ruhe“ vorbereiten. Dieses Probehandeln trug dazu bei, dass er sich immer weniger von den Gefühlen der Wut überwältigt fühlte und mit immer größerer Selbstsicherheit darauf vertrauen konnte, ruhiger und souveräner zu reagieren.

Ben war einverstanden, seine Lehrerin, die er sehr mochte, in diese Arbeit einzubeziehen. In einem Gespräch mit der Lehrerin konnten wir absprechen, dass sie Ben, wenn aus ihrer Sicht eine Eskalation drohte, kurz an die Fähigkeiten der Eule erinnerte. Die beiden sprachen dazu ein Codewort ab, das nur sie beide verstanden und das das Signal war, durchzuatmen und Ruhe zu bewahren. Dieses Signal konnte Ben sehr viel besser annehmen als frühere Ermahnungen.

Nachdem so der für Ben subjektiv größte Problemberg stark geschrumpft war, fühlte er sich deutlich weniger unter Druck und konnte auch mit größerer Offenheit die Themen der Aufmerksamkeit im Unterricht, der Lernstrategien etc. angehen. Es war wieder Energie frei geworden, Ben konnte mit größerem Selbstvertrauen agieren und sich auch wieder auf als unangenehm empfundene Themen einlassen. Er war nicht länger in einer Abwehrhaltung, er musste sich nicht länger gegen alles stemmen, was vom Gegenüber kam. Er war offen für Veränderung, weil er selbst sie sich wieder zutraute.
Ohne diese allmähliche, stufenweise Annäherung wäre die spätere Arbeit an den „ADS-Themen“, wie Impulskontrolle, Handlungsplanung, Wenn-Dann-Pläne, Lernstrategien nur schwer möglich gewesen.

Immer wieder wurde auch bei den anderen Themen die Eule zu Rate gezogen und so entstand beispielsweise der Ratgeber „Tipps der Eule“, in der Ben unterschiedliche Aspekte der Konzentration bei Klassenarbeiten gesammelt hat, die für ihn von Bedeutung waren:

- Lass dich nicht ablenken!
- Arbeite konzentriert und leise wie ein Vogel, nimm dir ein Beispiel an mir!
- Lass ganz schwierige Aufgaben bis zum Schluss (übrig)!
- Habe Spaß!
- Überprüfe die Aufgaben am Ende!
- Fühl dich happy!

Reduzierung der Aufregung bei Klassenarbeiten durch Selbstberuhigungsstrategien, eine planmäßige Vorbereitung sowie Lernstrategien für dauerhaftes Behalten, um einen lang anhaltenden Lernerfolg zu sichern, waren dann später auch Gegenstand der Stunden.
Die Arbeit mit dem inneren Helfer im Hinblick auf die Selbstregulierung war später auch eine gute Unterstützung für Ben, um sein Verhalten im Unterricht besser steuern zu können. Durch die Kooperation mit der Lehrerin fühlte Ben sich auch hier stärker angenommen und konnte Hinweise akzeptieren und zunehmend auch umsetzen. Die Lehrerin wiederum sah, wie sehr sich Ben für positive Veränderungen

einsetzte, und reagierte sehr wohlwollend. Ben war durch ihr positives Feedback wieder motiviert, auch Klassenregeln etc. einzuhalten. So war der Teufelskreis, in dem Ben sich zu Anfang befunden hatte, durchbrochen und Ben konnte sukzessive die verschiedenen Themen konstruktiv angehen und wieder Erfolge erleben.

2. Etappe: Identifizierung mit dem Ziel: Vor- und Nachteile des bisherigen und zukünftigen Verhaltens, Würdigung des „inneren Schweinehunds“

„Veränderungen sollten sich lohnen!“

(Klaus Mücke)

In dieser zweiten Etappe auf dem Weg zum Ziel geht es darum, sich schrittweise mit dem Ziel tatsächlich zu identifizieren. Natürlich wünschen sich die Kinder und Jugendlichen die Verwirklichung ihres Ziels. Doch der Weg dahin erfordert länger anhaltendes Engagement, einen langen Atem. Die Motivation muss über diesen Zeitraum bestehen bleiben. Sobald die ersten Erfolge eintreten, sind sie natürlich ein starker Antrieb, weiterzumachen. Doch es kommen auch immer wieder Tiefpunkte oder Rückschläge vor, da ist es wichtig, wirklich von den Zielinhalten überzeugt zu sein, um auch Tiefpunkte oder Rückschläge gut durchstehen zu können. Auch muss sichergestellt werden, dass das vereinbarte Ziel wirklich auch das eigene des Kindes ist und nicht nur von den Lehrern oder Eltern übernommen wurde, ohne selbst davon überzeugt zu sein. Nur, wenn die Kinder und Jugendlichen dieses Ziel wirklich als ihr eigenes sehen und sich damit identifizieren können, werden sie genügend Motivation und Veränderungsbereitschaft in den Prozess einbringen.

Das bisherige Verhalten, wie z. B. motorische Unruhe oder Impulsivität, brachte die Kindern und Jugendlichen zwar oft in Schwierigkeiten, in problematische Situationen mit ihrem Umfeld. Insofern erleben die Kinder einen Leidensdruck und sie wünschen sich Veränderung. Das gezeigte Verhalten brachte also Nachteile mit sich.
Dennoch ist nicht zu unterschätzen, dass das gleiche Verhalten unter anderem Blickwinkel durchaus auch Vorteile hatte. Es machte Sinn, es hatte eine Funktion für die Kinder. Diese Aspekte des Verhaltens wurden ja bereits z. B. in den metaphorischen Geschichten berücksichtigt. Wenn also das gezeigte Verhalten auch vorteilhaft sein konnte, so geben die Kinder ja etwas auf, wenn sie sich verändern.

Auf der anderen Seite hat eine Veränderung hin zum gewünschten Verhalten ebenfalls Vorteile, Abläufe wie Hausaufgaben sind stressfreier, Erfolge in der Schule häufen sich, das Selbstwertgefühl steigt etc.
Dennoch hat auch das gewünschte Verhalten eine zweite Seite der Medaille. Denn es kann im Empfinden der Kinder durchaus ein Nachteil sein, z. B. mehr Zeit in Hausaufgaben zu investieren oder weniger unterhaltsame Unterrichtsstunden zu erleben, da nun Aufmerksamkeit und nicht Ablenkung und interessante Gespräche mit dem Sitznachbarn im Zentrum stehen.

Diese Vor- und Nachteile des bisherigen und des zukünftigen Verhaltens mit den Kindern zu diskutieren ist entscheidend auf dem Weg zur Zielerreichung. Nur wenn die Kinder wirklich „Ja" zum Ziel sagen können, sich bewusst für das Ziel entscheiden, entwickeln sie auch das notwendige Durchhaltevermögen und die Motivation, also Faktoren, die sie auch durch schwierige Zeiten tragen.
Eine Vorgabe der Ziele oder ein vages Einverständnis der Kinder würde sich auf längere Sicht nicht als tragfähig erweisen. Gerade diese Kinder, die oft so willensstark sind und viele Dinge hinterfragen, wollen auch, zu Recht, unbedingt beteiligt sein an den Entscheidungen über Ziele.

2.1 Zeichnungen und Plus-Minus-Tabellen

Methodisch betrachtet ist es sinnvoll, diese Diskussionsvorgänge auch zu visualisieren, um sowohl in der Therapie die Dinge jederzeit vor Augen haben zu können als auch um – entsprechend der „Macht der Bilder" – die Inhalte stärker im Gedächtnis verankern zu können.
Hier haben sich Plus-Minus-Tabellen bewährt, in denen die Vor- und Nachteile einander gegenübergestellt werden, abgewogen und bewertet werden können.
Hier werden nun zwei Tabellen vorgestellt, die Daniel, ein 14-jähriger Junge erstellt hat.

Bisheriges Verhalten: „Trödeln" z. B. bei Hausaufgaben

Vorteile	Nachteile
– Ich kann das Unangenehme von mir wegschieben.	– Es fällt mir immer schwerer anzufangen.
– Ich habe zwischendurch Zeit für anderes, kann am Handy spielen.	– Unterbrechungen machen mich immer unkonzentrierter.
– Ich mach es dann vielleicht gar nicht.	– Ich bekomm am nächsten Tag Ärger in der Schule.

Zukünftiges Verhalten: Schnell anfangen und dabeibleiben

Vorteile	Nachteile
– Ich bin schneller fertig und habe dann Zeit für anderes.	– Ich muss mich zwingen, anzufangen, mich überwinden.
– Ich bin erleichtert, fühle mich besser, wenn die Aufgabe fertig ist.	– Es ist anstrengend, sich so lange zu konzentrieren.
– Ich bekomme Lob vom Lehrer.	– Ich muss mein Handy zur Seite legen.
– Ich lerne so mehr und meine Klassenarbeiten werden besser.	– Ich lerne länger.

Eine derartige Auseinandersetzung mit einer Veränderung des eigenen Verhaltens trägt in starkem Maße dazu bei, sich mit dem Ziel dann identifizieren zu können. Wenn es noch große Vorbehalte gibt, können die festgehaltenen Argumente helfen zu klären, welche Bedingungen nötig wären, damit das Kind „Ja" zum Ziel sagen kann. Was braucht das Kind noch dazu? Ein Ritual am Anfang, das den Start erleichtert? Vielleicht zu Anfang noch einen Helfer, der an den Startpunkt erinnert? Die Verabredung einer kleinen Pause zwischendurch?

Ein weiteres methodisches Vorgehen ist es, das Bild einer Waage mit zwei Waagschalen einzusetzen. Auf den beiden Waagschalen werden die Argumente dann sichtbar gewichtet.[106] Döpfner setzt die Waage ein, um von einer Problem- zu einer Zielformulierung zu kommen.
Ein Beispiel kann hier Ben sein, dem seine Wutausbrüche zu schaffen machten. Er hatte das Bild einer Waage gemalt und die Vorteile auf die eine Waagschale, die Nachteile auf die andere Waagschale gelegt. Die Argumente, dargestellt als Tabelle, sahen so aus:

Problem: „Ich raste oft aus“

Vorteile	Nachteile
– Ich kann mich abreagieren.	– Die anderen sind sauer auf mich.
– Ich habe das Gefühl, mich zu verteidigen.	– Sie schicken mich weg in der Pause
	– Die Lehrer schimpfen.
– Ich fühle mich stark.	– Meine Eltern sind sauer.

Es folgt dann die bewusste Entscheidung: Will ich das ändern? Ja oder nein? Sein Einverständnis erklärt Ben mit seiner Unterschrift. Im letzten Schritt wird dann das Ziel formuliert: Ich möchte ruhig und stark sein! Ich möchte auch ruhig bleiben, wenn ich mit den anderen rede.

Die Ziele formuliert selbstverständlich das Kind. Es ist nur wichtig, darauf zu achten, dass positive Formulierungen gefunden und Verneinungen vermieden werden. Also nicht „Ich werde nicht mehr wütend!“, sondern vielleicht „Ich bleibe ruhig!“. Denn, wie wir ja wissen: „Denk nicht an den rosa Elefanten!“ lässt unweigerlich genau diesen in unserer Vorstellung auftauchen.

Wenn Ziele schon im Raum stehen, da z. B. Lehrer diese Anforderung stellen, kann es helfen, die Kinder ins Boot zu holen, indem wir mit ihnen diskutieren, was von den erwarteten Veränderungen sie selbst für sich gut fänden. Eine nützliche Fragestellung kommt dazu auch aus der lösungsorientierten Therapie: „Gesetzt den Fall, es hat was Gutes ...“ Eine kindgemäße Formulierung wäre: „Mal angenommen, du würdest dein Verhalten ändern. Stell dir einmal vor, wie das wäre. Könnte das neue Verhalten etwas Gutes für dich haben? Wenn ja, was könnte das sein?“ Die

Kinder können die neue Situation vorab durchdenken, abwägen, in der Vorstellung durchspielen, ein Future Pace durchführen und so eine eigene Haltung zu den Erwartungen der anderen finden.

2.2 Handpuppenspiel: *„Das Faultier und der Fuchs"*

Fühlten die Kinder sich schon zuvor von dem Spiel mit den Handpuppen angezogen, so ist dies auch hier eine Möglichkeit, um Argumente gegenüberzustellen und abzuwägen.
Das Kind wird gebeten, eine Handpuppe auszusuchen, die z. B. für den inneren Anteil steht, der gar nicht lernen möchte und lieber nur seinen Spielbedürfnissen nachkommt. Wenn es bereits eine Stimme in dem Kind gibt, die sich durchaus eine Veränderung und größere Lernbereitschaft wünscht, so kann das Kind eine Handpuppe wählen, die diese Stimme repräsentiert. Ist dieser Teil in dem Kind (noch) nicht präsent, bittet man das Kind, ein Tier auszusuchen, das genau das Gegenteil des ersten verkörpert.

Ein 10-jähriger Junge, Jonas, wählte als Repräsentant für den ersten Teil, der das Lernen zur Zeit eher ablehnt, einen Affen, da er von seinem Äußeren her am ehesten dem eigentlich gewünschten Faultier entsprach. Der Gegenspieler sollte ein „schlauer Fuchs" sein. Jonas stülpte nun auf jede Hand eine Handpuppe und ließ die beiden miteinander in Kontakt treten. Dieser erste Kontakt kann, wenn es notwendig erscheint, ähnlich wie bei der Handpuppenarbeit zuvor, durch Fragen strukturiert werden.

Das Faultier erklärte und verteidigte dann seine Position:
„Ich habe überhaupt keine Lust zu lernen, das bringt sowieso nichts. Ob ich lerne oder nicht, es gibt immer eine Fünf. Dann chille ich lieber, spiele am Handy oder geh gleich raus und treffe mich mit Freunden."

Der schlaue Fuchs versuchte, seine Sichtweise zu erklären:
„Du weißt doch genau, dass das nichts bringt. Wenn du nicht lernst, gibt es erst Ärger zu Hause und dann mit den Lehrern. Jetzt setze dich doch einfach hin und lern!"

Das Faultier reagiert gereizt:
„Du hast mir gar nichts zu sagen. Ich lege mich jetzt hin!"

Der Fuchs wird zunächst sauer, es geht ein paar Mal hin und her zwischen den beiden. Dann erkennt der Fuchs, dass er so nichts erreicht und appelliert an die Einsicht:
„Willst du denn immer, dein ganzes Leben nur chillen? Du willst doch gut in der Schule sein und dann später Polizist werden. Das ist doch dein größter Wunsch!"

Der Faulpelz lenkt ein klein bisschen ein:
„Ja, schon, das will ich. Aber ich will auch auf der Couch liegen".

Hier ist immerhin schon erkennbar, dass sich beide Teile auf ein gemeinsames Ziel einigen können. An dieser Stelle bat ich das Faultier, einmal zu erzählen, warum ihm das Chillen so wichtig ist.
Das Faultier sagte:
„Ich bin oft so müde, wenn ich aus der Schule komme, weil es so stressig dort war, dass ich erst einmal alles vergessen will und mich auf die Couch lege und am Handy spiele."

Hier kommt das große Bedürfnis nach Erholung zum Ausdruck, dessen Befriedigung ja wichtig ist, um wieder neue Kraft zu schöpfen.
Es sah so aus, dass der Fuchs das einsah, aber dann meinte er vorwurfsvoll:
„Und auf der Couch bleibst du dann den ganzen Nachmittag liegen!"

An diesem Punkt schlug ich vor, einmal zu überlegen, ob nicht auch beides möglich ist, Chillen und Lernen, sodass beide, Faulpelz und Fuchs, zu ihrem Recht kommen. Für die Kinder ist diese Sicht oft neu, dass nicht ein Teil der Unterlegene sein wird, sondern beide Teile ihre Berechtigung haben und nebeneinander existieren können.
Die beiden, Faultier und Fuchs, diskutierten dann, ob es klug wäre, sich nach der Schule erst einmal auszuruhen, um dann auch wirklich später etwas zu lernen. Sie kamen zu der Übereinkunft, dass es in Ordnung sei. Doch der Fuchs wollte eine Regelung, dass diese Auszeit nicht länger als eine Stunde dauern sollte, da sonst der ganze Nachmittag vorbei sei, wenn dann die Hausaufgaben endlich gemacht seien.
Dieser Stand der Diskussion kann der vorläufige Endpunkt des Spiels sein. Der Kompromiss kann dann in der Realität ausprobiert und, wenn erste Erfahrungen damit gesammelt wurden, noch verändert oder angepasst werden.

Falls der Dialog zwischen beiden Teilen konfrontativ bleibt, können wir neue Perspektiven aufzeigen und zum Beispiel fragen. *„Könntest du dir vorstellen, Faulpelz, dem Fuchs ein klein bisschen entgegenzukommen? Ohne dich kann er ja gar nichts machen. Er braucht dich!"*
Die gleiche Frage geht natürlich auch an den Fuchs. Im nächsten Schritt könnten wir beide fragen:
„Was braucht ihr denn, Faulpelz und Fuchs, um einen Schritt aufeinander zuzugehen?"

Die Haltung des Fuchses in dem Spiel wirkt sehr „vernünftig" und ist vermutlich oft die internalisierte Stimme der Eltern. Spannend wird es dann ja, wenn das Kind auch die andere Seite, die dem Lustprinzip folgen möchte, versucht ins Boot zu holen und beide Seiten nach einem Kompromiss suchen. Denn nur, wenn auch der „Faulpelz" gehört wird, seinen Platz bekommt und seine Bedürfnisse auch leben kann, wird die Sicht des schlauen Fuchses ebenfalls ernst genommen und hat eine Chance, umgesetzt zu werden. Lebt jedoch der Teil des „Faulpelzes" im Verborgenen und bleibt ungehört, so taucht er immer wieder unverhofft auf und boykottiert den lernwilligen Teil.

Die unterschiedlichen Wünsche und Ziele, die in dem Kind z. T. unbewusst aktiv sind, können durch das Handpuppenspiel sichtbare Gestalt annehmen. Das Kind erlangt durch die Externalisierung der inneren Anteile eine gewisse Kontrolle über das Geschehen und kann es stärker willentlich beeinflussen. Wichtig ist auch die Erkenntnis, dass es nicht um ein Entweder-Oder geht, dass es kein Kampf zwischen widerstreitenden Kräften ist, bei dem einer unterliegt. Vielmehr kann deutlich werden, dass beide Teile eine Berechtigung haben und sogar ein Kompromiss gefunden werden kann, der beide zufriedenstellt.

2.3 Rollenspiel mit Jugendlichen: im Dialog mit dem „inneren Schweinehund"

Bei älteren Kindern und Jugendlichen bietet es sich an, statt der Arbeit mit den Handpuppen in einen inneren Dialog zu treten, in dem die verschiedenen inneren Anteile eine Stimme erhalten.

Meist ist den Jugendlichen der Ausdruck des „inneren Schweinehunds" vertraut, den es bei der Erreichung von Zielen ja immer zu überwinden gilt. Das Bild, das bei dem Ausdruck vor dem inneren Auge entsteht, ist meist ein fröhliches, gewitztes Wesen, das schlau seine eigene Agenda verfolgt. Durch dieses humorvolle Bild wird diesem Anteil, der da gegen das Lernen ist, ein wenig die Schärfe und Bedrohlichkeit genommen. Es gibt jedoch auch Jugendliche, die für sich selbst das Bild eines „Erfolgskillers" o. Ä. fanden, als sie nach einer Gestalt für den lernunwilligen Teil suchten. Entscheidend ist hier, dass der Jugendliche selbst mit dem gefundenen Bild etwas anfangen und sich damit identifizieren kann.

Das Gegenüber wäre dann z. B. der Jugendliche selbst, der gewissermaßen als der Kopf, das Oberhaupt der inneren Prozesse, in den Kontakt mit dem „Schweinehund" tritt.

Es kann dann, ähnlich wie in dem Handpuppenspiel, ein Dialog entstehen, in dem beide ihre Standpunkte erklären und versuchen, einen Kompromiss zu finden.

Natürlich ist gerade in der Arbeit mit Jugendlichen auch denkbar, das „Personal" noch zu erweitern und weiteren inneren Stimmen Gestalt zu geben, vielleicht der Angst, zu versagen oder der Ungeduld, die schnell zum Ziel will etc. Es kann so ein ganzes „inneres Team" entstehen. Den Vorsitz hat dann der „Chef", der Jugendliche selbst, der entscheiden kann, welchen Stimmen er erlaubt, Einfluss zu behalten etc. Friedemann Schulz von Thun stellt in seinen Büchern dazu viele Arbeitsmöglichkeiten vor.[107]

Die Bedeutung dieses Ansatzes der Arbeit mit inneren Anteilen liegt darin, das „Stimmengewirr", das Durcheinander widerstreitender Gedanken und Gefühle überhaupt erst einmal sicht- und hörbar zu machen und sie dann zu ordnen, sodass es möglich ist, sie zu reflektieren und zu bewussten Entscheidungen über das eigenen weitere Verhalten zu finden.

3. Etappe: Visualisierung des Ziels: die Macht der Bilder – von der Bedeutung der inneren Vorstellung für die Zielerreichung

„If you can dream it, you can do it."
(Walt Disney)

3.1 „Future Pace": *„Die Reise mit dem Heißluftballon"*

Um gute Voraussetzungen für eine Zielerreichung zu schaffen, ist es von großer Bedeutung, ein inneres Bild, eine möglichst plastische und visuelle Vorstellung davon zu haben, wie das Ziel genau aussieht, denn wir brauchen, wie die neurobiologische Forschung ja erkannte, ein inneres Bild vom Ziel, und zwar, *bevor* wir agieren. Das innere Bild kann dann handlungsleitend wirken, und es strukturiert unser Handeln. Zur Visualisierung des Ziels ist die Methode des „Future Pace",[108] die bereits mehrfach Erwähnung fand, sehr gut geeignet.

Wir haben ja zuvor mit den Kindern in der Therapie die Etappen durchlaufen, in denen die Steigerung des Selbstwerts und des Gefühls der eigenen Kompetenz im Zentrum standen. Die Kinder können nun all diese Gefühle und inneren Bilder, auch die Kompetenzhaltung und andere Anker, aktivieren.
Sind all diese Fähigkeiten und positiven Vorstellungen gegenwärtig, kann das Kind nun eine herausfordernde Aufgabe, vor der es in Zukunft stehen wird, in Gedanken durchspielen. Die Kinder erleben in der Vorstellung, dass sie kompetent die bevorstehende Situation bewältigen. Durch dieses „Probehandeln" können sie sich auf die Situation innerlich vorbereiten und sie gewissermaßen üben.

Für die Kinder ist so eine herausfordernde Aufgabe oft die anstehende Klassenarbeit. Ein „Future Pace" des Erfolgsmoments kann dann z. B. mit der Geschichte „Reise mit dem Heißluftballon" verknüpft werden.

Positive Klassenarbeit: Die Reise mit dem Heißluftballon
(in Anlehnung an eine ähnliche Geschichte von Reinhard Horn[109])

Denk noch einmal zurück an deinen Erfolgsmoment und führ dir noch einmal den entscheidenden Augenblick vor Augen. Du kannst den Erfolg wieder spüren, dieses Gefühl des Glücks und der Freude, über das, was du da geschafft hast. Sag dir dein Kraftwort oder deinen Kraftsatz noch einmal und geh in deine Kraft-Haltung. Nun bist du optimal vorbereitet auf neue Herausforderungen.

Stell dir nun eine andere Situation vor: Der Arbeitstermin für die nächste Arbeit steht fest. Du hast dich gut vorbereitet.
Nun kannst du dich ausruhen und entspannen nach deiner gelungenen Vorbereitung.
Du beobachtest einfach nur deinen Atem. Du atmest ein und aus und bei jedem Ausatmen bemerkst du, dass du dich ein bisschen freier und sicherer fühlst. Deine Gedanken können wie deine Atemzüge kommen und gehen.

Stell dir nun vor, du schaust aus dem Fenster deines Zimmers, und am Himmel siehst du einen bunten Heißluftballon. Er schwebt auf dich zu, bis der Transportkorb direkt vor deinem Fenster zum Stehen kommt und du mit sicherem Schritt einsteigen kannst.
Der Ballon steigt nun allmählich hoch, und du in deinem Transportkorb schaust hinunter, siehst unten euer Haus, alles wird immer kleiner … und der Ballon steigt höher und höher … und du fühlst dich sicher und ganz leicht.

Du schwebst in Richtung deiner Schule, du kannst schon das Gebäude erkennen. Als du an der Schule angekommen bist, bleibt der Ballon direkt über deinem Klassenzimmer stehen, du schaust hinunter. Und in dem Ballon hast du Zauberkräfte: Du kannst direkt in das Klassenzimmer sehen, durch die Wände hindurch und – du kannst mit freudiger Überraschung dich selbst dort unten sehen.

Du siehst dich selbst und du spürst, dass es dir gut geht.
Es ist jetzt der Zeitpunkt der Klassenarbeit.
Du merkst, wie sicher, ruhig und konzentriert du dich fühlst, weil dir all dein Wissen zur Lösung der Aufgaben zur Verfügung steht.
Du kannst sehen, dass du sicher und zufrieden bist. Ganz ruhig und konzentriert löst du eine Aufgabe nach der anderen.
Zufrieden schaust du dir von oben dabei zu, bis die Klassenarbeit beendet ist.

Dann kannst du sicher und gelassen diesen Ort wieder verlassen, dein Ballon steigt wieder höher und fliegt dich zurück nach Hause, in dein Zimmer. Und ein Gefühl, so entspannt und zufrieden zu sein, bleibt dir erhalten, und du kannst es jederzeit wieder zurückholen, indem du daran denkst.

Wir können mit dem Kind im Anschluss an die Imagination darüber sprechen, was genau es von dort oben sehen konnte. Zunächst geht es ja damit gewissermaßen um beobachtbares Verhalten, das das Kind zeigt, wenn alles richtig gut und erfolgreich verläuft Das Kind erhält so Gelegenheit, genauere Verhaltensweisen, Körperhaltungen zu identifizieren, die ihm helfen, ruhig und konzentriert zu sein. Wie hat es auf dem Stuhl gesessen? Hat es den Rücken angelehnt? Waren beide Füße auf dem Boden? Was lag auf dem Pult? Wie ging der Atem? Darüber hinaus kann das Kind auch die Gedanken imaginieren und in Worte fassen, die für die Konzentration hilfreich sind. Hat es gedacht „Ich schaff das schon!“ oder „Ich komme gut voran!“? Hier findet die bereits erwähnte „Operationalisierung“ statt, also das Zerlegen in einzelne, voneinander unterscheidbare Elemente. Dies geschieht jedoch ohne abstrakte Denkprozesse, sondern eher spielerisch. Das Phänomen „Konzentration" wird in die Einzelelemente gegliedert, die das Kind dann in Handlung umsetzen kann. So wird erfolgreiches Handeln planbar und durchführbar.

3.2 Visualisierungen durch Bilder und Zeichnungen: Symbolisierung des Ziels

Um die innere Vorstellung des Ziels schnell und jederzeit abrufen zu können, ist es hilfreich, visuelle Anker zur Verfügung zu haben. Diese Zielvisualisierungen erinnern auch an den Inhalt, wenn wir selbst gerade abgelenkt oder auf einem weniger zielführenden Weg unterwegs sind.

3.2.1 Kraftworte

Das Ziel kann beispielweise durch ein prägnantes Wort symbolisiert werden, das dann den Inhalt, der mit dem Wort verbunden ist, evoziert. Wichtig wird dann auch wieder, dieses Wort zu visualisieren, damit es dauerhafter wirken kann und nicht „wie Schall und Rauch" schnell wieder verschwindet.

Vielleicht haben die Kinder bei der Imagination des Erfolgsmoments bereits das entscheidende Symbolwort für sich gefunden (siehe 1.2.7).
Es können jedoch auch, wie schon unter 1.2.8 „Ankern" erwähnt wurde, einige „Kraftwörter" zur Auswahl vorgelegt werden.
Beispiele könnten sein:

- Aufmerksamkeit
- Geduld
- Ausdauer
- Stille
- Mut
- Kraft

Das gewählte „Kraftwort" kann nun durch eine Imagination, verbunden mit einem „Future Pace" in seiner Wirkung verstärkt werden. *(s. Bild 27, S. 146)*

3.2.1.1 *Imagination: „Kraftwort"*

(Diese Geschichte ist Karin Ziethoff, Psychologin und Lerntherapeutin, zu verdanken, in Anlehnung an eine ähnliche Geschichte von Helga und Hubert Teml [110])

Schreibe das gewählte Kraftwort – oder ein für dich passendes anderes – auf ein Blatt und male es an, wie es für dich am besten passt.

Bild 27: Ruhe und Gelassenheit, Bild der 13-jährigen Mia

In der folgenden Fantasiereise kannst du an deine gewählte Eigenschaft oder Fähigkeit denken und sie in dir verstärken.

Mach es dir bequem, schließe, wenn du magst, deine Augen und atme ruhig und gleichmäßig. Bei jedem Ausatmen breitet sich dabei die Entspannung allmählich aus – im Gesicht, in den Schultern, den Armen und Händen. Du wirst immer ruhiger, die Spannung weicht aus deinem Bauch, aus deinen Beinen, aus den Füßen. Ruhe breitet sich aus – du bist entspannt, gelöst und locker.

Stell dir nun vor, du hast diese von dir gewählte Eigenschaft oder Fähigkeit bereits: Du siehst dich selbst vor dir stehen. Ganz deutlich kannst du dich erkennen mit dieser ganz persönlichen Eigenschaft oder Fähigkeit.
- *Wie siehst du aus, wenn du diese Fähigkeit bereits besitzt?*
- *Was tust du?*
- *Wo bist du?*
- *Wie bewegst du dich?*
- *Wie sieht dein Gesicht aus, deine Augen, dein ganzer Körper?*

Stell dich selbst vor dich hin, mit dieser Eigenschaft, die du in diesem Bild bereits hast.

Und jetzt steigst du in dieses Bild ein, du steigst hinein in dich selbst. Und während du einsteigst, spürst du bereits diese Fähigkeit, sie umhüllt dich, wie ein Hemd oder ein Kleid. Du

streifst dir diese Fähigkeit über, du kannst sie deutlich in dir spüren und lässt sie wachsen, in deinem ganzen Körper.
Spüre diese Fähigkeit in deinen Armen und Beinen, in deinem Körper, in deinem Kopf, in deinem Geist, in deinem Herzen.

Stell dir nun vor, du gehst mit dieser Eigenschaft zurück in dein alltägliches Leben. Du erlebst etwas, bei dem du diese Fähigkeit gut gebrauchen kannst. Schau genau, wo du bist, was du tust, wie du diese Fähigkeit gut einsetzen kannst. Du genießt es, über diese Fähigkeit verfügen zu können.

Und nun komm langsam, in deinem Tempo, wieder hierhin zurück in diesen Raum. Wenn du soweit bist, atmest du tief ein und aus, du bewegst dich ein wenig, räkelst und streckst dich. Du bemerkst, dass du dich ganz erfrischt fühlst, munter und leistungsfähig, wie nach einem guten, erholsamen Schlaf.

3.2.2 Ein Name für die gewünschte Fähigkeit: „Ehur"

Eine gute Möglichkeit, die Identifikation mit dem Ziel zu erhöhen ist es, der gewünschten Fähigkeit einen Namen zu geben. Solch ein Name ist ganz individuell und macht die Fähigkeit unverwechselbar.

Hier ist ganz die Fantasie des Kindes oder Jugendlichen gefragt. Nach kurzem Überlegen sagte ein Jugendlicher: „Meine Fähigkeit soll ‚Leinad' heißen!" Was nach einem erfundenen Wort klingt, ist jedoch ein Anagramm. Rückwärts gelesen ergibt es „Daniel", den Namen des Jugendlichen. Besser ist es wohl kaum sprachlich auszudrücken, dass die Fähigkeit dem Jugendlichen bereits innewohnt, schon in ihm schlummert, jedoch noch nicht „in richtiger Reihenfolge" nutzbar ist.
Ein Kind nannte seine gewünschte Fähigkeit „EHUR". Auch hier wurde die Wunschfähigkeit „Ruhe" noch „verpackt", sie ist schon da, doch nicht auf den ersten Blick sichtbar.

Erwähnenswert sind hier auch die Arbeiten des finnischen Kinderpsychiaters Ben Furman. Sehr kreativ und anschaulich gestaltete er ein ganzes Ressourcen-Konzept, bestehend aus mehreren Schritten, das „Ich schaff´s!"-Programm. Die einzelnen Elemente wie ein innerer Helfer, äußere Helfer, ein Name der Fähigkeit etc. werden u. a. auf einem großen Plakat dargestellt, so dass jeder einzelne Schritt durch ein Bild oder ein Symbol visualisiert ist und damit jederzeit als Anker und „Eye-catcher" dienen kann.[111]

3.3 Das Ressourcen-Brettspiel: ein methodisches Highlight zur Visualisierung des Ziels

Das Ressourcen-Brettspiel ist ein Spiel, das von jedem Kind individuell erschaffen wird. Innerhalb dieses Spiels identifiziert das Kind sein Ziel und visualisiert es. Doch die Wirkung des Spiels geht weit über diesen Schritt hinaus. Es wird auch die Entfernung, der Weg hin zu diesem Ziel veranschaulicht. Hürden werden sichtbar, die den Weg zum Ziel erschweren, aber auch Ressourcen, die dem Kind helfen, diese Hindernisse zu überwinden. Es wird erlebbar, dass Ressourcen zur Überwindung der Probleme zur Verfügung stehen, das Kind kann so selbst aktiv werden und Lösungen entwickeln.
Crowley und Mills, die dieses Spiel auf der Grundlage anderer Spielideen erarbeitet haben, erklären dazu: „Die Informationen vom Kind über seine Welt werden von ihm selbst in Symbole (Metaphern) umgewandelt, die unwissentlich sein Problem repräsentieren, seine bewussten und unbewussten Blockaden und seine inneren Ressourcen."[112]
Über die in dem Kind auftauchenden Bilder werden so konkrete innere Vorstellungen von dem Weg zum Ziel entwickelt. Das Spielen ermöglicht ein Probehandeln, indem das Kind die identifizierten Hürden auf dem Weg zum Ziel überwindet. Diese Bilder und die Erlebnisse im Spiel können dann später handlungsleitend werden.

Die Ziele können ganz unterschiedlicher Natur sein. So kann das Ziel „Konzentration" sein oder aber „gute Noten", also auf den schulischen Bereich bezogen sein. Es kann aber auch sein, dass als Ziel der Wunschberuf oder ein Sportwagen genannt werden. Alles ist erlaubt.

Auch bei der Gestaltung der Hindernisse und Ressourcen bleibt es den Kindern und Jugendlichen überlassen, ob es um reale, konkrete Hürden und realistische Hilfsmittel zur Überwindung geht oder ob es fantasievolle kreative Gestaltungen sein sollen.
Es gibt Kinder, die nah an der Realität bleiben und z. B. „vergessene Vokabeln" als Hürde nennen und dazu ein Vokabel-PC-Programm als Hilfsmittel nennen.
Doch es kann durchaus sein, dass als Hürde ein „Zeitloch" erfunden wird, das alle Zeit, die nötig wäre zur Aufgabenerfüllung, einfach verschlingt. Als Gegenmittel wird dann ein Wecker erfunden, der neue Zeit „produziert".
Manche Kinder bleiben ganz in einer eigenen, gestalteten Welt und es spielen Ritter, Wassergräben und heruntergelassene Zugbrücken eine Rolle.
Eine Jugendliche, Emma, 14 Jahre, zeigte ein großes Reflexionsvermögen. Sie hatte ein gutes Zeugnis als Ziel formuliert. Ihre Hürden auf dem Weg ans Ziel waren „Leichtsinnigkeit", „Ungeduld" und „Verzweiflung", die sie vom Lernen abhielten. Als Ressourcen fand sie dann zur Überwindung des Leichtsinns „Durchpowern bis zum Ziel", zur Überwindung der Ungeduld die „Geduld" und gegen die Verzweiflung neues „Selbstbewusstsein".
Der Fantasie sind keine Grenzen gesetzt!

Es geht um den kreativen Akt, der einen spielerischen fantasievollen Umgang mit Hürden erlaubt und so zu einer Leichtigkeit führt, die wiederum das Finden und Erfinden von Lösungen erleichtert. So entsteht ein Gefühl der Selbstwirksamkeit, die innere Sicherheit und Überzeugung, bestehende Hürden mithilfe der eigenen Ressourcen überwinden zu können. Nicht zuletzt wird gerade den Kindern, die enthusiastisch an schnellen Erfolg glauben und bei kleineren Hürden schnell entmutigt sind, so erkennbar, dass es zwar Hürden geben wird auf dem Weg zum Ziel, sie diese jedoch aus eigener Kraft überwinden können und es langfristig möglich ist, ihr Ziel zu erreichen.

3.3.1 Die Herstellung des Ressourcen-Brettspiels[113]

Das Kind oder der Jugendliche erhält ein möglichst DIN-A3-großes Blatt Papier, ein kleineres Blatt, Buntstifte, eine Schere, evtl. Spielfiguren, einen Würfel.
Dann wird das Kind um Folgendes gebeten:

1. Zeichne **in eine Ecke des Papiers „etwas für dich Wichtiges“**, etwas, was du in deinem Leben haben möchtest“. Dies ist der **Zielpunkt.**
2. In die **gegenüberliegende Ecke** der Diagonalen male bitte **eine Lieblingsfigur** (oder einen Lieblingsgegenstand), die/der dir helfen könnte, zum Ziel zu kommen. **Dies ist der Startpunkt.**
3. Stelle dir nun **einen Weg** vor, der die Figur **vom Start zum Ziel** hinführt. Ist es ein gerader Weg zum Ziel oder ein verschlungener Pfad, gibt es Umwege oder Verzweigungen? Ist es ein kurzer oder ein längerer Weg? Wenn du dir den Weg gut vorstellen kannst, dann zeichne ihn auf das Blatt.
4. Zeichne nun **drei Hindernisse auf dem Weg zum Ziel**, die deine Figur daran hindern könnten, das Ziel zu erreichen.
5. Überlege dir nun **als Gegengewicht** zu jedem Hindernis ein spezielles Hilfsmittel. Zeichne dann jedes der **drei Hilfsmittel**, die du gefunden hast, jeweils auf ein kleines Stück Papier, ca. 7 × 10 cm groß. So entstehen **drei Ressourcekarten**, wobei die gefundenen **Ressourcen** Symbole deiner inneren Ressourcen sind. Diese Karten werden während des Spiels dann eingesetzt.
6. Zeichne so viele **Verbindungsfelder auf den Weg vom Start bis zum Zielfeld**, wie du möchtest. Diese werden dann, wie bei einem Mensch-ärgere-dich-nicht-Spiel, die Spielfelder, auf denen sich die Spielfiguren bewegen. Auf diese Weise werden auch die Hindernisse zu Spielfeldern, auf denen man landen kann.
7. Denke dir nun **Spielfiguren** aus, die sich auf dem Spielfeld bewegen sollen. Diese symbolhaften Figuren können gezeichnet und dann ausgeschnitten oder aus unterschiedlichsten Materialien hergestellt werden. Alternativ können natürlich auch übliche Spielfiguren verwendet werden.
8. Zeichne nun eine **„große Ressourcenkarte“**: Schneide einen größeren **Kreis** (von ca. 15 cm Durchmesser) aus und teile ihn **in drei gleich große „Tortenstü-**

cke". Zeichne nun jede der **drei zuvor gefundenen Ressourcen** von den kleineren Karten **jeweils in ein Tortenstück** hinein. **Jedes Tortenstück bekommt zwei Ziffern zwischen eins und sechs**. Diese Ziffern entsprechen den Augen auf dem Würfel, der eingesetzt wird. Zwei Zahlen pro Ressource verdoppeln dann im Spiel die Chance, ein Hindernis schnell zu überwinden. Diese große Ressourcenkarte dient zum Überblick während des Spiels, und sie visualisiert natürlich die ganze Zeit über die inneren Ressourcen.

3.3.2 Das Spiel mit dem Ressourcen-Brettspiel

Das Kind oder der Jugendliche und die Therapeutin beginnen am Startpunkt. Sie spielen beide abwechselnd jeweils mit einer Figur und setzen entsprechend der gewürfelten Zahl die Figur auf das entsprechende Feld.
Landet ein Spieler auf einem Hindernis, so kann er erst das Hindernis überwinden, wenn er die dem Hindernis zugeordnete Ressourcenkarte bekommt. Dazu muss er eine der Ziffern, die der Ressource zugeordnet sind, erwürfeln. Gelingt dies nicht beim ersten Mal, so ist der andere Spieler am Zug.
So kann es mehrere Runden dauern, bis der Spieler das Hindernis überwunden hat. Würfelt er die passende Zahl, so erhält er für diesen Zug die kleine Ressourcenkarte als „Fahrkarte" ausgehändigt und kann mit ihrer Hilfe vorangehen.
Es werden also nach und nach in jedem Fall alle Hindernisse überwunden und jeder Spieler kommt ans Ziel.
Entscheidend ist nicht, wer zuerst am Ziel ist. Es ist kein Spiel mit Wettbewerbscharakter. Das Spiel ist dann zu Ende, wenn das Kind am Ziel ist. Ist die Therapeutin zuerst am Ziel, wartet sie einfach, bis auch das Kind dort angekommen ist.

Ein Teil des Reizes des Spiels liegt im Erlangen der Ressourcekarten und im Überwinden der Hindernisse. Es ist der Spielfluss, der den Kindern gefällt.
Die überaus große Wirkung des Spiels liegt jedoch darin begründet, dass das Kind dieses Spiel selbst erfindet. Es ist ein kreativer Prozess, der den Kindern und Jugendlichen große Freude macht und sie über das Ergebnis stolz sein lässt. Häufig erweitern die Kinder noch die Regeln und bauen Ereignis- oder Fragekarten ein, die das Ganze noch abwechslungsreicher machen. „Du steigst auf einen Stuhl und singst ein Lied!" ist eine Ereigniskarte, die sehr belebend wirkt!

3.3.3 Beispiele für Ressourcen-Brettspiele

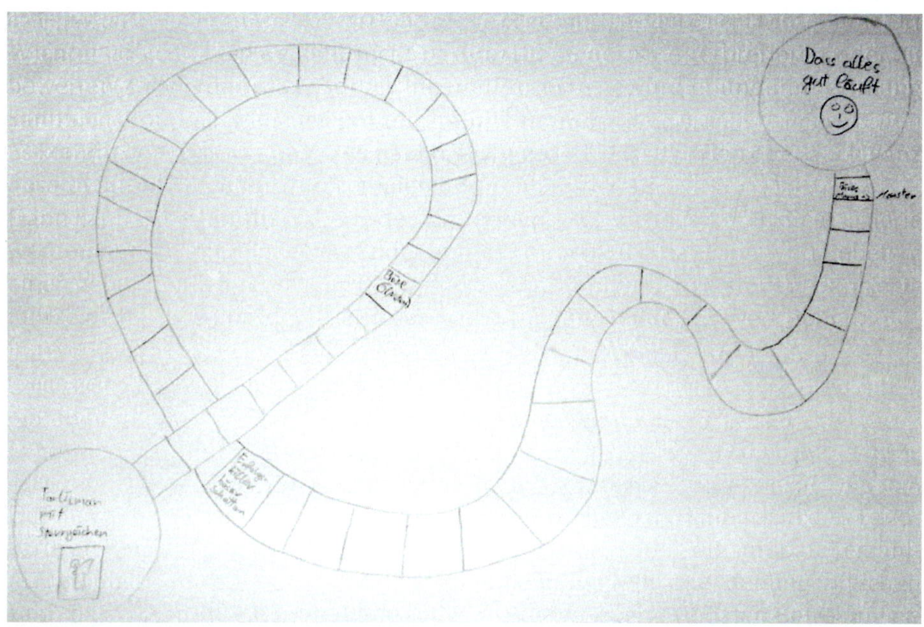

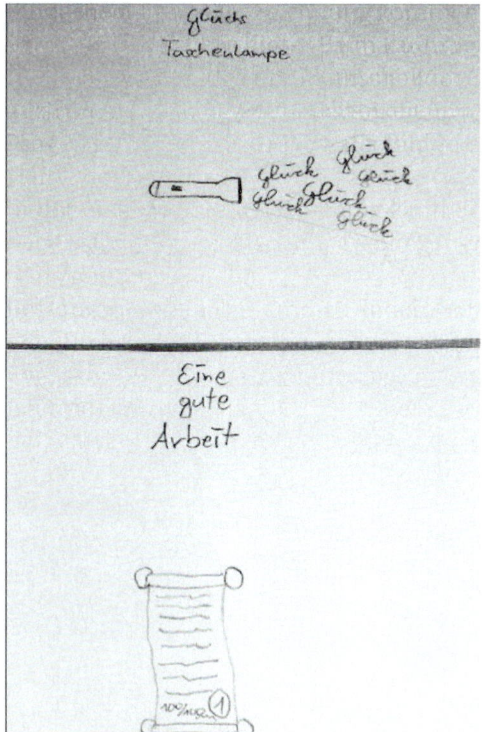

Bild 28: Ressourcen-Brettspiel: Erfolgskiller und 1-Beschwörer

Bild 29: Ressourcenkarten Taschenlampe und Urkunde

Ressourcen-Brettspiel: Erfolgskiller und 1-Beschwörer

Nils, 12 Jahre, formulierte als Ziel den allgemeinen Wunsch, dass in der Schule „alles gut läuft". Am Startpunkt hatte er einen „Talisman mit Sternzeichen" als Lieblingsgegenstand eingezeichnet. Als Hürden auf dem Weg zum Ziel dachte er sich die „böse 6", den „Erfolgskiller böser Schatten" und ein „böses Monster" aus. Sehr erfinderische erwies Nils sich bei der Entdeckung der Hilfsmittel. Als Ressource zur Überwindung der Hürde der „bösen 6" diente die Urkunde einer guten Arbeit. Der „Erfolgskiller böser Schatten" wurde mithilfe einer Taschenlampe, die Glück ausstrahlte, überwunden. Ein „1-Beschwörer" zähmte das „böse Monster".

Bild 30: Ressourcenkarte 1-Beschwörer

Bild 31: Große Ressourcenkarte

Ressourcen-Brettspiel: Mittelalter

Janni, 10 Jahre, dachte sich eine mittelalterliche Szene aus, in der Zugbrücken und Wassergräben eine Rolle spielten. Mit großem Engagement bastelte er sich eigene Spielfiguren, Ritter, die mit Pfeil und Bogen ausgestattet waren.
(s. Bild 32 und 33, S. 153)

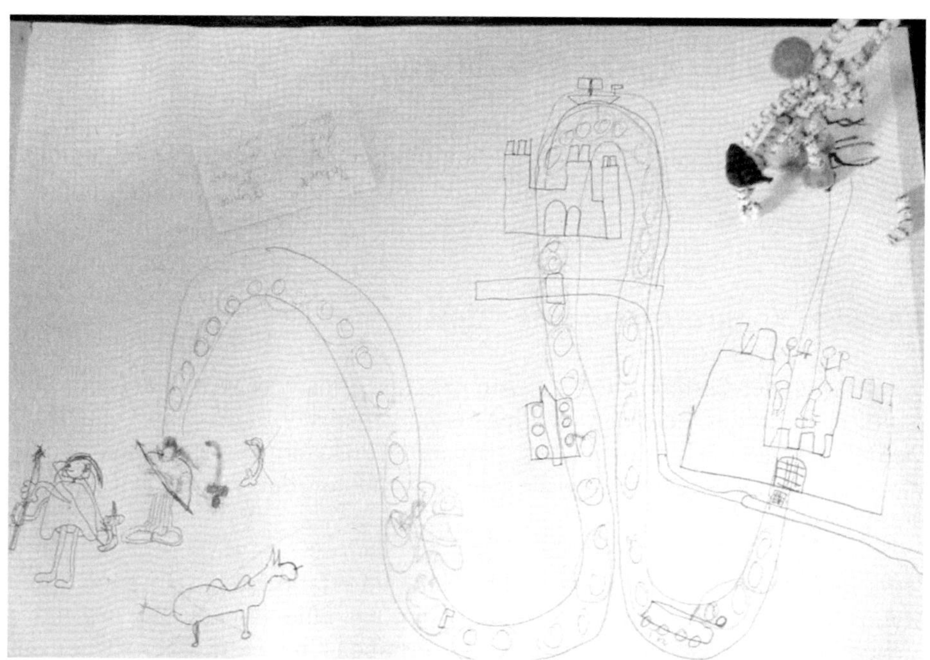

Bild 32: Ressourcen-Brettspiel: Mittelalter

Bild 33: Ritter

4. Etappe: Definition des Ziels: Kriterien für Konzentration entwickeln

„Nur wer sein Ziel kennt, findet den Weg."

(Lao-Tse, chinesischer Philosoph)

4.1 Erste Konkretisierung des Ziels

Wenn Sie an den Cartoon zu Hägars Auftrag „Ruder ins Wasser, los!" denken, wird deutlich, worum es auf den folgenden Seiten gehen soll. Hägar hatte eine klare Vorstellung davon, wie erfolgreiches, gemeinsames Rudern aussehen soll und ging davon aus, dass jeder seiner Crew die gleiche Vorstellung davon hatte. Doch da irrte er ja gewaltig (s. S. 61 ff.).

Jeder Mensch hat vor dem Hintergrund seiner Vorerfahrungen, seines Kenntnisstands und seiner konkreten Vorstellung vom Ziel eine individuelle, subjektive Sicht auf das Thema Konzentration. Zu Beginn haben Kinder und Jugendliche auch oft nur sehr ungefähre Vorstellungen von ihrem Ziel. Sie sagen z. B. „Ich muss besser aufpassen!" oder auch ganz einfach „Ich muss mich besser konzentrieren lernen!". Oft sind es auch die Sätze, die sie zuvor von Eltern oder Lehrern gehört haben. Was genau das eigentlich heißt, welche konkreten Verhaltensweisen damit gemeint sein könnten und vor allem, wie genau das umgesetzt werden kann, bleibt zunächst sehr im Ungefähren.

Doch um sich z. B. beim Lernen anders als bisher zu verhalten, müssen erst einmal die Kriterien für Konzentration näher bestimmt werden, damit Veränderungen konkret und in einzelnen Schritten umsetzbar sind. Es muss also auch hier eine Operationalisierung stattfinden.

Die einzelnen Schritte für ein Lernen mit Aufmerksamkeit können wir mit den Kindern und Jugendlichen gemeinsam erarbeiten. Wir geben also nicht vor, wie Konzentration aussehen soll, sondern geben der Sicht und den Erfahrungen der Kinder und Jugendlichen ausreichenden Raum. So werden ihre bisherigen Erfahrungen gewürdigt, ihre Überlegungen finden Wertschätzung. Auf diesem soliden Fundament ist dann optimale Kooperation und erfolgreiche Umsetzung der einzelnen geplanten Handlungsschritte möglich.

Natürlich können für uns in der Therapie, für die Eltern und auch die LehrerInnen die medizinischen Kriterien, die für die Diagnose einer Aufmerksamkeits- und Hyperaktivitätsstörung herangezogen werden, bei der Analyse der Situation hilfreich sein. Die gängigen Diagnose-Kriterien für eine Aufmerksamkeitsdefizit- und Hy-

peraktivitätsstörung umfassen die Bereiche Unaufmerksamkeit, Hyperaktivität und Impulsivität. Diese werden wiederum in zahlreiche Unteraspekte gegliedert, von denen mehrere erfüllt sein müssen, um die Diagnose zu stellen.
Auf die weiteren Voraussetzungen für eine Diagnose – wie z. B., dass die Symptome länger als ein halbes Jahr bestehen müssen, in mehr als einem Lebensbereich erkennbar sind (also nicht nur in der Schule!), andere Erkrankungen als Ursache auszuschließen sind etc. – wird in diesem Zusammenhang nicht näher eingegangen. Zur vertiefenden Lektüre seien hier z. B. Manfred Döpfners „THOP" oder Gerhard W. Lauths „ADHS in der Schule" empfohlen.[114]

Gerade die Unteraspekte der drei Bereiche können gut veranschaulichen, wie genau eine problematische Verhaltensweise aussieht. So wird z. B. der Bereich „Unaufmerksamkeit" von Gerhard Lauth u. a. folgendermaßen konkretisiert: „kann oft die Aufmerksamkeit nicht auf Details richten" oder „hat Schwierigkeiten, Aufgaben oder Aktivitäten zu organisieren" oder „beschäftigt sich nur widerwillig mit Aufgaben, die länger andauernde geistige Anstrengung erfordern (wie Mitarbeit im Unterricht oder Hausaufgaben)".[115] Dieser detaillierte Blick kann uns helfen, das komplexe Geschehen gedanklich in einzelne Verhaltensweisen aufzugliedern, zu strukturieren und ggf. nach Dringlichkeit zu gewichten.

Entscheidend für unsere Arbeit ist jedoch etwas anderes. Um die Situation zu verbessern, dem Kind oder Jugendlichen eine Veränderung seines Verhaltens und das Erlernen einer konzentrierten Arbeitsweise zu ermöglichen, sind möglichst konkrete, positiv formulierte Ziele nötig.
Aufforderungen wie „Hör auf, dich abzulenken!", „Trödel nicht so!" oder ein allgemeines „Konzentrier dich doch!" führen weder zu einer Veränderungsmotivation des Kindes noch sind sie in konkretes Verhalten umsetzbar.
Wenn wir etwas verändern wollen, hilft es uns nicht so sehr zu wissen, was wir nicht tun sollen, sondern vielmehr, was wir stattdessen tun können.

4.1.1 Vom Problem zur Fähigkeit

Es geht also darum, Probleme in Fähigkeiten zu verwandeln, wie es Ben Furman, der finnische Psychiater und Psychotherapeut so treffend nennt.[116] Furman hat auch ein beeindruckendes Bild für diese veränderte Sicht gefunden: Zu Anfang leidet der Mensch unter der Last des großen, schweren Problem-Balls, den er mühsam vor sich herschiebt, wie Sisyphos, der den Felsbrocken immer wieder versucht, den Berg hinaufzuwälzen. Dann jedoch sehen wir den mühelos rollenden Ball, da der Mensch sich nun oben auf dem Ball befindet, in bester Laune, da er von dort oben den Ball nun, indem er auf ihm vorwärtsläuft, mit Leichtigkeit bewegen kann.[117]

Eine gut geeignete Methode, um den Begriff „Konzentration" durch positive Kriterien näher zu bestimmen, ist die Erstellung einer Tabelle, in der die bisherigen

ungünstigen Erfahrungen erst einmal aufgelistet werden, um dann in erster Annäherung an das Thema zu jedem Punkt eine Gegenformulierung, eine positive Veränderung des bisherigen Verhaltens zu finden. Bei der Auflistung der Verhaltensweisen ist es hier günstig, auf die „man"-Formulierung zurückzugreifen, auch wenn in anderen Situationen der „Ich-Botschaft" natürlich immer der Vorrang gegeben wird. Doch in diesem Zusammenhang verhindern wir so ein „Blame-storming". Die als wenig hilfreich erkannten Verhaltensweisen werden nicht dem einzelnen Kind zugeschrieben, sondern ganz allgemein formuliert.
Ein Beispiel für solch eine Tabelle, erstellt von Moritz, 12 Jahre alt:

Vom Problem zur Fähigkeit

Konzentration

Negativ	Positiv
– *Man passt nicht auf.*	– *Man passt auf.*
– *Man kriegt nicht mit, was man machen muss, muss andere fragen.*	– *Man hört zu, was man machen muss.*
– *Man denkt an die Vergangenheit, z. B. den Film von gestern.*	– *Man denkt an die Ziele.* – *Man kontrolliert sich.* – *Man ist leise, man ist LLO leise-langsam-ordentlich.*
– *Man vergisst seine Ziele extra, man ist genervt, will seine Ruhe haben.* – *Man kriegt einen komischen Blick.*	– *Lehrer können wie Fußballtrainer sein, einem helfen, sich zu konzentrieren, einen ansprechen, bei der Arbeit unterstützen.*
– *Die anderen Kinder nerven, lenken einen ab.*	– *Auch andere Kinder können einem Tipps geben und mit Energie aufpumpen.*

Es ist erstaunlich, wie genau Moritz wahrnimmt und benennen kann, was in ihm vorgeht, denn er nimmt nicht nur die von außen beobachtbare Situation wahr („Man muss andere fragen!"), sondern auch das innere Geschehen. So hängt Moritz in Gedanken dem gestrigen Film nach, träumt vor sich hin. Es ist auch ein etwas trotziger, oppositioneller Anteil vorhanden: Die Ziele werden absichtlich vergessen, weil Moritz „genervt ist". Sogar der oft zu beobachtende abwesende Blick, bei dem die Kinder durch die anderen „hindurchschauen", wird beschrieben („komischer Blick").

Die Stärke der Kinder, eigene Lösungen zu finden, da sie bereits über die notwendigen Fähigkeiten und Ressourcen verfügen, wird an diesem Beispiel besonders sichtbar. So entwickelt Moritz z. B. schon eigene griffige Slogans, wie das „LLO", leise-langsam-ordentlich, das schon mehrere Kriterien für Konzentration enthält: Ruhiges, genaues Arbeiten, das sich Zeit lässt. Spannend ist auch, dass Moritz einen externen Helfer ins Spiel bringt. Der Lehrer kann durch besondere Ansprache die Konzentration unterstützen. Sogar die anderen Kinder, die zunächst als „nervig" empfunden werden, bekommen dann die Rolle eines Coachs und wichtigen Impulsgebers. Das ist Lösungsorientierung in Reinkultur!
Bei der Erstellung dieser Tabelle spielte bei Moritz eine große Rolle, dass er selbst in dem Moment nicht mit ungünstigem Verhalten im Fokus stand, sondern vielmehr seine Kompetenzen bei der Suche nach Lösungen gefragt waren. Moritz war zum Experten geworden für das Problem und seine Lösung.

4.1.2 Rollenspiel Lehrer – Schüler

Eine schöne und weniger textlastige Methode zum Herausarbeiten der Kriterien für Konzentration ist das Rollenspiel.
Als Setting dient eine Unterrichtsstunde in der Schule, das Kind schlüpft in die Rolle des Lehrers oder der Lehrerin, wir spielen den Schüler oder die Schülerin. Die Kinder schlüpfen mit großer Freude in diese Rolle, sie haben zumeist ja auch viel Erfahrung, wie LehrerInnen sich verhalten und was sie äußern.
Jedoch sollten Sie, wenn Sie in die Rolle des Kindes schlüpfen, einen richtig guten Tag haben, denn es ist nicht ohne, was Sie da alles wegstecken müssen! Dennoch ist dieses Spiel auch eine gute Selbsterfahrungsübung. Wir Erwachsenen können danach sehr viel besser nachvollziehen, mit welchen Gefühlen ein Kind in der schulischen Situation oft zu kämpfen hat: Ärger, Frustration, Scham, Trotz.

Ihre Aufgabe in der Rolle des Schülers ist es, möglichst unaufmerksam zu sein. Sie können unentwegt etwas auf das Papier kritzeln, aus dem Fenster schauen, die Fliege an der Wand hypnotisieren, mit dem imaginären Nachbarn reden. Alles ist erlaubt, nur nicht das Aufpassen.
Das Kind in der Rolle des Lehrers versucht dann, auf Ihr Verhalten Einfluss zu nehmen. „Pass endlich auf!", „Konzentrier dich doch!" sind oft die vagen und wenig hilfreichen ersten Äußerungen. In der nächsten Stufe kommt dann der Ärger durch: „Wie oft habe ich dir schon gesagt ...!", „Wenn du nicht sofort ... dann ...!".
Spannend wird es dann, wenn der „Lehrer" keine Resonanz findet. Eskaliert die Situation? Lenkt er ein und sucht nach einem Kompromiss oder macht er konstruktive Vorschläge?
Das Kind in der Rolle des Lehrers macht hier oft die Erfahrung, wie belastend es für den Lehrer sein kann, ständig erfolglos zu ermahnen.
Wenn das Kind in der Rolle des Lehrers dann Lösungsvorschläge, womöglich gemeinsam mit Ihnen, in der Rolle des Kindes, entwickelt, ist viel erreicht. „Was kön-

nen wir tun, damit du es schaffst, die Aufgabe zu erledigen? Brauchst du Hilfe oder willst du in den Ruheraum nebenan gehen?“ sind Ansätze zur Veränderung, die auch im realen Leben dann Wirkung zeigen können.
Denkbar ist auch, nach solch einem Rollenspiel mithilfe einer Plus-Minus-Tabelle das Geschehene aufzuarbeiten und gemeinsam weitere Ideen zur Lösung zu entwickeln.

4.1.3 Das Zauberladenspiel (nach Dieter Krowatschek): *„Ich hätte gern ein großes Stück Geduld!“*

Das Zauberladenspiel ist eine wunderbare Spielidee, die immer viel Freude und Begeisterung auslöst.
Ursprünglich wurde es als „Zauberladen“-Experiment von Dieter Krowatschek zur Förderung der Selbstakzeptanz entwickelt.[118] Es lässt sich jedoch, etwas modifiziert, auch in der Arbeit mit „ADS“-Kindern nutzen.

Der „Zauberladen“ ist ein imaginäres Geschäft, in dem wirklich alles zu kaufen ist, auch immaterielle Dinge wie Fähigkeiten und besondere Talente. All diese wunderbaren Dinge können dann erworben werden, indem eigene Fähigkeiten und besondere Fertigkeiten zum Tausch angeboten werden. Natürlich verliert der Kunde dadurch seine eigene Fähigkeit nicht, denn bestimmte Reichtümer werden ja bekanntlich größer, wenn man sie teilt.
Es findet dann zwischen dem Verkäufer (gespielt von der Therapeutin) und dem Kunden (gespielt vom Kind) ein Verkaufsgespräch statt, in dem der Verkäufer möglichst viel an Gegenleistung für seine Ware erzielen will. Der Kunde muss also möglichst viele eigene Fähigkeiten in die Waagschale werfen, damit der Verkäufer bereit ist, die Fähigkeit, die er auf Lager hat, an den Kunden weiterzugeben.
Zum einen kann der Kunde Einzelfähigkeiten benennen, die ihm im Zusammenhang mit seinem Ziel der Aufmerksamkeit und Konzentration wichtig erscheinen: Was braucht er am dringlichsten? Ist es Ausdauer, damit er nicht so schnell aufgeben muss? Ist es innere Ruhe, damit er nicht mehr so unruhig auf dem Stuhl hin und her rutschen muss? Oder Geduld, damit er die Dinge gelassen und mit Zeit angehen kann?
Oder braucht er mehr Gegenständlicheres? Braucht er eine Lupe, damit er genauer hinschaut? Einen bequemeren Stuhl, um leichter ruhig sitzen zu können? Einen Zauberstift, der alle Fehler ausradiert? Alles ist möglich!
Beim Tausch erlebt das Kind in der Rolle des Kunden, über wie viele Fähigkeiten es bereits verfügt, was es alles kann und auch schon gelernt hat. So bekommen diese Dinge Gewicht und Bedeutung und sie lassen die Erkenntnis reifen, dass bei so vielen Lernerfolgen auch weitere möglich sind.

Ein Beispiel für ein Verkaufsgespräch im Zauberladen:

Verkäuferin: Guten Tag, was kann ich für Sie tun?

Kunde: Ach, ich glaube, ich brauche alles, was Sie haben. Besonders die Konzentration! Und schnell muss es gehen!

Verkäuferin: „Konzentration" ist ja der Name meines Ladens. Alles, was ich hier verkaufe, gehört ja zur Konzentration. Was genau brauchen Sie denn?

Kunde: Also ich brauche besonders viel Geduld, das aber schnell! Am besten das größte Stück, das Sie haben!

Verkäuferin (sucht im Regal, schaut im Lager nach):Oh, das tut mir leid. Geduld ist gerade aus, komplett ausverkauft, so viele Leute wollten sie haben. Das wird eine Weile dauern, bis ich sie wieder im Angebot habe. Kann ich Ihnen zunächst etwas anderes anbieten?

Kunde: Das gibt es doch gar nicht! Ich könnte platzen! Ich brauch es unbedingt! Sofort!

Verkäuferin: Oh, das tut Ihnen ja gar nicht gut, sich so aufzuregen. Atmen Sie erst einmal tief durch.

Kunde (atmet tief durch): Puh, das tut gut. Haben Sie vielleicht mehr davon? So eine Kiste Entspannung wäre nicht schlecht gegen den Stress.

Verkäuferin: Ja, das habe ich da! Eine Kiste Entspannung, mit Übungen zum tiefen Ein- und Ausatmen, zur Muskelentspannung und Musik zur Entspannung.

Kunde: Perfekt. Das nehme ich!

Verkäuferin: Was könnten Sie mir denn dafür geben?

Kunde: Na ja, ich kann gut rechnen, eine Packung Rechnen könnte ich Ihnen anbieten.

Verkäuferin: Das ist ein Anfang, schön! Aber ich brauch noch mehr. Was können Sie denn noch?

Kunde: Ich kann gut Mountainbike fahren!

Verkäuferin: Gut! Was Sportliches ist immer nützlich. Aber etwas mehr brauch ich schon noch für diese große Kiste Entspannung.

Kunde: Viel mehr kann ich aber nicht.

Verkäuferin: Da ist bestimmt noch mehr, ich bin sicher!

Kunde: Also, wenn ich so überlege: Ich spiele Gitarre.

Verkäuferin: Perfekt. Das Geschäft ist gemacht!

Die Verkäuferin nimmt die Fähigkeiten entgegen und überreicht das imaginäre Paket Entspannung. Der Kunde atmet tief durch.

Bei jüngeren Kindern ist natürlich auch möglich, sehr viel konkretere Dinge zu erwerben: Genaues Lesen der Aufgaben, überhaupt besseres Lesen, Mut, Spaß am Lernen, auch bessere Noten ... Die Liste der Möglichkeiten ist lang.

4.2 Definition von Zielen, Teilzielen und ihre sprachliche Formulierung

4.2.1 Nähere Bestimmung und Auswahl der Ziele: Situationsbezogenheit und Hierarchisierung

Wenn also durch Elemente wie die Tabelle, das Rollenspiel oder den Zauberladen eine erste Konkretisierung des Ziels „Konzentration" stattgefunden hat, können nun genauere Ziele mit dem Kind formuliert werden.

Wichtig ist zum einen, dass diese Konkretisierungen positiv formuliert sind (Wenn Sie sich an die paradoxe Wirkung der Aufforderung erinnern: „Denk nicht an den rosa Elefanten!").

Zum anderen sollten die formulierten Teilziele auch situationsbezogen sein, denn die Anforderungen an die Konzentration in einer Hausaufgabensituation können andere sein als die in der Unterrichtssituation in der Schule.

Wenn es also um das Thema „Konzentration" geht, ist es in jedem Fall günstig, einzelne Bereiche, also Situationen und Settings herauszufiltern, die konkret verändert werden sollen. Denn einzelne Verhaltensweisen sind ja an Situationen gebunden. Ist es das Bedürfnis des Kindes (und oft der Eltern), zunächst die Hausaufgabensituation zu verbessern? Oder steht der schulische Bereich im Vordergrund? Geht es um die noch fehlende Aufmerksamkeit während des Unterrichts oder die motorische Unruhe, die besonders von Seiten der Lehrer benannt wird? Oder ist es die noch mangelnde Konzentration während der Klassenarbeit, die z. B. zu flüchtigem Lesen der Aufgaben und damit zu unzureichenden Lösungen führt?

Wir können zu Anfang alle Veränderungsziele sammeln und dann gemeinsam mit dem Kind oder dem Jugendlichen und den anderen Beteiligten hierarchisieren. Welche Situation ist aktuell am stärksten belastend? Wo ist der Veränderungswunsch am dringlichsten? Es ist hier möglich, eine Skalierung vorzunehmen, es kann z. B. für jeden Bereich festgestellt werden, in welchem Bereich auf einer Skala von 0 bis 10 die Belastung aktuell liegt, um so zu einer Reihenfolge zu kommen. Bei kleineren Kindern ist es möglich, einen großen Kreis aufzuzeichnen, in den die Kinder dann unterschiedlich große Tortenstücke einzeichnen können, je nachdem, wie groß die Belastung durch den jeweiligen Teilbereich ist.

Erfolgversprechend ist es zumeist, mit dem Teilziel zu beginnen, das dem Kind besonders am Herzen liegt, denn dann ist auch die Veränderungsmotivation am höchsten. Geht es dem Kind z. B. um die Hausaufgabensituation, so kann dann mit dem Lehrer und den Eltern das Vorgehen gemeinsam besprochen werden und auf diesem Weg eine Kooperation erreicht werden. Der Lehrer ist dann oft bereit, seine Ziele, z. B. das der Verringerung der motorischen Unruhe, zeitlich noch etwas zurückzustellen oder aber erst einmal ein oder zwei kleinere Veränderungen mit dem Kind abzusprechen, das Thema wird jedoch noch nicht ins Zentrum gerückt. Denn die Veränderungen müssen für das Kind ja auch leistbar und das Ziel erreichbar sein.

4.2.2 Strategien für zielführende, lösungsorientierte Gespräche

Bei der Diskussion mit dem Kind oder Jugendlichen – aber auch mit anderen Beteiligten wie Eltern und LehrerInnen – über hilfreiche Teilziele und ihre weitere Konkretisierung kann es von Nutzen sein, ein paar übergeordnete Strategien für zielführende, lösungsorientierte Gespräche im Blick zu behalten.
Hier kommen wieder die drei zentralen Anliegen der SchADSkiste zum Tragen: **Wertschätzung, Macht der Bilder und Geltenlassen.**

Bevor es um die Veränderung geht, können wir die Ressourcen aller, die des Kindes oder Jugendlichen sowie die der Eltern und LehrerInnen, benennen und sie wertschätzen. Wir können die „Macht der Bilder“ aktivieren, indem wir z. B. an die Imagination des Kindes zum „Erfolgsmoment“ anknüpfen oder aber auch mit Eltern oder LehrerInnen in ein Gespräch über ihre „Sternstunde“ kommen. Es sollte auch immer die schwierige Situation unseres Gegenübers gewürdigt werden. Die erwähnte „unterstellte positive Absicht“ beim Handeln kann so einen wohlwollenden Blick ermöglichen. Es geht also auch hier wieder um das „Geltenlassen“ der Perspektive des anderen und des bisherigen Verhaltens.

Auf dieser Basis ist es dann möglich, Veränderungsziele zu formulieren. Ganz zentral ist hier der Aspekt der Machbarkeit. Einerseits ist es natürlich wichtig, gerade den Kindern und Jugendlichen zu vermitteln, dass Veränderungen machbar sind.

Doch gerade die begeisterungsfähigen und schnell agierenden Kinder nehmen sich gern anfänglich zu viel auf einmal vor. Sie formulieren ihre Teilziele zu umfassend und nehmen sich zu viel in zu kurzer Zeit vor. Das kann schnell zu Überforderung und Enttäuschung führen. Hier ist es unsere ganz wichtige Aufgabe als (Lern-)Therapeutin, darauf zu achten, dass die formulierten Teilziele wirklich auch schaffbar sind, und das in einem für das Kind überschaubaren Zeitraum. Es geht also darum, kleinste, realistische nächste Schritte abzusprechen, deren Realisierung dann z. B. in der nächsten Therapiestunde besprochen werden kann. So bekommt das Kind schnell positive Rückmeldungen.

Wir Erwachsene, sei es als TherapeutInnen, Eltern oder LehrerInnen, werden so zum äußeren Helfer, zum Trainer und „Coach", wie es Moritz zuvor formulierte. Wir können dem Kind Orientierung und Anleitung bieten, erreichbare, konkrete Ziele zu finden, sodass Erfolge schnell sichtbar werden können.
Werden gesteckte Ziele erreicht, wird die so bedeutsame Selbstwirksamkeit von allen Beteiligten erlebt. Dies führt zu Zuversicht, was weitere Ziele angeht, zu Handlungsfähigkeit und Zufriedenheit.
Bei unseren Gesprächen mit den Kindern, Jugendlichen, den Eltern und LehrerInnen ist es deshalb so bedeutsam herauszufinden, wo jemand Einfluss auf das Geschehen hat. Und ganz wichtig: Was ist er bereit, selbst zu tun? Oft berichten dann die Eltern und LehrerInnen von ihren Enttäuschungen, die sie durch das Verhalten des Kindes erlebt haben, sie äußern ihre Gefühle von Frustration und Ärger, die sie nicht länger bereit sein lassen, sich noch weiter zu engagieren. An so einem Punkt ist es wieder sehr hilfreich, lösungsorientiert zu kommunizieren: „Angenommen, das Kind hätte sich bereits etwas verändert, was würden Sie dann anders machen?" Diese neue Perspektive, eine Veränderung zu antizipieren, kann wieder zu mehr Offenheit führen. Dann wäre der nächste Schritt: „Was davon könnten Sie sich vorstellen, schon jetzt zu tun?" Diese „Vorschuss- Lorbeeren", eine erneute Zuwendung und positive Begleitung können dann wiederum beim Kind eine positive Veränderung im Verhalten auslösen. So kann der Teufelskreis, in dem sich alle oft befinden, wieder einmal aufgelöst werden.
Wenn wir als TherapeutInnen so auch Eltern und LehrerInnen in den Veränderungsprozess einbeziehen können, ist auch von dieser Seite Wohlwollen und eine konstruktive Begleitung gesichert.
Generell gilt, gerade auch für die beteiligten Erwachsenen: Nicht zuviel erwarten! Denn das, was das Kind anbietet und bereit ist zu ändern, das ist die zurzeit bestmögliche Kooperation.

4.2.3 SMARTE Ziele am Beispiel „Hausaufgaben"

Für uns Erwachsene können bei der Formulierung von Zielen und Teilzielen **die SMART-Regeln für Ziele** eine gedankliche Stütze sein:
Ziele sollten demnach

S: spezifisch
M: messbar
A: attraktiv/akzeptiert
R: realistisch und
T: terminiert sein

S: spezifisch: Dies bedeutet, dass das Ziel konkret, eindeutig und so präzise wie möglich formuliert sein sollte.
M: messbar: Wichtig ist hier eine Zeitangabe oder ein anderes messbares Kriterium.
A: attraktiv/akzeptiert: Die Veränderung muss gewollt sein, das Ziel muss ansprechend und erstrebenswert sein.
R: realistisch: Wichtig sind realistische, also mögliche und erreichbare Ziele. Schaffbare Ziele sind leichter akzeptiert und motivieren auch stärker.
T: terminiert: Es sollte die Nennung einer Zeitangabe erfolgen, die Festlegung eines fixen Zeitpunkts für das Ziel.[119]

Geht es z. B. um die Erledigung der Hausaufgaben, so wird als wichtigster von mehreren Aspekten oft von allen Beteiligten genannt, dass das Kind oder der Jugendliche stundenlang an den Hausaufgaben sitzt, die Ergebnisse jedoch trotzdem – oder deshalb – nicht überzeugend sind.
Andere Teilaspekte bei den Hausaufgaben können zu viele Rechtschreibfehler bei schriftlichen Aufgaben, unleserliche Handschrift etc. sein. Diese weiteren Aspekte würden erst später in den Fokus rücken.
Hier wäre der Zeitaspekt, die überlange Dauer der Hausaufgaben zunächst das einzige Thema, auf das das Kind sich dann konzentrieren kann. Zu viele Aspekte gleichzeitig zu berücksichtigen könnte schnell überfordernd wirken.

So ist also denkbar, dass mit dem Kind oder Jugendlichen folgende Situation als erstes zu bearbeitendes Teilziel identifiziert ist: Das Kind oder der Jugendliche verbringt sehr viel Zeit mit den Hausaufgaben. Viele Stunden täglich bleiben ohne Ergebnis und die Situation ist schon sehr angespannt. Dann wäre es nicht nützlich, als Ziel zu formulieren: „Nicht mehr bei den Hausaufgaben trödeln." Auch eine vage positive Formulierung wie „Schneller die Hausaufgaben erledigen" würde vermutlich nicht viel bewirken können.
Ein ganz wichtiger Schritt ist nun vielmehr, die Situation möglichst detailliert zu erfassen, also das Kind und auch die Eltern erzählen lassen, wie so ein Nachmittag abläuft. Was passiert genau? Was geschah zuvor? Wie endet die Situation im Allgemeinen?
Es kann sehr viele unterschiedliche Ursachen für die schwierige Situation geben, deshalb ist die Erfassung der konkreten Situation so wichtig. Eine Möglichkeit wäre z. B., dass die langen Hausaufgabenzeiten nur entstehen, wenn Mathe-Aufgaben zu lösen sind. Die Mathe-Aufgaben sind zu schwierig für das Kind, es brütet stundenlang über einer Aufgabe. Dann ist es natürlich hilfreich zu schauen, woran das liegt.

Bestehen grundlegende Probleme im mathematischen Verständnis, so müsste dort angesetzt werden. Geht es um einzelne Teilbereiche, wie z. B. Textaufgaben, so kann an dem besseren Verständnis und größerer Anschaulichkeit gearbeitet werden etc.

Hier wird jedoch nun auf ein typisches Verhalten eingegangen, das besonders bei Kindern mit Konzentrationsproblemen auftritt, denn oft stellt sich heraus, dass die Hausaufgaben deshalb so lang dauern, weil es den Kindern und Jugendlichen noch schwerfällt, zügig und ohne zu zögern mit den Aufgaben zu beginnen. So erzählen die Kinder und Jugendlichen oft: „Ich trödele zu Anfang, gehe nicht gleich in mein Zimmer, suche lange nach Unterlagen, lasse mich ablenken, schaue auf mein Handy" etc. Aus diesen genauen Beobachtungen lassen sich dann erste Veränderungsschritte ableiten.

Das konkrete Ziel könnte dann lauten: „Ich fange sofort mit den Hausaufgaben an und erledige sie."

Ein konkreteres, präziseres Teilziel könnte dann sein: „Ich gehe zu einer festgelegten Zeit an den Schreibtisch in meinem Zimmer und arbeite mindestens 15 Minuten."

Dann geht es darum, günstige Bedingungen für den Erfolg zu bestimmen. Welcher Zeitpunkt für den Beginn ist günstig? Kann dieser Zeitpunkt an jedem Tag eingehalten werden? Braucht das Kind oder der Jugendliche nach der Schule erst noch etwas Erholung? Ist es denkbar, für diese Zeit der Hausaufgaben das Telefon oder die Klingel an der Haustür auszuschalten? Ist das Kind bereit, das Handy für diesen Zeitraum in ein anderes Zimmer zu legen? Wie können die Unterlagen vorsortiert werden? Ist es denkbar, den Schreibtisch zuvor von unnötigen und ablenkenden Dingen freizuräumen? Kann das Kind sich einen Wecker auf den Tisch stellen, um die vereinbarten Zeiten besser einhalten zu können?
Als Ergebnis dieser Überlegungen könnte das Teilziel dann heißen:
„Ich gehe montags und mittwochs um 15 Uhr sowie dienstags um 16 Uhr an meinen Schreibtisch, lege mein Handy für diese Zeit in ein anderes Zimmer, bleibe an meinem Schreibtisch sitzen und arbeite an meinen Hausaufgaben. Ich beschäftige mich mindestens 15 Minuten mit nichts anderem."

Diese Formulierung ist zwar sehr detailliert, doch enthält sie alle für den Erfolg notwendigen Bedingungen. Das Ziel ist spezifisch, messbar, realistisch, terminiert und durch die vorbereitende Arbeit dann auch vom Kind akzeptiert.
Zu Anfang ist es sehr wichtig, so detailliert die Bedingungsfaktoren für einen Erfolg zu analysieren. Die Kinder und Jugendlichen entwickeln so ein Gespür und eine Aufmerksamkeit für all die Faktoren, die bei einem Gelingen wirken und sie werden sich auch schneller bewusst, wodurch Schwierigkeiten entstehen können.
Die Kinder und Jugendlichen sind gern ihr eigener „Detektiv", der danach Ausschau hält, was zum Gelingen beitragen kann. Bei Jugendlichen ist es oft sehr wirksam, darüber zu sprechen, dass in der Wirtschaft, im Management oft viel Zeit für solch

eine Art von Projektmanagement verwendet wird, um den maximalen Erfolg zu erzielen.

Ist es zunächst noch zu schwierig, die einzelnen Bedingungsfaktoren zu identifizieren, so kann es helfen, den Kindern zunächst „nur“ eine Beobachtungsaufgabe zu stellen. Sie können sich dann z. B. eine Woche lang selbst beobachten, mit dem ausdrücklichen Auftrag, noch nichts zu verändern. Die Kinder können dann z. B. die Zeit messen, die es braucht, wenn sie „kurz“ zwischendurch auf das Handy schauen, wie lange sie nach ihren Unterlagen suchen etc. Oft bewirkt schon so eine Aufgabe bereits Veränderungen im Verhalten.

Ist das erste und zu dem Zeitpunkt wichtigste Teilziel des „zügigen Beginns“ geschafft, kann dann zum nächsten Ziel übergegangen werden. Dauern die Hausaufgaben immer noch sehr lang, können wir dann schauen, ob Pausen einzuplanen sind, denn die erhöhen ja bekanntlich die Leistung. Vielleicht ist es auch nützlich, vorab einen Plan zu machen, Schriftliches und Mündliches abzuwechseln etc. Entscheidend ist es, die einzelnen Ziele so konkret und schaffbar zu formulieren, dass schnell ein Etappensieg, ein Erfolg sichtbar wird.

5. Etappe: Zielvereinbarungen: Aufstellung von Regeln für Zielerreichungen

„Was ist denn dein nächstes Ziel in der Schule?“ – „Freitag!“

Die Kinder und Jugendlichen sind oft sehr enthusiastisch, wenn es darum geht, Ziele zu finden und sich ihren Erfolg auszumalen. Diese Vorstellungen sind, wie die „Macht der Bilder“ ja zeigte, auch enorm wichtig für die Motivation.
Doch gerade, wenn es auch um langfristige Ziele geht, die nicht in einer Woche erreichbar sind, ist es zum einen von Bedeutung, das große Ziel, wie beschrieben, in Einzelziele und in Etappen zu gliedern. Denn dann sind die Ziele realistisch umsetzbar und auch aktiv beeinflussbar.
Doch es braucht zum anderen auch die Bereitschaft, über diesen längeren Zeitraum Engagement zu zeigen. Gerade bei diesen im Denken und Handeln so schnellen Kindern und Jugendlichen geraten die Ziele und Absprachen durch neue Ereignisse und Erlebnisse schnell wieder in den Hintergrund und dann in Vergessenheit.
Gemeinsam definierte Ziele und daraus abgeleitete Verhaltensweisen, die nicht nur mündlich vereinbart wurden, sondern schriftlich als Regel festgelegt werden, haben da eine viel höhere Verbindlichkeit und werden durch ihren visuellen Charakter auch viel besser erinnert.

Um die Motivation für Veränderungen auch bei nicht so attraktiven Themen, wie z. B. Hausaufgaben, zu erhöhen, kann der Einsatz von Verstärkerplänen sehr wirkungsvoll sein. Positive Verstärkung, z. B. durch Belohnungen, immaterieller oder materieller Art, bei Erreichung bestimmter Ziele oder der Einhaltung der Regeln können, gerade auch bei „Durststrecken“ in längerfristigen Veränderungsprozessen, ein großer Antrieb sein.
Wir als TherapeutInnen, die Eltern und auch die LehrerInnen können die „Vertragspartner“ sein. Die Erwachsenen wirken dann als Coach, als Trainer, die in Kooperation mit dem Kind die Regeln vereinbaren, schriftlich festhalten und dann auch auf die Einhaltung achten.

Das Anliegen der SCHADSkiste ist es, die Methoden und Ansätze zu thematisieren, die tatsächlich mit dem Kind gemeinsam umgesetzt werden können, in denen die Sicht und die Einschätzung des Kindes einen großen Stellenwert haben. Deshalb werden hier Programme, die spezifisch auf LehrerInnen und deren Blick auf das komplexe Unterrichtsgeschehen ausgerichtet sind, nur kurz skizziert. Sie können dann bei Bedarf, also bei der Zusammenarbeit mit LehrerInnen oder deren Beratung zum Einsatz kommen.

Geht es um die Arbeit mit LehrerInnen, so bietet Gerhard Lauths und Kerstin Neumanns „ADHS in der Schule“[120] gut strukturierte Materialien, mit deren Hilfe LehrerInnen zunächst einmal die als problematisch erlebten Verhaltensweisen in einem

sogenannten „Belastungsprofil", einer „Fieberkurve" erfassen können, sodass auf einen Blick erkennbar ist, welches Verhalten besonders stark oder häufig auftritt. Wichtig ist dann auch, festzustellen, in welcher Situation genau dieses Verhalten auftritt, z. B. im Unterrichtsgespräch oder in Stillarbeitsphasen?[121]
Ein ABC-Bogen hilft bei der Erfassung der Situation: A – Antezendenz: Was geht dem Problemverhalten unmittelbar voraus? B – Behaviour/Verhalten: Wie genau sieht das Problemverhalten aus? Und C – Consequences: Was folgt auf das Problemverhalten? Aus der genauen Beschreibung ergeben sich dann schon oft Einflussfaktoren und damit auch Veränderungsvariablen. So wird auch der Blick auf die „Ausnahmen" gelenkt: Wie war die Situation gestaltet, wie lief die Kommunikation ab, wenn bei der gleichen Situation das problematische Verhalten nicht auftrat?[122]
Das gewünschte Ziel lässt sich dann aus dem problematischen Verhalten herleiten. Hier bieten Lauth und Neumann noch einmal gute Strukturierungshilfen: Frequenz, Intensität und erwünschtes Verhalten.
Unterscheidet sich das Zielverhalten vom problematischen Verhalten durch die Frequenz? Ist also z. B. das Ziel, dass das Kind statt bisher viermal nur noch einmal pro Stunde aufsteht?
Geht es um die Intensität? Ist das Ziel, dass das Kind nicht mehr laut bei Stillarbeitsaufgaben mitliest, sondern leise oder nur in Gedanken?
Soll das Verhalten durch ein anderes ersetzt werden? Statt in die Klasse zu rufen ist das Ziel für das Kind dann, sich zu melden, bevor es im Unterricht etwas sagt.[123]
Grundsätzlich gilt auch hier, dass nur wenige Regeln vereinbart werden, damit es für das Kind übersichtlich bleibt. Natürlich sollten auch hier die Regeln positiv und eindeutig formuliert werden.
Der Ansatz der Berücksichtigung der spezifischen Situation und auch der Art der gewünschten Veränderung kann natürlich auch für uns als TherapeutInnen bei der gedanklichen Strukturierung des Geschehens hilfreich sein.

5.1 Wenn-Dann-Pläne zur Selbstregulation

Eine gute Methode, um gemeinsam mit dem Kind oder Jugendlichen Ziele zu formulieren und zu vereinbaren, stellen die Wenn-Dann-Pläne dar, die Gawrilow, Guderjahn und Gold entwickelt haben.[124]

Ihren Überlegungen liegen Annahmen aus der Motivationspsychologie zugrunde: Kinder und Jugendliche haben oft durchaus ein Ziel, sie wollen sich besser konzentrieren lernen oder schon konkreter, sie möchten sich im Unterricht z. B. nicht mehr von ihrem Mitschüler ablenken lassen. Doch sie verhalten sich oft anders. Diese Diskrepanz zwischen ihrem „Wollen" und dem „Tun", die für uns Menschen ganz typisch ist, wird auch „Intention-Behaviour-Gap" genannt, also die Kluft oder Lücke zwischen Absicht und Verhalten.
Das Planen des eigenen Verhaltens kann jedoch ein gutes Mittel sein, um diese Kluft zu überwinden. Statt eines allgemeinen Ziels entwickelt der Wenn-Dann-

Plan einen situationsbezogenen Handlungsplan. Also kann das Kind immer, wenn eine bestimmte Situation eintritt, vorab geplante Handlungen ausführen, die es dann zum Ziel führen.[125]

Das – bereits konkret formulierte – Ziel kann also lauten: „Ich lasse mich im Unterricht nicht mehr von meinem Sitznachbarn oder Lärm ablenken, ich konzentriere mich auf meine Aufgabe. Ich ignoriere meinen Nachbarn, auch wenn ich angesprochen werde. Ich arbeite weiter, auch wenn es laut ist."
Auf dieser Basis können mehrere unterschiedliche Handlungspläne entworfen werden.
Ein Wenn-Dann-Plan kann sein: „ Immer wenn mich mein Nachbar ablenkt oder ärgert, sage ich ihm „Hör auf damit. Lass mich arbeiten".
Eine zweite Möglichkeit ist: „Immer wenn ich meinem Nachbarn etwas erzählen will, schreibe ich das auf einen Zettel und erzähle es ihm nach der Stunde".
Eine dritte Variante kann sein: „Immer wenn ich mich durch den Lärm in der Klasse gestört fühle, atme ich tief ein und aus und denke kurz an meinen Ort der Ruhe."

Die Kinder trainieren so nicht nur, ihr Verhalten selbst zu regulieren, indem sie die „zielführende Handlungen" planen und ausführen, sie erlernen auch wichtige Kompetenzen der Selbstkontrolle, wie z. B. die Fähigkeit des Belohnungsaufschubs.[126]
Bestimmte Situationen werden so mit bestimmten Verhaltensweisen verknüpft. Tritt die Situation ein, löst sie die geplante Verhaltensweise aus. Dies hat den Vorteil, dass die Situation das Kind nicht immer wieder in die alten Mechanismen fallen lässt und über das veränderte Verhalten auch nicht neu entschieden werden muss, sondern, wie vorab geplant, nur noch umgesetzt wird.

Zu jedem Ziel werden jeweils drei Wenn-Dann-Pläne erstellt, sodass je nach konkreter Ausgestaltung oder Situation verschiedene Hebel angesetzt werden können. Hat das Kind oder der Jugendliche z. B. als Ziel formuliert, morgens rechtzeitig in der Schule anzukommen, so kann es verschiedene Ansatzpunkte für ein verändertes Verhalten geben:

- Das Kind kann sich in der Situation des abendlichen Zubettgehens den Wecker früher stellen.
- Es kann morgens auf dem Schulweg konzentriert und zügig laufen, ohne anzuhalten.
- Es kann den Tornister rechtzeitig packen, sodass morgens kein Stress entsteht.

Ein Punkt des Wenn-Dann-Plans könnte dann z. B. lauten:
„Was kann ich tun? Tornister rechtzeitig packen. In welcher Situation: Abends, vor dem vor dem Schlafengehen."[127]

Auch bei diesem Vorgehen ist natürlich wichtig, wie schon zuvor betont, zunächst Ziele zu sammeln, sie dann mit dem Kind gemeinsam nach Wichtigkeit zu sortieren und dem Kind dann ausreichend Zeit zu geben, selbst Lösungsmöglichkeiten zu finden. Entscheidend ist hier dann der Schritt, Situationen zu benennen, in denen das geplante veränderte Verhalten dann zum Einsatz kommt.[128] Es werden also „Auslösesituationen“ bestimmt, an die das neue Verhalten geknüpft wird.[129] Wichtig ist, dass es dabei keinen Interpretationsspielraum gibt, die Situation und die dann folgende Handlung muss deshalb präzise formuliert sein. Die Formulierung solch eines Plans braucht also Zeit, doch diese ist sinnvoll investiert. Durch die genaue Formulierung und dann auch die Verschriftlichung auf Arbeitsblättern, die als sehr übersichtliche Vordrucke schon in Gawrilows Buch zur Verfügung stehen, wird der Handlungsplan schon im Gedächtnis verankert und verfestigt und erhöht so die Wirksamkeit.

5.1.1 Fallbeispiel Ben

Ben, der 10-jährige Junge, der darunter litt, dass es in der Schule oft zu Wutausbrüchen oder gar körperlichen Auseinandersetzungen kam, da er seine Emotionen noch nicht kontrollieren konnte, hatte ja schon für sich die Eule entdeckt, die das wütende Gockelhähnchen zähmen konnte.
Später schmiedeten wir einen Wenn-Dann-Plan, damit er noch weitere Werkzeuge zur Verfügung hatte, um sich besser zu steuern. Sein Ziel war es zunächst, „keinen Streit mehr zu haben“, also in der Schule Konflikte nicht mehr eskalieren zu lassen. Positiv formuliert lautete sein Ziel dann: „Ich möchte es schaffen, bei Streit ruhig zu bleiben.“
Im nächsten Schritt überlegte er, was er genau tun könnte, um ruhig zu bleiben und schaute sich die Situationen genauer an, in denen es exakt darauf ankam. Er identifizierte sofort mehrere Herausforderungen:
Wenn ein bestimmtes Kind in der Klasse, Lukas, ihn, wie Ben es sah, provozierte, indem er ihn ansprach und über ihn Witze machte, wurde Ben sehr wütend.
Es gab ein anderes Kind in seiner Klasse, Finn, der ihn in der Pause unvermittelt schubste oder anrempelte, manchmal sogar nach ihm schlug.
Dazu kamen noch die Situationen, in denen Ben sich über sich selbst ärgerte, weil er sich besonders die Vokabeln einfach nicht merken konnte. Dann stiegen dieser Ärger und die Wut scheinbar unaufhaltsam in ihm hoch.
Ben entwickelte dann für jede Situation eine spezifische „Antwort“.

„Mein Ziel: Ich möchte es schaffen, bei Streit und innerem Ärger ruhig zu bleiben!“

1. Situation: Lukas' Sätze in der Klasse – Was kann ich tun? Lukas ignorieren, wenn er mich anspricht und den Super-Satz denken: „Ich weiß, was ich kann!“
2. Situation: Finn in der Pause – Was kann ich tun? Finn aus dem Weg gehen und in die Nähe anderer Kinder oder der Lehrerin gehen.
3. Situation: beim Lernen, innerlich – Was kann ich tun? An die Eule denken, die mit ihrem Flügelschlag das Gockelhühnchen zähmt und mich anlächelt.

Ben hatte also konstruktive und positive alternative Verhaltensweisen für sich gefunden, die konkret waren und „automatisch“, ohne erneute Überlegung, bei Eintreten der Situation eingesetzt werden konnten. Hätte er z. B. als Handlungsplan formuliert „Nicht von Lukas ärgern lassen“, so hätte er noch nicht genau gewusst, was genau er denn nun stattdessen tun könnte. Die Gefahr wäre groß gewesen, dann in den alten Strudel der Gefühle zu geraten, da er in der Situation nicht mehr mit „klarem Kopf“ entscheiden kann, was zu tun ist.

Bei Ben hatte diese Methode großen Erfolg und zwar in erster Linie, da er sich seinen Gefühlen nicht mehr hilflos ausgeliefert fühlte, sondern endlich etwas tun konnte, ohne dass er sich in einen wenig sinnvollen „Kampf“ um die Oberhand in dem Geschehen verstrickte. Er empfand sich nun als handelndes Subjekt und nicht länger als reaktive „Marionette“. Er musste nicht länger die Konflikte auf die Spitze treiben, um sich nicht unterlegen zu fühlen, sondern er erlebte sich als selbstwirksam, aufrecht und stark.

5.2 Verträge und Verstärkerpläne

Eine vielseitig einsetzbare Methode, um die Kinder und Jugendlichen bei der Erreichung ihrer Ziele zu unterstützen, stellen Verträge und hier besonders Verstärkerpläne oder auch Punkte-Pläne dar.

Haben die Kinder und Jugendlichen ihre Ziele formuliert, und zwar positiv, eindeutig und präzise, so ist es von großem Wert, diesen Zielen und Verhaltensregeln durch solche – schriftlichen – Verträge eine stabile Grundlage und eine Verbindlichkeit zu geben. Damit können die oft sehr diskussionsfreudigen Kinder ohne viele Worte an die Regeln und Ziele erinnert werden und zuvor formulierte Ziele werden nicht immer wieder neu infrage gestellt.
Durch einen gemeinsam erstellten Vertrag oder Plan erhalten die Absprachen eine viel größere Verbindlichkeit. Die Absprachen werden so visualisiert und entsprechend besser erinnert. Es wird eine gemeinsame Vertragsgrundlage geschaffen, die durch die Unterschrift aller Beteiligten unter diesen Vertrag noch besiegelt und so in ihrer Bedeutung hervorgehoben wird.

Natürlich entsteht schon, wenn das Kind oder der Jugendliche das formulierte Verhalten zeigt und so sein Ziel erreicht, ein Gefühl der Zufriedenheit und des Erfolgs, was den Motor darstellt, dieses Verhalten auch weiterhin zu zeigen. Dieses positive Gefühl verstärkt sich sehr, wenn andere Menschen, Eltern, LehrerInnen oder wir TherapeutInnen das Kind loben und so in seinem Verhalten bestärken. Eine positive Rückmeldung auch des kleinsten Erfolgs zeigt ja oft ungeahnte Wirkung. Die positive Resonanz, die das Kind dann erfährt, setzt neue Kräfte frei und stärkt das Selbstwertgefühl des Kindes insgesamt.

Doch es kann sein, dass, wie einer der Experten für das Thema Konzentration, Prof. Manfred Döpfner, sagt, „Lob allein nicht ausreicht".[130] In dieser Situation kann der Punkte-Plan zum Einsatz kommen. Diese Methode, die der Verhaltenstherapie entstammt, ist sowohl in der Therapiesituation als auch in der Familie oder in der Schule einsetzbar. Das Kind oder der Jugendliche erhält, wenn das veränderte Verhalten gezeigt wird, eine gewisse Anzahl von Punkten, die zuvor gemeinsam festgelegt wurde. Diese Punkte können dann später in unterschiedlich ausgestaltete Belohnungen, immaterieller wie materieller Art, eingetauscht werden. Die Punkte-Pläne können so das gewünschte Ziel oder Verhalten positiv verstärken. Ausführlich wird das Vorgehen sowohl in dem Elternleitfaden von Manfred Döpfner, Stephanie Schürmann und Gerd Lehmkuhl, „Wackelpeter und Trotzkopf"[131] als auch in dem an Fachleute gerichteten Therapiemanual von Manfred Döpfner, Stephanie Schürmann und Jan Frölich „THOP Therapieprogramm für Kinder mit hyperaktivem und oppositionellem Problemverhalten"[132] beschrieben.

5.2.1 Die konkrete Erstellung eines Verstärkerplans[133]

Am Anfang steht die möglichst genaue Beschreibung des bisherigen Verhaltens sowie der Situation, in der es auftritt. Geht es beispielsweise um die Beobachtung einer Unterrichtssituation durch einen Lehrer, so ist wichtig, nicht allgemein zu formulieren: „Lukas stört den Unterricht.", sondern vielmehr die Situation und das Verhalten so präzise wie möglich zu charakterisieren. Also zum Beispiel: „Lukas stört seinen Nachbarn bei der Bearbeitung des Arbeitsblatts, indem er aufsteht, mit dessen Stiften hantiert und ihn anspricht." Ähnliche Situationen ergeben sich auch oft in der Familie, wenn Geschwister ihre Hausaufgaben machen. Auch in der Therapiesituation kann die Einhaltung einer ruhigen Arbeitsphase durch die Etablierung eines Verstärkerplans erreicht werden.

Diese Beobachtung z. B. des Lehrers oder auch des Mitschülers wird mit dem Kind bzw. Jugendlichen besprochen und diskutiert. Hier ist es unbedingt wichtig, bei Bedarf einzelne Etappen der SchADSkiste oder auch einzelne Elemente einzubeziehen, um das Kind „ins Boot" zu holen. Es sollte vermieden werden, über den Kopf des Kindes hinweg Ziele für Verhaltensänderungen zu formulieren, da diese dann nur widerstrebend und nicht wirklich überzeugt verfolgt werden. Die Erstellung einer Pro-Contra-Liste, wie sie in der 2. Etappe der SchADSkiste beschrieben ist, oder einer Waagschale, in der die Vor- und Nachteile des bisherigen und zukünftigen Verhaltens thematisiert werden, kann hier einen großen Dienst erweisen. Auch ein Rollenspiel, in dem z. B. das Kind die Rolle seines Mitschülers einnimmt und die Therapeutin die Rolle des „störenden" Kindes, kann den Blick für die Perspektive und das Erleben des anderen weiten. Nur wenn das Kind „Ja" sagen kann zu dem neuen Ziel, wird es sich auch motiviert und veränderungsbereit verhalten.

Im nächsten Schritt geht es um das Veränderungsziel, das positiv und konkret formuliert wird. So kann es beispielsweise lauten: „Ich bleibe während der Stillarbeitsphase an meinem Platz sitzen und beschäftige mich mit meiner Aufgabe. Ich verhalte mich leise, damit mein Nachbar auch in Ruhe arbeiten kann."

Anschließend werden die genauen Verhaltensweisen bestimmt, für die es Punkte geben wird, es werden also Teile des Verhaltens isoliert: am Platz sitzen bleiben, sich mit der eigenen Aufgabe beschäftigen, sich leise verhalten. Hier kann es eventuell nötig sein, noch mehr ins Detail zu gehen: Was genau bedeutet „sich mit der eigenen Aufgabe beschäftigen"? Und was bedeutet „sich leise verhalten"?

Nun kommt die Phase, die Kindern in der Regel die meiste Freude bereitet, denn es geht darum, eine Wunschliste für die Belohnungen anzulegen. Die Belohnungen oder „Verstärker" können immaterieller oder materieller Natur sein. Wichtig ist dabei, die Belohnungen unterschiedlich stark zu gewichten. Es kann also kleine, mittlere oder große Verstärker geben.
In der schulischen Situation kann ein kleiner Verstärker eine kleine Geschichte in Textform sein, ein sehr beliebter, großer Verstärker ist das Erlassen der Hausaufgaben.
In der familiären Situation könnte ein kleiner immaterieller Verstärker das abendliche Vorlesen einer kleinen Geschichte sein, eine materielle Belohnung z. B. der Lieblingsnachtisch. Ein großer Verstärker könnte ein gemeinsamer Ausflug am Wochenende oder eine spezielle Fantasy-Figur sein.
Oft ist es auch möglich und wünschenswert, dass LehrerInnen und Eltern kooperieren. Das Kind erarbeitet die Punkte in der Schule, eingelöst werden sie aber im häuslichen Umfeld.
In der Therapiesituation hat es sich als sehr erfolgreich erwiesen, die Kinder ihre Punkte in Spielzeit umtauschen zu lassen, die am Ende der Stunde eingelöst werden kann. Es gibt Kinder, die alle Energie darauf verwenden, sich eine ganze Therapiestunde als Spielzeit zu erarbeiten.
Die unterschiedliche Gewichtung der Verstärker hat besondere Bedeutung, denn die Kinder und Jugendlichen neigen dazu, sich vor allem sehr große Belohnungen auszudenken. Diese sind dann natürlich erst bei einer großen Punktzahl einlösbar, also nach einer relativ langen „Laufzeit" des Punkte-Plans. Wenn aber die erste Belohnung z. B. erst nach drei Wochen einlösbar ist, kann in der Zwischenzeit die Motivation erlahmen. Deshalb ist es wichtig, auch kleine und mittlere Belohnungen einzuführen. Kleine Verstärker können dann schon nach einem Tag eingelöst werden, mittlere circa nach einer Woche.

Gemeinsam mit den Kindern bzw. den Jugendlichen wird dann auch überlegt, wie die Zuordnung der Punkte zu den Verhaltensweisen und die Anzahl der für die jeweiligen Belohnungen nötigen Punkte aussehen können. Hier ist großes Verhandlungsgeschick gefragt, denn die Kinder und Jugendlichen sind ausgezeichnete Strategen!

Es kann also beratschlagt werden, welches Verhalten für das Kind am schwierigsten umzusetzen ist und deshalb mehr Punkte bringt. Stellt sich heraus, dass „am Platz sitzen bleiben" die größte Herausforderung darstellt, so kann dies z. B. zwei Punkte bringen, die beiden anderen „mit der Aufgabe beschäftigen" und „leise verhalten" jeweils einen Punkt. Das Kind könnte also in dieser Arbeitsphase des Unterrichts maximal vier Punkte erwirtschaften. Dementsprechend wäre die Liste der Belohnungen zu erstellen: Für vier Punkte könnte es eine kleine Belohnung geben, für 16 Punkte, also ca. nach einer Woche, eine mittlere Belohnung. Möglicherweise müssen nach einiger Zeit die Punkte oder auch die Belohnungen angepasst werden, denn im Ergebnis sollte es für das Kind möglich sein, nach ein paar Tagen auch Punkte gesammelt zu haben. Gleichzeitig sollte die größte Belohnung nicht nach drei Tagen erreicht sein.

Die Regeln und Zielformulierungen werden dann in einem Vertrag festgehalten. Mehr als drei oder vier Regeln sollten es nicht sein, damit es für das Kind übersichtlich bleibt. Jedem Ziel wird eine Punktezahl zugeordnet. Anschließend folgt die Liste der Belohnungen mit den entsprechenden jeweiligen Punkten. Zum Schluss unterschreiben alle Vertragspartner die Vereinbarung und zeigen damit, dass die Vereinbarungen für sie verbindlich sind und sie bereit sind, sich für die Realisierung einzusetzen.

Um in der Situation schnell und unmittelbar die Punkte verteilen zu können, haben sich im Unterricht z. B. Heftklammern oder Wäscheklammern bewährt, die auf dem Pult des Kindes z. B. an ein Stück Pappe geheftet werden. In der Familie können fantasievolle Bilder gemalt werden, auf denen dann die Punkte z. B. in Form kleiner Klebepunkte oder gemalter Smileys gesammelt werden. Dieter Krowatschek stellt in seinem Marburger Konzentrationstraining[134] u. a. eine „Punkteschlange" vor, deren Inneres sich nach und nach mit Punkten füllt. Solche Darstellungen haben den Vorteil, dass der gewachsene Erfolg auch sofort sichtbar wird. Ein Baum, an dem Früchte hängen, oder ein Haus, in dem mehr und mehr Fenster sichtbar werden, sind andere Möglichkeiten der Visualisierung.
Der Vertrag sollte gut sichtbar platziert werden, in der Familie z. B. am Kühlschrank oder an der Tür des Kinderzimmers, sodass er als visueller Anker wirken kann.

Wichtig ist die Unmittelbarkeit der Punktevergabe. Sobald das Zielverhalten gezeigt wird, wird auch der Punkt vergeben und natürlich mit verbalem Lob unterstützt. Wurden Punkte einmal erarbeitet, so bleiben sie bestehen und werden nicht etwa bei problematischem Verhalten wieder entzogen. Verdient ist verdient! Hilfreich ist es auch, am Ende des Tages oder der Schulstunde die Erfolge zu besprechen und so noch einmal das Kind zu bestärken.

Ein Punkte-Plan kann ein sehr wirksames Hilfsmittel für Veränderung sein. Er kann auch jederzeit an veränderte Bedingungen angepasst werden. Es können also neue Ziele dazugenommen oder aber Regeln neu definiert werden.

Bei der Erarbeitung solcher Punkte-Pläne vertreten Eltern manchmal die Meinung, dass das Zielverhalten „so einfach" sei, das müsse das Kind doch so können, ohne dafür Belohnungen zu bekommen. Dann ist es wichtig, mit den Eltern zu besprechen, wie schwierig und auch anstrengend es ist, auch kleine Veränderungen im Alltag umzusetzen. Wenn Erwachsene daran denken, wie schwer es ist, Sport- oder Ernährungsvorsätze umzusetzen, bekommen sie eine Vorstellung davon, wie schwer es für ihr Kind sein kann, seinen Vorsatz, z. B. 15 Minuten still bei einer Aufgabe zu sitzen, zu realisieren. Auch der elterliche Einwand, dass sie ihr Kind nicht für das Erledigen der Hausaufgaben besonders belohnen können, während das Geschwisterkind die Aufgaben ohne Probleme und dann auch ohne Belohnung erledigt, kann so entkräftet werden. Denn was der eine Mensch als große Hürde wahrnimmt, ist für den anderen leicht. Dafür gibt es bei dem anderen eben andere problematische Bereiche, die er verändern möchte. Menschen haben unterschiedliche Fähigkeiten, Stärken und auch problematische Bereiche und müssen deshalb auch individuell unterstützt werden.
Das Geheimnis des Erfolgs bei Punkte-Plänen ist also: Es braucht klare Vorgaben, eine stete Erinnerung daran und besonders: Lob für das Erreichte!

Entscheidend ist, dass alle Beteiligten, also je nach Situation, Kind und Therapeutin, Eltern oder LehrerInnen, den vertraglichen Einzelheiten zustimmen und besonders die Erwachsenen die positive Verstärkung durch die Punktevergabe ernst nehmen und auch die Belohnungen zeitnah realisieren.

Es folgt ein Beispiel eines Vertrags zwischen Linus, 11 Jahre, und seiner Mutter. Um Linus „ins Boot" zu bekommen, war es wichtig, dass auch sein Wunsch an die Mutter, mehr Zeit mit ihm zu verbringen, vertraglich als verbindliche Regel festgelegt wurde, auch wenn die Mutter keine Punkte sammelte.

Vertrag – Punkte-Plan

Vertrag

zwischen

Linus **seiner Mutter**

1. Linus arbeitet konzentriert und leise 10 Minuten am Stück.
2. Linus quasselt nur 5 Minuten am Anfang.
3. Linus' Mutter schenkt Linus jeden Tag eine Stunde.

Punktevergabe:

Regel 1: 1 Punkt für 10 Minuten

Regel 2: 2 Punkte

Tauschbörse:

5 Punkte	–	Schokopudding
10 Punkte	–	Eis
15 Punkte	–	1 Stunde mehr Handy-Spielzeit
20 Punkte	–	Spiele-Abend
50 Punkte	–	Eislaufen
100 Punkte	–	Tagesausflug

Datum ______ Unterschrift Linus ______ Unterschrift Mutter ______

5.2.2 Differenzierte Verstärkerpläne

Grundsätzlich gibt es zwei Arten des Einsatzes von Verstärkerplänen: die Token-Vergabe und den Token-Entzug. „Token" ist der in der Fachliteratur oft benutzte Begriff für einen Wert- oder Belohnungspunkt.

Der zuvor beschriebene Punkte-Plan arbeitet mit der Token-Vergabe. Ein konkretes, gewünschtes Verhalten wird gezeigt und das Kind „gewinnt" eine Wertmarke, ein Smiley o. Ä. Das Kind wird also belohnt, wenn es das problematische Verhalten nicht zeigt, sondern stattdessen das vereinbarte gewünschte Zielverhalten.

Eine Variante des Punkte-Plans arbeitet hingegen mit dem Token-Entzug. Ein problematisches Verhalten wird gezeigt, indem das Kind z. B. in den Unterricht hineinruft, ohne aufgerufen worden zu sein, oder in der Therapie-Stunde oder auch zu Hause z. B. Schimpfworte oder beleidigende, abwertende Ausdrücke benutzt. Daraufhin „verliert" das Kind eine zuvor zugeteilte „Wertmarke".[135]
Auch wenn wir alle wohl der Vergabe von Punkten und damit der Verstärkung des gewünschten Verhaltens und den Belohnungen den Vorzug geben, so kann es doch Situationen geben, in denen ein anderes Vorgehen wirkungsvoller sein kann.

Manfred Döpfner empfiehlt den Einsatz eines „Verstärker-Entzugs-Systems", auch „Response-Cost-Verfahren" genannt, insbesondere bei Verhaltensauffälligkeiten, die sehr häufig auftreten und bei denen eine unmittelbare Reaktion wichtig ist.[136]
Er hat dazu den „Wettkampf um lachende Gesichter" entwickelt.[137] Ziel ist es, eine genau definierte problematische Verhaltensweise, wie z. B. das Fluchen oder Herumschreien, in einem vorgegebenen Zeitraum eben nicht zu zeigen. Dieser Zeitraum sollte nicht zu lang sein, sondern vielleicht 10 Minuten dauern. Das Kind bekommt zuvor eine festgelegte Anzahl von 10 Smileys, Wertpunkten oder eben „lachenden Gesichtern". Die Häufigkeit des problematischen Verhaltens sollte dann auch gewöhnlich in so einem Zeitraum nicht höher als 10 sein. Sobald das Verhalten gezeigt wird, wird ein Smiley entfernt, der Token also entzogen. Alle Token, die am Ende dieser Spielzeit übrigbleiben, können dann, ähnlich wie bei der Token-Vergabe, in Belohnungen umgetauscht werden.
Bei dieser Methode erfährt das Kind also eine unmittelbare negative Konsequenz für problematisches Verhalten. Doch erhält das Kind am Ende für die gewonnenen, d. h. die übrig gebliebenen Token eine Belohnung für das gewünschte Verhalten. Es handelt sich also um eine Kombination von Token-Entzugs- und Token-Vergabe-Systemen. Wer sich ausführlicher mit dieser Methode beschäftigen möchte, findet genaue Beschreibungen und Fallbeispiele in Manfred Döpfners Elternhandbuch „Wackelpeter und Trotzkopf" sowie im „THOP".[138]

5.2.3 Einsatzbereiche der Verstärkerpläne

Der Einsatz von Verstärkerplänen hat sich im therapeutischen Setting sehr bewährt. Auch wenn wir vieles in spielerischer und motivierender Form erarbeiten können, so gibt es doch auch immer Bereiche, die vom Kind als mühsam empfunden werden. Gerade wenn die Kinder neben der Arbeit an einer besseren Aufmerksamkeit noch andere Bereiche, wie z. B. ihre Rechtschreibung oder das Lesen verbessern wollen, kann ein Punkte-Plan sehr motivierend wirken. Werden z. B. 10 Minuten der Therapiestunde für das anstrengende konzentrierte Lesen verwendet, so kann dieses Engagement durch einen Verstärkerplan belohnt werden. Die Belohnungspunkte können dann z. B. in Spielminuten am Ende der Therapiestunde eingelöst werden. Auch gibt es Kinder, die das ritualisierte Verhalten entwickelt haben, zu Beginn jeder neuen Phase innerhalb der Therapiestunde oder immer, wenn ein Vorschlag von Erwachsenenseite kommt, in lautes Stöhnen und „Meckern" überzugehen, da sie mit dieser Strategie in anderen Situationen erfolgreich die Erledigung einer Aufgabe abwenden konnten. Hier kann ein Belohnungsplan ebenfalls prima diesen automatisierten Ablauf unterbrechen, wenn ein Belohnungspunkt für „freundliches Beginnen" winkt.

Innerhalb der Familie können natürlich, leicht abgewandelt, ähnliche Verstärkerpläne zum Einsatz kommen. Auch die Bereiche „morgendliches Aufstehen" oder „Zubettgehen" etc. können so konfliktfreier gestaltet werden.[139] Auf Punkte-Pläne zum Thema Hausaufgaben wird später noch eingegangen.
Generell gilt: Wird ein Punkte-Plan innerhalb der Familie eingesetzt, so ist es für den Erfolg sehr wichtig, die Eltern und das Kind entsprechend zu begleiten, um etwaige Stolpersteine zu beseitigen oder „Durchhänger" besser auffangen zu können. So kann z. B. verabredet werden, alle zwei bis drei Wochen die letzten 10 Minuten der Therapiestunde für eine Rückmeldung der Beteiligten zu nutzen. Falls die Durchführung des Punkte-Plans „hakt", können alle gemeinsam nach Lösungen schauen. Ist vielleicht die Belohnung nicht attraktiv genug? Konnten die Belohnungen nicht zeitnah eingelöst werden? Ist eine Zielvereinbarung noch genauer zu formulieren? Oder kann eine neue Zielvereinbarung aufgenommen werden, da die vorige schon auf Dauer umgesetzt wird? Auch Erfolge können in dieser Besprechungszeit natürlich gebührend gewürdigt werden und so die Motivation verstärken.

In der Kooperation mit LehrerInnen hat das Thema „Verstärkerplan" auch einen wichtigen Stellenwert. Gerade im schulischen Unterricht mit der Komplexität des Geschehens und der Vielzahl der Handelnden können ausgefeilte Verstärkerpläne gute Erfolge bewirken.

Ein typischer Fall ist der, dass Tom, ein 9-jähriger Junge, der aufgeweckt und interessiert ist, sich meldet, jedoch mit der Beantwortung einer Lehrerfrage nicht warten kann, bis er aufgerufen wird.[140] Wird jemand anderes aufgerufen, so unterbricht er

den Mitschüler. Dies ist im Schnitt 2-mal pro Stunde der Fall. Oft ruft er auch einfach in die Klasse hinein, ohne sich zuvor gemeldet zu haben. Dies geschieht sehr oft pro Stunde, mindestens aber, nach Aussage der Lehrerin, 6-mal. Auf die Ermahnungen und Hinweise der Lehrerin reagiert Tom zunehmend gereizt und aggressiv, was zu weiteren Ermahnungen seitens der Lehrerin führt. Das eigentlich positive Verhältnis zwischen der Lehrerin und Tom wird zunehmend belastet. Dazu fällt es Tom schwer, an seinem Platz sitzen zu bleiben, er steht oft mehr als 3-mal pro Stunde auf, um zum Papierkorb zu gehen, sei es, weil er etwas wegwerfen oder seinen Bleistift anspitzen will oder einfach, weil er Spaß daran hat, die Aufmerksamkeit seiner MitschülerInnen zu bekommen, wenn er auf dem Weg zum Papierkorb Clownerien macht.
Die Lehrerin widmet Tom so mehr und mehr ihre Aufmerksamkeit, jedoch erhält Tom so nur Aufmerksamkeit negativer Art. Er steht zwar im Mittelpunkt, jedoch um Kritik und Ermahnungen zu erhalten. Versuche der Lehrerin, Tom Aufgaben zu übertragen, die ihm Bewegung ermöglichen, indem sie ihn bittet, etwas aus dem Schrank zu holen oder Ähnliches, zeigen keine nachhaltige Wirkung. In Schulsituationen, in denen handlungsorientierter Unterricht möglich ist, Experimente oder Spiele gemacht werden, ist Tom körperlich ausgelasteter. Dann ist nur noch sein Hineinrufen eine Belastung für die Lehrerin und auch für die MitschülerInnen.

Es gilt also, eine Lösung zu finden, die Toms Wunsch, sein Wissen den anderen mitzuteilen, Rechnung trägt und gleichzeitig aber auch den Aspekt des sozialen Miteinanders, der sozialen Regeln berücksichtigt. Auch ist der Wunsch der Lehrerin zu berücksichtigen, dass Tom nicht mehr so häufig während der Unterrichtsstunde aufsteht, um der Klasse ein ruhiges Arbeiten zu ermöglichen.
Es ergeben sich also mehrere Zielbereiche für Veränderung: das Hineinrufen, ohne sich zuvor gemeldet zu haben (6-mal), das Melden und Beantworten der Frage, ohne aufgerufen worden zu sein (2-mal) sowie das Umherlaufen (mind. 3-mal).

Es soll noch einmal betont werden, wie wichtig es auch hier ist, das Kind „ins Boot zu holen". Nur wenn das Kind die Veränderungsziele akzeptiert oder sogar zu seinen eigenen macht, ist ein Erfolg möglich. Deshalb kann es zum einen darum gehen, Tom auch noch andere Möglichkeiten zu geben, in denen er sein Wissen zeigen kann. Möglicherweise hat er Spaß daran, einen Vortrag zu seinem Lieblingsthema zu halten. Vielleicht kann er sein Wissen einsetzen, indem er bei einer Partnerarbeit zum Coach eines nicht so leistungsstarken Mitschülers wird. Zum anderen wäre es auch denkbar, den Unterricht, wo immer es geht, stärker ganzheitlich auszurichten, sodass alle Kinder ihrem Bewegungsbedürfnis nachkommen können. Was Tom betrifft, sind hier auch viele der vorgestellten Methoden der ersten Etappen in der Therapiestunde einsetzbar, damit Tom diese Ziele für sich akzeptieren kann. Hier könnten zum einen Selbstberuhigungsstrategien z. B. durch Entspannungstechniken oder Imaginationen zum Einsatz kommen, die Tom helfen, abzuwarten. Auch kann es helfen, mit Tom die Vor- und Nachteile seines bisherigen und zukünftigen Verhaltens zu erarbeiten. Wenn-Dann-Pläne können Tom an die jeweilige Situation angepasste Handlungspläne liefern. Auch die Handpuppenarbeit oder die Geschichte des „wilden Tigers“ können hier geeignet sein. Welche Methode zum Einsatz kommt, hängt natürlich in starkem Maße von den Interessen und Bedürfnissen des Kindes ab.

Ist eine gute Basis für die Kooperation geschaffen, werden nun zunächst konkrete und positive Ziele formuliert. Sie können lauten:
1. Ich melde mich und warte ab, bis ich aufgerufen werde.
2. Wird ein Mitschüler aufgerufen, so lasse ich ihn ausreden.
3. Ich bleibe während der Schulstunde sitzen.

Denkbar ist auch, die beiden ersten Ziele zusammenzufassen: Ich melde mich und gebe nur die Antwort auf die Lehrerfrage, wenn ich dran genommen werde.

Im Anschluss ist nun zu klären, welche Art Verstärkerplan zum Einsatz kommen soll.

Viele TherapeutInnen möchten gern der Variante der Token-Vergabe den Vorzug geben. In diesem Sinne könnte vorgeschlagen werden, jedes Mal, wenn Tom sich meldet und abwartet, bis er drangenommen wird, einen Punkt zu vergeben. Dies würde aber in der Klassenkonstellation dazu führen, dass Tom sehr häufig aufgerufen und gegenüber den anderen Kindern deutlich mehr Aufmerksamkeit bekommen würde. Geht man einen anderen Weg und belohnt Tom jedes Mal, wenn er sich meldet, also nicht in die Klasse hineinruft, so tauchen zwei Probleme auf. Zum einen könnte Tom, der ja ein kluger Junge ist, auf die Idee kommen, sich einfach dauerhaft zu melden, auch wenn er keine Antwort hat, und sich so viele Punkte sichern. Zum anderen ist dieses Vorgehen für die Lehrerin kaum durchzuhalten, da sie ihre Aufmerksamkeit ganz auf Tom fokussieren müsste und die anderen Kinder und deren Engagement dabei kaum im Blick behalten kann.

Die Kombination des Token-Vergabe- und Token-Entzugs-Systems scheint hier erfolgversprechender. Ausgehend davon, wie häufig Tom die unterschiedlichen Verhaltensweisen zeigt, könnte er durchschnittlich pro Stunde insgesamt 11 Punkte „verlieren“, denn 6-mal ruft er hinein, 2-mal unterbricht er andere Kinder, 3-mal steht er auf. Die ihm bei dem Verstärkerplan vorab zugeteilte Punktzahl müsste also etwas darüber liegen, z. B. bei 14, damit Tom von Beginn an eine Chance auf Belohnungspunkte und einen Erfolg hat.

Der Vorteil dieses Vorgehens liegt darin, dass die Lehrerin auf verbale Ermahnungen verzichten kann, dennoch Tom deutlich und sehr zeitnah durch die Wegnahme eines Tokens eine Rückmeldung geben kann. Tom erlebt eine sichtbare und unmittelbare Konsequenz, ohne dass er vor allen zurechtgewiesen wird. Natürlich ist die Wegnahme eines Tokens eine Form negativer Kritik. Doch ist es dabei wichtig, in welcher Weise Kritik geübt wird und ob im Verhältnis zur Kritik auch in ausreichendem Maße gelobt wird. Die Fremdwahrnehmung in Form der kritischen und auch positiven Rückmeldung kann zudem Orientierung geben und Kompass für die Selbstregulation des Kindes im sozialen Miteinander sein. Da das Kind in jedem

Fall am Ende auch Belohnungspunkte erhält, wirken sie als Motivation und symbolisieren sichtbar den Erfolg.

5.3 Zur Kommunikation über Zielvereinbarungen und Regeln

Die vorgestellten Methoden der Wenn-Dann-Pläne und der Punkte-Pläne sind gute Gerüste, um die vereinbarten Ziele und Regeln zu strukturieren und durch die schriftliche Form der Pläne auch verbindlicher zu machen. Diese Pläne sind sowohl in der Therapiesituation als auch in der Eltern- und Lehrerberatung gut nutzbar.

In unserer eigenen Arbeit und auch in der Arbeit mit den Bezugspersonen ist es zudem wichtig, die Kommunikation zwischen den Erwachsenen und dem Kind näher zu betrachten. Auch im alltäglichen Umgang ist es günstig, sich konkret, positiv und möglichst lösungsorientiert zu äußern. Der Ressourcenblick ermöglicht uns immer wieder, Kinder und Jugendliche zu loben und uns positiv über sie zu äußern, sei es, weil sie etwas gut geschafft haben oder einfach, weil sie so ein freundliches Lächeln haben. Diese Rückmeldungen schaffen eine positive und entspannte Atmosphäre und eine Offenheit, die das Fundament für eine gute Zusammenarbeit sind.

Doch gerade, wenn Eltern oder auch LehrerInnen das Gefühl haben, mit dem Kind oder Jugendlichen immer mehr problematische Situationen zu erleben, sie das Kind nur noch ermahnen oder reglementieren müssen, wird dies auch die tägliche Kommunikation prägen. In der alltäglichen Hektik können sich Formulierungen und Haltungen einschleichen, die dem Ziel entgegenlaufen könnten. So ermahnen Eltern oder LehrerInnen häufig oder erinnern wiederholt an Regeln, ohne dass das Kind oder der Jugendliche darauf reagiert. In der Folge werden Konsequenzen angedroht, die dann jedoch oft nicht folgen. Eltern erleben sich dann als hilflos und geben ihr Anliegen oft auf, sind aber zunehmend verärgert. LehrerInnen in der Unterrichtssituation reagieren dann oft mit zusätzlichen Aufgaben oder Einträgen in das Klassenbuch. In jedem Fall ist das Ergebnis nicht, dass das Kind aus eigenem Antrieb die Zielvereinbarungen und Regeln einhält. Die Situation ist belastend für alle Beteiligten.

An diesem Punkt kann es helfen, den eigenen Blick wieder etwas zu weiten und sich bewusst auch positive Erlebnisse mit dem Kind in Erinnerung zu rufen. Denn auch dann, wenn schon viele negative Erfahrungen die Beziehung belasten, gibt es immer, wirklich immer, auch positive Dinge. Dies können Eigenschaften sein, die die Eltern oder auch die LehrerInnen an dem Kind besonders mögen oder positive gemeinsame Erlebnisse. Es lohnt sich, diese Aspekte im gemeinsamen Gespräch mit den Bezugspersonen aufzuspüren. Machen sich die Erwachsenen diese Anteile wieder bewusst und kommunizieren sie auch darüber mit dem Kind, so kann eine

Basis geschaffen werden, um wieder konstruktiv gemeinsam an einer Verbesserung der Situation zu arbeiten.
So können Eltern beispielsweise jeden Abend ein paar Minuten überlegen, was ihnen während des Tages positiv an dem Kind aufgefallen ist und es dem Kind dann auch erzählen. Für jede Einzelheit kann eine Murmel in ein Glas gelegt werden, sodass das Schöne tatsächlich auch symbolisch sichtbar wird.[141] Als Variante können die Eltern auch am Morgen einige Bohnen in ihre linke Hosen- oder Jackentasche stecken. Jedes Mal, wenn sie etwas Positives an dem Kind wahrnehmen, wandert eine Bohne von der linken in die rechte Tasche. Am Abend kann dann über jede Bohne aus der rechten Tasche und über die mit ihr verknüpfte positive Wahrnehmung mit dem Kind gesprochen werden. So kann wieder eine konstruktive und entspannte Atmosphäre entstehen, die dann wieder eine gute Voraussetzung für die Etablierung neuer Verhaltensmuster ist.

Wenn es dann mit neuem Elan an die Umsetzung der vereinbarten Regeln geht, können die Erwachsenen ihre Rolle als Coach optimal wahrnehmen, wenn sie ihre Erinnerungen an die Regel oder Aufforderungen bewusst eindeutig und nicht als Frage oder Bitte formulieren. Ein Frage wie „Möchtest du jetzt nicht, wie vereinbart, deine Hausaufgaben machen?“ kann ein Kind ganz pragmatisch mit „Nö!“ beantworten. Gerade bei den Kindern, die leicht ablenkbar sind, ist es zudem wichtig sicherzustellen, dass sie wirklich mit ihrer Aufmerksamkeit bei dem Gespräch sind. Die Herstellung von Blickkontakt, eventuell ein kurzes Antippen und dann eine kurze, präzise Formulierung stellen sicher, dass das Anliegen auch wirklich das Kind erreicht. Natürlich sollte dann der Erwachsene ebenfalls ganz mit seiner Aufmerksamkeit dabei sein und schauen, ob das Kind dann der Aufforderung nachkommt.

Eine schöne Möglichkeit, eine gute Kooperation mit dem Kind zu ermöglichen, hat Ben Furman mit seiner Fünf-Finger-Regel geschaffen (vgl. Furman 2012, S. 36 ff.).[142] Furman ordnet jedem Finger eine Funktion zu:

- Der Daumen steht für die Kontaktaufnahme mit dem Kind, z. B. durch den Satz „Komm mal bitte her!“.
- Der Zeigefinger steht für den klar formulierten Wunsch des Erwachsenen, z. B. „Ich möchte, dass ...“.
- Der Mittelfinger steht für die Begründung, z. B. „Das ist wichtig, weil ...“.
- Der Ringfinger wird „Du-schaffst-es-Finger“ genannt, denn durch ihn wird Zuversicht vermittelt.
- Der kleine Finger schließlich ist der „Vertrags-Finger“. Es wird eine Vereinbarung getroffen, z. B. darüber, wie die Regel genau aussehen kann. Auch der zeitliche Ablauf oder die Art der Erinnerung an die Regel können nun besprochen werden.[143]

Wenn es also um die Vereinbarung einer Regel für das morgendliche Aufstehen gehen soll, so könnte die Kommunikation mit der Fünf-Finger-Regel lauten:
„Bitte schau mich an (Kontakt – Daumen). Ich möchte, dass du, sobald der Wecker

schellt, aufstehst (Wunsch – Zeigefinger). Wenn du es schaffst, sofort aufzustehen, dann musst du dich später nicht so hetzen und kannst gemütlich frühstücken. Dann hättest du bessere Laune und ich auch (Begründung – Mittelfinger). Ich bin sicher, du kannst das schaffen. Du schaffst ja schon in vielen Situationen auf die Zeit zu achten (Ermutigung – Ringfinger). Wie können wir uns einigen? (Vertrag – kleiner Finger)."

Geht es um die Erinnerung einer Regel, die bereits mit einem Vertrag schriftlich vereinbart ist, so kann die Kommunikation lauten: „Schau mal bitte her! Ich möchte, dass du dich auch heute an unseren Hausaufgaben-Vertrag hältst. Das ist wichtig, damit du auch heute Punkte sammeln kannst und du auch rechtzeitig fertig wirst. Du hast es gestern schon geschafft, das klappt heute wieder! Was schlägst du vor, wie soll ich dich in Zukunft erinnern?"

In vielen Fällen hat sich bewährt, mit den Kindern gemeinsam eine Art Code, ein Unsinnswort oder ein Zauberwort abzusprechen, die dann an eine bestimmte Regel erinnern. Diese „Geheimabsprache" ist reizvoll und spannend, enthält keine Konnotation stimmlicher oder verbaler Art, ermöglicht Akzeptanz und lässt somit die Erinnerung durch die Erwachsenen wirklich als „Tipp" des Coachs wirken.

Für uns Erwachsene ist es prima, wenn es mal schwierig ist, die „und-Regel" bei den eigenen Gedanken zu befolgen. „Es ist anstrengend **und** es hilft mir weiter!" oder „Ich bin heute genervt über die Situation **und** ich freu mich, dass es gestern geklappt hat". So können wir immer auch einen positiven Aspekt wahrnehmen und ihm Raum geben. Die positive Sichtweise mitzudenken hilft, einen Ausgleich zu schaffen. So entsteht neue Kraft und Zuversicht.

Und: Uns Erwachsenen hilft es ebenfalls, uns mit unseren eigenen Ressourcen zu verbinden. Wir können an unsere „Sternstunde" mit dem Kind denken und uns einen Kraft-Satz schaffen. Wie Ben Furman sagen würde: „Ich schaff's!"[144]

Teil II: Entwicklung der Fähigkeit Konzentration:

Handlungsplanung, Selbststeuerung und Selbstorganisation des Lernens

Die fünf Etappen des ersten Teils der SchADSkiste ermöglichen ein solides Fundament der Kooperation mit dem Kind oder Jugendlichen herzustellen. Die Kinder und Jugendlichen können mithilfe der vorgestellten Inhalte und Methoden erleben, wie ihr Selbstvertrauen, ihre Veränderungsbereitschaft und auch Zuversicht stetig wachsen. Sie haben die Erfahrung gemacht, dass sie es auch schaffen, problematische Situationen oder emotionale Belastungen zu bewältigen und neue Kraft zu sammeln.

Wenn Sie an Ben, die Eule und das Gockelhühnchen denken, so war es für Ben von großer Bedeutung, diese fünf Etappen zu absolvieren und so eine Entwicklung zu vollziehen. In diesem Prozess konnte Ben Kräfte freisetzen, die zuvor gebunden waren. Er verfügte nun über das Selbstvertrauen, die Ruhe und auch die Bereitschaft, sich mit dem Thema Konzentration zu beschäftigen.
Die Kinder und Jugendlichen haben sich nun bereits mit dem Begriff „Konzentration" auseinandergesetzt, ihn für sich inhaltlich definiert und erste Konkretisierungen ihres Ziels entwickelt und Zielvereinbarungen getroffen.

An diesem Punkt ihrer Entwicklung trauen die Kinder und Jugendlichen sich wieder Veränderung zu und wünschen sich auch die Realisierung ihrer Ziele. Wir sind an einen Punkt des Veränderungsprozesses gelangt, an dem auch die konkrete Arbeit an Konzentrationsstrategien wie Handlungsplanung, Selbststeuerung und effektiven Lernstrategien beginnen kann. Die Kinder und Jugendlichen haben ihre Zielvorstellungen entwickelt, sie sind motiviert und engagiert und bereit, konstruktiv an der Umsetzung ihrer Ziele zu arbeiten.

In diesem zweiten Teil der SchADSkiste geht es nun darum, gemeinsam kleine, gut umsetzbare Schritte hin zum Lernen mit Aufmerksamkeit zu erarbeiten. Jeder einzelne Schritt auf dem Weg zum Ziel ist so angelegt, dass er Erfolge bringt, und sichert so den Antrieb für weiteres Engagement.

Konkret wird es um Strategien gehen, die es den Kindern und Jugendlichen ermöglichen, ihre Aufmerksamkeit auf das Wesentliche zu fokussieren und zu konzentrieren. In diesem Zusammenhang geht es dann auch darum, weniger ablenkbar und impulsiv zu reagieren.
Hier werden besonders Elemente der Handlungsplanung wie das Selbstinstruktionstraining sowie ein Training der fokussierten Aufmerksamkeit und des effektiven Lernens auch bei Ablenkung im Zentrum stehen.
Bei massiver motorischer Unruhe ist in der Regel eine Ergotherapie oder Motopädie etc. die passende Therapieform. Geringere Ausprägungen motorischer Unruhe werden durchaus durch Imaginationen wie „Ein Platz für die Unruhe" oder in die Stunde eingeplante bewegungsorientierte Sequenzen und Spielideen günstig beeinflusst.

Die im zweiten Teil der SchADSkiste vorgestellten Inhalte geben den Kindern und Jugendlichen Struktur und helfen ihnen, den Überblick zu behalten und sich selbst zu steuern.
Wir können diese Themen gut in Therapiestunden gemeinsam mit dem Kind erarbeiten und üben.

Doch Selbststeuerung und Selbstorganisation sind auch in größeren und komplexeren Zusammenhängen für die Kinder von Bedeutung.
Gerade die Hausaufgabensituation stellt hier erhebliche Anforderungen an die Strukturierungsfähigkeit. Mehrere Aufgaben müssen koordiniert, zeitlich geplant und auch möglichst effektiv bearbeitet werden. Dies ist eine Management-Anforderung! Die SchADSkiste stellt auch hier Ideen zur kreativen Erarbeitung des Themas und Strukturierungsmöglichkeiten zur Verfügung.

In der Praxis hat sich zudem gezeigt, dass gerade das selbstständige Lernen für viele Kinder noch eine große Hürde darstellt. Sie erfassen oft den Lernstoff sehr schnell und sind dann enttäuscht, wenn das vermeintlich Gelernte doch nicht abrufbar ist. Das Einprägen und Behalten gelingt noch nicht dauerhaft. Hier können Gedächtnis- und Lernstrategien eine große Hilfe sein, um das Gelernte bewusst „wachzuhalten", bis es dann ins Langzeitgedächtnis gelangt ist.[1]

Wichtig für den nachhaltigen Erfolg all dieser Strategien ist dann der Transfer in den Alltag. Damit die Umsetzung gelingen kann, brauchen das Kind und auch der Jugendliche dafür Unterstützungssysteme. Es gilt, möglichst die Ressourcen der Eltern und LehrerInnen zu nutzen. So werden abschließend Strategien vorgestellt, um Hürden und Rückschläge auf dem Weg zum Ziel gemeinsam zu meistern, indem alle Beteiligten einen Ressourcenblick einnehmen und „Aufmerksamkeit für Erfolge" entwickeln.

1. Die Bedeutung der Wiederholung: „Gewohnheiten als mentale Abkürzung“[2]

Innerhalb einer Therapiestunde ist es von großer Wichtigkeit, bereits Erarbeitetes immer wieder zu aktualisieren. Der Wiederholung der erarbeiteten Imaginationen, der Anker wie dem Erfolgssatz etc. kommt hier besondere Bedeutung zu. Aber auch die hier im zweiten Teil der SchADSkiste vorgestellten Methoden wie die Selbstinstruktion oder Gedächtnisstrategien sollten regelmäßig wiederholt und geübt werden. Diese Phase der Wiederholung, der Einübung des bereits Erarbeiteten sollten wir in keinem Fall unterschätzen.

Es geht darum, Gewohnheiten als tragende Säule für dauerhafte Verhaltensänderungen auszubilden, denn die Gewohnheiten sind es, die ein Leben verändern können! Willenskraft und Motivation allein reichen nicht aus. Willenskraft hilft uns kurzfristig, doch auf Dauer brauchen wir veränderte Gewohnheiten, denn sie lenken fast die Hälfte unseres Verhaltens.[3]

Die Professorin für Sozialpsychologie Wendy Wood erforscht seit Jahrzehnten die „Macht der Gewohnheit“:
„Gute und schlechte Gewohnheiten funktionieren exakt gleich. Sie entstehen dann, wenn wir in einer stabilen Umgebung eine bestimmte Handlung immer wieder ausführen und dabei belohnt werden. Wiederholung ist dabei absolut entscheidend. Erst mit Wiederholung bildet sich das Gewohnheits-Gedächtnis aus, das die Handlung mit der Zeit leichter macht. Die Wiederholung automatisiert das Verhalten.“[4]
Wendy Wood berichtet weiter: „Barack Obama sagte mal in einem Interview, dass er sich deshalb in seiner Amtszeit immer ähnlich kleidete, um mehr Kapazität für die wichtigen Dinge zu haben.“[5] Nur wenn wir also nicht ständig neu entscheiden müssen, ob wir eine Handlung ausführen oder nicht, sondern die Handlung automatisiert ausführen, wie ein Autopilot agieren, ist eine Gewohnheit entstanden und unsere Gehirn hat mehr Kapazität für anderes: Kreativität, Wissensaneignung etc.[6] Wenn Sie an die Wenn-Dann-Pläne denken: Auch hier ließ die Kopplung einer bestimmten Handlung an eine bestimmte Situation ein festes, automatisiertes Handlungsmuster entstehen.
„Unser Gehirn speichert Handlungen, die offenbar so wichtig sind, dass sie ständig wiederholt werden, separat ab ... Deshalb vereinfachen Gewohnheiten auch unser Leben, weil unser Hirn mehr Ressourcen für andere Dinge hat ... Gewohnheiten sind mentale Abkürzungen.“[7]
Für die Verfestigung einer Handlung zur Gewohnheit sind jedoch Belohnungen enorm wichtig: „Eine Belohnung schüttet Dopamin aus, was wiederum dazu führt, dass das Gehirn die Situation und die Handlung miteinander verknüpft ... Weil ich mich anschließend gut fühlte und stolz auf mich war, tat ich in der nächsten ähnlich gearteten Situation das Gleiche.“[8] Hier wird einmal mehr deutlich, wie wichtig Ler-

nen in einer positiven Atmosphäre, das Erleben des eigenen Erfolgs, verbales Lob und andere Belohnungen für eine dauerhafte, stabile Verhaltensänderung sind.

2. Aufbau einer Stunde und Verlauf der Therapie

Eine Therapiestunde, die in der Regel 50 Minuten dauert, kann und sollte in mehrere einzelne Phasen unterteilt werden.

Zu Beginn der Therapie, wenn viele Imaginationen, das Handpuppenspiel oder Dinge wie das Ressourcenbrettspiel eingesetzt werden, wird das jeweilige Thema oft den Hauptteil der Stunde ausmachen. Es kommt auch durchaus vor, dass z. B. das Handpuppenspiel mehrere Stunden ausfüllt oder aber als kleinere Sequenz immer wieder auftaucht. Dies ist völlig in Ordnung. Hier gilt, wie zuvor, dass die Bedürfnisse des Kindes oder Jugendlichen im Zentrum stehen. Wenn das Kind diese Zeit für die Verarbeitung oder konkrete Entwicklung braucht, nehmen wir sie uns. Am Anfang und Ende können wir jedoch schon ein festes Ritual einführen, um der Stunde eine für das Kind erkennbare Struktur zu geben.

Wenn es um die Inhalte des zweiten Teils der SchADSkiste geht, stellt die Wiederholung des Erarbeiteten in jeder Stunde einen wichtigen Teil dar, damit die erwähnten „mentalen Abkürzungen“ ausgebildet werden können.
Wir können aber auch unterschiedliche Themen wie Förderung der auditiven Aufmerksamkeit und Handlungsplanung am Beispiel der Textarbeit in eine Stunde integrieren und so den Ablauf interessant und abwechslungsreich gestalten. Ein wichtiger Aspekt ist auch der, auf diese Weise dem Bewegungs- und Aktivitätsbedürfnis der Kinder besser gerecht werden zu können.

Ein möglicher Stundenablauf könnte sein:

Anfangsritual (ca. 5–10 Minuten):

- evtl. vorab eine dynamische Übung wie ein kleines Ballspiel, sich auf verschiedene Arten durch den Raum bewegen: auf einem Bein hüpfend, rückwärtsgehen etc.
- zur Ruhe kommen: in der Vorstellung z. B. „Gepäck ablegen“ und sich so von den Eindrücken des Tages lösen, eine kleine Imagination wie den „roten Luftballon“ oder natürlich die kurze Erinnerung an eine der zuvor kennengelernten Imaginationen

Sequenz zu Lernritualen oder Teilfähigkeiten der Konzentration (ca. 10 Minuten):

- wieder mit dem Krafttier oder inneren Helfer in Kontakt treten
- wieder die Kompetenzhaltung einnehmen
- wieder den Erfolgsmoment heranholen
- wieder den Erfolgssatz oder das Kraftwort äußern

und/oder

- ein kurzes Handpuppenspiel z. B. zu einem aktuellen Geschehen

und/oder

- Übung zur auditiven Aufmerksamkeit

- Übung zur Entspannung, z. B. Teile der Progressiven Muskelentspannung

Individuell je nach Kind: eine (Bewegungs-) Pause (5 Minuten)

Arbeit an einer konkreten Konzentrationsstrategie (20 Minuten):
- Entwickeln oder Kennenlernen der Strategie, später kurze Wiederholung der bereits erlernten Strategie, z. B. der Selbstinstruktion
- Übung, z. B. zur Selbstinstruktion oder zu Mnemotechniken etc.

Schlusssequenz (5–10 Minuten):
- (Sich) Loben, Erfolge visualisieren
- Spielzeit

Dieser Vorschlag enthält viele einzelne Elemente. Natürlich ist auch eine Abwandlung je nach Bedürfnis des Kindes oder Jugendlichen möglich. Das Kind möchte und braucht vielleicht mehr Zeit, um sich in Ruhe einem Thema zu widmen. Auch hier gilt: Entscheidend ist die Persönlichkeit des Kindes. Ein Kind, das z. B. bereits in der Schule die Erfahrung macht, oft nicht rechtzeitig mit einer Aufgabe fertig zu werden, braucht dann in der Therapie gerade das Gefühl, so viel Zeit zu haben, wie es möchte, um so auch Erfolgserlebnisse erzielen zu können. Wenn Kinder viele eigene Ideen zur Weiterentwicklung einer Aufgabe haben, können wir dem nachkommen und dafür dann einen anderen Teilaspekt in der Stunde auslassen.

Immer steht auch die gefühlsmäßige Verfassung des Kindes im Zentrum. Hat es z. B. „einen schlechten Tag" oder gab es vormittags bedeutsame Erlebnisse oder Konflikte in der Schule, so ist es immer günstig, zunächst darauf die Aufmerksamkeit zu legen. Eine Verarbeitung des Erlebten und dann auch wieder eine Hinwendung zu einer ressourcenorientierten Haltung sind wichtig, damit das Kind sich überhaupt wieder neuen Dingen öffnen kann.

Es kann auch immer wieder hilfreich sein, auch wenn wir uns schon in dieser zweiten Phase der Therapie befinden, einzelne oder auch mehrere Stunden ganz Inhalten des ersten Teils zu widmen. Hat das Kind z. B. nach einer gut verlaufenen Phase eine Zeit des „Durchhängens", erlebt einzelne Misserfolge, z. B. durch Klassenarbeiten etc., ist doch wieder mal demotiviert, so kann sich die Atmosphäre grundlegend wieder ändern, wenn wir ein „Highlight" wie das Ressourcenbrettspiel wieder einsetzen oder eine ganze Weile wieder über das Handpuppenspiel die Arbeit mit dem inneren Helfer intensivieren.

Der Erfolg der Therapie misst sich zunächst an den kleinen Erfolgen innerhalb einer Stunde, wenn das Kind wieder neu Mut schöpft oder wenn die häusliche Situation wieder entspannter wird.
Für alle Beteiligten ist es wichtig, sich ausreichend Zeit für „große" Veränderungen zu geben und sich immer wieder an den schon sichtbaren kleineren Erfolgen und

über das Erreichen von Etappenzielen zu freuen. In regelmäßigen Abständen können wir deshalb „Inventur-Gespräche" einplanen, mit dem Kind, den Eltern und den LehrerInnen. So werden Veränderungen stärker wahrgenommen und bewusst gemacht und die bereits erreichten Ziele können gewürdigt werden. Über diesen Weg bleiben die Motivation und das Engagement auch über längere Zeit erhalten und auch langfristige Ziele werden erreicht.

3. Selbstinstruktion: Döpfner, Krowatschek, Lauth und Co.

„Konzentriert geht's wie geschmiert!"

(Dieter Krowatschek)

3.1 Ziele und Methoden

Eines der großen Ziele in der Erarbeitung von Konzentration ist die Handlungsplanung. Nur wenn das Kind oder der Jugendliche vorausschauend einzelne Schritte seines Handelns planen kann und auch Instrumente zur Verfügung hat, die ihm bei der Durchführung des Plans helfen, gelingt es, das eigene Verhalten zu steuern und erfolgreich ans Ziel zu kommen. Wenn Sie an die „Macht der Bilder" denken: Wir brauchen eine Vorstellung vom Ziel und den Schritten dorthin, um auch wirklich dort anzukommen, wohin wir wollen. Unser Denken und Planen wirkt handlungsleitend.

Doch gerade die Kinder und Jugendlichen, die im Bereich der Aufmerksamkeit und der Handlungssteuerung noch Probleme haben, gehen oft sehr impulsiv an eine Herausforderung heran. Sie stürzen sich geradezu auf die Aufgabe, oft sehr enthusiastisch, ohne das Ganze wahrzunehmen und die nächsten Schritte zu bedenken. Sie bleiben dann womöglich mittendrin stecken oder lassen sich ablenken. Aufgrund ihrer schnellen Arbeitsweise entstehen zudem oft Flüchtigkeitsfehler. Wenn sie dann auch darauf verzichten, ihre Ergebnisse noch einmal zu überprüfen, kommen sie oft zu einem für sie enttäuschenden Ergebnis.
Diese Impulsivität, die fehlende Planung und Steuerung des Verhaltens, gehört zu den häufigsten Themen, denen wir in der Arbeit mit den Kindern begegnen.

Diesem Schwerpunktbereich der Konzentration, der Handlungsplanung und Selbststeuerung, haben sich auch viele renommierte Forscher und Praktiker gewidmet. Hier seien vor allem Manfred Döpfner, Dieter Krowatschek, Gerhard Lauth und Peter Schlottke mit ihren wegweisenden Arbeiten genannt.[8]
In der SchADSkiste werden nun ihre zentralen Gedanken und Beispiele für geeignetes Übungsmaterial beschrieben. Wer sein Wissen vertiefen möchte, dem sind ihre Arbeiten nur zu empfehlen.
All diese Ansätze können gut in unsere therapeutische Arbeit integriert werden. Auch wenn die Programme oft als Gruppentherapie geplant sind, so ist der Inhalt auch gut in der Einzeltherapie umsetzbar. Natürlich gestaltet sich die Interaktion anders und Aspekte des Sozialverhaltens werden in anderer Weise zum Thema. Doch wenn sie noch einmal an Ben denken: Eine Teilnahme an einer Gruppe wäre für Ben vermutlich (noch) eine Überforderung gewesen. Im Einzelsetting war es jedoch möglich, in sehr geschütztem Rahmen sein Verhalten, seine Wut und Ag-

gression zu reflektieren, auch spielerisch damit umzugehen und für ihn ganz individuell Lösungen zu finden.
Ganze Therapieprogramme von Anfang bis Ende durchzuarbeiten wird im Rahmen einer Lerntherapie selten möglich und auch nicht notwendig sein. Wir können einzelne Elemente, die uns für das betreffende Kind oder den Jugendlichen sinnvoll und hilfreich erscheinen, herausnehmen und mit anderen Komponenten kombinieren. Oft ist es noch erfolgversprechender, Materialien für das Kind individuell anzupassen. Beim Selbstinstruktionstraining ist es immer auch möglich, selbst erstellte Materialien einzusetzen.

Die Methode der Selbstinstruktion ist eine Technik, die der kognitiven Verhaltenstherapie entstammt.[9]
„Durch das Selbstinstruktionstraining soll das Kind zu einem planvollen und reflexiven Arbeitsstil bei der Bewältigung von Aufgaben angeleitet werden, die geistiges Durchhaltevermögen und systematisches Arbeiten erfordern."[10] So beschreibt Manfred Döpfner sein Training zur Verringerung eines impulsiven Arbeitsverhaltens, das einen Aspekt seines umfangreichen Therapieangebots im Therapieprogramm für Kinder mit hyperkinetischem und oppositionellem Problemverhalten (THOP) darstellt. Er empfiehlt, das Training dann durchzuführen, wenn das Kind „ein ausgeprägt impulsives, leicht ablenkbares, wenig konzentriertes oder wenig strukturiertes Arbeitsverhalten" zeigt.[11]
Ist neben dem impulsiven Arbeitsstil auch ein Problem im Leistungsbereich verantwortlich für die ausbleibenden Erfolge, so sollte auch eine Förderung in diesem Bereich stattfinden.
Die Selbstinstruktionsmethode wird oft in Verbindung mit Selbstmanagementtechniken – wie Selbstbeobachtung und Regeleinhaltung – und Verstärkung eingesetzt[12], um bessere Erfolge bei der Verhaltensänderung zu erzielen. In diesem Zusammenhang sind wieder die Etappen 4 und 5 der SchADskiste, hier speziell die Wenn-Dann-Pläne und die Verstärkerpläne, von Bedeutung.

Dieter Krowatschek stellt in seinem Konzept des „Marburger Konzentrationstrainings", das als Gruppentraining und als Einzeltraining sowohl mit jüngeren Schulkindern als auch mit Jugendlichen durchführbar ist[13], die Methode der verbalen Selbstinstruktion ins Zentrum. Zusätzlich wird jedoch besonders die Wahrnehmungsgenauigkeit, aber auch die Feinmotorik und die Merkfähigkeit trainiert.[14] Krowatschek stellt unterschiedlichstes Übungsmaterial zur Verfügung, wie die Fortsetzung von Mustern, Wimmelbilder und besonders die Arbeitsblätter „Konzentriert geht's wie geschmiert", auf denen einzelne Bilder mit Vorlagen verglichen werden. Für die Jugendlichen ist viel anspruchsvolles Material vorhanden, wie U-Bahn- oder Stadtpläne von New York oder London, die hohen Motivationscharakter haben.[15]

Gerhard Lauth und Peter Schlottke formulieren in ihrem Basiswerk „Training mit aufmerksamkeitsgestörten Kindern"[16] als Ziel des „Therapiebausteins Strategietrai-

ning" eine Vorausplanung des Verhaltens durch die Orientierung an einer übergeordneten Strategie, um so zu einer Regulation der eigenen Handlungen zu gelangen.[17]
Zunächst stellen sie ein Basistraining vor, das für jüngere Kinder von 7 bis 9 Jahren geeignet ist. Hier geht es um das Einüben grundlegender Fertigkeiten, wie „genau hinsehen", „genau hinhören" etc. und einer ersten Reaktionsverzögerung durch ein Stopp-Signal.[18] Darauf aufbauend wird das Strategietraining vorgestellt, das die Arbeit mit Signalkarten auf unterschiedlichen Abstraktionsebenen vom Labyrinth-Bild bis zum Sachtext skizziert.[19]
Auch hier wird das Training in ein Verstärker-System eingebettet.[20]
Die Anwendung der Selbstinstruktion im Unterrichtszusammenhang wird von Gerhard Lauth und Kerstin Neumann in „ADHS in der Schule", Übungsprogramm für Lehrer thematisiert.[21]
Auch die „Therapie-Tools ADHS im Kindes- und Jugendalter" von Franz Petermann und Sören Schmidt[22] beschreiben Einsatzmöglichkeiten des Selbstinstruktionsverfahrens.

Ziel des Selbstinstruktionstraining ist es also, die eigene Impulsivität stärker zu kontrollieren, planvoller zu handeln, so Fehler zu vermeiden und damit durch Handlungsregulation unterschiedlichste Anforderungen mit Erfolg zu meistern.

3.2 Der Aufbau des Trainings

Erarbeiten wir mit den Kindern oder Jugendlichen das Thema „Handlungsplanung mit Selbstinstruktion", so können zunächst wieder die Inhalte der 2. Etappe der SchADskiste, die „Identifizierung mit dem Ziel" genutzt werden, um sich mit dem Kind oder Jugendlichen das bisherige Arbeitsverhalten anzuschauen. Welche Vor- und Nachteile hat das bisherige, welche Vorteile und auch Nachteile kann ein verändertes Arbeitsverhalten bringen? „Schneller fertig sein" ist dann im Vergleich zu „Ich muss alles noch mal machen, weil so viele Fehler in der Arbeit sind" kein großer Vorteil mehr. Wir können dann gemeinsam mit den Kindern überlegen, was genau ein günstiges Arbeitsverhalten ausmacht, also das Ziel differenzierter beschreiben. Oft haben die Kinder schon viele konkrete Ideen: das notwendige Material vorher bereitlegen, langsam arbeiten, genau lesen.
Die Kinder und Jugendlichen wünschen sich gute Ergebnisse ihrer Arbeit und damit Erfolgserlebnisse. Und der Erfolg fühlt sich umso besser an, wenn er eigenständig erreicht wird, ohne Hilfe der Erwachsenen, die die Planung und Leitung übernehmen. Wenn die Kinder und Jugendlichen nach den gemeinsamen Vorüberlegungen dann „Ja" sagen können zu dem Ziel „selbstständiges und planvolles Handeln" ist die Basis gelegt, und wir können die Selbstinstruktionsmethode erarbeiten.

Die Technik der Selbstinstruktion kann also eins von mehreren Instrumentarien sein, mit dem die Kinder und Jugendlichen lernen, ihre Aufmerksamkeit und auch ihr Handeln zu steuern. Das Selbstinstruktionstraining sollte auch mit dem Einsatz von Verstärkerplänen, wie sie in der 5. Etappe „Zielvereinbarungen“ vorgestellt wurden, kombiniert werden.[23]

Diese Selbststeuerung kann in mehreren Schritten erlernt werden. Dieter Krowatschek stellt dazu eine differenzierte Anleitung zum „Inneren Sprechen“ in fünf Schritten vor. Eine ähnliche Stufenabfolge für das Erlernen eines planvollen und reflektierten Arbeitsverhaltens findet sich bei Lauth und Schlottke.[24]

Inneres Sprechen nach Krowatschek:

1. Bei der Bearbeitung einer Aufgabe soll zunächst der Trainer oder Therapeut selbst eine Aufgabe durchführen, während er laut dazu spricht. Sein Vorgehen dient als Modell.
2. Im zweiten Schritt führt dann das Kind die gleiche Aufgabe durch, während immer noch der Therapeut dazu laut instruiert.
3. Nun führt das Kind die Aufgabe auch selbst durch, doch jetzt instruiert es sich laut selbst.
4. Jetzt führt das Kind die Aufgabe ebenfalls selbst durch, instruiert sich selbst jedoch nur noch flüsternd.
5. Das Kind kann nun die Aufgabe durchführen und denkt nur noch die Instruktion.[25]

Die Inhalte der Selbstinstruktion sind je nach Autor unterschiedlich formuliert. Gerhard Lauth und Peter Schlottke wählen eine bildliche Darstellung, und zwar mit der Figur des Felix Helikopter, eines Verwandten von Daniel Düsentrieb, von dem Sie sicherlich schon einmal gehört haben.[26] Sehr knapp und prägnant gestalten sich die Signalkarten bei Manfred Döpfner. Bei der Auswahl der geeigneten Darstellung spielt sicherlich das persönliche Empfinden eine Rolle. Hier wird nun die kurze Anleitung Döpfners vorgestellt, da es ihm gelungen ist, eine sehr ansprechende visuelle Darstellung zu finden.
Manfred Döpfner und Kollegen bringen fünf Signalkarten ins Spiel, auf denen eine Figur agiert, die zu Anfang ein Stoppschild hochhält, der dann in Form einer Glühbirne ein Licht aufgeht oder die mithilfe einer Lupe genau hinschaut.

Die fünf Punkte der Signalkarten nach Döpfner lauten:[27]

1. Stopp, was soll ich tun?
2. Wie ist mein Plan?
3. Sorgfältig, Schritt für Schritt zum Ziel!
4. Stopp, überprüfen!
5. Prima!

Die Reihenfolge der Karten ist bei der Arbeit natürlich einzuhalten. Bei der Erar-

beitung mit dem Kind bietet sich hier eine Gelegenheit, das Kind selbst diese Reihenfolge herausfinden zu lassen, indem wir die Karten zuvor mischen und dann die neue Ordnung mit ihm besprechen. So können wir schon gedanklich planvolles Handeln durchspielen.
Die erste Karte soll das impulsive Herangehen an eine Aufgabe stoppen. Das Kind liest zuerst die Aufgabenstellung und formuliert dann noch einmal selbst, was seine Aufgabe ist.
Mit der zweiten Karte überlegt sich das Kind einen Plan, wie es sein Ziel erreichen kann und welche Schritte dazu genau nötig sind.
Die dritte Karte erinnert das Kind daran, langsam und Schritt für Schritt seinen Plan umzusetzen.
Die vierte Karte fordert das Kind auf, sofort zu überprüfen, ob alles korrekt ist und gegebenenfalls Fehler zu verbessern.
Mit der fünften Karte kann das Kind sich selbst auf die Schulter klopfen, sich selbst belohnen, weil es seine Sache gut gemacht hat.[28]

Natürlich können wir auch das Kind eine Figur erfinden lassen, mit der es sich dann noch besser identifizieren kann.
Es kommt vor, dass die Kinder auch Lust haben, eine sechste Karte zu erfinden, auf der etwas ihnen Wichtiges steht, wie z. B. ein Satz ihres inneren Helfers.

Lea, ein 12-jähriges Mädchen, dachte sich, aufbauend auf Döpfners Signalkarten, die in der Abbildung auf Seite 197 dargestellte Abfolge aus. *(s. Abb. 34, S. 197)*

Leas sechste Karte ist eine kluge Erweiterung: Wenn sie in eine Sackgasse geraten ist, will sie nicht aufgeben, sondern jemanden um Rat fragen!

Die vorgefertigten oder selbst erstellten Signalkarten eignen sich später auch hervorragend zum Einsatz bei den Hausaufgaben oder in der Schule. Gerade weil es einzelne Karten sind, lässt sich das strukturierte Vorgehen gut einüben: Ist ein Punkt abgehakt, kann die Karte zur Seite gelegt werden. Das Kind hat immer den Überblick, an welchem Punkt des Prozesses es sich gerade befindet.

Bild 34: Leas Signalkarten

3.3 Einüben der Selbstinstruktion

Zur Einübung des „inneren Sprechens“ bietet sich eine kurze, übersichtliche Aufgabe an. Dieter Krowatschek schlägt die Fortsetzung eines Musters vor.[29] *(s. Abb. 35, S. 199)*
Im folgenden Beispiel der Einübung befinden wir uns in der 3. Phase des „Inneren Sprechen“, in der das Kind bereits die Aufgabe selbst durchführt und sich auch laut selbst instruiert. Wir, die TherapeutInnen, begleiten das Kind. Unsere Aufgabe ist vorrangig, das Kind zu bestärken und zu loben. Lauth und Schlottke empfehlen, gegebenenfalls das Kind zu unterstützen. Wenn wir also Fehler entdecken, ist es unsere Aufgabe, dem Kind Hinweise für Lösungswege aufzuzeigen. Es geht also nicht darum, etwas direkt zu korrigieren, sondern „prozessorientierte Hilfe“ anzubieten.[30]

Ein Dialog zwischen der Therapeutin und dem Kind zur Einübung der 5 Schritte (nach Döpfner):

Kind: ***Stopp, was soll ich tun?***
Ich lese erst einmal die Aufgabe!

Therapeutin: Prima, dass du daran denkst!

K: Ich soll das Muster fortsetzen.

T: Ja, genau!

K: Jetzt brauche ich ja einen ***Plan****!*

T: Super, dass du daran denkst!

K: Also ich zeichne das Muster ja ab dem schwarzen Punkt weiter. Dazu muss ich erstmal wissen, wie das Muster vorher gezeichnet ist. Ich fange am besten ganz links vor dem ersten Muster an und gucke, wie das gezeichnet ist.

T: Gut!

G: Also erst einmal muss ich ab dem schwarzen Punkt ein Feld nach rechts gehen (zeichnet den Strich).
Dann geht es zwei Kästchen nach oben und danach wieder eins nach rechts ***(Schritt für Schritt).***

T: Das machst du super!

K: Jetzt muss ich vier Kästchen nach unten und danach wieder eins nach rechts (zeichnet, rutscht aber ein Kästchen zu weit).

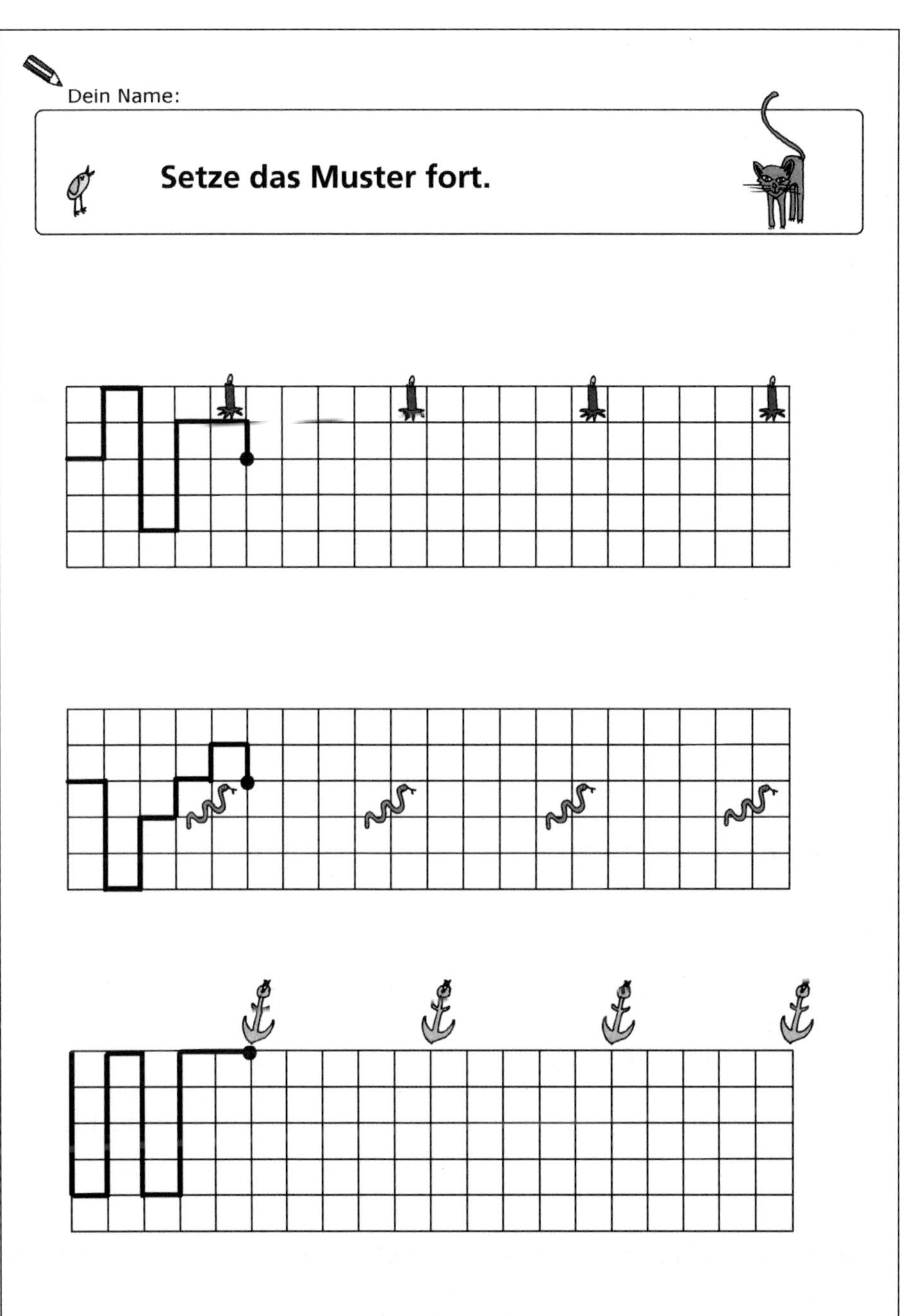

Bild 35: Krowatschek, Setze das Muster fort[31]

Jetzt sieht das komisch aus. Ich glaube, ich habe einen Fehler gemacht. ***(Schritt für Schritt und Stopp, überprüfen).***

T: Das ist toll, dass du das sofort bemerkst!

(Kind korrigiert den Fehler.)
K: Jetzt muss ich noch mal vier Kästchen nach oben, dann zwei nach rechts und zum Schluss eins nach unten.

T: Super, du hast es geschafft!

K: Jetzt schau ich mir alles noch mal an. Ja, das sieht alles richtig aus! ***(Stopp, überprüfen!)***

T: Jetzt fehlt nur noch das Beste!

K: Ja, ich freu mich und sag mir: Ich bin richtig gut! ***(Prima!)***

Klassisches Material, mit dem die Selbstinstruktionsmethode eingeübt werden kann, sind die Arbeitsblätter „Konzentriert geht's wie geschmiert!" von Dieter Krowatschek.[32] *(s. Abb. 36, S. 201)*
Als Beispiel dient hier das Arbeitsblatt „Bär in der Rakete".

Das Kind erhält die Vorlage. Die 9 Kärtchen werden zudem doppelseitig kopiert und dann ausgeschnitten.
Hier geht es um drei Merkmale, in denen sich die Bilder voneinander unterscheiden. Haben Sie es schon entdeckt? Der Hut des Bären ist einmal hell und einmal dunkel. Mal sind es zwei, mal drei Antriebsraketen. Die Spitze der Rakete ist mal da, mal fehlt sie. Aufgabe des Kindes ist es, die Kärtchen mit der Vorlage zu vergleichen und die exakt gleichen Bilder aufeinanderzulegen.
Das Kind benennt bei einem Kärtchen alle drei enthaltenen Merkmale und vergleicht sie mit dem ersten Bild der Vorlage, dann mit dem zweiten etc., bis das passende Gegenstück gefunden ist.
Dabei geht es systematisch vor und hält die Abfolge der Signalkarten ein.
Hat das Kind die Aufgabe gelöst und dreht dann alle Kärtchen um, ist der Lösungsspruch zu lesen: „Konzentriert geht's wie geschmiert!"

3.4 Übertragung der Methode auf eigenes Material

Die Kinder und Jugendlichen benötigen die Fähigkeiten der Handlungsplanung, des strukturierten und selbstgesteuerten Vorgehens besonders im Zusammenhang mit schriftlichen Texten. Sie sind oft kluge Denker und gewitzte Strategen, wenn es um handlungsorientierte Tätigkeiten geht. Doch gerade bei der Arbeit mit Schriftsprache, bei Arbeitsanweisungen, in der Textarbeit im Deutschunterricht oder auch

Schau dir die Bilder in der ersten Reihe genau an.
Finde heraus, in welchen drei Merkmalen sie sich unterscheiden.
Beschreibe die drei Unterschiede nacheinander
für die Bilder in der ersten Reihe.
Sag nun kurz, in welchen Merkmalen sich die Bilder unterscheiden.
Leg anschließend die Karten nacheinander
auf das jeweils richtige Bild auf.
Überprüfe Schritt für Schritt, ob Karten und Bilder übereinstimmen.

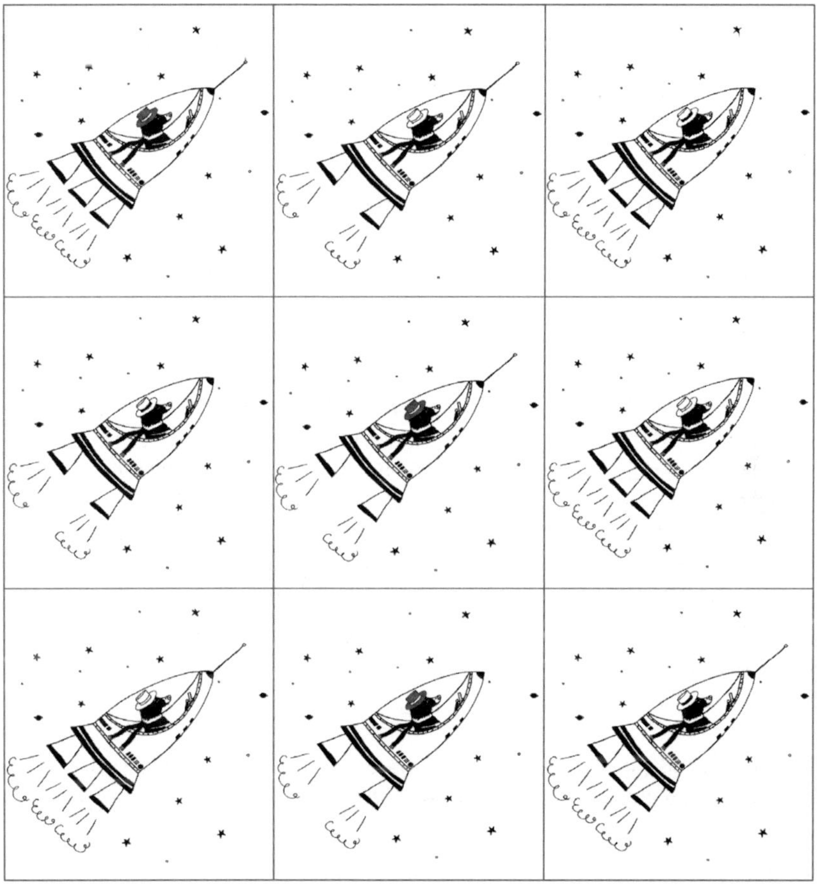

Bild 36: Krowatschek: Arbeitsblatt „Bär in der Rakete“[33]

bei Textaufgaben in der Mathematik verlieren sie noch oft den Überblick und brauchen einen „roten Faden". Hier eignet sich das Selbstinstruktionstraining besonders gut, um den Kindern und Jugendlichen zu ermöglichen, ihre Kompetenzen auch zu zeigen und durch strukturiertes Vorgehen zu einem guten Ergebnis zu kommen.
Einiges an Material, das wir bereits zur Förderung der visuellen oder Raumlage-Wahrnehmung oder auch zur Förderung der Lese- und Rechtschreibkompetenz nutzen, können wir hier zur Einübung der Selbstinstruktion nutzen: einen Weg durch ein Labyrinth finden, Unterschiede in zwei scheinbar gleichen Bildern finden, Details in einem Wimmelbild wahrnehmen, Diktattexte, Bildergeschichten.
Doch es ist auch recht einfach und macht Freude, eigenes Material zu entwickeln, das wir dann auch wieder gut an den Interessen und Bedürfnissen des jeweiligen Kindes oder Jugendlichen ausrichten können.
Hier werden nun einige Anregungen gegeben und beispielhaft Aufgaben vorgestellt, die sich sehr gut für das Selbstinstruktionstraining eignen.

3.4.1 Genaues Lesen der Aufgabenstellung

Einfach strukturierte Konzentrationsübungen werden hier mit einer bewusst komplizierten und wortreichen Aufgabenstellung kombiniert. Die Kinder und Jugendlichen sind also herausgefordert, sich von der vermeintlich simplen Aufgabe nicht dazu verleiten zu lassen, die Aufgabenstellung nicht genau zu studieren, denn ansonsten haben sie sich womöglich sogar zuviel Arbeit gemacht! Besonders das Blatt „Fehler finden" sollten Sie immer in Kopie vorrätig haben. Denn gerade, wenn die Kinder den „Trick" erkannt haben, möchten sie auch gerne mit anderen „geeigneten Kandidaten", den Eltern vielleicht, den Trick ausprobieren. *(s. Abb. 37, S. 203)*

Eine anspruchsvollere Variante ist die Übersetzung einer Geheimschrift. In dem „Buchstabenwald" der Aufgabenstellung zu bemerken, dass ja gar nicht alles bearbeitet werden muss, erfordert schon ein Adlerauge und sehr reflektiertes und planmäßiges Vorgehen. *(s. Abb. 38, S. 204)*

Aufgaben zur Geheimschrift: Jeder Buchstabe ist einem Geheimzeichen zugeordnet. Bei den Aufgaben 1–10 verbirgt sich hinter jeder Abfolge der Geheimzeichen ein sinnvolles Wort.
Finde die Wörter heraus, indem du die einzelnen Zeichen der Aufgaben 1–8 mit den Zeichen-Buchstabenzuordnungen im ersten Teil des Blatts vergleichst und schreibe sie hinter die Geheimzeichen!
Lasse das 4. und 5.Wort aus!
Finde ein eigenes Wort mithilfe der Geheimzeichen, das ich dann lösen werde. Schreib es rot unten auf das Blatt!

Fehler finden: Schau genau, das ist schlau!

Aufgabe: Hier siehst du zwei Spalten, die scheinbar genau gleich aussehen. Doch ist wirklich jede Zeile in der Spalte B mit all ihren Zeichen identisch mit der gegenüberliegenden Zeile in der Spalte A? Nein!
In jeder Zeile steckt ein falsches Zeichen. Finde dieses Zeichen in der letzten Zeile und streiche es durch. Schau genau, das ist schlau!

A	B
AKWUXTAPKN	AKWUYTAPKN
TZUOPJLQQR	TZUOPJLOQR
ZZIYXVBVBW	ZYIYXVBVBW
PSGRTXVQMM	PSGRT1VQMM
WUZAFHKUHB	WUZAFHJUHB
KLMGHZYMNI	KLMGHZYMNL
POZ7GFJKLT	POZUGFJKLT
BNMFOJKKLW	BNMFOJKLLW
YXCVZUGHWK	YXOVZUGHWK
KLWZUAHKKQ	KLWZUAHKKO
TOAKQOPVBZ	TOAKQOPWBZ
QUDGHDJKRR	QUDGHDJKRP
DGHANCIRHSZ	DDHANCIRHSZ
HD3DKLZUOP	HDEDKLZUOP
Q9ERTZUIOP	Q6ERTZUIOP
ASBFGHJKLÖ	AS3FGHJKLÖ
YXCVBNMKLP	YYCVBNMKLP
QKEISJJERU	QKFISJJERU
AG3XCVADGR	AG8XCVADGR
WZXHJO!RGB	WZYHJO!RGB
LK5IPZUTPO	LK5IPZUTPQ
MBNHGL7ZPQ	MBNHGL7ZPO
WRXVTRATWR	WRXVTRVTWR
TZUEUEUZCB	TZUFUEUZCB
ZYXASOD6LZ	ZYXASOD9LZ

Bild 37: Fehler finden

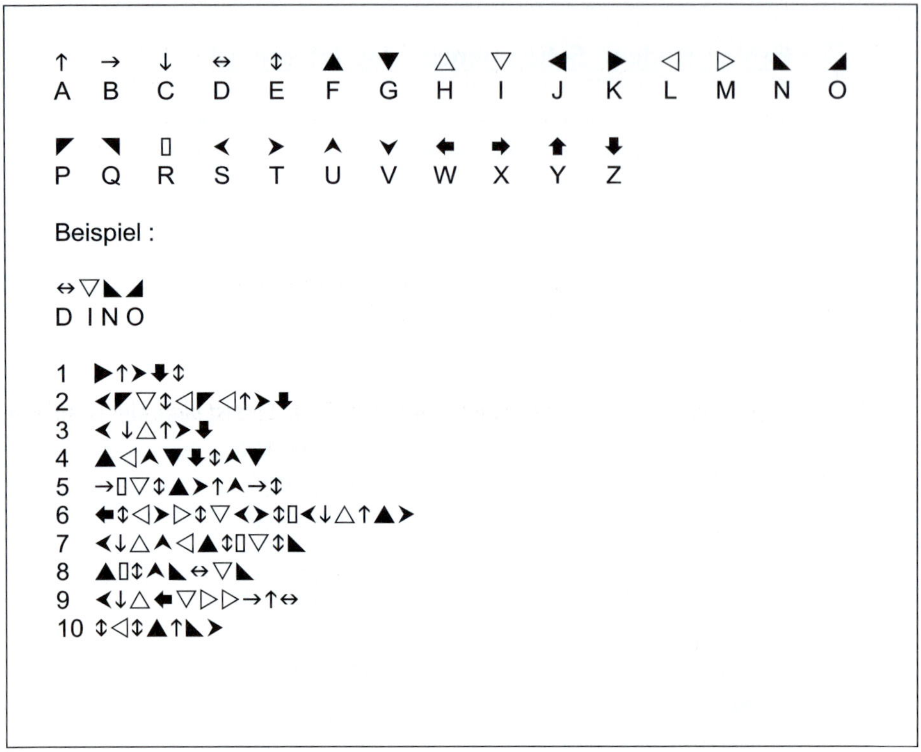

↑	→	↓	↔	↕	▲	▼	△	▽	◀	▶	◁	▷	◣	◢
A	B	C	D	E	F	G	H	I	J	K	L	M	N	O

◤	◥	▯	⮜	⮞	⮝	⮟	⬅	➡	⬆	⬇
P	Q	R	S	T	U	V	W	X	Y	Z

Beispiel :

↔▽◣◢
D I N O

1 ▶↑⮞⬇↕
2 ⮜◤▽↕◁◤◁↑⮞⬇
3 ⮜ ↓△↑⮞⬇
4 ▲◁⮝▼⬇↕⮝▼
5 →▯▽↕▲⮞↑⮝→↕
6 ⬅↕◁⮞▷↕▽⮜⮞↕▯⮜↓△↑▲⮞
7 ⮜↓△⮝◁▲↕▯▽↕◣
8 ▲▯↕⮝◣↔▽◣
9 ⮜↓△⬅▽▷▷→↑↔
10 ↕◁↕▲↑◣⮞

Bild 38: Geheimschrift[34] (in Anlehnung an ein ähnliches Beispiel bei Lauth und Schlottke)

3.4.2 Knobelaufgaben

Knobelaufgaben verbinden logisches Denken mit sprachlichem Verständnis. Durch die Kürze der Texte bekommt wirklich jedes Wort Gewicht und verdient Beachtung. Zudem machen diese Aufgaben den Kindern großen Spaß.[35]

Aufgabe:
Lies die Knobelaufgaben sorgfältig durch und überlege zunächst, wie du deine Gedanken ordnen kannst: Beginne immer mit der Aussage, die ohne die übrigen absolut verständlich ist und ziehe dann Schritt für Schritt deine Schlüsse. Kannst du deine Gedankengänge visualisieren? (Tabelle/Zeichnung?)

1)
Hinter dem Berg gibt es einen See. Hinter dem See liegt eine Wiese. Am Fuß des Bergs steht eine Bank.

Was ist am weitesten weg von dem Berg?[36]

2)
Vier Freunde treffen sich. Zwei haben den gleichen Vornamen und auch das das gleiche Hobby. Von jedem Jungen erfährst du ein Hobby und ein Schulfach. Benny Hausmann spielt Fußball und ist gut in Mathe, Max Kern trainiert Judo, Tim Meier mag Skaten und ist gut in Mathe. Benny Klein ist gut in Deutsch. Der Junge, der in Englisch gut ist, hat als Hobby nicht Fußball.

Welches Hobby hat Benny Klein?
Zwei Freunde sind im gleichen Fach gut. Welche Hobbys haben die beiden?
Wie heißt der Junge, der in Englisch gut ist und was ist sein Hobby?[37]

3)
Drei Handys liegen nebeneinander in einer Reihe auf dem Tisch. Eins ist blau, eins ist silbern, eins ist schwarz. Das linke ist blau, das mittlere ist nicht schwarz.
Welche Farbe hat das Handy, das rechts liegt?[38]

4)
Im Flur liegen drei Schultaschen: Die rote ist schwerer als die blaue. Sie ist auch schwerer als die grüne. Die blaue ist leichter als die grüne.
Welche Schultasche hat ein mittleres Gewicht?[39]

3.4.3 Umgang mit Texten

Grundlagen des Umgangs mit Texten werden in allen Schulfächern benötigt, nicht nur im Deutschunterricht. Texte zu verstehen, zu strukturieren und dann Schritt für Schritt zu analysieren ist auch in gesellschafts- und naturwissenschaftlichen Fächern und in der Mathematik von Bedeutung. Auch hier kann die Selbstinstruktion eine große Hilfestellung für ein systematisches Vorgehen sein.

- *Hier ist etwas durcheinander geraten! – Ein Text muss wieder in die Reihenfolge gebracht werden.* (Bei jüngeren Kindern eignen sich hier auch Bilder-Geschichten.)

  Ich steige in den Zug.
  Am Bahnhof wartet schon meine Oma.
  Wir spielen zusammen ein Kartenspiel.
  Wir fahren zu ihr nach Hause.
  Ich packe meine Koffer.
  Wir essen ihren selbst gemachten Kuchen.
  Er gewinnt.
  Ich fahre zum Bahnhof.
  Im Abteil lerne ich einen netten Jungen kennen.

Sie freut sich, mich zu sehen.
Bevor ich aussteigen muss, tauschen wir noch unsere Handy-Nummern aus.

Text in logischer Reihenfolge:

Ich packe meine Koffer.
Ich fahre zum Bahnhof.
Ich steige in den Zug.
Im Abteil lerne ich einen netten Jungen kennen.
Wir spielen zusammen ein Kartenspiel.
Er gewinnt.
Bevor ich aussteigen muss, tauschen wir noch unsere Handy-Nummern aus.
Am Bahnhof wartet schon meine Oma.
Sie freut sich, mich zu sehen.
Wir fahren zu ihr nach Hause.
Wir essen ihren selbst gemachten Kuchen.

Spannend ist hier auch, welche Lösungswege die Kinder entdecken. Ordnen sie die Sätze gedanklich, indem sie vor ihrem inneren Auge einen Film ablaufen lassen? Nummerieren Sie die Sätze? Schneiden sie sie aus, um sie dann zu ordnen? In der Phase der Planung des Vorgehens können wir die Kinder ermutigen, mehrere Wege zu finden und sie gedanklich durchzuspielen, auch so wird impulsives Verhalten nach und nach durch Handlungsplanung ersetzt.

Auch Textaufgaben, wie sie im Mathematik-Unterricht eingesetzt werden, können Übungsmaterial sein:

- *Jana hilft in ihrer Freizeit im Tierheim aus. Sie darf auch bei der Fütterung helfen. Bisher waren es 8 Hunde, die sie versorgte. Dazu musste sie für jeden Hund 2 Dosen Futter aus dem Vorratsraum holen. Nun sind aber 3 neue Hunde dazu gekommen, einer bekommt jedoch Spezialfutter und wird von der Tierpflegerin betreut, um den muss sich Jana nicht kümmern. Wie viele Dosen muss sie nun holen, damit die Hunde versorgt sind?*

Hier sind verschiedene Einzelinformationen zu sortieren und zu verarbeiten. Oft ist es für die Kinder hilfreich, sich das Geschehen bildlich oder wie in einem Film vorzustellen. Um den Überblick zu behalten ist es auch günstig, eine Zeichnung anzufertigen oder die Situation mit Spielfiguren nachzustellen. Auch hier erleichtern wieder die Visualisierung und die Erarbeitung in kleinen Schritten die Lösung der Aufgabe.

- 8 Hunde
- Jeder 2 Dosen Futter
- 3 neue Hunde, davon bekommt 1 Hund anderes Futter

Also zum Beispiel:

3 − 1 = 2 (3 neue Hunde − 1 Hund)
8 + 2 = 10 (8 Hunde + 2 Hunde)
10 × 2 = 20 (10 Hunde × 2 Dosen)

oder:

8 × 2 = 16 (8 Hunde × 2 Dosen)

3 − 1 = 2 (3 Hunde − 1 Hund)
2 × 2 = 4 (2 Hunde × 2 Dosen)

16 + 4 = 20 (16 Dosen + 4 Dosen)

Mithilfe der Signalkarten kann die Bearbeitung der Textaufgabe systematisch und Schritt für Schritt erfolgen. Die Gliederung der Informationen und die Erprobung der unterschiedlichen Vorgehensweisen lassen die Kinder den Text intensiv durcharbeiten. Auch der flexible Einsatz der Rechenarten wird hier spielerisch erprobt. Es kann reflektiert werden, dass z. B. die Frage, wie viele Dosen Jana bisher holen musste (8 × 2 = 16) nicht unbedingt relevant ist. Sie wird zwar in die zweite Berechnung einbezogen, jedoch wird dadurch ein zusätzlicher Rechenschritt erforderlich. Durch dieses Vorgehen verlieren die Textaufgaben ihre Intransparenz und für viele Kinder auch ihren Schrecken, sie werden mehr zu einer spannenden Detektivaufgabe, die sich Schritt für Schritt lösen lässt.

3.4.5 Strategiespiele

Zwei Spiele mit hohem Motivationscharakter eignen sich auch sehr zum Selbstinstruktionstraining.
„Rush hour"[40] stellt einen Parkplatz dar, auf dem sich viele Autos tummeln. Die Autos werden nach vorgegebenen Plänen auf dem Spielfeld platziert. Ziel ist es, das rote Auto zum einzigen Ausgang zu manövrieren. Also müssen auch andere Autos hin- und hergeschoben werden, vor und zurück. Und es ist von großem Vorteil, strategisch zu denken! Wenn die Kinder es schaffen, einige Züge im Voraus zu planen, kommen sie schnell an Ziel.
„Tip over"[41] ist eine Variante des „Rush hour". Hier kommt jedoch eine dritte Dimension, die der Höhe, hinzu. Türme müssen gekippt werden, damit eine Figur ans Ziel kommt. Dabei ist es wichtig, vorauszuplanen, bis an welche Stelle die Türme wohl kippen werden, strategisches Denken und Raumlage-Wahrnehmung werden hier trainiert.
Gerade das Planen der nächsten Züge eignet sich gut zum Verbalisieren, so kann die Selbstinstruktion zu einem reflektierten Vorgehen verhelfen. *(s. Abb. 39, S. 208)*

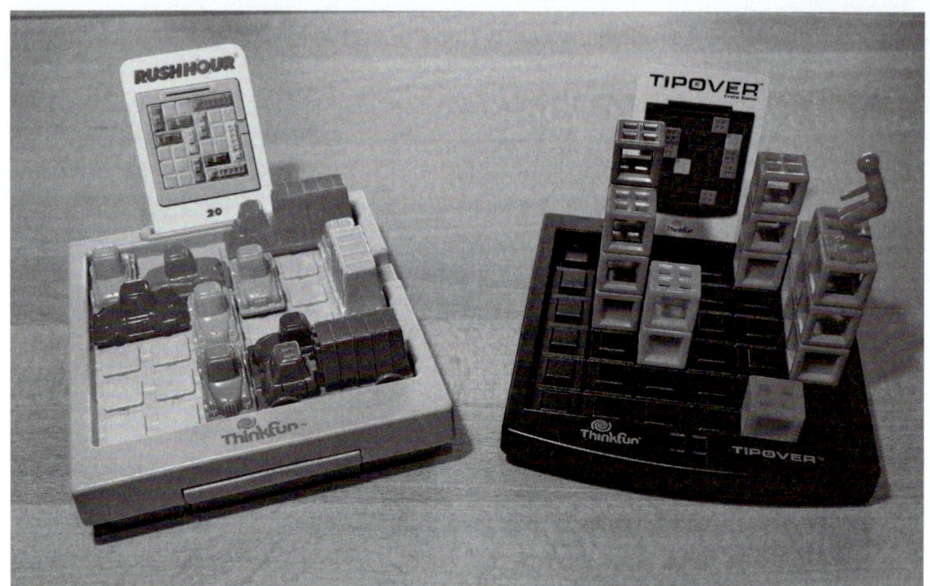

Bild 39: „Rush hour" und „Tip over" (© ThinkFun – Alle Rechte vorbehalten!)

3.4.6 Aufgaben für Jugendliche

Für die Arbeit mit Jugendlichen eignen sich anspruchsvolle Aufgabenstellungen, wie z. B. das Zurechtfinden auf einem Stadtplan und die Beschreibung eines Wegs. Krowatschek hat hier in seinem Band für Jugendliche viele ansprechende Materialien gesammelt.[42]

Doch wir können auch mit dem Jugendlichen gemeinsam diese Idee weiterentwickeln: Wie müsste ein Plan des eigenen Ortes aussehen, welche Straßen und wichtigen Gebäude müssten verzeichnet sein? Wenn wir einen Stadtplan zeichnen wollen, wie sollten wir da vorgehen? Wie ist unser Plan? Wie sind die einzelnen Schritte? Welchen Weg würden wir als den besten kennzeichnen, an dem z. B. viele Sehenswürdigkeiten entdeckt werden können?

Auch Problemstellungen wie die Reparatur eines Fahrrads, das Installieren einer App oder eines PC-Spiels sind für Jugendliche spannende Themen. Die Jugendlichen erarbeiten und beschreiben selbst ihren Plan und reflektieren so das Vorgehen. Doch wir können auch kurze Texte schreiben oder auch aus Sachbüchern entnehmen und so den Text zum Gegenstand der Textbearbeitung machen. Die Herangehensweise erproben die Jugendlichen, indem sie verschiedene Strategien ausprobieren und so ihre eigenen Erfahrungen sammeln. Sie arbeiten nicht nur Aufgaben ab, sondern entwickeln eigene Ideen.

Mögliche Fragen bei der Beschäftigung mit dem Text können dann sein:

- Wie ist der Plan bei einem umfangreichen Text?
- Erst einmal den Text überfliegen und einen Überblick schaffen?
- Dann einzelne Abschnitte schaffen und so unser Vorgehen in einzelne Schritte zerlegen?
- Wie kann man mit unverständlichen Textstellen umgehen?
- Wie können wir das Wichtigste kurz zusammenfassen?

Die Auseinandersetzung mit diesen Fragen befähigt Jugendliche dann, auch komplexere und umfangreiche Texte selbstständig zu bearbeiten.
So können Materialien auf unterschiedlichem Anspruchsniveau genutzt werden und als Trainingsmaterial für die Selbstinstruktion und Handlungsplanung dienen.

4. Fokussierte und geteilte Aufmerksamkeit: Jacobs' „Attentioner"

„Stay focused!"

(Quelle unbekannt)

4.1 Ziele und Methoden

Claus Jacobs und seine KollegInnen Dietmar Heubrock, Despina Muth und Franz Petermann haben ein „Training für Kinder mit Aufmerksamkeitsstörungen" erarbeitet, das „neuropsychologische Gruppenprogramm Attentioner"[43]
Die Fokussierung auf eine Aufgabe und die Reduzierung der Ablenkbarkeit stehen dabei im Zentrum ihrer Überlegungen.

Auch wenn das Programm auf die Arbeit mit ganzen Gruppen ausgerichtet ist, so können wir doch den Ansatz und in Abwandlung und Weiterentwicklung auch die Materialien im einzeltherapeutischen Setting einsetzen.

Die AutorInnen betrachten die Aufmerksamkeitsproblematik besonders unter dem Gesichtspunkt neuropsychologischer Ursachen. Eine Aufmerksamkeitsstörung wird vorrangig als „Inhibitionsstörung" verstanden, d. h. der fehlenden Möglichkeit, impulsive Reaktionen zu kontrollieren oder zu hemmen. Diese Inhibitionsstörung beruht auf einer Störung des Gleichgewichts zwischen spezifischen Neurotransmittern und wird „als ursächlich für die drei ... Kardinalsymptome (Unaufmerksamkeit, Hyperaktivität und Impulsivität) angenommen".[44]

Ziel der AutorInnen ist es, mit ihrem Training die „neuronalen Netzwerke" für die Aufmerksamkeitssteuerung zu verbessern. Durch Aufgaben mit ansteigendem Schwierigkeitsgrad sollen die „kognitiven Funktionen gesteigert" und das „Funktionsdefizit" abgebaut werden.[45] Die AutorInnen betonen, dass im Training natürlich auch Verhalten verändert werden soll und ihr Ansatz in ein verhaltenstherapeutisches Rahmenkonzept eingeordnet ist.[46] Zudem verstehen sie ihr Programm als Ergänzung zu anderen Trainings.[47]

Es werden verschiedene Bereiche der Aufmerksamkeit wie fokussierte Aufmerksamkeit, geteilte Aufmerksamkeit, Aktivierungsbereitschaft, Vigilanz und Daueraufmerksamkeit identifiziert.[48]
Im Programm des „Attentioner" stehen dann die beiden Bereiche fokussierte und geteilte Aufmerksamkeit im Zentrum, da sie die „größte Alltagsbedeutung" haben und am ehesten einer „Strategieveränderung zugänglich sind".[49]

Unter fokussierter (auch: selektiver[50]) Aufmerksamkeit wird „die Fähigkeit verstanden, schnell und zuverlässig auf relevante Reize zu reagieren und sich dabei nicht durch nebensächliche Informationen oder durch Störreize ablenken zu lassen".[51] Es geht also darum, trotz Ablenkung wichtige Reize wahrzunehmen und auf sie zu reagieren. Als Alltagsbeispiel wird die Kindergeburtstagsparty genannt. Hier gelingt es einem Kind, sich mit einem anderen Kind zu unterhalten, auch wenn der Lärm der anderen, Musik oder ein laufender Fernseher die Aufmerksamkeit irritieren könnten.[52] Auch die Hausaufgabensituation kann als Beispiel dienen. Die Umgebungsreize wie vorbeifahrende Autos, die Fliege an der Wand oder das Handy auf dem Tisch wirken ablenkend, die Hausaufgaben jedoch werden in diesem Fall als „reizarm" wahrgenommen und die Fokussierung fällt so schwerer.[53]

Der Begriff der „geteilten Aufmerksamkeit" beschreibt die Fähigkeit, zwei oder mehrere Aufgaben gleichzeitig zu bewältigen. Gerade im alltäglichen Unterrichtsgeschehen ist dies eine Daueranforderung. Den Erklärungen des Lehrers zuzuhören und dabei gleichzeitig das Tafelbild abzuschreiben erfordert diese Fähigkeit zur „geteilten Aufmerksamkeit". Kinder, bei denen diese Fähigkeit noch nicht ausreichend ausgebildet ist, blenden dann entweder einen Reiz aus oder aber verarbeiten die Reize nacheinander.[54]
Im schulischen Kontext, einem Bereich, der große Teile der Lebenswirklichkeit der Kinder und Jugendlichen bestimmt, sind diese beiden Fähigkeiten, Störreize auszublenden und zwei Aufgaben gleichzeitig zu bewältigen, von elementarer Bedeutung.
Jacobs und KollegInnen widmen sich im „Attentioner" der Entwicklung dieser Fähigkeiten. Das Training ist innerhalb des Programms in ein Verstärker-System sowie häusliche Übungsaufgaben und ein Elterntraining eingebettet.

Wir arbeiten als LerntherapeutInnen in der Regel ja in der Einzeltherapie mit dem Kind. Doch können wir viele Anregungen zum Aufbau der Fähigkeiten „fokussierte und geteilte Aufmerksamkeit" in unsere Arbeit aufnehmen und so zur Entwicklung der Aufmerksamkeit beitragen. Die Einbettung in ein Verstärker-System sowie begleitende Elterngespräche sind uns möglich, auch wenn wir nicht das ganze Programm mit dem Kind absolvieren. Die Vorzüge des Gruppen-Trainings, die Erarbeitung sozialer Regeln etc., kann die Einzeltherapie zwar nicht in dieser Weise bieten. Doch der ganz individuelle Zugang zum Kind, das Fokussieren auf die spezifischen Fähigkeiten und Ressourcen dieses Kindes eröffnen Wege zu einem intensiven Austausch, zur positiven Gestaltung innerer Vorstellungswelten und können so wertvolle Entwicklungsanreize bieten.

4.2 Aufbau des Trainings

Durch die Aufgaben des „Attentioner" soll „in erster Linie ... die selektive Aufmerksamkeit (Aufmerksamkeitssteuerung) verbessert werden".[55]
Eine erfolgreiche Aufmerksamkeitssteuerung ist auch gekennzeichnet durch „eine gezielte Hemmung der Reaktionsimpulse auf irrelevante Reize" sowie durch eine

geringere Schwankung der Aufmerksamkeit und somit eine geringere Ablenkbarkeit.[56]
Es wird trainiert, ablenkende Reize auszublenden und sich auf Aufgaben zu fokussieren. Dazu wird geübt, Impulse zu kontrollieren und Reaktionen zu hemmen, jedoch dann wieder schnell auf Zielreize zu reagieren.[57]
„Außerdem sollte die „Fähigkeit zur parallelen Verarbeitung von Reizen ... trainiert werden."[58]

Die Aufgaben steigen im Verlauf in ihrem Schwierigkeitsgrad immer weiter an. „Taifun", ein kleiner Drache, ist die Symbolfigur des Trainings und begleitet durch das Programm.[59]
Es wird also nicht ein Verfahren vorgestellt und dann geübt, wie bei der Selbstinstruktion, sondern „die einzelnen Aufgaben werden „als zu lösende Probleme angesehen",[60] bei denen durch Versuch und Irrtum zur Lösung gefunden wird. Es können eine Vielzahl von Lösungsstrategien entwickelt werden, um sich dann für die bestmögliche zu entscheiden.[61]
Dieses Vorgehen ist gerade für die Kinder, die einen „eigenen Kopf" haben und nicht ohne Weiteres gewillt sind, vorgegebenen Pfaden einfach nur zu folgen, ein interessanter und ansprechender Weg.

Auf der niedrigsten Anforderungsstufe werden beispielsweise zur Fokussierung der Aufmerksamkeit Übungen vorgestellt, bei denen die Kinder sich voll auf eine Aufgabe konzentrieren müssen, z. B. die Übersetzung einer „Geheimschrift", dabei aber gleichzeitig ablenkende Reize ausblenden müssen. Der Schwierigkeitsgrad der Ablenkungsreize kann dann allmählich erhöht werden.[62]
Andere Übungen trainieren, eine Reaktion auszuwählen und gleichzeitig irrelevante Reaktionen zu hemmen. Hier wird z. B. das alte Kindergartenspiel eingesetzt, in dem Fragen vorgelesen werden, das Kind aber ab der zweiten Frage als Antwort das nennt, was für die erste Frage richtig gewesen wäre.[63]
Die parallele Verarbeitung von Reizen wird beispielweise trainiert, indem die Kinder einen Klatschrhythmus einhalten, gleichzeitig aber auf akustisch vermittelte Informationen reagieren, hier z. B. bei der Nennung verschiedener Farben immer nur die Nennung der Farbe Grün mitzählen.[64] Auf höherem Anforderungsniveau sollen die Kinder dann z. B. ihre Aufmerksamkeit gleichzeitig auf mehrere, z. B. visuelle und akustische, Reize richten, also eine Situation, die im Schullalltag häufig entsteht, wenn die Kinder dem Lehrer zuhören, aber gleichzeitig etwas von der Tafel abschreiben. Die Übungen sind recht anspruchsvoll, so müssen gehörte Aussagen wahrgenommen und „falsche" Aussagen wie „Erdbeeren sind blau" symbolisch notiert werden. Gleichzeitig jedoch werden Symbole visuell präsentiert, hier z. B. blaue Sterne hochgehalten, die dann mitgezählt werden müssen.[65]

Das Programm enthält eine Fülle von Übungen und Material, sodass bei tieferem Interesse die Lektüre nur empfohlen werden kann. Die Erfahrung hat gezeigt, dass die zeitlichen Vorgaben für Übungen oft sehr knapp bemessen sind. Zudem sind besonders die Aufgaben zur parallelen Verarbeitung von Reizen sehr komplex und anspruchsvoll. Deshalb ist es wichtig, zuvor die Leistungsfähigkeit des Kindes gut einzuschätzen und die Aufgabe entsprechend zu kürzen oder zu vereinfachen, damit das Kind auch wirklich einen Erfolg erzielt.

4.3 Übertragung der Methode auf eigenes Material

4.3.1 Fokussierung auf eine Aufgabe und Reduzierung der Ablenkbarkeit: Ablenkung hat keine Chance

Die Kinder erleben im schulischen Alltag täglich, dass sie bei der Bearbeitung von Aufgaben ablenkbar sind, sei es durch den Sitznachbarn oder die Geräusche auf dem Schulflur oder aber auch, weil sie selbst unruhig sind und aufstehen oder den Nachbarn ansprechen. Es können also äußere Reize und/oder innere Impulse sein, die der fokussierten Aufmerksamkeit im Weg stehen. Die Kinder erleben dies oft nicht bewusst, sie reagieren impulsiv und ärgern sich womöglich später, die Aufgabe nicht beendet zu haben. Dies können wir zunächst mit den Kindern besprechen, auch hier durchaus wieder die Vor- und Nachteile des bisherigen Verhaltens als auch eines veränderten Verhaltens, sodass das Kind sich der Veränderung öffnen kann.
Die Fokussierung der Aufmerksamkeit, die Fähigkeit, Ablenkungen auszublenden und ihre Impulse zu kontrollieren, ist die ganz zentrale Herausforderung für diese Kinder. Deshalb ist es sinnvoll, dies besonders und auch über einen längeren Zeitraum zu trainieren.

4.3.1.1 „Konzentraurus Rex"

Wir können das Ganze als Spiel mit Wettbewerbscharakter inszenieren, das großen Spaß macht. Das Kind versucht dabei, seine Aufmerksamkeit zu fokussieren, und Sie tun alles, um das Kind abzulenken![66]
Das Kind erhält dafür eine Aufgabe, z. B. das Übersetzen der Geheimschrift, die im Kapitel „Selbstinstruktion" vorgestellt wurde. Es ist aber auch jede andere Aufgabe möglich, seien es Rechenaufgaben, Grammatikaufgaben oder auch klassische Konzentrationsaufgaben oder -spiele wie z. B. Differix. Über die Lösung der Aufgabe hinaus ist die eigentliche Herausforderung jedoch, bei der Sache zu bleiben und sich nicht ablenken zu lassen. Für jede Teillösung oder jedes gefundene Wort etc. erhält das Kind einen Punkt.
Sie hingegen erhalten jeweils einen Punkt, wenn Sie das Kind erfolgreich ablenken! Dafür gilt es, alles zu geben! Sie können unruhig werden, auf dem Stuhl schaukeln, im Raum umhergehen, das Kind nach etwas fragen, antippen, Papierschwalben

bauen oder sogar mit Stofftieren werfen. Wenn es Ihnen gelingt, dass das Kind hochschaut, grinst oder sogar mit Ihnen spricht, erhalten Sie jeweils einen Punkt. Aber machen Sie sich darauf gefasst: Sie werden vermutlich verlieren!
Die Kinder entwickeln einen enormen Ehrgeiz, in diesem spielerischen Rahmen volle Konzentration zu zeigen und als Sieger aus dem Spiel hervorzugehen. Und es gelingt ihnen! Die Anstrengungsbereitschaft und die Motivation sind überaus groß und setzen ungeahnte Kräfte frei.
Dieses Erlebnis, allen, sogar massiven, Ablenkungen trotzen zu können, stärkt das Selbstbewusstsein der Kinder ungemein. Sie erleben in einer Anforderungssituation, dass sie in der Lage sind, sich absolut zu fokussieren. Natürlich sollte es nicht bei einem einmaligen Erlebnis bleiben, denn so eine fokussierte Aufmerksamkeit muss regelmäßig trainiert werden. Doch um den „Knoten platzen zu lassen", ist dieses Spiel schon zu Beginn wunderbar geeignet.

Als Unterstützung können die Kinder hier auch zu Beginn der Aufgabe viele Elemente, die zuvor innerhalb der ersten fünf Etappen der SchADSkiste erarbeitet wurden, einsetzen. Sie können ihren inneren Helfer als Begleiter aktivieren, ihren Erfolgsmoment heranholen und ihre Kompetenzhaltung einnehmen.
Um auch dieses neue beeindruckende Erfolgserlebnis zu einem bleibenden Eindruck werden zu lassen, können wir dieses Empfinden wieder ankern. Wir können z. B. mit dem Kind eine Siegerurkunde gestalten – und zwar mit „Konzentraurus Rex", dem König der Konzentration, als zentraler Figur. Das Kind kann der Figur eine individuelle Gestalt geben und sich so noch mehr mit ihm identifizieren.

In der nächsten Phase können wir dann immer wieder kleine Trainingseinheiten zur besseren Fokussierung der Aufmerksamkeit in unsere Stunden einbauen. Hier kann auch gut ein Verstärkerplan zum Einsatz kommen, wobei die Punktezahl, die gewonnen werden kann, mit jeder neuen Anforderungsstufe ansteigt.

4.3.1.2 Unterrichtsnahes Material

Auf einem höheren Anforderungsniveau und auch bei älteren Kindern oder Jugendlichen können beliebige Sachtexte eingesetzt werden.
Um sich eine Struktur für die Vorgehensweise zu schaffen, können die Kinder dann hier auch z. B. die Signalkarten des Selbstinstruktionstrainings einsetzen.
Sie als Lerntherapeutin können dann wieder den „Master of Distraction" spielen und das Kind ablenken. Auch ein Radio laufen zu lassen ist eine effektive „Störmaßnahme"; Sprecher, Nachrichten, Musik bieten eine Fülle an Ablenkungen.

Wenn die Kinder oder auch Jugendlichen schon einige Erfahrungen gesammelt haben, können wir mit ihnen erarbeiten, wie es möglich ist, durch stärkere Strukturierung und kleine methodische Kniffe die Fokussierung zu erleichtern.

Hier können die Grundlagen der Textarbeit vermittelt werden, die für alle Unterrichtsfächer relevant sind:

- *Zunächst wird der Text grob überflogen und im Zusammenhang mit der Überschrift entsteht ein erster Eindruck.*
- *Im nächsten Schritt werden Abschnitte markiert und kurze, prägnante Stichwörter dazu an den Rand geschrieben.*
- *Gibt es Fragen zu Fremdwörtern oder andere Verständnisprobleme, so können die Wörter unterstrichen und ein Fragezeichen an den Rand gesetzt werden.*
- *Erscheint eine Aussage als besonders wichtig oder bedenkenswert, so kann ein Ausrufezeichen an den Rand gesetzt werden.*

All dies dient der visuellen Strukturierung des Textes und unterstützt so die gedankliche Strukturierung. Vom komplexen Textkorpus, bei dem eine große Anzahl von Wörtern gleichförmig die Seite füllt und die Aufmerksamkeit für viele Kinder kaum zielgerichtet steuerbar ist, gelangen die Kinder nun zu einem übersichtlichen, visuell markierten Gerüst, das die weitere Bearbeitung von Fragen zum Text etc. wesentlich erleichtert. Auch hier gilt also, das große Ziel des Textverständnisses in mehrere kleine Etappen zu teilen, um so fokussiert und planvoll zu Ziel zu gelangen.

Auch bei nur gehörten Texten ist die Methode anwendbar. Wir können dem Kind eine Geschichte oder einen Sachtext vorlesen und das Kind hat die Aufgabe, den Text möglichst gut im Gedächtnis zu speichern und sich kurze, knappe Notizen zu machen. Wir können dann mit dem Kind gemeinsam erarbeiten, wie das am erfolgversprechendsten gestaltet werden kann. Es ist nicht zu schaffen, ganze Sätze mitzuschreiben.

- *Auf welche Wörter kommt es dann an?*
- *Wie ist ein Gedanke aufgebaut, reicht das Nomen, um sich später an den Gedanken zu erinnern? Oder brauchen wir auch das Verb?*
- *Können wir mit Abkürzungen arbeiten?*
- *Können wir Symbole einzusetzen?*
- *Oder verschiedene Farben?*

Mit zunehmender Erfahrung des Kindes in der Textarbeit können wir dann während der Übung noch zusätzliche Ablenkungen einbauen, das Radio einschalten oder unterschiedliche Geräusche einblenden, Pausenlärm, Sirenen, ungewöhnliche Klänge von unterschiedlichen Instrumenten etc.

Der Vorteil dieser Übungsanordnung und auch des verwendeten Materials ist, dass die Bedingungen nah an den Anforderungen des realen Unterrichts, am Alltag der Kinder, orientiert sind. Es geht auch inhaltlich um Aufgaben, vor die das Kind tatsächlich auch im Unterricht gestellt ist. Diese Nähe und Praxisbezogenheit ermöglicht es den Kindern, ihre Erfahrungen mit den Übungen direkt auf den Unterricht zu übertragen. So ist es möglich, einen großen Trainingseffekt zu erzielen.

4.3.2 Schnelles Reagieren – aber auf das Entscheidende

4.3.2.1 „Herr Lehmann sagt"

Ein Beispiel dafür, wie sich schnelles Reagieren auf Zielreize bei gleichzeitiger Hemmung der Reaktionsimpulse auf irrelevante Reize üben lässt, ist das alte Kinderspiel „Herr Lehmann sagt".[67]

Es gibt drei Anweisungen, von Ihnen gegeben, die das Kind jeweils gemeinsam mit Ihnen ausführt. Sie können z. B. lauten:

1. *Herr Lehmann sagt: Winke mit der rechten Hand!*
2. *Herr Lehmann sagt: Klopfe dir auf die linke Schulter!*
3. *Herr Lehmann sagt: Lauf um den Stuhl herum!*

Ab und zu lassen Sie jedoch den Satz „Herr Lehmann sagt" weg und äußern nur den Auftrag. Dann jedoch wird die Handlung nicht ausgeführt! Wer da nicht rechtzeitig die „irrelevante Reaktion hemmt", hat einen Punkt verloren.
Hier können Sie sich gemeinsam mit dem Kind natürlich viele weitere Varianten ausdenken.

4.3.2.2 „Pippis Pferd steht unter der Veranda"

Geschichten, die nur erzählt oder vorgelesen werden, also ohne schriftliche Darstellung angeboten werden, eignen sich gut, die Fokussierung auf auditive Reize zu trainieren, eine Fähigkeit, die im Unterricht besonders wichtig ist. Dazu kann das Arbeitsgedächtnis gefördert werden, indem wir nach Ende der Geschichte Fragen zum Inhalt stellen. Eine zusätzliche Schwierigkeitsstufe ist erreicht, wenn außerdem noch „Fehler" eingebaut sind, die das Kind benennen soll. Der höchste Schwierigkeitsgrad ist, Fehler zwar aufzuspüren, aber in einem bestimmten Kontext nicht sofort zu benennen. In diesem Fall wird zudem noch die schnelle Reaktion auf Zielreize bei Hemmung der Reaktionsimpulse auf irrelevante Reize geübt.

Ein Beispiel einer selbst erfundenen Geschichte (Der Name „Pippi Langstrumpf" © Verlagsgruppe Oetinger Service GmbH):

Einführung:
Ich erzähle dir jetzt eine Geschichte. Höre bitte gut zu und versuche, dir dabei alles wie in

einem Film vorzustellen. Dann kannst du dir vieles besser merken, denn am Ende werde ich dich interviewen und dir Fragen zur Geschichte stellen. Außerdem werde ich Fehler in die Geschichte einbauen, z. B. behaupte ich, Pippis Pferd steht unter der Veranda. Das stimmt natürlich nicht, das Pferd steht ***auf*** *der Veranda. Wenn du das bemerkst, unterbrich mich und stelle es richtig. Wenn ich aber vorher sage: „Pippi sagt: ..." oder „Herr Nilsson rief: ...", also immer, wenn jemand direkt spricht und dabei etwas Falsches sagt, dann unterbrich mich nicht, sondern schreibe dir kurz auf, was falsch war. (Eine Zusatzaufgabe kann sein: Zähle mit, wie oft das Wort „Pippi" gesagt wird.)*

Eines schönen Sommerabends, es war warm und angenehm, denn es war mitten im ***Dezember****, kam Pippi von einem Spaziergang nach Hause. Sie freute sich sehr darauf, ihre Freunde zu sehen, den Affen Herrn Nilsson und das Pferd. Doch Pippi war wirklich überrascht, als sie das Pferd sah und* ***sagte zu ihm****: „Du stehst heute* ***unter der Veranda****? Das machst du doch sonst nie!?" „Ach, ich wollte ein bisschen frische Luft schnappen", antwortete das Pferd. Herr Nilsson saß im Sessel und* ***knackte etliche kleine Kokosnüsse mit einem Nussknacker****.*
Pippi setzte sich gemütlich auf ihr Sofa und leerte ihre Taschen. Was hatte sie heute nicht alles entdeckt? Sie hatte sechs tolle, bunte Murmeln gefunden, einen alten Einkaufszettel, eine Vogelfeder und ein paar Münzen! Sie packte erst einmal die ***Murmeln in ihren Geldbeutel****.*
Die Vogelfeder sah sehr schön aus, sie war sehr groß und ganz bunt, sie hatte bestimmt einem ***Spatz*** *gehört.*
Und der Einkaufszettel war auch interessant: 3 ***Kilo*** *Milch, Blaubeermarmelade, 500 g Mehl und 6 Eier. „Da wollte jemand wohl ein* ***Schnitzel braten", rief Pippi****! „Wenn ich das so lese, bekomme ich auch Hunger!" meinte sie. Und sie begann, für alle das Abendessen vorzubereiten. Das Pferd bekam ganz viel Hafer und einen Trog mit Wasser, Herr Nilsson drei* ***gelbe Gurken.*** *Für sich selbst bereitete Pippi eine leckere Kürbissuppe zu. Dazu nahm sie den Kürbis, schnitt ihn mit einem Messer* ***nicht*** *in kleine Stücke, und dann kamen noch einige Zutaten dazu: Kartoffeln, ein paar Möhren und natürlich, damit das Ganze einen guten Geschmack bekam, viele Gewürze, wie Salz, Pfeffer,* ***Karies*** *und Zimt. Dann kochte sie das alles 30* ***Tage*** *lang. Als die Suppe fertig war, machte sie es sich gemütlich und ließ sich die Suppe schmecken. „Das war ein schöner Abend für uns* ***Vier****!", meinte Pippi zufrieden.*

Fragen zum Text:
Wie viele Murmeln hat Pippi gefunden?
Was stand auf dem Einkaufszettel?
Welche Gewürze hat sie an ihre Kürbissuppe getan?

Da Pippis Lebensstil von vornherein von Eigentümlichkeiten und ungewöhnlichen Situationen gekennzeichnet ist, muss beim Zuhören besonders aufmerksam darauf geachtet werden, ob es eventuell möglich sein kann, dass Pippi so lebt oder ob es tatsächlich logische Brüche und damit Fehler sind, die im Text auftauchen.

Es ist auch gut möglich, kleine Alltagsgeschichten zu erzählen, über ein Fußballspiel mehrerer Kinder, über einen Besuch im Zoo, über einen Ausflug oder eine Reise, über ein Fest. Zu einem Stichwort wie „Weihnachten" stellen Sie sich eine Situation vor und assoziieren kurz „unmögliche“ Details: Ostereier, Sommerblumen, eine Palme als Baum etc. Solche Geschichten können gut spontan und ohne große Planung erfunden werden. Wenn viele Figuren auftauchen, denen eine Handlung zugeordnet ist, gibt es schon eine Menge Gesprächsstoff.

Die Erfahrung hat gezeigt, dass dem Training der Fokussierung der Aufmerksamkeit ein sehr wichtiger Platz innerhalb der Therapie zukommt. Häufig haben die Kinder und Jugendlichen in diesem Bereich noch große Schwierigkeiten. Hier Verbesserungen zu erzielen und auch Strategien im Umgang mit Ablenkungen zu entwickeln, sind entscheidende Faktoren für den Erfolg der Kinder, besonders innerhalb des schulischen Lernumfelds.

5. Effektives Lernen trotz Ablenkung – Ich lenke meine Aufmerksamkeit auf mein Ziel

„Es ist still, wenn ich will!"

(Tim, 10 Jahre)

Trotz oft großer Geräuschkulisse in einem Klassenraum mit 30 Kindern und vielfältiger anderer Ablenkungen konzentriert bei einer Sache zu bleiben, die zudem noch geistige Anstrengung erfordert, ist die „Königsdisziplin" für diese Kinder und Jugendlichen.
Für SchülerInnen mit noch großen Problemen im Bereich der Aufmerksamkeitssteuerung liegt hier eine große Herausforderung und gleichzeitig auch eine Chance.
Denn gerade die Fähigkeit, effektiv zu lernen – trotz vielfältiger Ablenkungen – ist eine wichtige Voraussetzung für Lernerfolge und Leistungssteigerungen.

Auch wenn Unterricht mehr und mehr den individuellen Lernbedürfnissen der Kinder Rechnung trägt, indem Stillarbeitsräume oder Entspannungsräume zur Verfügung gestellt werden, so ist doch oft auch noch die Fähigkeit gefragt, sich auch innerhalb einer „Störumgebung" auf eine Aufgabe zu fokussieren.
Doch Kinder, die leicht irritierbar und ablenkbar sind, kostet es viel Energie, sich vor all diesen Eindrücken zu schützen und sich abzugrenzen. Dies ist Energie, die ihnen dann beim eigentlichen Lernprozess nicht mehr zur Verfügung steht.
Doch es ist ebenso wichtig, innere Impulse kontrollieren und lenken zu können, indem das Kind nicht auf äußere Ablenkungen mit einer Reaktion antwortet, oder indem es den inneren Impuls nach Bewegung etc. in einem gewissen Rahmen steuern kann.

Deshalb sind gerade Erfolge im Bereich der Fokussierung auf eine Aufgabe eine große Erleichterung und ein wichtiger Meilenstein auf dem Weg zum Lernen mit Aufmerksamkeit.
Zur Förderung dieser Bereiche bieten Claus Jacobs' „Attentioner" und auch die Selbstinstruktionsstrategien von Döpfner, Krowatschek, Lauth und Co. hier schon gut ausgearbeitete Konzepte.

Doch können wir über diese Ansätze hinaus unseren Blick noch weiten und unsere Arbeit auf ein noch breiteres Fundament stellen.
Es gibt weitere, ganz unterschiedliche Faktoren, die auf das Lernen mit Aufmerksamkeit auch bei einer Störkulisse oder anderen Ablenkungen Einfluss nehmen und bei der Etablierung hilfreicher Lernstrategien und Lernbedingungen genutzt werden können.

Um aufmerksam und fokussiert bei einer Aufgabe zu bleiben oder auch konzentriert zuzuhören können zum einen die Ressourcen im Kind aktiviert werden.[68] Außerdem können äußere Faktoren wie veränderter Unterricht, angepasste Materialien und Aufgabenstellungen sowie eine veränderte Lernumgebung zur besseren Fokussierung beitragen.

5.1 Ressourcen im Kind

Eine gute Möglichkeit, um die inneren Kräfte der Kinder zu aktivieren, ist auch hier der Einsatz von Imaginationen. In erster Linie geht es dabei um die visuelle Kompensation der auditiven Störreize. Der Sinneskanal des Hörens wird so überlagert durch einen starken visuellen Eindruck.

Stellen Sie sich noch einmal kurz eine ganz normale Unterrichtssituation vor. Für 30 Kinder und mehr ist der Raum oft knapp bemessen. Die Kinder sitzen dicht nebeneinander. Es geht darum, eine schriftliche Aufgabe zu bewältigen. Einige Kinder reden mit dem Nachbarn oder rufen auch etwas über mehrere Tische hinweg, der Lehrer ermahnt vielleicht auch ein paar Schüler, leise zu sein oder mit der Aufgabe zu beginnen. Die ersten Schüler beginnen unruhig zu werden, rutschen mit ihrem Stuhl hin und her, der Nachbar lässt einen Stift fallen. Auf dem Flur fällt krachend eine Tür zu, jemand fragt, ob er zur Toilette kann usw. Das Arbeiten in einem Großraumbüro ist nichts dagegen! Stellen Sie sich nun bitte noch vor, Sie seien auditiv leicht ablenkbar. Jedes Geräusch rückt sofort in Ihr Bewusstsein und Sie müssen sich dem zuwenden, ob Sie es wollen oder nicht. Dann starten Sie doch wieder einen Versuch, sich auf Ihre Aufgabe zu konzentrieren. Aber da erreicht Ihr Ohr schon die nächste Ablenkung. Das ist sehr anstrengend und auf Dauer auch frustrierend. Ärger und Reizbarkeit lassen da nicht lange auf sich warten.

Bei der Arbeit mit Imaginationen geht es darum, den Kindern und Jugendlichen einen „Schutzschild" zur Verfügung zu stellen, der sie von Störreizen abschirmt. Die Fokussierung auf den visuellen Wahrnehmungskanal hilft dabei, auditive Reize zu „überhören". Diese Kinder haben oft ein sehr gutes visuelles Vorstellungsvermögen und finden sich schnell in die Methode ein. Mithilfe der Imaginationen können die Kinder ihre Aufmerksamkeit wieder selbst steuern und sind nicht den Außenreizen ausgeliefert, sie haben Einfluss auf das Geschehen und erleben sich als selbstwirksam, was sie insgesamt ruhiger und ausgeglichener werden lässt.

Wir können uns dem Thema gemeinsam mit dem Kind annähern, indem wir das Kind bitten, sich einmal kurz eine laute Umgebung vorzustellen und dann zu beschreiben, welche körperlichen Reaktionen oder auch Gedanken es wahrnimmt. Anschließend visualisiert das Kind eine ruhige Umgebung und berichtet hier von seinen Empfindungen. Dies kann wieder in einer Tabelle gegenübergestellt werden und so als Ausgangspunkt für Veränderungen dienen.

Im nächsten Schritt kann dem Kind eine Imagination helfen, einen individuellen visuellen „Schutzschild" zu finden, um dann in einem „Future Pace" die erfolgreiche Fokussierung auf eine Aufgabe vorab zu erleben.
Natürlich kann auch hier wieder eine Rahmengeschichte, wie in der ersten Etappe beschrieben, zum Einsatz kommen.
Hier kann auch wieder auf Ressourcen wie die Kompetenzhaltung, den Erfolgssatz und den inneren Helfer aufgebaut werden.
Ein visueller Anker, z. B. in Form eines Symbols, einer kleinen Figur oder eines Satzes, kann dann in der Situation an die Ressource erinnern.

5.1.1 *Imagination: „Ich kann mich vor Lärm schützen"*

Zu Beginn denke bitte an deinen inneren Helfer. Vergewissere dich, dass er da ist, und nimm kurz Kontakt zu ihm auf. So kann er dich wie immer begleiten und unterstützen.
Geh nun in deine Erfolgshaltung und denke ganz intensiv an deinen Erfolgssatz.
Atme nun dreimal tief ein und aus. Lass dir die Zeit, die du brauchst. Versuche dabei, ganz langsam auszuatmen, so verstärkst du die entspannende Wirkung.

In den folgenden Minuten kannst du für dich Möglichkeiten entdecken, Geräusche, die dich bisher oft stören, nicht mehr so deutlich wahrzunehmen oder vielleicht sogar ganz auszublenden.
Denn diese Fähigkeit besitzt du, du kannst Einfluss nehmen auf das, was du hörst.
Zwar können wir unsere Ohren nicht wie unsere Augen einfach schließen, wenn wir das wollen, aber wir können uns auf andere Weise vor unerwünschten Geräuschen schützen.

Oft hilft es uns, wenn wir uns ein ganz genaues Bild vorstellen. Wenn du ganz konzentriert auf ein Bild bist, nimmst du Geräusche um dich herum nicht mehr so wahr.

Es gibt ja verschiedene Möglichkeiten, Geräusche oder Töne nicht mehr so stark wahrzunehmen.
Wenn dir die Musik, die du mit deinem Handy hörst, zu laut ist, schiebst du den Lautstärkeregler zur Seite. Wenn dir das Fernsehen oder die Musikanlage zu laut ist, drückst du die Lautstärketaste, bis dir der Ton angenehm ist.
Oder aber du hörst ganz bewusst auf ein anderes, dir angenehmes Geräusch, z. B. das Plätschern eines Zimmerspringbrunnens oder du stellst dir das Rauschend des Meeres vor. So rückt dies in den Vordergrund und die anderen unangenehmen Geräusche treten in den Hintergrund.
Du kannst dir auch vorstellen, dass du eine Tür schließt, die den Lärm aussperrt und dir einen ruhigen Raum eröffnet.
Vielleicht möchtest du dir auch eine Schutzglocke vorstellen, die dich abschirmt, dir aber ermöglicht, alles noch zu sehen.
Es kann auch ein Zelt, ein Regenschirm oder eine dichte grüne Hecke sein, die dich schützen und abschirmen.

Vielleicht auch etwas ganz anderes ...
Was ist es bei dir?

Nimm dir Zeit und stell dir deinen ganz persönlichen Schutzschild genau vor. Welche Form hat er, welche Farben? Vielleicht hast du ja auch Lust, ein Bild dazu zu malen.

Wenn du nun ausreichend geschützt bist vor Geräuschen, die von außen kommen, lasse ein Bild in dir entstehen, wie deine ganz persönliche Konzentration aussieht, wenn du dich einer Aufgabe widmest.
Ist es bei dir ein Gegenstand oder ein anderes Symbol, das deine Fähigkeit Konzentration sichtbar macht?
Ist es vielleicht ein dunkler Raum, in dem nur deine Aufgabe erleuchtet ist, wie von einem kleinen Scheinwerfer?
Oder ist dein Symbol eine kleine Taschenlampe, die immer genau das erhellt und ins Zentrum rückt, was gerade für dich wichtig ist? Oder kannst du, wenn du das willst, eine Glühbirne oder einen Scheinwerfer anknipsen?
Vielleicht ist es bei dir auch so, dass du dir vorstellst, zunächst in ein knisterndes Kaminfeuer zu schauen, bevor du dich dann auf deine Aufgabe konzentrierst.
Was es auch bei dir ist, es gibt dir ein Gefühl innerer Ruhe und du kannst dich auf das konzentrieren, was dir wichtig ist.

Atme tief durch, schau dir dein Bild an und sage dir: „Jetzt ist Ruhe in mir!"
Du kannst spüren, wie sich die Ruhe in dir ausbreitet und wie du gleichzeitig wach und aufmerksam bist. Du kannst konzentriert bei der Sache sein.
Stell dir vor, wie du ganz zügig und ruhig deine Aufgabe bewältigst, Schritt für Schritt, ganz bei dir. Du bist erfolgreich damit und kannst fühlen, wie zufrieden du bist.

Und so, wie du dich jetzt gerade fühlst, kannst du dich in Zukunft immer häufiger fühlen: ruhig, konzentriert und erfolgreich!

Du bist stolz auf das, was du schon erreicht hast, du dankst auch deinem inneren Helfer für seine Unterstützung und freust dich auf das, was kommen wird.

5.1.2 Beispiel: Hannes' Waschmaschine

Hannes, ein 14-jähriger Junge, brauchte zum Lernen eine ruhige Umgebung und auch Zeit. Er war selbst ein sehr ruhiger Mensch, der auch in seiner eigenen Vorstellungswelt lebte und deshalb teilweise als verträumt und abwesend wahrgenommen wurde.
Stand ihm – wie in der Schule – eine ruhige Umgebung nicht zur Verfügung und war er vielen Störgeräuschen ausgesetzt, wurde er sehr unruhig und konnte sich kaum noch konzentrieren. Er verlor nicht nur die Ruhe, sondern auch die Fassung. Es stiegen Ängste in ihm auf, die seine Aufmerksamkeit beanspruchten. So blieb

keine Energie mehr für die eigentliche Aufgabe. Viele Dinge musste Hannes deshalb zu Hause zu Ende bringen. Es war kein Wunder, dass er zunehmend frustriert und mutlos wurde.

Hannes notierte zu seinen Wahrnehmungen in lauter Umgebung sowie zu seiner Wunschvorstellung Folgendes:

Laute Umgebung	Ruhige Umgebung
– Nervig – Ab und zu Kopfschmerzen – Dann wackele ich mit den Füßen – Ich gucke ernst und angespannt – Angst, dass ich nicht fertig werde mit dem, was ich mir vorgenommen habe	– Ich merke es an meinem Atemzug – Die Füße sind ganz ruhig auf dem Boden – Immer noch Angst, dass ich nicht fertig werde

Die Belastung, die die laute Umgebung für ihn bedeutete, wird sehr deutlich. Aber es gab auch erste kleine Hinweise, welche Einflussfaktoren für ihn bestanden: ruhiges Atmen, ein entspannter Gesichtsausdruck und Füße, die „geerdet“ sind. Wie ja schon bei der „Kompetenzhaltung“ in der ersten Etappe (siehe 1.2.8) deutlich wurde, hat das Körperempfinden eine Rückwirkung auf unser Fühlen und Denken. So kann das Einnehmen einer bestimmten Haltung auch schon das Startsignal für eine ruhigere innere Gestimmtheit sein. Hannes hat also in diesem Fall eine besondere Körperhaltung eingeübt, die es ihm ermöglichte, „fest verankert“ zu sein. Auch ein Atemritual wie „dreimal tief durchatmen“ erzielte bei ihm Wirkung. Wichtig ist dabei, dass die Phase des Ausatmens ein bisschen länger als die des Einatmens dauert, so wird ein größerer Entspannungseffekt erzielt.
Die Angst, nicht fertig zu werden, blieb auch bei ruhiger Umgebung nach Hannes' Einschätzung dieselbe. Da galt es, sich dem Thema später noch einmal besonders zuzuwenden.

Hannes war ein ungewöhnlicher Junge, der ein Faible für Waschmaschinen hatte. Ihm stand eine Scheune zur Verfügung, in der er einige Maschinen gesammelt hatte. Er kannte sich mit allen Modellen und Eigenarten aus, hatte etliche Maschinen auch selbst repariert. Ein absoluter Experte auf seinem Gebiet!
Da war es kein Wunder, dass Waschmaschinen auch bei der Frage nach Ressourcen wichtig wurden.
Schon zuvor, bei der Imagination des roten Luftballons, hatte er den in ihm freiwerdenden Platz – nach dem Loslassen der Probleme – mit „strahlend weißer Flüssigkeit“ gefüllt.

Bild 40: Hannes' Waschmaschine

Als Kompetenzsatz hatte Hannes dann „Ich schaff es in der Zeit!" gewählt. Das war sein zentrales Thema.

Bei der Imagination „Ich kann mich vor Lärm schützen" stellte Hannes sich zunächst einen ganz besonderen Lautstärkeregler vor: Es war der Reglerknopf einer Waschmaschine, den er *hoch*drehte! Die Drehzahl der Maschine wurde erhöht, die regelmäßigen Geräusche der sich drehenden Trommel wurden so deutlicher wahrnehmbar. Hannes wählte also die Methode, nicht die Außengeräusche hinunterzudrehen, sondern positive Geräusche in seiner Vorstellung zu verstärken und so die nun zu Nebengeräuschen gewordenen anderen akustischen Eindrücke zu „maskieren".

Es war dann keine Überraschung mehr, dass er als Symbol für seine absolute Konzentration das Bild einer laufenden Waschmaschine vor sich sah, selbstverständlich mit gläsernem Bullauge, das den Blick ins Innere der Maschine ermöglicht.
Diese Vorstellung hatte auf Hannes eine sehr beruhigende Wirkung.
Wir festigten diese Vorstellung der ruhigen Konzentration durch Übungen innerhalb der Therapiestunde.

Es kamen dann auch kleine Aufgaben mit Störreizen dazu, sodass die Wirksamkeit der Methode für Hannes schon in der Übungssituation erlebbar wurde.

Auch die Technik des Selbstinstruktionstrainings half Hannes, sich zu fokussieren und das Entscheidende einer schriftlichen Aufgabe schneller zu erkennen und zu bearbeiten. Diese Methode dann mit Störgeräuschen zu kombinieren war eine weitere große Etappe für ihn auf dem Weg zum konzentrierten Arbeiten.

Zudem haben wir Hannes' Schnelligkeit trainiert: Wir spielten Spiele, in denen eine schnelle Reaktion erforderlich war, z. B. Kartenspiele, bei denen bei Erkennen gleicher Symbole schnell reagiert werden musste. Auch das Spiel „Tabu", in dem bei knapp bemessener Zeit möglichst viele Wörter erklärt werden müssen, steigerte seine Fähigkeit, Dinge schnell zu verbalisieren. Hannes trainierte also ohne Leistungsanforderung und auf spielerische Weise, schnell seine Aktivität zu steigern.

Allmählich konnte Hannes das Erlernte und Erprobte auch in der schulischen Anforderungssituation einsetzen. Hannes konnte zunehmend Störreize ausblenden und seine Aufmerksamkeit bewusst auf seine Aufgabe lenken. Er erlebte Verbesserungen seiner Konzentrationsfähigkeit, was ihn spürbar erleichterte und mehr und mehr zuversichtlich werden ließ.
Hannes hat an dieser Stelle Selbstwirksamkeit erlebt, indem er innere Vorstellungsbilder aktivierte. Nicht nur das konkrete Bild der Ruhe und Konzentration half ihm, sondern auch das innere Bild von sich selbst als erfolgreich handelndem Menschen. Zuvor war er oft in einer „Problemhypnose" gefangen: „Gleich wird es laut, da klappt es eh nicht, mich zu konzentrieren." Diese „Self-fulfilling-prophecy" konnte Hannes auflösen und nun zuversichtlich an seine Aufgabe gehen.
Wir haben grundsätzlich natürlich auch viel an der Steigerung seines Selbstwertgefühls und der Entdeckung seiner Ressourcen gearbeitet. Viele methodische Ansätze der ersten Etappen, besonders erfolgreich auch das Ressourcenbrettspiel, kamen hier zum Einsatz. Hannes wurde sich seiner Fähigkeiten und Kenntnisse immer mehr bewusst und konnte zunehmend stolz auf sich sein.
Am Ende der Therapie erstellte Hannes eine „Erfolgskarte" (siehe auch Kapitel 8.2 Aufmerksamkeit für Erfolge). Dort war zu lesen: „Ich bin stolz auf mich! Ich kann mich gut konzentrieren! Ich habe Erfolg!"

5.2 Das Zuhören trainieren

In der Schule gibt es – neben der Anforderung, sich trotz störender Außenreize auf schriftliche Aufgaben zu konzentrieren – die zweite große Herausforderung des aufmerksamen Zuhörens. Wenn die Lehrerin etwas erklärt oder die Hausaufgaben erläutert oder ein anderes Kind einen mündlichen Beitrag leistet, geht es um die Fähigkeit, auditive Reize wahrzunehmen, im Gedächtnis zu behalten und zu verarbeiten, dies alles oft auch bei zusätzlichen Störreizen.

Dann hilft es Kindern auch hier, sich durch eine Imagination eine visuelle Kompensation zu schaffen. Manche Kinder stellen sich ein altertümliches Hörrohr vor, das sie nur mit der Stimme der Lehrerin verbindet und alles andere ausblendet. Auch der Kraftanzug aus der ersten Etappe kann hier wieder zum Einsatz kommen. Er kann dann beispielsweise einen Energiekanal erzeugen, der alle Energie nur in Richtung der entscheidenden Stimme lenkt.

Das Zuhören kann natürlich auch trainiert werden. Hier sollen nur exemplarisch ein paar Ideen vorgestellt werden. Im Bereich des Trainings speziell von auditiver Wahrnehmung und Verarbeitung gibt es ein umfangreiches und vielfältiges Angebot.[69]
Zum Basis-Training der auditiven Wahrnehmung und auch des Gedächtnisses können einfache Übungen genutzt werden:

- *Das alte Kinderspiel des „Kofferpackens" ist hier eine von vielen Möglichkeiten: Ein Spieler packt einen Gegenstand in den Koffer, der andere Spieler zählt jeweils alle bereits genannten Gegenstände noch einmal auf, um dann noch einen weiteren hinzuzufügen.*
- *Ein Hör-Memory, das sich leicht mithilfe von Streichholzschachteln und Inhalten wie Perlen, Sand oder Steinen selbst herstellen lässt, ist für die Kinder besonders attraktiv.*
- *Auch der Einsatz von Instrumenten oder anderen Geräuschen, z. B. auf CD, die es zu erinnern oder nachzumachen gilt, bietet gutes Übungsmaterial.*

Es bietet sich auch an, gerade bei motorisch unruhigen Kindern, die Übungen zum Zuhören mit Bewegung zu verbinden.

- *So kann ganz simpel die Aufgabe darin bestehen, mehrere genannte Aufträge hintereinander auszuführen, z. B. „Geh ans Fenster, dreh dich zur Tafel um und schreibe das Wort ‚Ferien' an.".*
- *Spannender ist es, das Ganze als Schatzsuche zu gestalten: „Geh drei Schritte nach vorn, dann fünf nach links. Zum Schluss gehe drei Schritte rückwärts und schau in die Kiste, die du dann siehst. Was findest du dort?"*

Hier müssen Serien-Aufträge, die über den auditiven Wahrnehmungskanal verarbeitete werden, behalten und dann umgesetzt werden.

Gut einsetzbar sind auch die „Ratz-Fatz-Geschichten".[70] Es werden Geschichten mit Signalwörtern erzählt. Die Kinder müssen die entsprechenden Motive, die auf Bodenplatten abgebildet sind, schnell erkennen, hinlaufen und sich daraufstellen. Auch hier kann auditive Aufmerksamkeit und Bewegung kombiniert werden.

Natürlich können auch in diesem Zusammenhang Geschichten erzählt werden, deren Inhalt behalten werden soll. Dies können kleine Geschichten sein, die auch leicht selbst zu erfinden sind.

Ein Beispiel:

Finns Geburtstag

Gestern habe ich meinen Geburtstag gefeiert. Es waren richtig viele Leute da: Meine Oma Klara und mein Opa Hans, meine Tante Eleonore, mein Vater und meine Mutter natürlich, aber auch einige Freunde, Tom, mit dem ich Fußball spiele, Julian, der in meiner Klasse neben mir sitzt, und die Kinder aus meiner Straße: Lina, Leo und Linus. Mit denen habe ich eine Hütte im Wald gebaut. Das schönste Geschenk bekam ich von meinem Opa: ein Pfadfindermesser!

Fragen zum Text:
Wie viele Gäste waren da?
Woher kennt Finn Tom?
Was hat Finn im Wald gemacht? Mit wem?

Es ist auch möglich, Signalwort-Geschichten zu erzählen, in denen zu Handlungen aufgefordert wird. So können verschiedene Tiere auftreten und jedes Mal, wenn z. B. ein Löwe erwähnt wird, ist es Aufgabe des Kindes, das Brüllen des Löwen nachzumachen.[71] Schwieriger wird es dann schon, wenn das Kind alle Tiere, aber ausgerechnet nicht den Löwen, nachmachen soll. Natürlich können auch „Fehler" in die Geschichten eingebaut werden.

Viele Materialien zur Förderung der auditiven Wahrnehmung eignen sich auch prima für dieses Thema der Fokussierung der Aufmerksamkeit.[72]

Erwähnt seien hier noch die Vorlesegeschichten, die das Zuhören mit dem Erlernen von Entspannungstechniken verbinden. Als Beispiel können hier die „Geschichten für gestresste Kinder" genannt werden.[73] Es handelt sich um spannende Abenteuergeschichten, die u. a. im Welttraum oder unter Wasser spielen. Jede Geschichte ist in einzelne Kapitel unterteilt, das Vorlesen braucht ca. 10 Minuten. So lässt sich ein Kapitel gut regelmäßig z. B. am Ende der Therapiestunde einbauen.
In der Geschichte schlüpft das Kind in die Rolle des Protagonisten, es ist z. B. der Captain eines Raumschiffs. In jeder Episode kommt der Captain in zwei brenzlige Situationen, die er zunächst durch ganz impulsives Handeln entscheiden will. Doch im entscheidenden Augenblick nimmt er sich zurück, atmet tief durch und denkt an die E-Formel, die Entspannungsformel: „Tief durchatmen, Abstand halten und die beste Lösung suchen."[74] Dann kann er gut überlegt, sachlich und konzentriert eine Entscheidung treffen, die dann – im Unterschied zum impulsiven Handeln – zum Erfolg führt.
Durch die Identifikation mit der Hauptfigur erlebt das Kind das Geschehen noch unmittelbarer und verinnerlicht schnell die E-Formel, sodass sie auch in anderen Situationen zur Verfügung steht. Gerade weil die Geschichten so anschaulich und spannend gestaltet sind, ist die „Macht der Bilder" hier sehr wirksam.

5.3 Strukturierung des gesamten Lernprozesses

Imaginationen innerer Bilder, z. B. einer Schutzglocke oder eines abschirmenden Regenschirms, sind eine Möglichkeit, die inneren Ressourcen des Kindes und Jugendlichen zu nutzen. Auch ein Training des Zuhörens kann ein Baustein innerhalb der Förderung sein.
Ein fokussierter Blick, die Einnahme einer bestimmten Kompetenzhaltung, visuelle Anker wie ein Symbol des inneren Helfers oder ein Papier mit dem Erfolgssatz auf dem Pult – all das hilft, sich zu zentrieren, und stärkt die Konzentration.
Eine hohe innere Motivation, die Lösung einer herausfordernden Aufgabe zu finden oder Störungen bewusst zu trotzen, die Bereitschaft, aktiv mitzuarbeiten – diese inneren Haltungen können ebenfalls große Kräfte freisetzen.
Auch die Anwendung erlernter Strategien, z. B. des Selbstinstruktionstrainings, kann helfen, konzentriert bei der Aufgabe zu bleiben.

Es gibt weitere Möglichkeiten, das Lernen mit Aufmerksamkeit zu unterstützen und Ablenkbarkeit zu reduzieren.
Hier geht es um Faktoren, auf die Bezugspersonen wie Eltern, LehrerInnen oder wir TherapeutInnen direkt Einfluss nehmen können.
Wir können die Rahmenbedingungen des Lernprozesses so verändern, dass es für die Kinder mit Aufmerksamkeitsproblemen leichter wird, sich zu fokussieren und trotz Ablenkung und Störeinflüssen aufmerksam zu bleiben – im Unterricht, in der häuslichen Situation und in der Therapiesituation.
Die folgenden Ideen und Vorschläge haben sich gut in der Beratung von Eltern und LehrerInnen bewährt.

5.3.1 Ressourcenblick und Kommunikation

Generell gilt auch hier wieder, dass der Ressourcenblick das Leben für alle Beteiligten leichter werden lässt. Es hilft, die eigenen Ressourcen zu würdigen und sich selbst zu stärken, um eine gute Ausgangsbasis für jegliche angestrebte Veränderung zu haben.
Und es kann nicht genug betont werden, wie wichtig bei uns Erwachsenen ein (noch) stärkerer Ressourcenblick auf die Kinder und Jugendlichen ist. Wenn wir ihre Stärken in unserer Wahrnehmung in den Fokus rücken, Ausnahmen des problematischen Verhaltens finden und dies auch kommunizieren, so ist das die erfolgreichste Methode, Kinder zu stärken und zu Veränderungen zu motivieren.

Positive Rückmeldungen sollten zeitnah erfolgen, konkret sein und sich auf das Verhalten des Kindes beziehen.
Ein Lob wie „Du hast ja superschnell dein Buch herausgeholt!“ oder ein Satz wie „Heute hast du ja als Erster alles zusammengepackt!“ wirken im Unterschied zu Ermahnungen oder Vorwürfen sehr motivierend.

Dabei ist es nicht von Bedeutung, ob das Kind nur „zufällig" das Verhalten gezeigt hat. Auch wenn das Kind nur schnell zusammengepackt hat, um noch schneller aus der Klasse stürmen zu können, also sozusagen „aus Versehen" das gewünschte Verhalten zeigt, so können wir es für ein Lob nutzen. Wir „erwischen" das Kind bei einem lobenswerten Verhalten, „überraschen" es mit einem Lob und ermuntern es so, dieses Verhalten verstärkt zu zeigen. Der Merksatz für uns Erwachsene lautet da „Catch him being good!".[75]
Auch kleine non-verbale positive Rückmeldungen, wie „Daumen-hoch" oder das Victory-Zeichen zeigen dem Kind, dass wir seine Anstrengung und sein Verhalten wahrgenommen haben und positiv würdigen.[76]

Grundsätzlich gilt ja bei diesen Kindern und Jugendlichen mit Aufmerksamkeitsproblemen, dass lange verbale Erläuterungen oder Aufgabenstellungen meist wirkungslos verhallen, da die Kinder und Jugendlichen schnell „abschalten", wenn Informationen nur über den auditiven Kanal angeboten werden. Zudem kann das Arbeitsgedächtnis nicht alle Informationen speichern und vieles geht verloren. Oft unterbrechen die Kinder uns dann oder beginnen schon mal „vorsichtshalber" Diskussionen.
Auch hier ist es hilfreich, möglichst viel auch (zusätzlich) non-verbal zu agieren. Sprachfreie Kommunikation wie Blickkontakt, Antippen, weitere Gesten und auch die Mimik einzusetzen, erleichtert es dem Kind, die Aufmerksamkeit zu halten und die Information aufzunehmen.[77]
Es ist zudem sehr wichtig, wirkungsvolle, eindeutige Aufforderungen zu formulieren. Dies bedeutet, keine Fragen zu stellen wie „Würdest du bitte mal ...?". Ein cleveres Kind antwortet dann: „Nö, jetzt nicht!" Günstiger ist es zu sagen: „Hol jetzt dein Heft heraus!"

Um sich nicht in Diskussionen verstricken zu lassen, in denen diese Kinder Meister sind, hilft es, sich klar, präzise und kurz zu äußern: „Räume jetzt deine Spielsachen in den Schrank!" Wenn das Kind dann Begründungen liefert, warum das gerade ungünstig ist oder andere einfallsreiche Ablenkungsmanöver startet, ist es wichtig, sich nicht auf diese Argumentationen einzulassen. Dies gilt insbesondere bei Kindern mit oppositionellem Verhalten. Stattdessen wiederholen wir in ruhigem und sachlichem Ton exakt und wortgleich die eigene Aufforderung noch einmal – und wenn es nötig ist, durchaus mehrere Male. Wenn wir zuvor schon einen Verstärkerplan gemeinsam mit dem Kind erarbeitet haben, können wir auch hinzufügen: „So haben wir es abgemacht!"
So umgehen wir die Vermeidungsstrategien des Kindes und beweisen den längeren Atem. Kinder haben ja diese Strategie der Wiederholung des Wunsches selbst oft schon perfektioniert. Hier können wir von ihnen lernen und selbst wie eine hängengebliebene Schallplattennadel klingen. Diese Methode heißt übrigens auch „Broken-Record-Technik".[78]

5.3.2 Strategien für mehr Aufmerksamkeit – in der Schule und auch zu Hause

Alles, was den Kindern und Jugendlichen Struktur und Orientierung bietet, hilft ihnen, (noch) vorhandene Defizite zu kompensieren und unterstützt ihre Aufmerksamkeit. Genaue Absprachen, auch Vorgaben, feste Regeln sind hier keine Einengung oder Beschränkungen, sondern Hilfestellungen. Strukturierungen wirken wie Leitplanken auf der Autobahn. Sie sind hilfreich und notwendig, um unterwegs nicht vom Weg abzukommen und sicher und schnell zum Ziel zu gelangen.
Die Kinder und Jugendlichen reagieren oft sehr positiv und gar nicht mit womöglich erwarteter Abwehr auf solche Strukturen. Sie erleben ja schnell, wie sie so ein System unterstützt und ihrem Ziel näherbringt.

Es hat sich bewährt, so weit wie das möglich und praktikabel ist, diese Strukturen mit den Kindern zusammen zu erarbeiten, also gemeinsam eine Strategie für das Lernen mit Aufmerksamkeit zu planen.
Hier kommt vieles aus dem ersten Teil der SchADSkiste zum Tragen:
Nach der ersten Etappe der Annäherung und dann der zweiten, der Identifizierung des Ziels mit dem Abwägen des vorherigen und zukünftigen Verhaltens, stehen dann die Definition und Konkretisierung des Ziels im Mittelpunkt.
Die Kinder und Jugendlichen beginnen, ihr Lernverhalten wahrzunehmen und zu reflektieren. Sind die Probleme bewusst geworden, werden sie in Ziele verwandelt. Diese Ziele werden dann priorisiert, es werden kleinschrittige Ziele formuliert, die dann in einigen wenigen, zentralen Regeln Gestalt annehmen. Verstärkerpläne können auch hier als zusätzlicher Motor für den Erfolg eingesetzt werden.

5.3.2.1 Übergeordnete Strategien: Übersicht und Planbarkeit

Im Folgenden werden einige bewährte Strategien und methodische Tipps vorgestellt, die dann Gegenstand unserer Planung mit den Kindern und Jugendlichen oder auch unserer Gespräche mit Eltern und LehrerInnen sein können.
Viele der vorgestellten Aspekte lassen sich sowohl in der Unterrichtssituation als auch zu Hause in der Hausaufgabensituation umsetzen.

Grundsätzlich hilft es den Kindern und Jugendlichen, zu Anfang einen Überblick über den Lernprozess zu bekommen. Eine erkennbare Struktur des Lernens und des Unterrichts schafft Transparenz, Übersichtlichkeit und Planbarkeit und ermöglicht vorausschauendes Arbeiten.
Routinen und Rituale wie gleiche Abläufe innerhalb einer Unterrichtsstunde oder auch einer Hausaufgabenzeit zu Hause sind hier enorm wichtig. Zu Beginn kann ein Überblick über den zeitlichen Rahmen gegeben werden. Feste Entspannungszeiten oder ein Resümee oder Ausblick am Ende helfen den Kindern, sich zu orientieren und Strukturen zu verinnerlichen.[79]

In einer Unterrichtsstunde können Übergänge z. B. von einer Stillarbeitsphase zu einer Phase des Unterrichtsgesprächs durch akustische oder visuelle Signale angekündigt werden.
So können Piktogramme eingesetzt werden wie ein geschlossener Mund mit Ausrufezeichen, der für eine Stillarbeitsphase steht, oder im Kreis sitzende Figuren, die das Signal für den Beginn eines Unterrichtsgesprächs sind.
Auch farbige Kennzeichnungen der Arbeitsphasen sind eine gute Strukturierungsmöglichkeit: Rot steht dann für die Stillarbeit, Gelb für Partnerarbeit und Blau für das Unterrichtsgespräch.
Sehr verbreitet ist ja schon die Lernampel, die anzeigt, ob der Lärmpegel noch im „grünen Bereich" ist.
Die Piktogramme können auch von den Kindern gezeichnet werden. Dies ist auch ein Weg, eine Identifikation mit dem Ziel zu fördern.[80]
Die im Kapitel Selbstinstruktion zuvor vorgestellten Signalkarten haben hier auch einen wichtigen Platz bei der Strukturierung von selbstständigen Lernphasen.

5.3.2.2 Materialgestaltung und Aufgabenstellung

Strukturierung ist auch entscheidend bei der Materialgestaltung, denn oft erleben Kinder mit Aufmerksamkeitsproblemen Arbeitsblätter wie einen Dschungel an Symbolen oder wie ein Labyrinth, aus dem sie keinen Weg finden. Dies führt dann dazu, dass Aufgabenstellungen nicht genau wahrgenommen werden oder Aufgaben, z. B. in der Mathematik, übersehen werden.

Schon kleine Maßnahmen haben hier große Wirkung:

- Große Aufgaben werden in kleine, überschaubare Einheiten unterteilt.
- Umfangreiche Arbeitsblätter werden abgeknickt oder Teile abgedeckt, sodass nur die aktuelle Aufgabe sichtbar ist.
- Auch eine optische Gliederung, z. B. durch eine farbliche Kennzeichnung der Aufgabenstellung, durch eine andere Schriftgröße oder Schriftart, macht das Erfassen leichter.[81]
- Da für diese Kinder das Schreiben oder gar Abschreiben eine große Hürde darstellt, kann es sehr sinnvoll sein, die Anforderungen hier etwas zu reduzieren. Weniger schreiben, dafür jedoch vielleicht einen mündlichen Vortrag halten ist hier eine gute Möglichkeit.

Auch ein gutes Fehlermanagement darf nicht fehlen:

- Um die Kinder zu einer Korrektur ihrer Fehler zu motivieren, ist ein Zwei-Zeilen-System eine einfache und effektive Methode. Jede zweite Zeile bleibt zunächst leer. Hier können dann später Fehlerwörter, die dem Kind bei der

Kontrolle aufgefallen sind, problemlos in die leere Zeile richtig eingetragen werden, ohne dass alles neu geschrieben werden muss.

- Generell ist der Einsatz einer Checkliste sehr hilfreich, um das Selbstmanagement des Kindes zu fördern. Auf einer selbst erstellten Liste notwendige Materialien abzuhaken oder erledigte Aufgaben abzustreichen ist eine leicht umsetzbare und effektive Methode.

5.3.2.3 Veränderung in der Lernumgebung

Die schulische Lernsituation stellt ganz eigene Anforderungen an die Kinder und Jugendlichen.
Hier kann schon die Wahl des Sitzplatzes einen entscheidenden Unterschied machen. Vorne und nicht am Fenster zu sitzen erweist sich für die Aufmerksamkeit des Kindes oft als günstig. Der Lehrer kann direkt mit dem Kind Kontakt aufnehmen, andere Einflüsse befinden sich nicht unmittelbar im Blickfeld des Kindes.
Gruppentische und ähnliche Arrangements haben durch den hohen „sozialen Aufforderungscharakter" beim direkten Blick auf die MitschülerInnen oft eine ungünstige Wirkung auf die Aufmerksamkeit. Von vielen Kindern werden Einzelplätze, wenn sie in der Klasse etabliert sind, für ruhige Arbeitsphasen gerne angenommen.[82]
Eine ungewöhnliche Sitzordnung ist vielleicht auch einen Versuch wert: Schülertische bilden einen Kreis nah an den Wänden des Klassenraums entlang. Wenn die Kinder allein an einer schriftlichen Aufgabe arbeiten, schauen sie nicht mehr in den Klassenraum, sondern sind von den anderen Kindern und ablenkenden Reizen abgewandt. In anderen Unterrichtsphasen drehen sie sich auf ihren Stühlen um, bilden einen Sitzkreis mit den anderen Kindern und können wieder im Augenkontakt Gespräche führen oder dem Lehrer zuhören.
Wenn Kindern die Ablenkung zu stark ist, kann auch ein realer Sichtschutz z. B. in Form eines Paravents helfen.
Ist der Lärmpegel zu hoch, kann das Tragen von sogenannten „Ohrmäusen", also Kopfhörern in Form von Mickey-Mouse-Ohren, oder auch Ohrstöpseln nützlich sein.

In der häuslichen Situation ist ebenfalls ein ruhiger und möglichst ablenkungsfreier Arbeitsplatz von Vorteil. Das Lernen ist sehr viel erfolgreicher, wenn es nicht in der Küche, sondern in einem ruhigen Raum stattfindet, mögliche Störungen oder Ablenkungen schon in der Planung reduziert werden, indem z. B. das Handy weggelegt und auch ausgestellt wird etc.

5.3.2.4 Auszeiten: Bewegen und Entspannen

Natürlich ist der Unterricht an einem langen Schultag auch eine Herausforderung für Kinder und Jugendliche, deren Bewegungsdrang sehr hoch ist. Über viele Stunden still auf einem Stuhl zu sitzen ist für viele Kinder mit motorischer Unruhe eine Überforderung.

Hier können – neben einem abwechslungsreichen Unterrichtsgeschehen natürlich – kleine „Bewegungspausen" von großem Nutzen sein. „Flitzepausen" helfen dem Kind, seine angestaute Energie auszuleben und so wieder aufnahmefähig zu werden. Das Kind bekommt dazu einen „Bewegungsauftrag", z. B. gezielt einmal den langen Flur hin- und wieder zurückzulaufen etc. Wichtig ist auch hier, dass die Aufgabe konkret und abgegrenzt ist, sonst besteht das Risiko, dass die motorische Erregung sich nicht so schnell wieder herunterregeln lässt. Auch die Aufgabe, etwas aus dem Schulsekretariat zu holen etc., kann ein solch kleiner Auftrag sein. In der häuslichen Umgebung kann das Kind sich z. B. etwas zu trinken aus der Küche holen etc.
Natürlich sind Bewegungsübungen für alle Kinder sinnvoll. Es ist auch durchaus möglich, kleine Bewegungsspiele mit der ganzen Klasse durchzuführen.[83]

Auch kleine Bewegungen sind für die Kinder mit Aufmerksamkeitsproblemen schon eine große Hilfe. Ein Igel-Ball oder kleine Anti-Stress-Bälle, die die Kinder kneten können, erleichtern ihnen die Konzentration.[84]

Neben Bewegungsübungen dienen auch kleine Entspannungssequenzen der Konzentrationssteigerung. Der „rote Luftballon" aus der 1. Etappe, einzelne Einheiten aus der Progressiven Muskelentspannung wie das Drücken einer imaginären Zitrone oder die schauspielerische Darstellung eines Schneemanns, der von der Sonne zum Schmelzen gebracht wird[85] – all das sind einfache und effektive Möglichkeiten, Spannung abzubauen und sich zu regenerieren.

6. Hausaufgaben: Handlungsplanung und Selbstorganisation in komplexen Zusammenhängen

„Gestern hatten wir wieder viel auf!“

(Eine Mutter)

Die selbstständige Bearbeitung der Hausaufgaben ist für viele Kinder und Jugendliche und oft auch besonders für die Eltern ein dringliches Thema.
Häufig ziehen die Hausaufgaben sich quälend über mehrere Stunden hin. Das Kind schafft es (noch) nicht, sich einen Überblick zu verschaffen und die Aufgaben zeitlich zu planen. Zudem ist die Hürde (noch) sehr groß, sich an die wenig geliebten Hausaufgaben zu machen, und es dauert lange, bis das Kind tatsächlich mit der Bearbeitung der Aufgaben beginnt. Hinzu kommt, dass die Kinder bei Schwierigkeiten nicht weiter wissen und Unterstützung brauchen. Die Situation ist oft sogar die, dass (meist) die Mutter und das Kind den ganzen Nachmittag zusammen an „ihren“ Hausaufgaben sitzen. Dies ist nicht nur zeitraubend, sondern auch belastend – für alle Beteiligten.
Auch wenn die Kinder in eine Ganzstagsschule gehen, in der Arbeitsstunden für die Hausaufgaben eingeplant sind, bleibt die Thematik die gleiche. Die Kinder stehen vor der Aufgabe, sich selbst zu organisieren. Zudem reicht die Zeit während der Arbeitsstunden für die Kinder mit Aufmerksamkeitsproblemen oft nicht aus, sodass die Aufgaben dann doch abends noch zu Hause zu erledigen sind.

Um diese Situation zu verändern sind also Fähigkeiten wie Selbstorganisation und Handlungsplanung gefragt.
Da es umfangreiche Literatur mit vielen einzelnen Tipps zu dem Thema bereits gibt, wird hier der Fokus auf das Ziel der Eigenständigkeit gelegt. Dazu werden im Folgenden einige Anregungen gegeben, wie wir das Thema Hausaufgaben kreativ mit den Kindern erarbeiten können, um dann in Grundzügen einige Strukturierungshilfen und einen speziellen Verstärkerplan vorzustellen.

6.1 Hausaufgabenmanagement: eine kreative Erarbeitung des Themas

Kinder, die leicht ablenkbar sind, über einen „Vortrag“ zu informieren, was bei den Hausaufgaben zu beachten ist, oder aber ihnen einen Lerntechnik-Text vorzulegen, ist selten erfolgreich. Die meisten Kinder möchten aktiv sein, mitgestalten, und ihre Erfahrungen und Einschätzungen müssen Gewicht haben.

Anknüpfend an ihre Erfahrungen können wir zunächst mit den Kindern und Jugendlichen besprechen, wie sie bisher die Hausaufgabensituation erleben: Was klappt bereits gut? Wo gibt es noch Schwierigkeiten? Sind die derzeitigen Probleme an bestimmte Fächer gebunden? Oder daran, ob die Hausaufgabe mündlich oder schriftlich zu erledigen ist?

Die Kinder empfinden es häufig so, dass die Hausaufgaben „sehr lange" dauern. Hier ist es wichtig, eine Faktenbasis zu bekommen.
Deshalb kann der erste Schritt sein, zunächst die Kinder zu bitten, „nur" die Hausaufgabenzeit mit der Uhr zu stoppen, d. h. Anfang- und Endzeit der Arbeitszeit zu bestimmen. Zum einen kann es sein, dass nach dem Empfinden der Kinder die Zeit „endlos" ist, aber real vielleicht eine Stunde beträgt. Das kann auch für die Kinder ein Aha-Erlebnis sein. Umfasst die Zeitspanne jedoch deutlich mehr als eine Stunde, können wir das Kind bitten, die „effektive" Arbeitszeit zu messen. Das bedeutet, wirklich nur die Zeit als Arbeitszeit zu erfassen, die konkret an der Aufgabe gearbeitet wird. Womöglich wird das Kind feststellen, dass es erst einmal zu Beginn 15 Minuten braucht, bis es tatsächlich die Materialien zusammengesucht hat. Auch jede Unterbrechung, in der das Kind auf sein Handy schaut oder gar ein bisschen chattet, wird so wahrgenommen und als Pause erfasst. Hier kann schon ein erster Impuls für eine veränderte Wahrnehmung gesetzt werden. Wenn das Kind seine Aufmerksamkeit parallel zu den Hausaufgaben auch auf andere Dinge lenkt, kostet dies Energie, erhöht die Fehleranfälligkeit und verlängert natürlich enorm die Dauer der Hausaufgaben.

Auch hier können wieder die Vor- und Nachteile des bisherigen und eines womöglich veränderten Verhaltens thematisiert werden, um so eine höhere Veränderungsbereitschaft zu erzielen.

Im Anschluss an diese Phase können die einzelnen Komponenten des Hausaufgaben-Managements durch die im Folgenden vorgestellten Hausaufgaben-Karten ins Zentrum der Aufmerksamkeit rücken.
Die einzelnen Karten bilden jeweils einen Teilschritt innerhalb der Hausaufgaben ab. Zeitlich sind die Karten gegliedert in die Phasen „vor", „während" und „nach" den Hausaufgaben. Um den Kindern die Übersicht zu erleichtern, sind die Phasen jeweils mit einem Symbol versehen. Die Karten können kopiert, vergrößert und dann ausgeschnitten werden.
Die Karten werden gemischt und dann alle auf dem Tisch aufgedeckt. Das Kind kann nun die Karten, die ihm wichtig erscheinen, heraussuchen und dann entsprechend der Handlungsabfolge in eine Reihenfolge bringen. Hier können dann die Symbole eine zeitliche Zuordnung erleichtern.
Die Kinder und Jugendlichen durchdenken also den Prozess der Hausaufgaben, ordnen und gewichten die einzelnen Handlungselemente und bringen sie in eine Reihenfolge.
Gerade diesen Kindern fällt es ja grundsätzlich oft schwer, Informationen zu strukturieren und zu gewichten, da sie vieles gleichzeitig wahrnehmen und zunächst nichts ausblenden.

Nun jedoch strukturieren sie zunächst ihr Denken, indem sie ihre eigenen Ordnungskriterien bestimmen und reflektieren. Dann ordnen sie entsprechend dieser Kriterien die Karten. Sie strukturieren und planen so auch ihr zukünftiges Handeln.

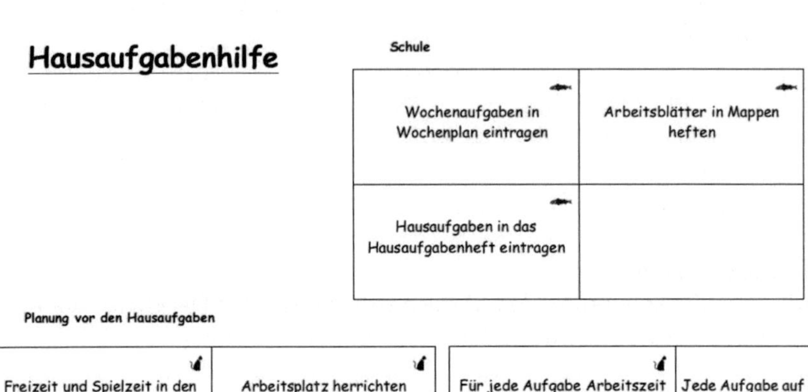

Bild 41: Hausaufgaben-Strukturierung Teil 1

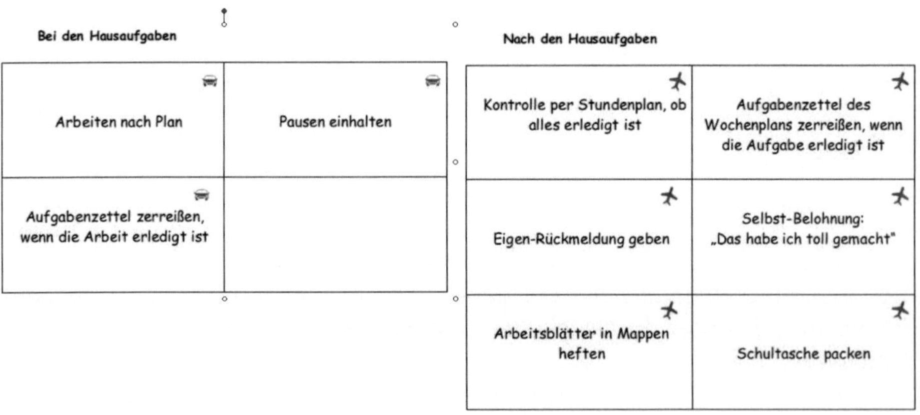

Bild 42: Hausaufgaben-Strukturierung Teil 2

Wir können dieser Strukturierungsaufgabe auch noch einen umfassenderen Sinn geben, indem wir das so erworbene „Experten-Wissen" noch besser nutzen. So kann das Ergebnis der individuellen Strukturierung in einem selbst erstellten „Ratgeber" zusammengefasst werden, auf den immer wieder zurückgegriffen werden kann.
In einem Fall war es so, dass Sören, ein 11-jähriger Junge, sein „Expertenwissen" auch anderen Kindern zugänglich machen wollte. Er entwickelte also ein Nachschlagewerk, das dann in dem Warteraum der Praxis den anderen Kindern zur Verfügung gestellt werden sollte. Sören war so motiviert, dass er freiwillig bereit war, die einzelnen Elemente aufzuschreiben, obwohl Handschriftliches ansonsten eher eine große Hürde für ihn darstellte. Nach einer Weile ging er dann dazu über, die Sätze zu tippen, überdachte „Layout" und Gestaltung. Er hatte seine zukünftige Leserschaft im Blick und entschied sich z. B., Blumen als Dekoration einzufügen, „für die Mädchen", wie er meinte.
Hier werden drei Beispielseiten des „Ratgebers" gezeigt: das Deckblatt, die Tipps für die Zeit in der Schule und für die Zeit nach den Hausaufgaben. *(s. Abb. 43–45, S. 237 und 238)*

Dieser Ratgeber war eine große Leistung, denn Sören bewies Ausdauer, Durchhaltevermögen und zeigte großen Ehrgeiz – und das alles bei dem ansonsten so ungeliebten Thema „Hausaufgaben". Jedes Mal, wenn er in der Praxis zur Tür hereinkam, fiel sein Blick zuerst auf den Tisch im Wartezimmer und er lächelte stolz, wenn er

Bild 43: Sörens Mappe 1

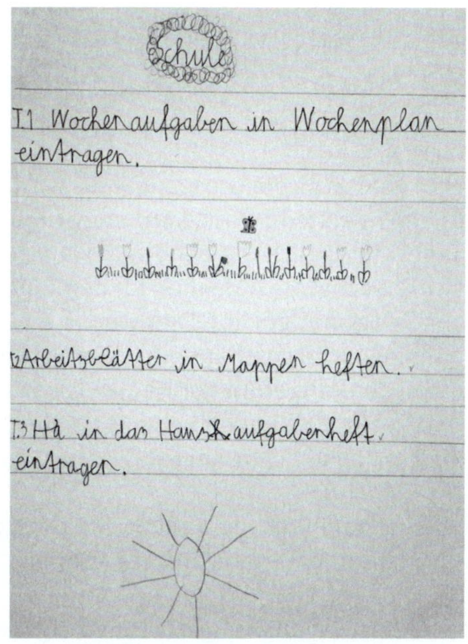

Bild 44: Sörens Mappe 2

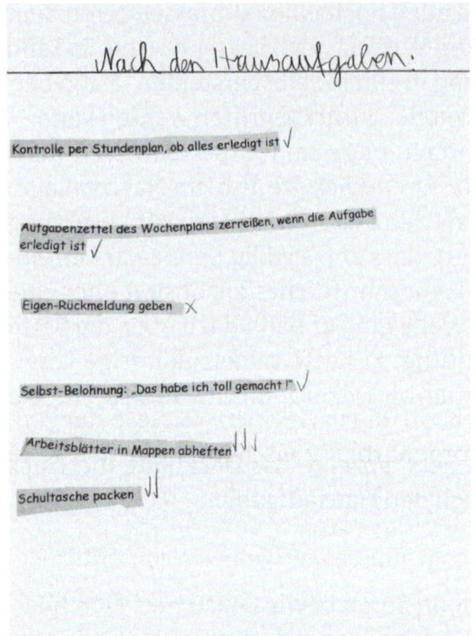

Nach den Hausaufgaben:

Kontrolle per Stundenplan, ob alles erledigt ist ✓

Aufgabenzettel des Wochenplans zerreißen, wenn die Aufgabe erledigt ist ✓

Eigen-Rückmeldung geben X

Selbst-Belohnung: „Das habe ich toll gemacht!" ✓

Arbeitsblätter in Mappen abheften ✓✓

Schultasche packen ✓✓

Bild 45: Sörens Mappe 3

seinen „Ratgeber" dort sah. Die positiven Rückmeldungen der anderen Kinder erreichten ihn natürlich auch und stärkten sein Selbstbewusstsein.

6.2 Hausaufgabenmanagement: Umsetzung der Strukturierungshilfen

Nun geht es an die Umsetzung der Strukturierungshilfen.
In einem ersten Schritt können wir die Kinder und Jugendlichen bitten, ein paar Tage lang täglich die benötigte Hausaufgabenzeit vorab zu schätzen. Dies heißt, sich zunächst die Aufgaben für den Tag anzuschauen und grob einzuschätzen, welche Zeit benötigt wird. Dies wird in einer Tabelle eingetragen. Am Ende der Hausaufgaben wird geschaut, wie viel Zeit tatsächlich gebraucht wurde. Dies schult zum einen das Zeitgefühl der Kinder. Gibt es große Diskrepanzen zwischen Schätzung und Realität, so haben wir zum anderen Gelegenheit, konkret nach den Ursachen zu schauen und darüber ins Gespräch zu kommen.

Hier ist der Punkt, an dem wir Tipps und Hinweise zur erfolgreichen Bearbeitung der Hausaufgaben diskutieren können:

- die Portionierung der Hausaufgaben in kleine Etappen,
- mit dem Leichten beginnen,

- mündliche und schriftliche Aufgaben abwechseln,
- die Ähnlichkeitshemmung bedenken (also nicht englische und französische Vokabeln direkt hintereinander lernen)
- und natürlich die kleinen Schritte zum Erfolg würdigen.

Oft macht es den Kindern Freude, die einzelnen Aufgaben, z. B. „Deutsch: Grammatikaufgabe lösen", auf einen separaten Zettel zu schreiben, um diesen dann nach Erledigung der Aufgabe genussvoll zu zerreißen.

Wir erreichen dann auch den Punkt, an dem es sehr wichtig ist, möglichst die Eltern in die Arbeit mit einzubeziehen. Denn mit einer anfänglichen Unterstützung, einem Coaching, ist der Weg in das selbstständige Lernen sehr viel einfacher.
Natürlich ist vorab gemeinsam zu bedenken, ob und in welchem Maße in der konkreten Situation einer Familie eine Zusammenarbeit zwischen Eltern und Kind sinnvoll und erfolgversprechend ist. Manchmal ist die Situation so, dass es eine Entlastung der Eltern-Kind-Beziehung bedeuten würde, wenn Mutter und Kind die Hausaufgabensituation nicht mehr gemeinsam bewältigen. In solch einem Fall braucht das Kind dann verstärkt unsere Unterstützung, wir können dann in der Therapiestunde mit den Kindern das weitere Vorgehen besprechen und dabei natürlich auch die Eltern einbeziehen. Vermieden werden sollte natürlich eine Situation, in der das Kind plötzlich ohne elterliche und auch andere Unterstützung allein vor der Situation steht. Die häufigste Situation ist aber die, dass es beide Seiten als hilfreich empfinden, mithilfe eines Coachings und gemeinsamer Feedback-Gespräche anders, entspannter mit der Situation umzugehen.

Zunächst können wir mit dem Kind und den Eltern gemeinsam grundlegende Rahmenbedingungen wie eine ablenkungsarme Umgebung, die Einhaltung fester Arbeitsorte und auch fester Arbeitszeiten innerhalb des Tagesablaufs besprechen. Dieser Rahmen gibt den Kindern und Jugendlichen die notwendige Struktur und erleichtert so die Konzentration auf die Aufgaben.
Dies bedeutet konkret, dass das Handy tatsächlich für die vereinbarte Zeit in ein anderes Zimmer gelegt wird. Auch eine fest vereinbarte Zeit ist wichtig, damit das Kind sich auf das Lernen einstellen kann. Es muss nicht jeden Tag die gleiche Uhrzeit sein, doch abhängig vom Tagesplan sollte die Uhrzeit für jeden Wochentag festgelegt werden. So können auch immer wieder neue Diskussionen um den Beginn vermieden werden.

Um das Ziel der selbstständigen Bearbeitung der Hausaufgaben zu erreichen, braucht es nicht nur eine strukturierte Vorgehensweise, sondern auch die Motivation, es allein schaffen zu wollen.
Oft ist es für die Kinder zunächst bequemer, z. B. auf die Unterstützung der Mutter zu vertrauen, auch wenn der Preis womöglich eine angespannte Stimmung oder sogar eine belastete Beziehung ist. Denn neben der bequemen Inanspruchnahme von Hilfe gibt es häufig bei den Kindern auch das ungute Gefühl, von der Unter-

stützung abhängig zu sein. Diese „erlernte Hilflosigkeit“ führt dann auf Seiten des Kindes oft zu (unterschwelliger) Aggressivität. Doch auch die Mutter ist oft durch die zeitliche und auch emotionale Beanspruchung durch die Hausaufgabensituation sehr belastet. Nicht selten entsteht dann eine Situation, in der eine Mutter sagt: „Mein Sohn ist jetzt alt genug. Jetzt muss er die Hausaufgaben allein bewältigen!“ Von heute auf morgen ist das Kind dann allein verantwortlich und in der Regel damit auch überfordert.

Es geht also darum, dass Kinder und Eltern gemeinsam zunächst noch eine sehr strukturierte und detaillierte Planung und Durchführung der Hausaufgaben umsetzen, um dann, wenn die Strukturen gefestigt sind, allmählich das Kind Schritt für Schritt den Weg in die Selbstständigkeit gehen zu lassen.

Döpfner, Schürmann und Frölich sowie darauf aufbauend Lauth und Naumann haben einen ausgetüftelten Verstärkerplan dazu entwickelt, also ein sehr detailliertes Strukturierungssystem, das mit Belohnungen gekoppelt ist. Dieses Konzept wird im Folgenden vorgestellt.[86]
Pro Teilaufgabe der Hausaufgaben kann das Kind zwei Punkte gewinnen. Bei drei bis vier Teilaufgaben pro Nachmittag kann das Kind also 6 bis 8 Punkte sammeln. Auf dieser Grundlage kann sich das Kind dann zunächst die Belohnungen ausdenken, gegen die es die Punkte später einlösen möchte. Hier können die Überlegungen aus der 5. Etappe der SchADSkiste zu den Verstärkerplänen Berücksichtigung finden.

Das Konzept sieht vor, dass zu Beginn der Hausaufgaben die einzelnen Aufgaben besprochen und in überschaubare und zeitlich schaffbare Abschnitte eingeteilt werden.
Hier ist die Gelegenheit, mit dem Kind die Aufgabenstellung zu besprechen. Wenn das Kind in eigenen Worten beschreibt, was seine Aufgabe ist, wird schnell deutlich, ob es die Aufgabe bereits erfasst hat oder ob es noch offene Fragen zu klären gibt. An dieser Stelle trainiert das Kind übrigens auch, Aufgabenstellungen genau wahrzunehmen, impulsives Verhalten wird so reduziert.
Was den zeitlichen Umfang einzelner Aufgaben betrifft, so ist es günstig, wenn bei jüngeren Kindern einzelne Aufgaben nicht mehr als max. 20 Minuten in Anspruch nehmen. Für die Kinder ist es zu Anfang noch schwer, die Zeit realistisch einzuschätzen, deshalb ist es wichtig, dass hier die Eltern korrigierend eingreifen.
Im Hausaufgabenplan werden dann die jeweilige Aufgabe und die geplante Zeit eingetragen.
Dann – und das ist sehr wichtig – bearbeitet das Kind die erste Teilaufgabe selbstständig. Ist die erste Aufgabe bearbeitet, gehen die Eltern mit dem Kind die Aufgabe durch. Zuerst wird dazu die tatsächlich gebrauchte Zeit in die Tabelle eingetragen. Dann kommt es zur Punktevergabe: Zunächst wird das Kind selbst gefragt, wie gut es seiner Meinung nach die Aufgabe erledigt hat. Auf einer Skala von 1 bis 6, die Schulnoten entspricht, schätzt das Kind sich selbst ein. Dann schauen sich die El-

tern die Durchführung der Aufgabe an und geben ebenfalls eine Einschätzung ab. Wird die Aufgabe von beiden Seiten mit mindestens „4“ bewertet, gibt es den Punkt für Qualität. Wenn die Zeit eingehalten wurde, gibt es einen weiteren Punkt, jedoch nur, wenn die Qualität akzeptabel war. Diese Einschränkung ist von Bedeutung, denn sonst beeilen sich die Kinder sehr, um die Zeit einzuhalten, die Qualität ist jedoch nicht akzeptabel. Im Vorfeld sollte natürlich besprochen werden, was eine „akzeptable Qualität“ ist. Bei einer Deutsch-Aufgabe kann hier das Kriterium „gut lesbare Schrift“ sein, Rechtschreibfehler könnten jedoch außerhalb der Bewertung bleiben und gesondert besprochen werden. Bei Mathematik-Aufgaben, die für das Kind gut schaffbar sind, kann das Kriterium sein: „maximal zwei Rechenfehler“, um auch hier das Kind zu einer sorgfältigen Bearbeitung zu motivieren.
Nach der Besprechung und Punktevergabe wird dann gegebenenfalls eine kleine Pause gemacht.
Anschließend wird dann die zweite Aufgabe besprochen, das Kind bearbeitet sie selbstständig, danach erfolgt die Auswertung und Punktevergabe. Dieser Ablauf wird bis zur Fertigstellung aller Aufgaben wiederholt.
Hier wird das Konzept noch einmal übersichtlich zusammengefasst:

Hausaufgaben-Management

1. Vereinbarung überschaubarer Arbeitsabschnitte und Pausen
2. Klärung von Fragen
3. Selbstständige Bearbeitung einer Teilaufgabe
4. Zeiteintrag und Einschätzung der Qualität des Ergebnisses
5. Punktevergabe
6. gegebenenfalls Pause

Dann geht es wieder bei Schritt 2 weiter, bis alle Abschnitte bearbeitet sind.[87]

Hausaufgabenplan

Datum	Aufgaben	Zeitvorgabe	Gebrauchte Zeit	Tom: Wie gut? (1–5)	Eltern: Wie gut? (1–5)	Punkte
17.02.	Englisch:	10 min	10 min	4	2	2
„	Sowi:	15 min	10 min	1	3	2
„	Mathe:	lo min	15 min	1	2	1
„	Deutsch:	15 min	10 min	4	5	0

In dem vorgestellten Beispiel [88] gibt es für die ersten beiden Aufgaben zwei Punkte, da sowohl die Qualität gut war als auch die Zeit eingehalten wurde. Bei der dritten Aufgabe war die Qualität in Ordnung, dafür gibt es einen Punkt. Die Zeitvorgabe wurde jedoch überschritten, deshalb gibt es hier keinen Punkt. Bei der vierten Aufgabe haben die Eltern das Ergebnis als „nicht ausreichend" bewertet, es gibt also keinen Punkt für die Qualität, und das trotz der unterschrittenen Zeitvorgabe. Denn den „Zeit"-Punkt gibt es nur bei ebenfalls vorhandener Qualität.

Es ist auch denkbar, Zusatzregeln in den Hausaufgabenplan aufzunehmen, bei deren Einhaltung es dann Extra-Punkte gibt. Wenn das Kind z. B. dazu neigt, den Beginn der Hausaufgaben hinauszuzögern oder immer wieder zwischendurch zu „meckern", so kann ein verändertes Verhalten wie „sofortiges, zügiges Anfangen" oder „ruhig bleiben bei Problemen" zusätzlich belohnt werden.

Es liegt auf der Hand, dass dieser Hausaufgabenplan den ganzen Einsatz aller Beteiligten fordert. Doch es lohnt sich!
Natürlich braucht es erst einmal einen langen Atem. An dieser Stelle kommt einer intensiven Begleitung durch uns TherapeutInnen große Bedeutung zu. Es hat sich als sehr hilfreich erwiesen, die Grundlagen des Punkteplans in einem Teamgespräch mit Eltern, Kind und Therapeutin festzulegen. Wenn dann die Umsetzung des Plans startet, ist es günstig, z. B. in jeder Therapiestunde mit dem Kind zu erfragen, wie der Stand der Dinge ist. Auch kurze „Inventur-Gespräche" mit den Eltern, z. B. alle zwei Wochen am Ende der Therapiestunde, geben die Möglichkeit, eventuelle Schwierigkeiten rückzumelden und auch kleine Anpassungen, z. B. durch die Aufnahme einer Zusatzregel, vorzunehmen. Diese Gespräche sind auch eine gute Möglichkeit, die kleinen und großen Erfolge wertzuschätzen und der Freude darüber Ausdruck zu geben.
Je engmaschiger anfangs der Plan befolgt wird, umso schneller gelingt es dem Kind, wirklich selbstständig zu arbeiten. Es kann sich zunehmend selbst strukturieren, seine Arbeit einteilen und selbstständig erledigen. Dies führt natürlich zu einer Entlastung der Eltern, doch vor allem zu großen Erfolgserlebnissen und einer Stärkung des Selbstbewusstseins des Kindes.

7. Lernstrategien für dauerhaftes Behalten: selbstständige Aneignung von Lerninhalten

„Methode ist die Mutter des Gedächtnisses."

(Thomas Fuller, englischer Historiker 1608–1661)

Häufig sind gerade die Kinder und Jugendlichen, die im Bereich des Lernens mit Aufmerksamkeit (noch) Probleme haben, sehr wissbegierig und interessiert, sich mit neuen Lerninhalten auseinanderzusetzen. Sie erfassen schnell und entwickeln sofort auch eigene Ideen zur Weiterentwicklung einer Aufgabe oder eines Spiels. Doch gerade durch diese Schnelligkeit und die Aufnahme vieler Informationen können sie dann ins Stolpern geraten, wenn es um das Filtern relevanter Inhalte und das dauerhafte Behalten neuer Lerninhalte geht.

Für das Abspeichern neuer Inhalte im Gedächtnis ist zum einen das „Wachhalten" der Aufmerksamkeit bei der Informationsaufnahme und -verarbeitung wichtig. Damit das gelingt, brauchen die Kinder und Jugendlichen zusätzliche Unterstützung. Zum anderen kommt dem Prinzip der Wiederholung große Bedeutung zu, damit Wissen dauerhaft abgespeichert werden kann. Doch gerade die Wiederholung bereits bekannter Dinge erleben diese Kinder und Jugendlichen oft nur als ermüdend. Nach der anfänglichen Begeisterung und Euphorie für einen neuen Lernstoff tritt dann oft Enttäuschung und Demotivation auf, wenn es ihnen nicht gelingt, den scheinbar so gut erfassten Lerninhalt später wieder abzurufen. Deshalb sind auch hier motivierende und erfolgversprechende Strategien so wichtig.
Bevor ausführlich Methoden und Tipps vorgestellt werden, wie gerade diese Kinder und Jugendlichen erfolgreich lernen und auch behalten, wird zunächst die Funktionsweise unseres Gedächtnisses kurz skizziert. Das Wissen darüber ist auch für die Kinder und Jugendlichen von Bedeutung, um ihren eigenen Lernprozess besser steuern zu können.

7.1 Theorie-Baustein

7.1.1 Ein Ausflug in unser Gehirn: Behalten und Vergessen

Wir nehmen die unterschiedlichen Informationen über unsere verschiedenen Sinneskanäle wahr. Über das Sehen, den visuellen Kanal, nehmen wir die meisten Informationen auf, gefolgt vom Hören, dem auditiven Kanal. Innerhalb einer Sekunde werden „über 10 Millionen Informationseinheiten über unsere Sinnesorgane, wie Augen, Ohren, Hautnerven und andere Kanäle an den ‚Wahrnehmungsspeicher', das Ultrakurzzeitgedächtnis, weitergeleitet ... Der größte Teil dieser Eindrücke erlischt innerhalb weniger Sekunden ohne eine Gedächtnisspur zu hinterlassen.

Nur besonders hervorgehobene Eindrücke bewirken Veränderungen im Gehirn – wir merken sie uns."[89]
Die meisten Informationen werden also über das Sehen aufgenommen und in den Wahrnehmungsspeicher geleitet.
Dann müssen sie einen Filter passieren, bevor sie ins Kurzzeitgedächtnis gelangen, das eine Zeitspanne von einigen Minuten umfasst. „Wiederum nur ein sehr geringer Teil der Informationen gelangt dann nach dem Passieren eines zweiten Filters in das Langzeitgedächtnis." Erst dann gibt es eine Chance auf dauerhaftes Behalten, wenn das Gelernte auch immer wieder aufgefrischt wird.[90]
Besteht ein starkes Interesse an den Informationen und eine hohe Motivation oder handelt es sich um Eindrücke, die mit starken Emotionen verbunden sind, so fällt es leichter, die Informationen die Filter passieren zu lassen und sie im Langzeitgedächtnis abzuspeichern.[91]
Auch hier zeigt sich wieder, wie bedeutungsvoll Lernmotivation und eine positive Lernatmosphäre für einen gelingenden Lernprozess sind.

Geht es hingegen um Lerninhalte, wie bestimmte schulische Lernstoffe, denen nicht unbedingt von vornherein große Begeisterung entgegengebracht wird, wird es wichtig, den Lernprozess zu unterstützen, um das Abspeichern der Informationen zu erleichtern.
Zunächst gilt es, eine Auswahl zu treffen und sich auf wenige, ausgewählte Inhalte zu konzentrieren. Dies stellt für Kinder mit Aufmerksamkeitsproblemen eine Hürde dar. Deshalb brauchen sie Hilfestellungen und gut strukturiertes Lernmaterial, um erfolgreich Informationen durch den ersten Filter in das Kurzzeitgedächtnis zu schleusen. Es ist wichtig, nur wenige „Informationseinheiten" in kurzer Zeit zu präsentieren, um das Kurzzeitgedächtnis nicht zu überfordern. Besonders bei Kindern mit Aufmerksamkeitsproblemen wird von maximal fünf Informationseinheiten ausgegangen.[92]

Aber nur, wenn der Lernstoff dann auch „aktiv wiederholt" wird, kann er später ins Langzeitgedächtnis gelangen. Dies bedeutet, die Informationen über einen bestimmte Zeitspanne hinweg „bewusst wachzuhalten".[93] Dies kann geschehen, indem wir – unserem Lerntyp entsprechend – uns die Informationen bildlich vorstellen, uns innerlich vorsagen, auch laut aussprechen oder aber mit Bewegung verbinden. Hier kommt also das bekannte Lernen mit allen Sinnen ins Spiel.
Auf diese Weise die aufgenommenen Informationen mehrmals aktiv zu wiederholen ist eine unabdingbare Voraussetzung für das Behalten. Doch sogar, wenn die Informationen endlich im Langzeitspeicher angekommen sind, ist es wichtig, das Gelernte mehrmals zu wiederholen, damit es wirklich dauerhaft im Langzeitgedächtnis abgespeichert wird.[94] Für unsere Arbeit mit den Kindern und Jugendlichen bedeutet dies, dass auch der mehrmalige Prozess der Wiederholung des bereits bekannten Lernstoffs anregend und unterhaltsam gestaltet werden sollte, damit die Motivation erhalten bleibt.

Grundsätzlich ist es bei diesen Kindern, die in besonderem Maße Aufgaben und Anforderungen verstehen wollen und die Sinnhaftigkeit hinterfragen, sehr hilfreich, sie über den Ablauf des Lernens und Behaltens im Gehirn gut zu informieren.
Denn oft lernen diese Kinder zu Anfang ja noch sehr engagiert. Da sie Neues schnell erfassen, sind sie bald z. B. der Überzeugung: „Ich habe die Vokabeln gut gelernt. Ich kann sie!" Sie wiederholen das Gelernte also nicht und sind dann sehr frustriert, wenn sie im Vokabeltest nach ein paar Tagen kaum noch etwas erinnern. Ihre Schlussfolgerungen lauten dann nicht selten: „Lernen bringt ja nichts. Da kann ich es gleich lassen." Oder aber: „Ich kann wegen der ADS eh nie etwas behalten." Solche Überzeugungen zu verändern ist von großer Bedeutung für zukünftigen Lernerfolg.

Die Methoden des „Wachhaltens" der Information und des Lernens mit allen Sinnen sind also entscheidend für das Behalten. Wenn Kinder mit allen Sinnen lernen, werden die Informationen mit viel größerer Tiefe verarbeitet als dies durch ein bloßes oberflächliches Anschauen oder Anhören gelingen könnte. Denn von dem, was wir nur hören, behalten wir in der Regel nur 10 Prozent! Von dem, was wir nur gesehen haben, sind es 30 Prozent. Kommen der auditive und der visuelle Kanal zusammen, so werden es schon 50 Prozent. Wenn über das Gelernte auch noch gesprochen wird, sind es bereits 70 Prozent. Kann darüber hinaus noch mit dem Gelernten handelnd umgegangen werden, werden sogar 90 Prozent erreicht.[95] Wenn es also darum geht, den Kindern Lernmethoden vorzustellen, die auf den ersten Blick viel aufwendiger sind als sie es gewohnt sind, lohnt es sich, mit ihnen über diese Zusammenhänge zu sprechen.

Die Bedeutung der Wiederholung können wir den Kindern mithilfe der „Vergessenskurve" aufzeigen. Gelerntes, das nicht wiederholt wird, wird extrem schnell wieder vergessen, die „Vergessenskurve" geht gerade in den ersten Tagen rasant nach unten. So werden zu 100 Prozent beherrschte neu gelernte Vokabeln bereits nach einem Tag schon zu 25 Prozent vergessen. Nach drei Tagen ist bereits die Hälfte vergessen, nach einer Woche sind noch 35–30 Prozent des Gelernten vorhanden, nach zwei Wochen sind es nur noch 25 Prozent.
Häufiges Wiederholen kann den rasanten Abwärtsverlauf der „Vergessenskurve" deutlich abflachen. Wiederholen die Kinder das Gelernte nach einem Tag und dann noch einmal nach zwei Tagen, so sind nach einer Woche z. B. noch 75 Prozent und nach zwei Wochen noch 60–65 Prozent vorhanden.[96]

Wie bereits erwähnt, sind auch Struktur und Orientierung eine wichtige Stütze für diese Kinder. Lernstoff, der es bis ins Langzeitgedächtnis geschafft hat, kann viel leichter abgerufen werden, wenn er strukturiert „abgelegt" wurde. Wie in einem Schrank, in dem es verschiedene Fächer und Schubladen gibt, die den Inhalt sortieren, können Strukturierungen zu Übersicht im Gedächtnis und zum leichteren Auffinden des Wissens verhelfen. „Regalsysteme"[97] erleichtern die Orientierung.

Verknüpfungen zu bereits Gelerntem, das Anlegen einer inneren „Landkarte" des Wissens sind hier geeignete Methoden. „Kenne ich schon etwas Ähnliches?" ist eine Frage, die an die Kompetenz der Kinder anknüpft. Auch können neue Lerninhalte mit akustischen oder visuellen Sinneseindrücken verbunden werden, um sie so besser zu behalten. „Bei dem Wort denke ich an ..." nutzt die Vorstellungskraft der Kinder, zudem macht es ihnen Freude, solche „Eselsbrücken" zu finden.[98]

Mit diesem Wissen über das Lernen und Behalten können die Kinder ihre früheren, weniger zielführenden Überzeugungen hinter sich lassen und eine neue Einstellung gegenüber dem Lernen entwickeln und mit den passenden Methoden dann auch den erhofften Lernerfolg erzielen.

7.1.2 Die Situation der Kinder und Jugendlichen mit Aufmerksamkeitsproblemen

Viele Kinder und Jugendliche, die Probleme im Bereich der Aufmerksamkeit haben, verfügen häufig über verblüffende Spezialkenntnisse. Sie haben sich komplizierte Lerninhalte offenbar schnell und einfach angeeignet. Denn wenn diese Kinder großes Interesse an einer Sache haben, sind sie hoch motiviert und geradezu leidenschaftlich bei der Sache. Dann können sie Höchstleistungen erbringen.
Sind hingegen unangenehme Gefühle oder Gedanken im Spiel können diese Kinder und Jugendlichen sie oft nicht regulieren. Enttäuschungen oder innere Überzeugungen wie „Das lern ich nie!" können dann zu inneren Blockaden oder Verweigerungshaltungen führen.
Auch wenn Langeweile, z. B. bei den Wiederholungen des Gelernten, auftritt, schalten diese Kinder oft ab und laufen so Gefahr, das gerade Gelernte wieder zu vergessen. So kann ein Teufelskreis von ungünstigem Lernverhalten und negativen Gefühlsreaktionen entstehen, der durch motivierende Methoden und Lernfreude jedoch wieder aufgelöst werden kann.

An dieser Stelle kommen wieder die selektive Aufmerksamkeit und die Hemmung irrelevanter Impulse, die schon im vierten Kapitel „Fokussierte und geteilte Aufmerksamkeit" thematisiert wurden, ins Spiel. Kindern mit Beeinträchtigungen in diesen zentralen Bereichen fällt es schwer, die wichtigen Reize aufzunehmen und die als unwichtig erachteten unberücksichtigt zu lassen. Dies hat auch Auswirkung auf die Gedächtnisfunktionen, denn „der Prozess der selektiven Aufmerksamkeit spielt an der ‚Pforte', am Filter zwischen Wahrnehmungsspeicher und Kurzzeitgedächtnis eine große Rolle. Er entscheidet darüber, ob wichtige Informationen in den Kurzzeitspeicher gelangen und unwichtige ausgeblendet und unberücksichtigt bleiben oder ob viele unwichtige Informationen in den Kurzzeitspeicher gelangen".[99] Armin Born und Claudia Oehler vergleichen die selektive Aufmerksamkeit mit einem Schweinwerfer, der unsere Wahrnehmung auf einen ganz bestimmen

Reiz ausrichtet, ihn „erhellt", während andere, als unwichtig erkannte Reize nicht ausgeleuchtet werden. Zudem scheint es so, dass die Gesamtmenge an Information, auf die sich die selektive Aufmerksamkeit richten kann, generell begrenzt ist.[100] Wenn wir also unsere Aufmerksamkeit auf bestimmte Reize richten, so bleibt nur eine begrenzte Kapazität für weniger Wichtiges.
Die Kinder und Jugendlichen, deren Aufmerksamkeitsfokussierung nicht gut ausgebildet ist, nehmen jedoch alle Reize „gleich" wahr, die auf sie einströmen, sie können die Informationen nicht gewichten und Unwichtiges ausblenden. Sie nehmen also vieles „gleich wichtig". Bei gleich bleibender Aufnahmekapazität „verschenken" sie so viel ihrer Aufmerksamkeitskapazität an unwichtige Reize und für das Wesentliche bleibt nur wenig Kapazität.[101]

Auch wenn Informationen es dann ins Kurzzeitgedächtnis geschafft haben, so ergibt sich für die Kinder mit einer Aufmerksamkeitsbeeinträchtigung eine neue Hürde. „Sowohl ihr verbaler als auch ihr nicht-sprachlicher Arbeitsspeicher (sind) in ihrer Kapazität reduziert ...[102] Dies bedeutet, dass die Verarbeitungskapazität des Kurzzeitgedächtnisses ... noch schmaler als bei anderen Kindern (ist)."[103] Dies bedeutet also, dass diese Kinder nicht nur weniger Informationen im Kurzzeitgedächtnis verarbeiten können, sondern dass dazu ja auch noch immer viele irrelevante Informationen dort gelandet sind. Das Kurzzeitgedächtnis ist also permanent überlastet.
Gerade das zuvor erwähnte „Wachhalten" der Informationen fällt diesen Kindern besonders schwer. Die Zeitspanne, in der die Information im Kurzzeitgedächtnis verbleibt, ist reduzierter als bei anderen Kindern.[104] Kombiniert mit der oft bestehenden verminderten Anstrengungs- und Durchhaltefähigkeit führt dies dazu, dass der Lerninhalt oft zu wenig eingeprägt und wiederholt wird. „Das zu Lernende wird schlichtweg schon während des Lernprozesses vergessen."[105]

Doch auch wenn es den Kindern dann gelingt, diese Hürden mit viel Anstrengung zu überwinden und Lernstoff dauerhaft abzuspeichern, werden die neuen Informationen nicht gut genug mit bereits vorhandenen Inhalten vernetzt. Die Informationen werden dem bestehenden Wissen nicht gut ein- und zugeordnet. Die Landkarte des Wissens besteht bei diesen Kindern oft aus vielen einzelnen Inseln und zu wenigen Verbindungswegen. Das Zauberwort der „Struktur" bekommt hier wieder große Bedeutung. Um von der „Rumpelkammer" des Langzeitgedächtnisses zu einem „Regalsystem"[106] zu gelangen, das durch seine Übersichtlichkeit das Wiederfinden der Informationen erleichtert, müssen die neuen Informationen gut strukturiert und dann eingeordnet werden. Da den Kindern gerade diese Strukturierung und das Fokussieren auf das Entscheidende (noch) so schwerfällt, kann hier durch eine gute äußere Strukturierung des Lernstoffes viel erreicht werden.
Im Einzelsetting besteht sogar die Chance, diese Strukturierungsüberlegungen gemeinsam mit dem Kind anzustellen und ihm so Schritt für Schritt den Weg hin zu selbstständigem Ordnen und Sortieren des Lernstoffs zu ermöglichen.

Wenn wir also das Thema „Lernen und Behalten" ins Zentrum rücken, sind diese Aspekte besonders wichtig:

- „Wachhalten" der Information während des Lernprozesses
- Strukturierung des Lerninhalts
- Wiederholung des Gelernten

Es gilt, dabei Methoden einzusetzen, die den Kindern helfen, die beschriebenen inneren Hürden zu überwinden, sei es durch fantasievolle Einprägetechniken, durch unterhaltsame Methoden der Wiederholung oder durch Strukturierungsideen, die die Kreativität der Kinder nutzen.
Bei allem ist das Stichwort „Motivation" entscheidend. Eine positive Einstellung und Interesse an dem Lerninhalt sind, wie beschrieben, ganz wichtige Parameter für ein gutes Lernergebnis. Wenn es uns gelingt, den Kindern und Jugendlichen Freude am Lernen und Behalten zu vermitteln, wenn sie begeistert bei der Sache sind, ist das der Schlüssel zum Erfolg.

7.2 Motivation durch ein „Zauberkunststück" – Jeder ist Gedächtniskünstler oder: „Die Katze fährt Motorrad!"[107]

Wenn uns ein Kind gegenübersitzt, dass davon überzeugt ist, nichts gut behalten zu können, das zunehmend frustriert und unsicher ist, ist es das Wichtigste, ihm zunächst wieder Zuversicht zu vermitteln und sein Selbstvertrauen zu stärken.
Wenn wir dem Kind einen „Zaubertrick" ankündigen, der es mit sofortiger Wirkung in einen „Gedächtniskünstler" verwandeln kann, ernten wir zunächst Skepsis, doch meist blitzt auch immer schon ein Schimmer von Hoffnung in den Augen des Kindes auf.
Und das Beste ist: Diese Hoffnung wird nicht enttäuscht! Immer – und das heißt wirklich: immer – gelingt dieser „Trick" und das Ergebnis sind Kinder, die glücklich und stolz auf ihre Leistung sind und wieder mit neuer Motivation und Zuversicht dem Lernen begegnen. Übrigens: Der Trick funktioniert auch bei Erwachsenen.

Wir behaupten also, dass es dem Kind gelingen wird, 20 Begriffe, die es nur ein einziges Mal hören wird, sofort und dauerhaft zu behalten.
Zunächst erklären wir dem Kind den „Zaubertrick".
Die Idee hinter dem Zaubertrick ist es, die einzelnen Begriffe, die es zu merken gilt, mit anderen Begriffen zu verknüpfen, also Assoziationen herzustellen, die es erleichtern, sich an die Lernbegriffe zu erinnern. Diese Methode wird oft „Braining" genannt, da sie das vernetzte, oft bildhafte Denken unseres Gehirns imitiert.

In der Probephase zu Beginn schreibt sich das Kind einen beliebigen Begriff auf, es sollte nur etwas Anschauliches sein. Nehmen wir an, dem Kind fällt der Begriff „Katze" ein und es notiert ihn. Nun hört es von uns den zu lernenden Begriff, z. B.

„Motorrad". Jetzt geht es darum, diese beiden Begriffe gut miteinander zu verknüpfen. Es sollen also nicht nur beide Begriffe einfach nebeneinander genannt werden, sondern es sollte ein wirkliches anschauliches Bild entstehen. Wichtig ist: Es geht darum, was dem Kind zuerst als Verknüpfung einfällt, nicht Ihnen. Denn an eigene Verknüpfungen erinnern wir uns viel besser als an vorgegebene.
Vielleicht fällt dem Kind also ein Bild ein, in dem die Katze das Motorrad fährt. Übrigens: Je ungewöhnlicher das Bild ist, umso eher merkt sich das auch unser Gehirn! Nun ist es wichtig, sich für ein paar Sekunden das Bild möglichst genau und reich an Details vorzustellen. Wie genau sieht die Katze aus? Welche Fellfarbe hat sie? Hat sie einen Helm auf? Sitzt sie ängstlich auf dem Motorrad oder eher wie „Easy Rider"? Wie sieht das Motorrad aus? Welche Farbe und Form hat es? Wenn die Katze also das Motorrad steuert, wie fährt sie? Mit hoher Geschwindigkeit und sozusagen wehendem Fell? Sieht sie konzentriert aus oder grinst sie über das ganze Gesicht? Wir bitten das Kind, sich für das „Ausmalen" genug Zeit zu geben. Indem wir uns die Details ausmalen, geben wir unserem Gehirn die Chance und die Zeit, sich die Begriffe Katze–Motorrad zu merken. Es merkt sich nicht nur zwei voneinander isolierte Begriffe, sondern genau die Verknüpfung der beiden. Dies ist also die Phase, in der der Lernstoff „wachgehalten" wird!
Soll das Kind sich später an den Lernbegriff erinnern, schaut es auf seinen eigenen Begriff „Katze" und sofort taucht in ihm das Bild der Motorrad fahrenden Katze auf. Über diese Verknüpfung erinnert es sich an das Lernwort „Motorrad".

Das ist das ganze Geheimnis. Einfach, aber enorm wirksam.
Nun geht es an die Anwendung des Tricks. Wir schreiben uns also 20 Wörter auf, die das Kind später als Lernwörter jeweils nur einmal hören wird. Zusätzlich nummerieren wir unsere Begriffe.
Das Kind bitten wir, sich ebenfalls 20 Begriffe aufzuschreiben und sie zu nummerieren. Die gewählten Begriffe sollten, wie gesagt, anschaulich sein, also keine Abstrakta wie „Hoffnung", „Glück". Zudem sollten die Begriffe sich nicht zu ähnlich sein, also möglichst nicht „Stift, Kuli, Bleistift, Füller". Damit hätte unser Gehirn Schwierigkeiten, Verwechslungen wären vorprogrammiert.
Wenn also Sie und das Kind jeweils 20 Begriffe vor sich liegen haben, beginnen Sie langsam, dem Kind die Begriffe vorzulesen. Also z. B. : „1. Elefant." Geben Sie dem Kind die Zeit, die es braucht, den Begriff mit dem eigenen ersten Begriff zu verknüpfen. Hat das Kind auf seiner Liste „1. Regenschirm" notiert, sucht es ein gemeinsames Bild. Mir kommt sofort ein Elefant in den Sinn, der wie Mary Poppins an dem Regenschirm hängend durch die Lüfte fliegt. Was fällt Ihnen ein? So werden langsam alle 20 Begriffe durchgegangen.

Dann kommt der spannende Moment. Kann das Kind sich an alle Begriffe erinnern? 20 ist eine ganz schön hohe Anzahl. Ich kann Ihnen versichern, es hat immer – wirklich immer – geklappt!
Das Kind darf beim Erinnern natürlich auf seinen eigenen Zettel schauen und sich so die „Eselsbrücke" zum Lernwort bauen.

Da die Begriffe nummeriert wurden, ist auch möglich, das Kind zu fragen: „Welcher Begriff ist denn an 9. Stelle?“ Das Kind muss dazu nur seinen eigenen 9. Begriff anschauen und dann den verknüpften Begriff nennen. Sie können auch fragen: „Welcher Begriff ist denn der, der nach dem ‚Elefanten‘ kommt?“ Das Kind erinnert die Verknüpfung zu „Elefant“, das war der „Regenschirm“, und schaut sich dann das nächste Wort auf seiner Liste an, findet die Verknüpfung und voilà, die Erinnerung ist da.
Das Kind kann natürlich auch alle 20 Lernbegriffe hintereinander nennen. Können Sie sich vorstellen, wie begeistert das Kind ist, wenn das klappt? Sogar alle 20 Begriffe rückwärts aufzusagen gelingt auf diese Weise. Die Wirkung dieses „Zaubertricks“ auf das Selbstvertrauen der Kinder ist riesig.

Wir können dem Kind auch vorschlagen, diesen Trick mal in anderer Runde vorzuführen, in der Familie oder in der Klasse. Nur sollten wir unbedingt dazu sagen, dass das Kind sich eine neue eigene Wortliste dafür machen muss. Würde es seine alte nutzen, würden ihm die entsprechenden „alten“ Lernbegriffe aus unserer Stunde einfallen, da diese miteinander verknüpft wurden.

Der „Zaubertrick“ des Gedächtniskünstlers ist ein wunderbarer Einstieg, um Motivation und Begeisterung für das Lernen und Behalten zu wecken. In Abwandlung ist diese Methode auch zum Vokabellernen oder zum Behalten einer größeren Anzahl von Merkwörtern anwendbar, wie noch gezeigt werden wird.

7.3 Lernstrategien: der Weg zu dauerhaftem Behalten

7.3.1 Weniger ist mehr!

Wenn wir mit den Kindern und Jugendlichen also am Beispiel der Vokabeln oder auch der Merkwörter in der Rechtschreibung das Lernen und Behalten trainieren wollen, so gilt immer: Weniger ist mehr!
Für diese Kinder ist, wie beschrieben, eine Reduzierung der Lerninhalte auf das Wesentliche elementar wichtig, da das Kurzzeitgedächtnis bei ihnen schon durch viele unwesentliche Informationen und eine kurze Verweildauer der Informationen im Kurzzeitgedächtnis sehr beansprucht ist.[108]

Im Folgenden werden beispielhaft konkrete Vorgehensweisen für den Bereich der Rechtschreibung und des Vokabellernens vorgestellt. Doch auch in der Mathematik lassen sich diese Methoden einsetzen.[109]
Bewährt hat sich, z. B. bei Vokabeln oder Rechtschreibwörtern, in kleinen Portionen zu lernen, dies bedeutet pro Tag 2 bis 4 neue Wörter, nicht mehr.[110] Die Übungszeiten sind dann entsprechend kurz: 10–15 Minuten, nicht mehr.
Auch die Nutzung von Lernkärtchen ist erfahrungsgemäß immer noch sehr hilfreich,[111] denn auf einer Lernkarte steht wirklich nur dieses eine Lernwort, nichts an-

deres. Das Wort ist nicht eingebunden in einen größeren Kontext, ist nicht eins unter vielen auf der Vokabelseite im Englisch-Buch. Es steht sozusagen ablenkungsfrei im Zentrum der Aufmerksamkeit.
Bei Lernwörtern einer Rechtschreibkartei empfiehlt es sich, im Sinne der Strukturierung, auch immer die Wörter mit gleichen Merkmalen, beispielsweise mit Dehnungs-h, zusammen zu üben. Kurze Übungseinheiten von 10 bis 15 Minuten sind am effektivsten. Doch wenn sie an die „Vergessenskurve" denken, so sollten diese Kurzeinheiten dann auch möglichst täglich durchgeführt werden. Ein Lernkartei-System, in dem die gewussten Wörter immer ein Fach weiter nach hinten rutschen, bis sie dann nach einigen Durchgängen der Wiederholung im letzten Fach angelangt sind, erleichtert auch hier die Struktur und Übersichtlichkeit. Diese Lernkartei kann ganz handfest wirklich in Form eines Pappkartons oder auch virtuell am Computer erstellt werden.
Doch ist zu beachten, dass gerade bei Kindern mit einer Beeinträchtigung in der Aufmerksamkeit dieses Lernkarteisystem mindestens 10 Durchgänge haben sollte, damit der Lernstoff durch die häufige Wiederholung wirklich ins Langzeitgedächtnis gelangt. Diese müssen zu Beginn täglich stattfinden.[112] Wie diese Wiederholung abwechslungsreich gestaltet werden kann, wird an späterer Stelle noch beschrieben.

7.3.2 Wachhalten der Informationen im Kurzzeitgedächtnis

Schon beim erstmaligen Lernen eines Wortes ist das „Wachhalten" der Information von großer Bedeutung. Es wird als sinnvoll erachtet, das Wort tatsächlich circa 20 Sekunden im Bewusstsein zu halten.[113]
Bei Rechtschreibwörtern können wir dazu mit dem Kind gemeinsam überlegen, wie das Wort aufgebaut ist, wo eventuelle Stolpersteine bestehen und diese dann markieren. Haben wir z. B. das Wort „Fahrrad", so kann es zunächst in Morpheme eingeteilt werden: „Fahr-rad". Zudem fallen die Großschreibung, das Dehnungs-h und die Auslautverhärtung als Besonderheit auf. Je nachdem, was das Kind als Hürde für sich identifiziert, kann dieses Merkmal farblich gekennzeichnet werden. So ein Gespräch über die Merkmale des Wortes dient nicht nur der Identifizierung der Rechtschreibphänomene, sondern besonders dem „Wachhalten" im Kurzzeitgedächtnis, der genauen Beschäftigung mit dem Wort.

Steht das Dehnungs-h im Zentrum, so kann das Wort auf die vordere Seite der Lernkarte als Lückenwort notiert werden: „Fa_rrad". In eine Ecke der Karte kann dann die Fragestellung gekennzeichnet werden: „h oder _?" Auf die Rückseite wird dann das vollständige Wort geschrieben. Die Stolperstelle kann dann farbig gekennzeichnet werden, da viele Kinder auf farbliche Betonung viel aufmerksamer reagieren.[114]

Es ist auch möglich, bei älteren Kindern eine optische Differenzierung durch die Aufteilung in Morpheme einzusetzen. Wenn es z. B. um die Frage v oder f geht, kann das Beispielwort auf der Karte in Morphemen „ver-rat-en" erscheinen. Dies macht es den Kindern viel leichter, eine Struktur zu erkennen und Transferleistungen zu erbringen. Das Anfangsmorphem „ver" wird dann auch in Wörtern wie „ver-sprech-en" oder „ver-schreib-en" erkannt. Auf diese Weise entsteht dann das übersichtliche Regalsystem im Gehirn.

Da eine Aufmerksamkeitsstörung häufig mit einer feinmotorischen Problematik einhergeht,[115] schreiben diese Kinder oft ungern mit der Hand. Dann kann es eine Hilfe sein, dass ein Erwachsener die Karten beschriftet.
Wenn wir den Kindern sagen, dass die Karten auch gebraucht werden, um sie später in Spielen einzusetzen, ist das Interesse meist groß. Dann kommt es vor, dass die Kinder gern die Karten selbst erstellen wollen. Eine Möglichkeit, die die Kinder dann gern nutzen, ist es, die Wörter am Computer zu schreiben und auszudrucken.

Dann bitten wir das Kind das Wort abzuspeichern. Vielen Kindern mit Aufmerksamkeitsproblemen gelingt es viel besser, Begriffe visuell abzuspeichern, also über das Wortbild, als z. B. über den Weg der lautlichen Differenzierung.[116]
Das Abspeichern findet folgendermaßen statt: Das Kind betrachtet eine Lernkarte mit einem darauf abgebildeten Wort und fotografiert dieses Wort ab, d. h., es macht sich ein inneres Bild von diesem Wort, es speichert das Wortbild ab. Das Kind betrachtet das Wort, bis es dieses in seiner Vorstellung sehen kann. Es kann nur die Buchstaben vor sich sehen oder auch zusätzlich ein Bild dessen, was das Wort repräsentiert. Diese Vorgehensweise erleichtert sehr das Behalten der deutschen Übersetzung beim Vokabellernen. Manche Kinder schließen dabei die Augen oder schauen das Wort immer wieder an und schauen dann weg.
Eine zusätzliche Hilfe ist es, wenn die Kinder sich einen individuellen Hintergrund vorstellen. Sehen sie das Wort auf einer Tafel oder auf einem Bildschirm? Welche Farbe hat der Hintergrund, vielleicht die Lieblingsfarbe des Kindes?

Anschließend legen wir das Wort-Kärtchen weg und bitten das Kind das Wort laut zu buchstabieren. Wenn das Kind dies erfolgreich geschafft hat, bitten wir das Kind, das Wort rückwärts zu buchstabieren. Viele dieser Kinder können das ganz ausgezeichnet! Dieses visuelle Buchstabieren, also das ganze Wortbild vor sich zu sehen und dann von hinten nach vorne die Buchstaben zu nennen, fällt ihnen viel leichter, als den Lautstrom zu analysieren.[117] In der frühen Phase der Einführung dieser Methode ist dies eine gute Möglichkeit, um sicherzustellen, dass die Kinder tatsächlich das Wort visuell abgespeichert haben (und nicht etwa versucht haben, das Wort lautlich zu gliedern), denn nur dann gelingt das Rückwärtsbuchstabieren.[118]
Wir können das Buchstabieren auch abwechslungsreich gestalten, indem wir z. B. fragen, wie viele „E" im Wort „versprechen" enthalten sind oder aber, welches der vierte Buchstabe im Wort ist.[119] Auf diese Weise ihre Kompetenz beweisen zu können stärkt das Selbstvertrauen der Kinder ungemein.
Später ist dann das Rückwärtsbuchstabieren nicht mehr unbedingt notwendig. Doch gerade in der Anfangsphase ist dies ein enormes Erfolgserlebnis für diese

Kinder, denen zuvor nicht einmal die richtige Reihenfolge beim Vorwärtsbuchstabieren gelang.
Als spielerische Einlage können wir oder auch die Eltern gemeinsam mit dem Kind durchaus auch richtig schwierige Wörter wie „Rhythmus“ oder gar „Desoxyribonukleinsäure“ dem Duden entnehmen, abspeichern und dann buchstabieren. Natürlich sind hier auch die Erwachsenen beteiligt. Wenn es gelingt, gibt es einen Punkt. Wenn es auch rückwärts geschafft wird, noch einen Punkt dazu.[120] Was glauben Sie, wer gewinnt?

7.3.3 Visueller Einprägeweg und visuelle Anker

Die Stärke dieser Kinder und Jugendlichen, Dinge gut visuell abspeichern zu können, ist auch besonders beim Erlernen von Fremdsprachen nutzbar. Viele können vielleicht das englische oder französische Wort gut aussprechen, haben aber bei der Schreibweise und auch bei dem Behalten der Wortbedeutung oft große Probleme.
Es kann den Kindern deshalb helfen, den Einprägeprozess und das Behalten zusätzlich durch Bilder zu unterstützen. Wenn es z. B. um das Dehnungs-h im Wort „Fahrrad“ geht, so kann das Kind sich das Bild eines Fahrrads vorstellen, auf dessen Sattel das „h“ sitzt. So sind Wortbedeutung und die Besonderheit der Schreibweise verknüpft und die Chance steigt, das Wort in Zukunft korrekt zu schreiben.
Gerade wenig anschauliche Wörter wie Präpositionen sind für diese Kinder oft eine Hürde. Diese Wörter können dann in ein Bild eingefügt werden. Wenn z. B. die Unterscheidung der französischen Präpositionen sur (auf) und sous (unter) schwerfällt, so ist denkbar, sich einen Tisch vorzustellen, auf dem oben auf der Tischplatte das „sur“ thront, während es sich das „sous“ unter dem Tisch gemütlich gemacht hat. Der Fantasie sind keine Grenzen gesetzt! Wichtig ist hier nur auch: Es geht um die Bilder, die dem Kind oder Jugendlichen einfallen, denn diese wirken am besten.

Mittlerweile gibt es viel Literatur zum Gedächtnistraining. Viele AutorInnen nutzen die Wort-Bild-Methode, das „Braining“. Erinnern Sie sich noch an die Katze? Genau, sie fuhr Motorrad. Es gibt ganze Wörterbücher, die so arbeiten und den LeserInnen eine Vielzahl von ungewöhnlichen Bildern zu den Lernwörtern präsentieren. Die Methode heißt dann auch „keywordmethode“.[121] Nehmen wir an, Sie sollten sich die deutsche Bedeutung des Wortes „sheep“ merken. Der Vorschlag ist: Stellen Sie sich vor, wie sie ein Schaf mühsam einen Hang hochschieben![122] Es wird also die Lautsprache des englischen Wortes genutzt und mit einem ähnlich klingenden deutschen Wort in Verbindung gebracht. Die ungewöhnliche bildliche Verknüpfung lässt dann bei dem Wort „sheep“ an das Schieben des Schafs denken. Es werden Unsinnssätze gebildet wie: Die Kuh kaut Kaugummi. Haben Sie schon erraten, worum es geht? Ja, genau, die Aussprache „kau“ erinnert an das englische Wort „cow“.[123]
In der Praxis hat es sich als günstig erwiesen, auch hier auf die eigenen Bilder des

Kindes oder Jugendlichen zu vertrauen. Denn die so assoziierten Bilder entstammen ihrer Lebenswelt und werden auf diese Weise viel besser verankert.
Die Wortbedeutung kann so gut erinnert werden, doch natürlich bleibt bei dieser Methode die Schreibweise des fremdsprachigen Wortes außen vor.

Wenn es sowohl um die Schreibweise als auch die Wortbedeutung geht, so können wir zunächst mit dem Kind oder Jugendlichen, wie zuvor beschrieben, das Wort genau analysieren und abfotografieren. Geht es beispielsweise um das Wort „guilty" im Englischen, so kann zunächst der für das Kind wichtige Stolperstein beim Schreiben identifiziert werden. Nehmen wir an, das Kind sagt „ui" stelle sich schwierig dar. Dann wird dieser Wortteil auf der Lernkarte farblich gekennzeichnet und dann abfotografiert wie oben beschrieben.
Im nächsten Schritt fragen wir das Kind, welche Assoziation, welches Bild ihm einfällt, wenn es an das deutsche Wort „schuldig" denkt. Nehmen wir an, ihm fällt das Bild eines Richters mit Robe und weißer Lockenperücke ein, der seinen Hammer auf das Pult schlägt und „Schuldig!" verkündet. In dieses Bild wird dann das Wortbild platziert. Es könnte z. B. als Schild vor dem Richter auf dem Pult liegen. Dann wird dieses kombinierte Bild noch einmal abgespeichert. So rückt nicht nur die Schreibweise, sondern gleichzeitig auch die Wortbedeutung in den Fokus.

7.3.4 Automatisierung durch Wiederholung – Motivation durch Spiele

Kleine, unterhaltsame Spiele können das Einprägen verbessern und auch die täglichen Wiederholungsrunden abwechslungsreich gestalten.

Das **Quizspiel** ist eine Möglichkeit, die den Kindern viel Freude macht: Es wurden z. B. vier neue Wörter, „Veilchen", „Vogel", „Vater" und „Volk" auf Wortkärtchen geschrieben und auch bereits „abfotografiert". Alle vier Wortkärtchen werden nun offen ausgelegt.
Sie denken an ein bestimmtes Wort, nehmen wir an, es heißt „Veilchen", sagen dies aber nicht laut. Das Kind muss nun herausfinden, an welches Sie denken.
Es werden drei Muggelsteine auf den Tisch gelegt. Das Kind darf nun Fragen stellen und raten. Bei jeder Frage, die Sie mit Ja beantworten, darf das Kind weiterfragen. Bei jeden Nein dürfen Sie sich einen Muggelstein nehmen. Das Kind kann also fragen: „Hat das Wort ein o?" Sie antworten mit Nein und nehmen sich einen Muggelstein. Das Kind kann also schon „Vogel" und „Volk" aussortieren. Dann fragt das Kind: „ Hat es ein l?" Sie antworten: „Ja, an 4. Stelle." Da die anderen Wörter mit l wie „Vogel" und „Volk" schon ausgeschieden sind, bleibt nur noch das richtige Wort „Veilchen". Nun ist es leicht: Rät das Kind das Wort „Veilchen", darf es alle noch auf dem Tisch liegenden Muggelsteine als seine Pluspunkte einsammeln. Dann sind Sie natürlich auch mal dran in dem Ratespiel.[124]

Sind die neuen Wörter bereits gut eingeprägt, so kann auch ein Kim-Spiel, die Spiele „Zauberhaus" oder „Lager aufräumen" das Wiederholen spannend und abwechslungsreich machen.
Das alte **Kim-Spiel**, bei dem Gegenstände eingeprägt und dann in ihrer Anordnung vertauscht werden, lässt sich auf die Lernkärtchen übertragen: Es werden vier oder fünf Kärtchen offen aufgedeckt, das Kind schaut sich die Wörter aufmerksam an. Dann schließt das Kind kurz die Augen, während wir eine Karte entfernen oder die Raumlage zweier Kärtchen vertauschen. Wenn das Kind die Augen wieder öffnet, kann es sagen, welche Karte fehlt oder aber welche vertauscht wurden.

Das **„Zauberhaus"** ist der freundlichere Name für das bekannte Buchstabenspiel „Hangman" oder „Galgenmännchen". Wir denken an ein Wort, schreiben für jeden Buchstaben einen Punkt auf ein Blatt und das Kind muss dann erraten, um welches Lernwort es sich handelt. Fragt es z. B. „Ist da ein e drin?", so setzen wird das e an die passende Stelle. Fragt das Kind nach einem Buchstaben, der nicht in dem Wort erhalten ist, so wird der erste Strich des Zauberhauses gezeichnet. Das Haus besteht insgesamt aus zehn Strichen. Errät das Kind durch eine wachsende Anzahl der eingetragenen Buchstaben das Wort, hat es gewonnen. Ist das Zauberhaus jedoch zuerst fertig, so haben Sie gewonnen. Das ist ja ab und zu auch mal ganz schön.

Das **„Lager aufräumen"** ist eine Spielidee, von der die Kinder immer begeistert sind.[125]
Sind auf den Lernkärtchen Vorder- und Rückseite beschriftet, so kann bei deutschen Wörtern vorne die „Frage" stehen, also das Lernwort mit der entsprechenden Lücke an der entscheidenden Stelle wie „-eilchen" sowie in einer Ecke das angesprochene Rechtschreibproblem „f/v?" und auf der Rückseite das richtig geschriebene Wort. Bei englischen Vokabeln beispielsweise steht auf einer Seite das englische Wort, auf der anderen die deutsche Übersetzung.
Nun werden alle Karten in einem großen Kreis ausgelegt, wobei die Frage bzw. die deutsche Übersetzung sichtbar ist. Jeder Spieler bekommt eine Figur. Das Spielfeld besteht aus den ausgelegten Karten, jede Karte stellt ein Feld dar. Das Kind beginnt, würfelt eine Augenzahl und geht die entsprechenden Felder/Karten weiter. Kommt es z. B. auf eine Karte, auf der „_eilchen" zu lesen ist, überlegt es, ob nun V oder F einzusetzen ist. Dann buchstabiert es das Wort. Sofort kann durch Umdrehen der Karte die Lösung überprüft werden. Hat das Kind richtig buchstabiert, bekommt das Kind diese Karte als Pluskarte, sie wird dazu aus dem Spiel genommen. Dann ist der andere Spielpartner an der Reihe. Wenn mit Erwachsenen gespielt wird, die ja meist „alles besser wissen", kann die Regel abgewandelt werden. Baut der Erwachsene absichtlich oder unabsichtlich einen Fehler bei der Buchstabierung seines Wortes ein und das Kind bemerkt dies und korrigiert den Fehler, so bekommt das Kind diese Karte. Auf diese Weise leert sich allmählich das Spielfeld, bis alle Karten verteilt sind. Das Lager ist aufgeräumt. Sieger ist natürlich, wer die meisten Karten gesammelt hat. *(s. Abb. 46, S. 256)*

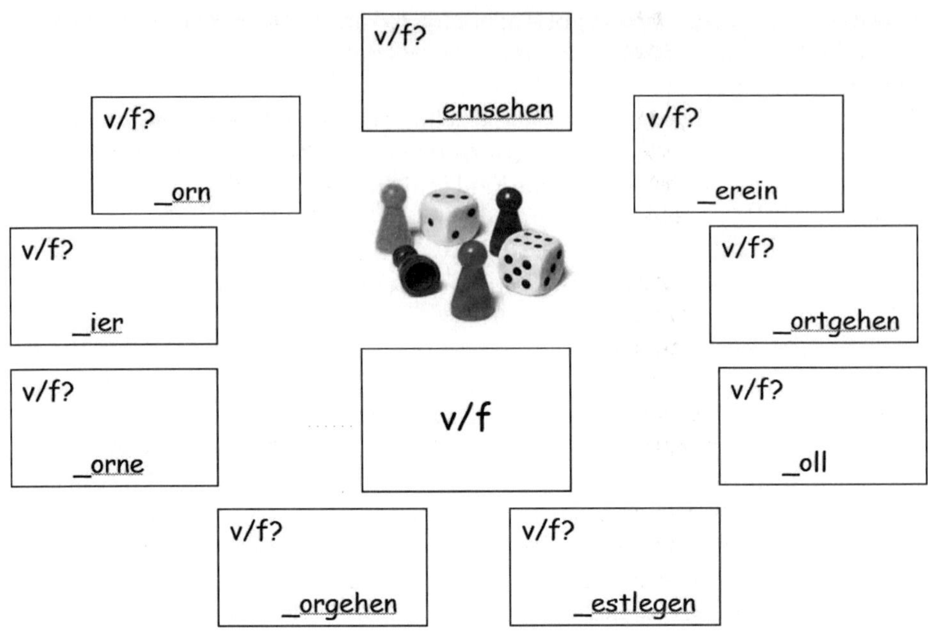

Bild 46: Lager aufräumen

Wer das Gesellschaftsspiel „Tabu“ kennt[126], bei dem es darum geht, ein Wort zu erklären, ohne bestimmte naheliegende Tabu-Wörter zu benutzen, weiß, wie viel Spaß das machen kann.

Eine vereinfachte Variante, das **„Kein Tabu“**, lässt sich mit den Lernwörtern, seien es deutsche oder fremdsprachige Wörter, spielen. Wir benutzen dazu die fertigen Lernkärtchen. Das Kind zieht eine Karte und versucht, dem Mitspieler das Wort durch Umschreibungen zu erklären. Bei „Veilchen“ wäre es denkbar zu sagen: Es ist eine Blume, die oft hellblau blüht. Errät der andere das Wort, gibt es einen Punkt für das Kind. Dann ist der Partner an der Reihe. Wenn es dem Kind schwerfällt, sich frei zu artikulieren, kann es hilfreich sein, die Punkteverteilung zu ändern. Dann bekommt z. B. der Erwachsene den Punkt, wenn es ihm gelingt, das beschriebene Wort zu erraten. Gerade wenn es um fremdsprachige Wörter geht, ist das Spiel eine gute Möglichkeit, die Kinder auf diese Weise zu ermutigen, in der anderen Sprache zu sprechen, auch wenn ihr Wortschatz noch gering ist. So wird der mündliche Sprachgebrauch spielerisch verbessert.

Die Spiele motivieren die Kinder und lassen sie vergessen, dass es ja um anstrengende Lern- und Erinnerungsprozesse geht.

Es liegt auf der Hand, dass nicht nur in der Rechtschreibung, sondern gerade auch beim Lernen von Fremdsprachen, in der die geschriebene Form des Wortes sehr

stark von der gesprochenen abweicht, diese Wortbild-Methode das Leben der Kinder sehr erleichtert.
Vor allem aber dient diese Methode der Vorstellung des Wortbildes dazu, das Lernwort im Kurzzeitgedächtnis „wachzuhalten" und ist somit gerade bei den Kindern mit einer Aufmerksamkeitsbeeinträchtigung die Voraussetzung für das langfristige Behalten. Durch motivierende Wiederholungsrunden können dann die Lernwörter dauerhaft im Langzeitgedächtnis abgespeichert werden.

7.3.5 Mnemotechniken

Wir können uns Dinge dann besonders gut merken, wenn sie konkret und anschaulich sind. Deshalb hilft es, eher abstrakte Dinge in konkrete zu verwandeln. Könnten Sie sich diese Zahl 3147246060 schnell merken? Das ist nicht so einfach, sofern es bei abstrakten Zahlen bleibt. Doch wenn Sie die Zahlen in Konkretes verwandeln, sieht die Sache anders aus: Ein Monat hat 31 Tage, meist 4 Wochen, eine Woche hat 7 Tage, ein Tag hat 24 Stunden, eine Stunde hat 60 Minuten und eine Minute wiederum 60 Sekunden.[127] Hier spielt natürlich auch eine große Rolle, dass so dem Ganzen eine Struktur gegeben wurde.

Ähnlich wie bei der Katze, die Motorrad fährt, ist es zudem günstig, spontane Assoziationen zu nutzen, um so Dinge miteinander zu verknüpfen. Gerade weil das Bild der Katze auf dem Motorrad auch so seltsam ist, können wir es uns so gut merken, es ist merk-würdig. Die Macht der Bilder kommt hinzu: Wir stellen uns die Katze auf dem Motorrad vor wie ein Bild oder wie in einem Film. Zudem spielt hier wieder die positive Emotion eine Rolle. Wir finden die Bilder lustig, haben Spaß daran. Wenn Sie an die Vergessenskurve denken: Die Wiederholung des Gelernten ist dann entscheidend für das dauerhafte Behalten.

Iris Komarek stellt in ihrem Buch „Ich lern einfach!" zahlreiche Gedächtnisstrategien vor, gibt anschauliche Beispiele und verknüpft die Technik auch überzeugend mit Lerninhalten. Die Lektüre ist unbedingt zu empfehlen.[128]

Als ein Beispiel für Gedächtnistechniken soll hier die Geschichten-Technik vorgestellt werden. Sie ist in vielen Kontexten und bei unterschiedlichen Lerninhalten nutzbar.

Versuchen Sie einmal, sich die folgenden Begriffe in ca. 30 bis 60 Sekunden zu merken:[129]

Tor, Turm, Spaghetti, Stier, See, Dracula, Käse, Pralinen, Götter, Frühling, Pippi Langstrumpf, Porto.

Jetzt lenken Sie sich durch ein paar Kopfrechenaufgaben ab: 6 × 9? 72 : 3?, 13 × 21? Ganz schön schwer, oder?

Nun versuchen Sie Folgendes: Stellen Sie sich die folgende Geschichte vor und versuchen Sie, sich alles wie in einem Film vor Ihrem inneren Auge ablaufen zu lassen:

Sie sehen ein großes, prächtiges ***Tor****. Sie gehen durch das Tor und erblicken dahinter einen hohen* ***Turm****. Ganz oben auf dem Turm stehen dampfende* ***Spaghetti****. Doch da kommt plötzlich ein schnaubender* ***Stier*** *angerannt und geht zu Ihrer Überraschung im nahe gelegenen* ***See*** *schwimmen.* ***Dracula****, der da gerade ein Picknick macht, ist darüber sehr erzürnt und wirft seinen* ***Käse*** *zu Seite. Er futtert dann genussvoll ganz viele leckere* ***Pralinen****. Da kommen ein paar seltsame* ***Götter*** *vorbei, rufen Zaubersprüche und zaubern Buntes und Grünes herbei: Es wird* ***Frühling****! Plötzlich taucht* ***Pippi Langstrumpf*** *auf und ruft: „Ich will nach Hause! Ich klebe mir genug* ***Porto*** *auf das Gesicht und los geht es!“*

Jetzt können Sie wieder rechnen: 83 + 58, 19 × 12, 62 – 38.

Welche Begriffe können Sie nun noch erinnern? Vermutlich viele mehr als beim ersten Versuch.

Und was haben Sie gelernt? Die Reihenfolge der aktuellen EU-Länder, sortiert nach Einwohnerzahl. Zu jedem Land wurde eine Assoziation, ein anschauliches Bild gefunden. Die Assoziationen sind natürlich individuell unterschiedlich. Für den Versuch haben Sie sich jetzt auf meine, zugegeben etwas klischeehaften, Assoziationen eingelassen. Ihre eigenen würden natürlich noch viel besser funktionieren. Dann wurden alle Begriffe in eine möglichst abstruse, ungewöhnliche Geschichte verpackt. Des Rätsels Lösung:

Tor (Brandenburger Tor)	*Deutschland*	83,0	*Mio. Einw.*
Turm (Eiffelturm)	*Frankreich*	67,0	*Mio. Einw.*
Spaghetti	*Italien*	60,4	*Mio. Einw.*
Stier	*Spanien*	46,9	*Mio. Einw.*
See (Masurische Seen)	*Polen*	38.0	*Mio. Einw.*
Dracula	*Rumänien*	19,4	*Mio. Einw.*
Käse	*Niederlande*	17,3	*Mio. Einw.*
Pralinen	*Belgien*	11,5	*Mio. Einw.*
Götter	*Griechenland*	10,7	*Mio. Einw.*
Frühling (Prager Frühling)	*Tschechien*	10,6	*Mio. Einw.*
Pippi Langstrumpf	*Schweden*	10,2	*Mio. Einw.*
Porto (klangliche Ähnlichkeit und Stadt)	*Portugal*	10,3	*Mio. Einw.*

Wenn es also um Lernstoff geht, egal welcher Thematik, so können die Kinder und Jugendlichen sich Stichworte oder Schlüsselwörter notieren, die für eine Strukturierung des Stoffs wichtig sind, und diese dann in einer ungewöhnlichen Geschichte miteinander verknüpfen. Dies funktioniert natürlich auch mit Begriffpaaren, wie wir am Beispiel Katze und Motorrad gesehen haben. Einsetzbar ist diese Methode auch bei Fachwörtern, Fremdwörtern etc.

Ein zehnjähriger Junge, Tarik, hatte oft große Probleme, sich Lernstoff zu merken. Er hatte starke Konzentrationsprobleme und es zudem auch familiär nicht einfach. Oft wurde ihm unterstellt, er wolle nicht lernen. Dabei gelang es ihm einfach nicht, sich Dinge zu merken, die für ihn nicht unmittelbar relevant waren, zumal er oft auch keine Struktur im Lernstoff erkennen konnte.
Nun hatte Tarik in der Schule die Aufgabe bekommen, die großen Städte des Ruhrgebiets zu kennen, nach Größe, also in dem Fall nach Einwohnerzahl, zu ordnen und auch geographisch zu verorten. Er selbst kam aus Gelsenkirchen. Die Reihenfolge der Städte nach Einwohnerzahl: Dortmund, Essen, Duisburg, Bochum, Gelsenkirchen, Oberhausen.
Wir zeichneten zunächst eine grobe Karte und trugen die Städte dort ein. So war durch die Visualisierung gewährleistet, dass Tarik auch die Lage der Städte zueinander einordnen konnte. Dann sammelten wir Tariks Assoziationen zu den Städten: Dortmund war klar: die Fußballmannschaft Borussia Dortmund, in Essen war Tarik schon einmal einkaufen und essen. Als Erinnerung nahm er „essen“, da dies Wort sich mit dem Lernwort deckt. In Duisburg arbeitete sein Vater, in Bochum war es wieder Fußball: der VfL, zudem wohnte ein Freund dort. Für Gelsenkirchen, seine Heimatstadt, wäre natürlich wieder Fußball, Schalke 04, naheliegend, doch gäbe es ein Risiko der Verwechslung, da die Bereiche zu ähnlich sind. Deshalb wählte er den Begriff „Eis“, weil er es liebte, in der Nähe seines Zuhauses an einem Kiosk ein Eis zu kaufen. Bei Oberhausen fiel ihm das Sealife ein, ein großes Aquarium. Also gab es folgende Verknüpfungen:

Dortmund:	*Borussia Dortmund*
Essen:	*essen*
Duisburg:	*Arbeit des Vaters*
Bochum:	*Vfl Bochum, Freund*
Gelsenkirchen:	*Eis*
Oberhausen:	*Sealife-Aquarium*

Tariks Geschichte dazu hörte sich so an:

Als Borussia Dortmund das letzte Mal gewonnen hat, gingen wir essen, um zu feiern. Doch dann musste mein Vater zur Arbeit fahren und ich lud meinen Freund zu mir ein. Er ist Vfl-Fan und hat immer das Trikot der Mannschaft an. Wir gingen zusammen ein Eis essen und stellten uns vor, wie es wäre, mal gemeinsam ins Sealife zu fahren, um all die bunten Fische zu sehen.

Für Tarik war es eine unglaubliche Erfahrung, dass er sich mit Leichtigkeit all dies merken konnte. Mit etwas Struktur, der geographische Verortung und Reihenfolge nach Größe, verbunden mit anschaulichen Assoziationen und Verknüpfungen, die seiner Lebenswelt entsprachen, wurde auch er zum Gedächtniskünstler und er konnte endlich auch beim Lernen Erfolgserlebnisse erleben.

7.3.6 Das Zauberwort „Struktur"

Wie zu Beginn des Kapitels beschrieben, ist es für die Kinder und Jugendlichen eine große Erleichterung, wenn der Lernstoff strukturiert wird. Wichtig ist, dass die Kinder und Jugendlichen das Gelernte mit bereits Bekanntem verknüpfen und so statt Wissensinseln eine Landkarte des Wissens entsteht, die Überblick und Einordnung ermöglicht. Erinnern Sie sich? Von der Rumpelkammer im Gehirn zum Regalsystem. Statt also, um im Bild zu bleiben, mit viel Energie- und Zeitaufwand verschieden farbige Socken aus dem Schrank zu fischen, werden die Socken schon beim Einräumen sortiert, Passendes zusammengepackt und dann in eine nur für sie bestimmte Schublade gelegt.

Geht es beispielsweise um das Lernen englischer Vokabeln und hier besonders um die unterschiedliche Schreibweise gleich klingender Laute, so kann eine Strukturierung und auch visuelle Orientierung sehr nützlich sein. Beispielsweise kann das, was im Deutschen nach einem lang gezogenen i klingt, und oft als „ie" verschriftlicht wird, im Englischen verschiedene Schreibweisen haben: z. B. ea, ee. Es ist sehr hilfreich, entsprechende Vokabeln mit den Kindern gemeinsam in eine Übersicht einzutragen:

Ich höre:		***„i"***	
	↙		↘
Ich schreibe:	***ea***		***ee***
	sea		***tree***
	ear		***feed***
	clear		***seen***
	lead		

Die so gesammelten Wörter mit gleicher Schreibweise können dann als Lernwörter zu einer Geschichte verknüpft werden. So kann im Gehirn eine Schublade entstehen, in die dann neu hinzukommende Wörter gleicher Struktur einsortiert werden können.

Der Fantasie sind hier keine Grenzen gesetzt. Sogar sehr komplexe Strukturen der Rechtschreibung mit ihren vielen Dopplungs- und Dehnungsregeln können so übersichtlich werden und den Kindern und Jugendlichen erleichtern, eine entsprechende Struktur in ihrem Gedächtnis auszubilden.
Als Beispiel sei hier das beeindruckende Monumentalwerk von Clara, einem 10-jährigen Mädchen, vorgestellt. Wir haben zunächst einzelne Rechtschreibregeln der Dehnung und Dopplung natürlich nacheinander erarbeitet und gefestigt. So entstand allmählich dann, Schritt für Schritt, auf dem Konzept des Marburger Rechtschreibtrainings[130] aufbauend, eine Übersicht der Regeln.
Kam ein neues Wort auf, so konnte Clara sich anhand der von ihr geschaffenen Struktur durch das komplizierte Regelwerk bewegen und die richtige Schreibweise selbst erarbeiten. Mithilfe der Struktur konnte sie erkennen, in welche Richtung sie sich bewegen musste, um zur korrekten Schreibweise zu gelangen. Durch die häufige Nutzung der Übersicht und vielen Wiederholungen konnte Clara sich allmählich auch in ihrem Kopf die Struktur und den Ablauf lediglich vorstellen. Sie hat es nicht nur geschafft, alle groben Strukturen und auch feinen Verästelungen der Rechtschreibregeln in eine übersichtliche Graphik zu bringen und sie dann sogar noch kreativ zu gestalten, sondern auch, in ihrem Gedächtnis einen höchst übersichtlichen und gut nutzbaren Regelschrank aufzubauen. Chapeau!

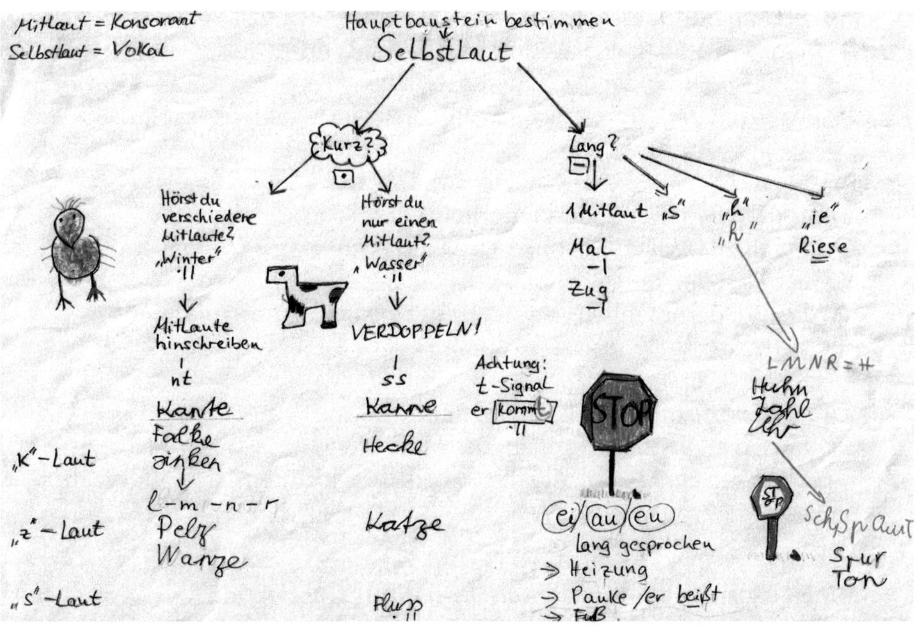

Bild 47: Übersicht Claras Rechtschreibregeln

Hier sehen Sie noch einmal die zentralen Aspekte der Lernstrategien im Überblick:

Lernstrategien:

Der Weg zu dauerhaftem Behalten
oder
Die Katze auf dem Motorrad

1. **Weniger ist mehr!**
   Oft: zu viele, auch unwichtige Infos im KZG und zu kurze Verweildauer im KZG
   - Reduktion der Lerninhalte auf das Wesentliche
   - Lernkärtchen
   - Kurze Übungseinheiten: ca. 10–15 Minuten
   - Kleine Portionen: z. B. pro Tag 2–4 neue Wörter!

2. **Wachhalten der Infos im KZG**
   - Abspeichern neuer Lernwörter ca. 20 Sekunden pro Wort
   - Abfotografieren der Wörter/innere Tafel oder Bildschirm
   - Bilder zu den Wörtern

3. **Visueller Einprägeweg / visuelle Anker**
   da oft: auditiv störanfälliger
   - Braining: Zaubertrick „Katze und Motorrad"
   - Wortbild und Bild (z. B. Bild eines Fahrrads und „h" als „Fahrer")
   - Farbliches Markieren wichtiger Stellen
   - Vorwärts und rückwärts buchstabieren (statt Analyse des Lautstroms)

4. **Automatisierung durch Wiederholung**
   - Möglichst tägliche, dafür kurze Übungseinheiten
   - Lernkarteisystem, aber mind. 10 Durchgänge!!
   - bei Wiederholungen: Quizspiel/Kimspiel/Lager aufräumen/„Zauberhaus"

5. **Abspeichern und STRUKTUR im LZG**
   - auch hier: Visualisierungen, z. B. Mind-Map
   - Sortieren der Lerninhalte mit System: „Regalsystem" statt „Rumpelkammer"

IMMER : Positive emotionale Lerneinstellung / Motivation

8. Ausblick: Erfolge und Rückschläge

„Erfolg ist keine Tür, sondern vielmehr eine Treppe.“

(Quelle unbekannt)

Oder:

„Wir schaffen das!“

(In Anlehnung an Ben Furmans „Ich schaffs!)“

Die in der SchADSkiste vorgestellten Methoden und Inhalte fußen auf der Überzeugung, dass Veränderungen am besten gelingen, wenn wichtige Voraussetzungen erfüllt sind:

- Die Kinder und Jugendlichen haben die Zeit und den Raum, Selbstwertgefühl, Veränderungsbereitschaft, Motivation und die Ressourcen für die Zielerreichung in sich zu entdecken und zu entwickeln.
- Die Kinder und Jugendlichen erhalten durch ihr Umfeld, also ihre Eltern und andere Familienmitglieder, ihre LehrerInnen und uns TherapeutInnen die notwendige Unterstützung, sei es in Form von Bestätigung und Wertschätzung ihrer Leistungen und auch einfach ihres So-Seins oder durch das Vertrauen der Erwachsenen in die Kinder und ihre Ressourcen und Hilfsangebote in schwierigen Phasen.
- Die Kinder und Jugendlichen erlernen die Schritte zum Erfolg wie gut geplante, in Etappen eingeteilte Ziele, Strategien, ihre Aufmerksamkeit zu fokussieren, ihre Selbststeuerung zu verbessern sowie Strategien zum wirkungsvollen Lernen und Behalten.

Wir TherapeutInnen haben in diesem Zusammenhang auch immer übergeordnete Aufgaben – die dann in der Ausgestaltung der in der SchADSkiste vorgestellten Inhalte und Methoden ihren konkreten Ausdruck finden:

- Zuversicht kreieren,
- das Zutrauen der Kinder und Jugendlichen in sich selbst, ihre Ressourcen und Veränderungsmöglichkeiten stärken,
- Probleme in Fähigkeiten verwandeln,
- Erfolge sichtbar machen,
- Unterstützung im Umgang mit Rückschlägen,

wobei es dann wieder auf den Anfang ankommt: Zuversicht, Zutrauen etc. sind dann wieder erneut gefragt.

Hier soll es nun darum gehen, sowohl den Umgang mit Erfolgen als auch mit Rückschlägen genauer zu betrachten, um dann auch wieder konkrete Tipps und Methoden zur Therapiegestaltung anzubieten.

8.1 Umgang mit Hürden und Rückschlägen

Wenn verändertes Verhalten oder erreichte Ziele ausdrücklich gewürdigt werden, wird eine „Mehr-davon-Haltung" erzeugt. Wir alle reagieren auf Lob und Bestätigung. Dann bekommen wir Lust und neue Energie, uns weiter zu engagieren. Wie Sie vermutlich auch schon selbst erlebt haben, verändert das Beobachten von Erfolgen und das Aufspüren kleiner Fortschritte auch den Blick des Betrachters. Wir Erwachsenen werden wohlwollender, zufriedener mit dem bereits Erreichten und strahlen die Energie und Zuversicht aus, die Kinder für ihre anstrengenden Veränderungsprozesse brauchen. Wenn wir die kleinen Schritte zum Erfolg wertschätzen, die erreichten Etappenziele würdigen, so fördern wir damit die Ausdauer der Kinder für den Langstreckenlauf. Gerade unser Lob und unsere Bestätigung der Kinder sind ein wichtiger Motor für den Erfolg und machen uns zu einem wichtigen Unterstützungsfaktor.

Genauso bedeutsam ist es, konstruktiv mit Rückschlägen umzugehen, um die Motivation zu erhalten. Denn „Lernen erfolgt nicht auf einer geraden Straße. Das Leben lehrt, dass es eher in Schleifen erfolgt, in denen sich Erfolge und Rückschritte abwechseln."[131] Deshalb ist es so wichtig, den Kindern und Jugendlichen zu vermitteln, dass Rückschläge dazugehören und kein Zeichen für Versagen sind. Wie ein alter Professor zu seinen StudentInnnen einmal sagte: „Manchmal kommt es uns vor, dass wir nur Schritte zurückgehen. Doch es ist vielmehr so, dass Fortschritt sich wie eine Spirale nach oben entwickelt. Dies bedeutet, es geht immer wieder auch ein paar Schritte scheinbar rückwärts, wenn die Spirale den Bogen macht, doch nur, um anschließend weiter emporzusteigen."
Das Wort „Rückschritt" lässt auch oft die Vorstellung entstehen, dass nun das problematische Verhalten zurückgekehrt ist und alle wieder am Anfang stehen. Alle bis dahin sichtbar gewordenen Fortschritte werden womöglich geringgeschätzt, bereits gemachte positive Erfahrungen scheinen nicht mehr nutzbar. Gunther Schmidt hat deshalb den Begriff „Ehrenrunde" favorisiert[132], dem das Bild der Spirale entspricht.

Entscheidend im Umgang mit Rückschlägen ist es, auf sie vorbereitet zu sein. Auch wenn wir Ziele gut geplant und visualisiert haben, diverse Techniken eingesetzt haben, so kann es doch immer passieren, dass es Enttäuschungen gibt wie eine schlechte Note in der Klassenarbeit oder den „Rückfall" in vergessen geglaubte Verhaltensweisen. Damit die Kinder und Jugendlichen dann nicht die Zuversicht verlieren und frustriert aufgeben, ist es wichtig, auf diese Rückschläge gut vorbereitet zu sein. Das Leben ist immer für Überraschungen gut, deshalb ist es auch nicht schaffbar, auf alle Eventualitäten vorbereitet zu sein. Doch es ist möglich, eine bestimmte Haltung für sich zu entwickeln: Rückschläge gehören dazu. Wir können konstruktiv mit ihnen umgehen, aus ihnen lernen und so den nächsten Erfolg vorbereiten.

So wichtig es also ist, die Kinder und Jugendlichen in ihren Erfolgen zu bestärken, so wichtig ist es gleichermaßen, sie auf Rückschläge vorzubereiten. Es ist sogar hilfreich, in den Zeiten, in denen Erfolge erlebt werden und die Kinder und Eltern zuversichtlich sind, schon mögliche Rückschläge zu thematisieren. So verhindern wir Entmutigung, wenn dann tatsächlich eine Enttäuschung eintritt. Ohne eine solche „Vorhersage" eines Misserfolgs bestünde die Gefahr, dass die Kinder bei einem Rückschlag denken, alles bisher Erreichte, alle Anstrengung sei vergeblich gewesen. Wenn rechtzeitig über die Möglichkeit eines Misserfolgs gesprochen wird, sind die Kinder dem Ereignis nicht ausgeliefert, sondern bleiben handlungsfähig und erleben sich als selbstwirksam. In einer Stimmung von Gelassenheit und Zufriedenheit ist es zudem viel leichter, konstruktiv über Lösungen und Auswege nachzudenken.

Konkret können wir mit den Kindern und Jugendlichen überlegen, welche Bedingungen für den Lernerfolg günstig sind und unter welchen Bedingungen eher mit Problemen zu rechnen ist. So können sich auch schon erste Anhaltspunkte für die eigene Einflussnahme ergeben. Wenn ein Kind weiß, dass es kurz vor der Klassenarbeit immer sehr nervös ist und deshalb auch nicht gut lernen kann, so können wir dies bei der Zeitplanung berücksichtigen und zusätzlich Entspannungsmöglichkeiten anbieten.
Christine Bauer und Thomas Hegemann benennen in ihrem lesenswerten Buch „Ich schaff's! – Cool ans Ziel" hilfreiche Aspekte im Umgang mit Rückschlägen, von denen hier einige vorgestellt werden sollen.[133]

Ein ganz wichtiger Punkt ist die **Selbstermutigung**.

- *Was kann das Kind oder der Jugendliche tun, um sich selbst wieder Mut und neue Motivation zu geben?*
- *An welche eigenen Erfolge kann das Kind sich in einem Tief erinnern?*
- *Welche Gedanken oder Tätigkeiten sind in solch einer Situation hilfreich, um wieder in eine bessere Stimmung zu kommen?*

Das Kind oder der Jugendliche kann eine Art innere Notfallliste oder auch eine Schatzkiste erstellen, in der alle Ressourcen für den Ernstfall bereitliegen. Es ist wichtig, dass diese Dinge schon vorab überlegt und auch griffbereit deponiert sind. Denn wenn das Kind durch ein Ereignis droht, in eine Abwärtsspirale zu sinken, fehlt in dem Moment meist die Energie, sofort wieder konstruktiv und optimistisch zu denken. *(s. Abb. 48, S. 266)*

Bild 48: Schatzkiste

Es kann aber auch sein, dass die Lernziele doch zu hoch gesteckt oder die einzelnen Schritte zum Ziel zu groß bemessen waren. Dann geht es darum, einen **angemessenen**, kleineren **Lernschritt** gemeinsam mit dem Kind zu definieren.

- *Wie sollte dein Ziel formuliert sein, damit es für dich gut schaffbar ist? (Wurde beispielsweise zuvor das Ziel formuliert, eine ganze Schulstunde aufmerksam zu sein, so kann es helfen, sich zunächst nur eine bestimmte Arbeitsphase, z. B. die der Stillarbeit, als Ziel vorzunehmen. Entscheidend ist, dass die Anforderung erfolgreich bewältigt werden kann.)*
- *Wie könnte dein nächster kleiner Schritt aussehen?*

Ein sehr entscheidender Punkt sind **Erinnerungshilfen.** Es ist normal, dass das Veränderungsziel auch mal in Vergessenheit gerät und alte Gewohnheiten doch wieder das Verhalten prägen. Wenn Sie an die Gewohnheiten als mentale Abkürzung denken: Es braucht Zeit und Übung, um neue Wege entstehen zu lassen. In dieser Phase kann es eine große Unterstützung zu sein, an die eigenen Ziele und Wege dahin erinnert zu werden, durch selbst erdachte Erinnerungshilfen oder durch die Unterstützung der Erwachsenen.

- *Wie kannst du dich selbst an dein Ziel erinnern? Welches Symbol, welcher Satz wäre da wichtig?*
- *Wo willst du diese Erinnerungshilfen platzieren? Auf deinem Schreibtisch, in deinem Etui?*

- *Wer könnte dein Helfer sein und dich an dein Ziel erinnern? Deine Lehrerin, deine Eltern?*
- *Wie können sie dich erinnern? Sollen sie dich nur antippen oder vielleicht ein Signalwort sagen?*

Wenn es also darum geht, Ehrenrunden nicht als Versagen oder Niederlage zu empfinden, braucht es oft auch einen Unterstützer, einen **Helfer**, der trösten, beruhigen und wieder Mut machen kann. Denn manchmal gelingt es noch nicht ausreichend oder nicht sofort, eigene Kraftquellen zu aktivieren, dann ist es gerade für Kinder und Jugendliche wichtig, einen Erwachsenen in der Nähe zu wissen, der an sie glaubt, sie bedingungslos unterstützt und neuen Mut macht. Doch die Erwachsenen können das Kind auch unterstützen, die Ziele genauer zu wählen oder an sie zu erinnern.

- *Um was könntest du deinen Helfer bitten?*
- *Wer wäre für welche Aufgabe geeignet?*
- *Wer wäre für dich ein guter Tröster oder ein guter Mutmacher?*

Der Rückschlag hat große Bedeutung im Lernprozess. Das Kind kann enttäuscht seine Bemühungen aufgeben oder aber sogar neue Motivation daraus ziehen.
Die Rolle der Erwachsenen ist dabei nicht unerheblich. Eltern, LehrerInnen, TherapeutInnen können Rollenvorbild, Ratgeber und Unterstützer sein. Natürlich sind auch Erwachsene enttäuscht über Rückschläge. Doch dann kommt es darauf an, wieder – wenn Sie an die Spirale des Erfolgs denken – die Kurve zu bekommen, um das Geschehen konstruktiv zu betrachten und mit positivem Blick in die Zukunft zu schauen.
Ben Furman betont in diesem Zusammenhang die Bedeutung der Sprache.[134] Wenn Erwachsene schnell sagen „Oh nein, nicht schon wieder!“ oder „Das klappt wohl auch nicht!“, so drücken sie zwar ihr Gefühl der Enttäuschung aus, doch transportieren sie damit auch eine Sicht der Dinge, die das Kind mutlos machen kann. Wenn selbst wichtige Bezugspersonen kein Zutrauen in das Kind haben und nicht an den Erfolg glauben, ist es für das Kind ungleich schwerer, wieder Zuversicht aufzubauen.
Dann ist es für uns TherapeutInnen umso wichtiger, dem Kind diese Unterstützung anzubieten und auch weitere andere Helfer im Umfeld des Kindes zu finden.

Hier soll auch noch einmal betont werden, wie enorm wichtig Eltern- und LehrerInnengespräche sind. Sei es, dass wir in regelmäßigen Abständen Zeit für ausführliche Gespräche einplanen oder sei es, dass wir kurze Tür- und Angelgespräche führen. So kann es gelingen, entstandene Frustrationen der Erwachsenen aufzufangen und auch gemeinsam mit ihnen wieder den Ressourcenblick zu trainieren.
Im Folgenden werden einige Kommunikationstipps und Methoden vorgestellt, die die Zuversicht und den Erfolg in das Zentrum der Aufmerksamkeit stellen.

8.2 Aufmerksamkeit für Erfolge – Erfolge kommunizieren und visualisieren

Erfolge sicht- und spürbar zu machen ist die Grundlage für Zuversicht, Motivation und weiteren Erfolg.
Natürlich ist es letztendlich das Ziel, dass ein Kind oder Jugendlicher selbst einen Fortschritt bemerkt und sich auch selbst motivieren kann, um nach und nach unabhängig von äußerem Lob zu werden. Doch auf dem Weg dahin können wir die Kinder und Jugendlichen durch unser Handeln unterstützen.

Wenn Eltern, LehrerInnen oder wir TherapeutInnen wahrnehmen, dass dem Kind oder Jugendlichen gerade etwas gelingt, ist es entscheidend, das auch zu kommunizieren. Hat das Kind konzentriert den ersten Teil der Hausaufgabe bewältigt oder aber in der Schulstunde geschafft, nicht in die Klasse zu rufen, so können wir die Situation nutzen, um das Kind zu loben, es zu bestätigen und so zu weiterer Veränderung zu ermutigen. Im Alltag ist es ja oft so, dass zwar unerwünschtes Verhalten kommentiert und kritisiert wird, jedoch eine positive Veränderung eher gar nicht wahrgenommen oder aber stillschweigend hingenommen wird. Schwierige Situationen mit dem Kind, Ermahnungen und Streitereien kosten oft so viel Energie, dass positive Veränderung zwar Erleichterung, doch nicht unbedingt enthusiastische Begeisterung auslöst. Doch gerade, wenn es gut läuft, gilt es den Scheinwerfer genau darauf zu richten und den Erfolg zum Leuchten zu bringen. Denn diese Momente sind die Wendepunkte in einem Lernprozess, der erste kleine Schritt zum Erfolg.

Um Erwachsenen das Loben zu erleichtern und den bestätigenden Worten noch mehr Gewicht zu geben, hat Ben Furman die wunderbare **Methode des dreifachen Lobs** erfunden:[135]

1. **Ausdruck von Bewunderung** mit Worten, Gestik und Mimik: „Großartig! Unglaublich! Ich bin beeindruckt!"
2. **Anerkennung der Schwierigkeit:** „Das ist wirklich nicht leicht gewesen. Ich weiß, wie schwer das ist."
3. **Bitte um Erklärung:** „Wie hast du das geschafft? Erklär mir mal, wie du das hinbekommen hast. Ich bin ganz neugierig."

Ein weiterer Tipp Ben Furmans ist es, „durch die Gerüchteküche zu loben".[136] Damit ist gemeint, das Kind nicht direkt zu loben, sondern in seiner Gegenwart mit jemand anderem über das Kind zu sprechen und seine Fähigkeiten und Erfolge zu betonen. Wenn also beispielsweise am Ende einer Therapiestunde das Kind von der Mutter abgeholt wird, bietet sich hier die Gelegenheit „über die Bande" zu spielen. Wenn wir kurz der Mutter mitteilen, welche Erfolge das Kind innerhalb der Stunde erzielt hat, welche Lernfortschritte wir gesehen haben, so ist das eine Rückmeldung, die sowohl das Kind als auch die Eltern stärkt und bestärkt. Es trainieren also in dem Moment alle Beteiligten den Ressourcenblick und Aufmerksamkeit für Erfolge.

In direktem Kontakt mit dem Kind oder Jugendlichen Erfolge sichtbar zu machen hat natürlich auch einen großen Stellenwert. Auch hier gibt es eine Fülle von Anregungen und methodischen Tipps, um durch einen Rückblick auf das bereits Gelernte die Anstrengung und Leistung des Kindes in seinem Lernprozess zu bestätigen, seinen Erfolg bei der Umsetzung seiner Ziele zu würdigen und so Motivation für ein „Mehr davon" zu fördern. Es ist immer wichtig, gerade auch kleine Schritte zu würdigen, erreichte Etappenziele wertzuschätzen, um die Ausdauer auf dem Weg zum Erfolg zu erhalten. Natürlich kann dann ein großer Erfolg auch richtig gefeiert werden.
Schon beim Einsatz der Verstärkerpläne werden ja Punkte gesammelt und visuell dargestellt. Diese Punkte oder auch einzelne andere kleine Erfolge, die im Alltag, in der Schule oder bei den Hausaufgaben wahrgenommen werden, können auf verschiedene Weise sichtbar gemacht werden und dies unmittelbar und ohne Aufwand, jedoch mit großem Effekt. Diese Visualisierungen können dann in einer ruhigen Stimmung z. B. am Abend Gesprächsthema werden. Auch allgemeine Ressourcen des Kindes wie Wissbegierde, Optimismus und Offenheit können z. B. über ein Ressourcenplakat Gestalt annehmen. Dies kann in der Therapiestunde, aber auch in der Schule oder im häuslichen Umfeld geschehen. Je mehr, desto besser!

Einige Beispiele:

- **Ressourcenplakat**: Eigenschaften und Fähigkeiten des Kindes werden vom Kind selbst, aber auch von Eltern, Freunden etc. auf ein Blatt gemalt, mit Worten und/oder Symbolen, und an einem prominenten Platz wie der Kühlschranktür zu Hause platziert.
- Punkte des Verstärkerplans werden durch eine **Punkteschlange** oder Punkte eines Marienkäfers etc. dargestellt.
- Kleine Erfolge werden als Kerzen am Weihnachtsbaum, Äpfel am Baum etc. dargestellt.
- Therese Steiners **Murmelglas**[137] ist auch eine schöne Methode, bei der für jeden Erfolg eine Murmel ins Glas wandert.
- In einem **Schatzkästchen** werden kleine Erfolgszettel gesammelt.
- Es kann eine **Erfolgstreppe** Stufe für Stufe gemalt oder gebaut und so Schritt für Schritt Veränderung sichtbar gemacht werden.
- Ein **Erfolgsberg** wird gemalt oder gebaut, mit einzelnen Höhenlinien oder Wanderwegen, Picknickpausen etc.
- Es kann eine **Erfolgsstrecke** gemalt oder gebaut werden, mit Hindernissen, Staus, Umleitungen, Geschwindigkeitsbegrenzungen ...
- Ein **Erfolgsturm** wird gemalt oder gebaut, z. B. aus Holzklötzchen

Bild 49: Murmelglas

Natürlich auch möglich sind:

- **kleine Geschenke**
- **Eis essen gehen**
- eine **Erfolgsfeier** nach Ben Furman[138] oder eine **„Pressekonferenz“**, sodass wirklich alle von den Erfolgen erfahren

und vieles mehr. Fragen Sie das Kind, ihm fällt bestimmt noch einiges ein!

In der Therapiestunde sind zusätzlich auch noch andere Formen der Würdigung des Erfolgs denkbar:

- **Gestaltung einer besonderen Therapiestunde durch das Kind selbst.**
- **Brief aus der Zukunft an sich selbst oder einen Freund:** Das Kind antizipiert so, wie es ihm in Zukunft richtig gut geht.
- Erstellung einer **Ehrenurkunde** oder **Erfolgskarte.**

Die Erstellung einer Erfolgskarte ist eine Methode, die gut am Ende einer Therapie einsetzbar ist. Es werden ja nicht nur die Erfolge, sondern gleichzeitig Erinnerungshilfen gesammelt, die dem Kind nach Abschluss der Therapie als Anker dienen können. Auf solch einer Erfolgskarte kann alles zum Ausdruck gebracht werden, was für das Kind hilfreich war oder besonderen Spaß gemacht hat – denn auch das kann in Zukunft eine Ressource sein. Natürlich finden hier auch nützliche Strategien und Erkenntnisse ihren Platz, die das Kind aus der Therapie mitnimmt. Auch Gefühle wie Stolz und Freude bekommen auf der Karte ihren Platz. Im Folgenden werden einige Beispiele gezeigt:

Alinas Erfolgskarte, die bezeugt, welche große Veränderungen Alina bewältigt hat: Bei der 11-jährigen Alina war eine Dyskalkulie diagnostiziert worden, die Lehrer befürchteten zudem eine Aufmerksamkeitsstörung. Bei Alina selbst standen eine ausgeprägte Angst vor Mathe sowie Selbstwertprobleme im Vordergrund. Es stellte sich heraus, dass keine Dyskalkulie vorlag, sondern die Matheprobleme einer inneren Blockade aus Angst und Selbstzweifeln geschuldet waren, die dann zu weiteren Lernproblemen geführt hatte. Ressourcenorientierung, Selbstwertstärkung, Strategien zur Aufmerksamkeitssteuerung sowie eine moderate Aufarbeitung der Mathe-Probleme führten zu einer enormen Erfolgskurve bei Alina.

Bei Philipp war zu Beginn eine Aufmerksamkeitsstörung sehr ausgeprägt, sein Selbstwertgefühl und auch seine Noten hatten darunter sehr gelitten. Philipp hat dann durch die individuelle Unterstützung riesengroße Fortschritte gemacht. Seine Erfolgskarte vom Ende der Therapie zeigt, wie sehr er von den Strategien zur Aufmerksamkeitssteuerung, aber auch von Imaginationen, u. a. dem „Däumling in der Nussschale", profitiert hat und natürlich auch, wie viel Spaß er in den Stunden hatte.

Samuel, der nicht nur unter einer bereits diagnostizierten ADS litt, sondern bei dem auch als Folge der Aufmerksamkeitsstörung massive Probleme in der Rechtschreibung und Mathematik bestanden, hat sich nach großen positiven Veränderungen selbst eine Siegerurkunde erstellt.
Die Erfolgskarten sind für uns TherapeutInnen natürlich auch eine wunderbare Möglichkeit, ein Feedback für unsere Arbeit zu bekommen.

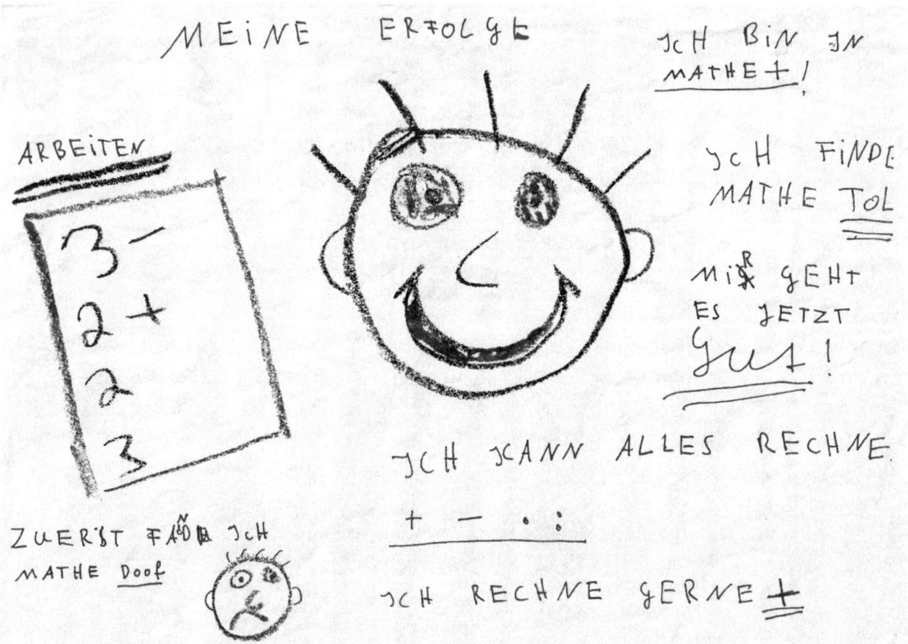

Bild 50: Erfolgskarte Alina

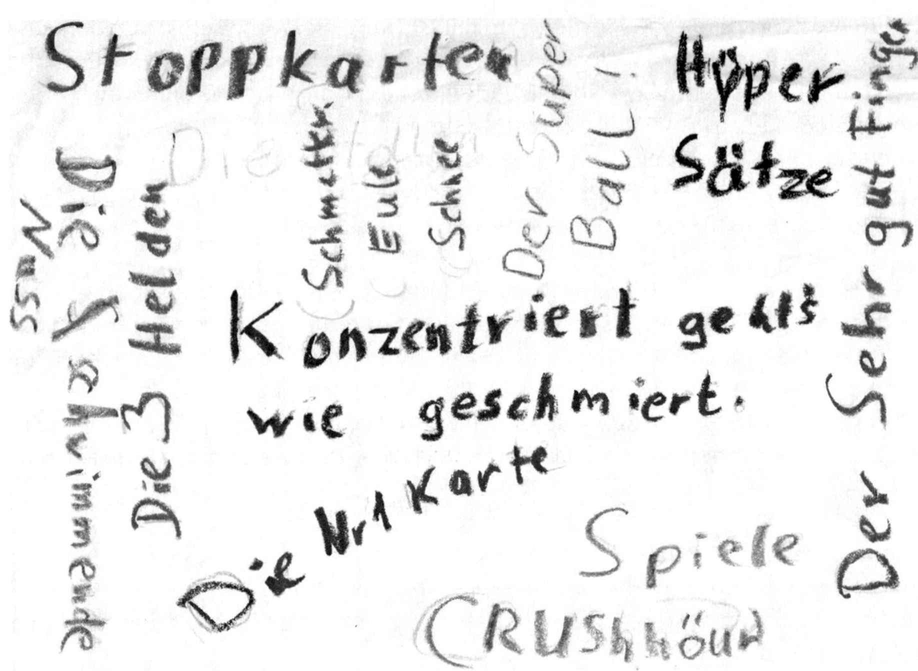

Bild 51: Erfolgskarte Philipp

Bild 52: Erfolgskarte Samuel

8.3 Erfolgreich sein: der Ressourcenblick der Therapeutin auf sich selbst

Viele grundsätzliche Überlegungen, die in der SchADSkiste für Kinder und Jugendliche mit einer Beeinträchtigung der Aufmerksamkeit beschrieben wurden, gelten natürlich für uns alle:

- Auf Ressourcen zu schauen stärkt uns!
- Probleme in Fähigkeiten zu verwandeln erleichtert Veränderung.
- Veränderung wiederum ist leichter, wenn wir uns akzeptiert fühlen, von anderen und von uns selbst.

Auch viele Tipps und kleine Methoden können wir gut durchaus bei uns selbst anwenden.
Wie wäre es, wenn Sie, um dann bei Rückschlägen gewappnet zu sein, Ihre eigene Schatzkiste füllen? Was hilft Ihnen, wenn Sie einen schlechten Tag haben? Was tut Ihnen dann gut und bringt Sie wieder in bessere Stimmung?
Wenn Sie eine große Herausforderung vor sich haben, wie wäre es dann, zuvor an Ihren ganz eigenen Erfolgsmoment zu denken? Erinnern Sie sich an diese Situation, als Sie Zugang zu all Ihrer Kraft und Ihren Fähigkeiten hatten, und stellen Sie sich noch einmal vor, wie gut es sich angefühlt hat, so erfolgreich zu sein. Dann machen Sie eine kleine Reise in die Zukunft und stellen sich vor, wie Sie all diese Kompetenzen erfolgreich bei der nächsten Herausforderung einsetzen. Es kann gut sein, dass Sie ein Symbol oder einen Satz für sich entdecken, der dann Ihr Anker werden kann. Nutzen Sie Ihre Ressourcen!

Nun ist die SchADSkiste fast vollständig ausgepackt. Doch auch, wenn Sie glauben, Sie haben bisher durch das Lesen des Buches „nur“ Informationen gesammelt, so hat sich doch viel mehr getan. Jedes Lesen eines Buchs verändert unser Denken, verändert unseren Blick und unsere Wahrnehmung, es bietet unserem Gehirn neues Material für sein Regalsystem. Das Lesen eines Buches kann motivieren, Neues auszuprobieren, mutig zu sein und etwas zu wagen, selbst kreativ zu werden und sich auszuprobieren.
Deshalb möchte ich Sie einladen, sich selbst eine Erfolgskarte zu erstellen:

- Was hat Sie inspiriert, welche Sichtweisen, Gedanken, Ideen?
- Was hat Ihnen so gut gefallen, dass Sie es bald selbst ausprobieren wollen? Vielleicht schon in der nächsten Therapiestunde?
- Was möchten Sie vertiefen oder abwandeln?
- Welche Eindrücke, Gefühle und Gedanken gehen Ihnen gerade durch den Kopf?
- Welche Fähigkeiten oder Eigenschaften haben Sie in sich neu entdeckt oder auch wiederentdeckt?
- In welchen Kompetenzen fühlen Sie sich gestärkt?

Hier ist der Raum, all das genau jetzt aufzuschreiben, aufzumalen, in Symbolen darzustellen: Ihre Erfolgskarte!

Meine Erfolgskarte

Und falls es Dinge gibt, die Sie gegenüber diesem Buch anmerken, kritisieren möchten, oder natürlich auch Dinge, die Ihnen besonders gefallen haben: Schreiben Sie das nicht auf Ihre Erfolgskarte, sondern mir: *info@lerntherapie-dorsten.de*. Ich freue mich darauf!

Und zum guten Schluss: eine kleine, aber sehr wirkungsvolle Übung, die Claudia Croos-Müller entwickelt hat[139] und die sich prima als tägliche Motivation eignet:

- Stellen Sie sich vor einen Spiegel.
- Lächeln Sie sich an!
- Machen Sie eine Handbewegung, mit der Sie alles Belastende über Ihre eigene Schulter nach hinten werfen und so hinter sich lassen!
- Strecken Sie Ihren Daumen hoch als Geste für „Alles prima!“
- Winken Sie sich freundlich zu als Signal für „Der Tag kann starten!“

Gutes Gelingen!

9. Anmerkungsverzeichnis und Bildnachweis

9.1 Anmerkungen Teil I

1) Döpfner, Manfred, Schürmann, Stephanie, Frölich, Jan, THOP, Therapieprogramm für Kinder mit hyperkinetischem und oppositionellem Problemverhalten, a. a. O.; Lauth, Gerhard W., Schlottke, Peter F., Training mit aufmerksamkeitsgestörten Kindern, a. a. O.; Jacobs, Claus, Heubrock, Dietmar, Muth, Despina, Petermann, Franz, Training für Kinder mit Aufmerksamkeitsstörungen, Das neuropsychologische Gruppenprogramm ATTENTIONER, a. a. O. Krowatschek, Dieter, Krowatschek, Gita, Reid, Caroline, Marburger Konzentrationstraining für Schulkinder, a. a. O.
2) Petermann, Franz, Schmidt, Sören, Therapie-Tools, ADHS im Kinder- und Jugendalter, a. a. O.
3) vgl.: Schnabel, Ulrich, Aufmerksamkeit und Konzentration – Das Wesentliche im Blick, in: Die Zeit, Nr. 18, 28.4.2011
4) vgl.: Wikipedia: Konzentration, Abruf: 5.2.2020
5) z. B. Döpfner et al., Wackelpeter und Trotzkopf, a. a. O. S. 25 ff., Krowatschek, Dieter, et al., Marburger Konzentrationstraining für Schulkinder, a. a. O., S. 15
6) vgl.: Döpfner, Manfred, et al., Wackelpeter und Trotzkopf, a. a. O., S. 25
7) vgl.: Vorstand der Bundesärztekammer, Sitzung vom 26.8.2005, Stellungnahme zur Aufmerksamkeits-/Hyperaktivitätsstörung (ADHS), Langfassung, S. 5–10
8) ähnlich auch Born, Armin, Oehler, Claudia, Lernen mit ADS-Kindern, a. a. O., S. XII
9) Der ursprüngliche Verfasser konnte leider nicht ausfindig gemacht werden.
10) die Therapeutin : Im Folgenden wird in der SchADSkiste im Singular durchgehend die weibliche Form verwendet, da zum einen die überwiegende Zahl der Lerntherapeutinnen Frauen sind und zum anderen so grammatikalisch keine Probleme entstehen. Bei anderen Bezeichnungen z. B. in Fallbeispielen wird meist je nach entsprechender Situation die weibliche oder männliche Form benutzt. Im Plural wird meist das Binnen-I genutzt, da dies grammatikalisch besser möglich ist. In jedem Fall mögen sich alle Geschlechter angesprochen fühlen.
11) vgl.: Steiner, Therese, Berg, Insoo Kim, Handbuch Lösungsorientiertes Arbeiten mit Kindern, a. a. O., S. 43 ff.
12) Hüther, Gerald, Die Macht der inneren Bilder, a. a. O., Vössing, Heidrun, Die Kraft innerer Bilder, a. a. O.
13) vgl.: Hüther, Gerald, Die Macht der inneren Bilder, a. a. O., S. 2, zitiert nach: Vössing, Heidrun, Die Kraft innerer Bilder, a. a. O., S. 13
14) vgl.: ebda., S. 13.
15) vgl.: ebda., S. 13
16) vgl.: ebda., S. 14

17) vgl.: ebda., S. 16
18) vgl.: ebda., S. 17
19) vgl.: Vössing, Heidrun, Die Kraft innerer Bilder, a. a. O., S. 17
20) vgl.: Vössing, Heidrun, Die Kraft innerer Bilder, a. a. O., S. 18
21) Giacomo Rizzolattis Verhaltensexperimente, vgl.: Vössing, Heidrun, Die Kraft innerer Bilder, a. a. O., S. 19
22) vgl.: Vössing, Heidrun, Die Kraft innerer Bilder, a. a. O., S. 19
23) vgl.: Bauer, Joachim, Warum ich fühle, was du fühlst – Intuitive Kommunikation und das Geheimnis der Spiegelneuronen, Hamburg 2005, S. 21 ff., zitiert nach Vössing, Heidrun, Die Kraft innerer Bilder, a. a. O., S. 20
24) vgl.: Bauer, Joachim, Warum ich fühle, was du fühlst – Intuitive Kommunikation und das Geheimnis der Spiegelneuronen, Hamburg 2005, S. 21, zitiert nach Vössing, Heidrun, Die Kraft innerer Bilder, a. a. O., S. 20 und Vössing, Heidrun, Die Kraft innerer Bilder, a. a. O., S. 20
25) Vössing, Heidrun, Die Kraft innerer Bilder, a. a. O., S. 18
26) vgl.: Retzlaff, Rüdiger, Spiel- Räume, a. a. O. S. 370
27) vgl: Mrochen, Siegried, et al. Die Pupille des Bettnässers, a. a. O., Glossar, S. 338
28) vgl.: Mrochen, Siegried, et al. Die Pupille des Bettnässers, a. a. O., Glossar, S. 338
29) vgl.: Holtz, Karl L., Mrochen, Siegfried, Einführung in die Hypnotherapie mit Kindern und Jugendlichen, a. a. O., S. 70 f. und S. 80
30) vgl.:Mrochen, Siegried, et al. Die Pupille des Bettnässers, a. a. O., Glossar, S. 339, vgl. auch das Kapitel der SchADSkiste „Metaphorische Geschichten"
31) siehe auch das Kapitel „Handpuppen" der SchADSkiste, „Arbeit mit inneren Anteilen"
32) Schulz von Thun, Friedemann, Miteinander Reden 3: Das „innere Team" und situationsgerechte Kommunikation, Hamburg 2001, 8. Auflage
33) vgl.: Renartz, Götz, Die Zauberwiesenstrategie, unveröff. Manuskript, a. a. O.
34) vgl.: Stahl, Thies, Triffst du ´nen Frosch unterwegs...NLP für die Praxis, Paderborn 1988, S 18 ff., zitiert nach: Mohl, Alexa, Der Zauberlehrling, Das NLP Lern- und Übungsbuch, Paderborn 2000, 7.Auflage, S. 171 ff.
35) vgl.: Mrochen, Siegried, et al. Die Pupille des Bettnässers, a. a. O., Glossar, S. 336
36) siehe auch 3. Etappe: Visualisierung des Ziels.
37) Selbstverständlich sind alle Namen der beschriebenen Kinder und Jugendlichen geändert.
38) vgl.: Krowatschek, Dieter, et al., Marburger Konzentrationsstraining für Schulkinder, a. a. O., S. 211 ff.
39) Die ursprünglichen Quellen für diese weit verbreiteten Konzentrationssprüche waren leider nicht ausfindig zu machen.
40) vgl.: dazu Croos-Müller, Claudia, Kopf hoch, a. a. O., S. 3 ff., S. 12 ff.
41) vgl.: Mohl, Alexa, Der Zauberlehrling, a. a. O., S. 140 ff.

42) vgl.: auch, Görlitz, Gudrun, Psychotherapie für Kinder und Jugendliche, a. a. O. S. 121,
43) siehe auch Kapitel „Zeichnungen"
44) Diese Geschichte ist Karin Ziethoff zu verdanken, in Anlehnung an Vopel, Klaus W. , Kinder ohne Stress, Salzhausen 1994
45) eine ähnliche Idee findet sich bei Gräßer, Melanie, Hovermann jun., Eike, Ressourcenübungen für Kinder und Jugendliche, a. a. O., Dein Superheldenanzug
46) in Anlehnung an Wilk, Daniel, Ein Käfer schaukelt auf einem Blatt, a. a. O., „Suche nach der Unruhe", S. 99 ff.
47) in Anlehnung an Manteufel, Eva, Seeger, Norbert, Selbsterfahrung mit Kindern und Jugendlichen, a. a. O., S. 91 ff.
48) siehe auch Kapitel Handpuppen: Teile-Arbeit
49) vgl.: Steiner,Therese, unveröff. Seminarmanuskript
50) vgl.: Gabert-Varga, Uwe, Trenkle, Bernhard, Therapeutische Anekdoten bei der Behandlung von Sprachstörungen, S. 154–163, hier: S. 158, in: Mrochen, Siegried, et.al., Die Pupille des Bettnässers, a. a. O.
51) Mrochen, Siegfried, Bierbaum, Hiltrud, Einige Grundlagen der Kinderhypnose, S. 10–30, hier: S. 25, in: Mrochen, Siegried, et.al., Die Pupille des Bettnässers, a. a. O.
52) vgl.: Mrochen, Siegfried, Bierbaum, Hiltrud, Einige Grundlagen der Kinderhypnose, S. 10–30, hier: S. 25, in: Mrochen, Siegried, et.al., Die Pupille des Bettnässers, a. a. O.
53) Mrochen, Siegfried, Bierbaum, Hiltrud, Einige Grundlagen der Kinderhypnose, S. 10–30, hier: S. 25, in: Mrochen, Siegried, et.al., Die Pupille des Bettnässers, a. a. O.
54) Holtz, Karl L., Mrochen, Siegfried, Einführung in die Hypnotherapie mit Kindern und Jugendlichen, a. a. O., S. 76
55) Retzlaff, Spiel-Räume. a. a. O., S. 282
56) vgl.: Retzlaff, Spiel-Räume. a. a. O., S. 289
57) Mrochen, Siegfried, Bierbaum, Hiltrud, Einige Grundlagen der Kinderhypnose, S. 10–30, hier: S. 26, in: Mrochen, Siegried, et.al., Die Pupille des Bettnässers, a. a. O.
58) Folkmanis-Verlag: www. folkmanis-handpuppen.eu
59) Steiner, Therese, Berg, Insoo Kim, Handbuch Lösungsorientiertes Arbeiten mit Kindern, a. a. O., S. 103 ff.
60) Steiner, Therese, unveröffentlichtes Seminarmanuskript
61) Retzlaff, Rüdiger, Spiel-Räume, a. a. O., hier: Handpuppen, S. 282 ff.
62) Steiner, Therese, unveröffentlichtes Seminarmanuskript
63) Retzlaff, Rüdiger, Spiel-Räume, a. a. O., hier: Handpuppen, S. 288
64) vgl.: Holtz, Karl L., Mrochen, Siegfried, Einführung in die Hypnotherapie mit Kindern und Jugendlichen, a. a. O., S. 76 ff.
65) vgl.: Holtz, Karl L., Mrochen, Siegfried, Einführung in die Hypnotherapie mit Kindern und Jugendlichen, a. a. O., S. 77

66) vgl.: Holtz, Karl L., Mrochen, Siegfried, Einführung in die Hypnotherapie mit Kindern und Jugendlichen, a. a. O., S. 78
67) vgl.: Vogt-Hillmann, Manfred, Burr, Wolfgang, Hrsg., Kinderleichte Lösungen, a. a. O., S. 212 ff.
68) Mills, Joyce C. und Crowley, Richard J., Therapeutische Metaphern für Kinder und das Kind in uns, a. a. O., S. 69
69) Mills, Joyce C. und Crowley, Richard J., Therapeutische Metaphern für Kinder und das Kind in uns, a. a. O., S. 66 ff.
70) vgl.: Mrochen, Siegried, et al. Die Pupille des Bettnässers, a. a. O., Glossar, S. 339
71) Mills, Joyce C. und Crowley, Richard J., Therapeutische Metaphern für Kinder und das Kind in uns, a. a. O.
72) vgl.: Mills, Joyce C. und Crowley, Richard J., Therapeutische Metaphern für Kinder und das Kind in uns, a. a. O., S. 71
73) Mills, Joyce C. und Crowley, Richard J., Therapeutische Metaphern für Kinder und das Kind in uns, a. a. O., S. 71 f.
74) vgl.: Mills, Joyce C. und Crowley, Richard J., Therapeutische Metaphern für Kinder und das Kind in uns, a. a. O., S. 72
75) vgl.: ebda.
76) vgl.: Mrochen, Siegried, et al. Die Pupille des Bettnässers, a. a. O., Glossar, S. 339
77) vgl.: Heller, S, Steele, T., There`s No Such Thing as Hypnosis, 1986, zitiert nach Mills, Joyce C. und Crowley, Richard J., Therapeutische Metaphern für Kinder und das Kind in uns, a. a. O., S. 72
78) Mills, Joyce C. und Crowley, Richard J., Therapeutische Metaphern für Kinder und das Kind in uns, a. a. O., S. 87
79) vgl.: Mills, Joyce C. und Crowley, Richard J., Therapeutische Metaphern für Kinder und das Kind in uns, a. a. O., S. 88
80) Mills, Joyce C. und Crowley, Richard J., Therapeutische Metaphern für Kinder und das Kind in uns, a. a. O., S. 89
81) vgl.: Mills, Joyce C. und Crowley, Richard J., Therapeutische Metaphern für Kinder und das Kind in uns, a. a. O., S. 89 ff.
82) vgl.: Mills, Joyce C. und Crowley, Richard J., Therapeutische Metaphern für Kinder und das Kind in uns, a. a. O., S. 131 ff.
83) Diese Geschichte ist Karin Ziethoff zu verdanken.
84) vgl.: Mills, Joyce C. und Crowley, Richard J., Therapeutische Metaphern für Kinder und das Kind in uns, a. a. O., S. 73
85) vgl.: Lütz, Manfred, Vorwort, S. 9–11, hier: S. 9, in: Trenkle, Bernhard, Dazu fällt mir eine Geschichte ein, a. a. O.
86) vgl.: Bohdal, Susi, Selina, Pumpernickel und die Katze Flora, a. a. O.
87) vgl.: Ross, Tony, Ich komm dich holen, a. a. O.
88) vgl.: Boie, Kirsten, Brix, Silke, Der kleine Pirat, a. a. O.
89) vgl.: Thomas, Valerie, Zilly, die Zauberin, und die schwarze Katze, a. a. O.

90) Steiner, Therese, Berg, Insoo Kim, Handbuch Lösungsorientiertes Arbeiten mit Kindern S. 108
91) vgl.: Trenkle, Bernhard, Dazu fällt mir eine Geschichte ein, a. a. O.
92) vgl.: ebda., S. 96
93) vgl.: ebda., S. 163
94) Retzlaff, Rüdiger, Spiel-Räume, a. a. O., S. 257
95) Mills, Joyce C. und Crowley, Richard J., Therapeutische Metaphern für Kinder und das Kind in uns, a. a. O., S. 192
96) Mills, Joyce C. und Crowley, Richard J., Therapeutische Metaphern für Kinder und das Kind in uns, a. a. O., S. 200
97) Retzlaff, Rüdiger, Spiel-Räume, a. a. O., S. 257 ff.
98) vgl.: ebda., S. 258
99) Mills, Joyce C. und Crowley, Richard J., Therapeutische Metaphern für Kinder und das Kind in uns, a. a. O., S. 197
100) vgl.: Retzlaff, Rüdiger, Spiel-Räume, a. a. O., S. 260
101) Mills, Joyce C. und Crowley, Richard J., Therapeutische Metaphern für Kinder und das Kind in uns, a. a. O., S. 200
102) Retzlaff, Rüdiger, Spiel-Räume, a. a. O., S. 271 ff.
103) vgl.: Mills, Joyce C. und Crowley, Richard J., Therapeutische Metaphern für Kinder und das Kind in uns, a. a. O., S. 197
104) vgl.: Steiner, Therese, Berg, Insoo Kim, Handbuch Lösungsorientiertes Arbeiten mit Kindern, a. a. O., S. 116 ff.
105) vgl.: ebda.
106) vgl.: Döpfner, Manfred, Schürmann, Stephanie, Frölich, Jan, THOP, Therapieprogramm für Kinder mit hyperkinetischem und oppositionellem Problemverhalten, a. a. O., S. 174
107) Schulz von Thun, Friedemann, Miteinander Reden 3: Das „innere Team“ und situationsgerechte Kommunikation, a. a. O.
108) vgl.: z. B. Mohl, Alexa, Der Zauberlehrling, Das NLP Lern- und Übungsbuch, S. 140 ff.
109) in Anlehnung an: Horn, Reinhard, Angstfrei Klassenarbeiten schreiben, CD, a. a. O.
110) Diese Geschichte ist Karin Ziethoff zu verdanken, in Anlehnung an Teml, Helga u. Hubert, Komm mit zum Regenbogen, Wien 1996
111) vgl.: Furman, Ben, Ich schaffs!, a. a. O.
112) Mills, Joyce C. und Crowley, Richard J., Therapeutische Metaphern für Kinder und das Kind in uns, a. a. O., S. 223
113) vgl.: Mills, Joyce C. und Crowley, Richard J., Therapeutische Metaphern für Kinder und das Kind in uns, a. a. O., S. 223 ff.
114) Lauth, Gerhard W., Naumann, Kerstin, ADHS in der Schule, Übungsprogramm für Lehrer, a. a. O. S. 9 ff., Döpfner, Manfred, Schürmann, Stephanie, Frölich, Jan, THOP, Therapieprogramm für Kinder mit hyperkinetischem und oppositionellem Problemverhalten, a. a. O., S. 5 ff.

115) Lauth, Gerhard, et al., ADHS in der Schule, a. a. O., Arbeitsblatt 8 Verhaltensmerkmale von ADHS in der Schule, S. 1–2
116) vgl.: Furman, Ben, Ich schaffs!, a. a. O. S. 14 ff.
117) vgl.: Furman, Ben, Ich schaffs!, a. a. O. Titelblatt
118) vgl.: Krowatschek, Dieter, Überaktive Kinder im Unterricht, Ein Programm zur Förderung der Selbstwahrnehmung, Strukturierung, Sensibilisierung und Selbstakzeptanz. a. a. O., S. 105, die neuere Ausgabe heißt: Krowatschek, Dieter, Wingert, Gordon, Marburger Verhaltenstraining (MVT), a. a. O.
119) vgl: Windolph, Andrea, Wie funktioniert die SMART-Formel?, a. a. O.
120) Lauth, Gerhard W., Naumann, Kerstin, ADHS in der Schule, Übungsprogramm für Lehrer, a. a. O.
121) vgl.: Lauth, Gerhard W., Naumann, Kerstin, ADHS in der Schule, Übungsprogramm für Lehrer, a. a. O., Arbeitsblatt 11
122) vgl.: Lauth, Gerhard W., Naumann, Kerstin, ADHS in der Schule, Übungsprogramm für Lehrer, a. a. O., Arbeitsblatt 12
123) vgl.: Lauth, Gerhard W., Naumann, Kerstin, ADHS in der Schule, Übungsprogramm für Lehrer, a. a. O., Arbeitsblatt 13
124) vgl.: Gawrilow, Caterina, Guderjahn, Lena, Gold, Andreas, Störungsfreier Unterricht trotz ADHS – Mit Schülern Selbstregulation trainieren – ein Lehrermanual, a. a. O.
125) vgl.: Gawrilow, Caterina, Guderjahn, Lena, Gold, Andreas, Störungsfreier Unterricht trotz ADHS – Mit Schülern Selbstregulation trainieren – ein Lehrermanual, a. a. O., S. 50 f.
126) vgl.: Gawrilow, Caterina, Guderjahn, Lena, Gold, Andreas, Störungsfreier Unterricht trotz ADHS – Mit Schülern Selbstregulation trainieren – ein Lehrermanual, a. a. O., S. 51 ff.
127) ähnliches Beispiel bei: Gawrilow, Caterina, Guderjahn, Lena, Gold, Andreas, Störungsfreier Unterricht trotz ADHS – Mit Schülern Selbstregulation trainieren – ein Lehrermanual, a. a. O., S. 99
128) vgl.: Gawrilow, Caterina, Guderjahn, Lena, Gold, Andreas, Störungsfreier Unterricht trotz ADHS – Mit Schülern Selbstregulation trainieren – ein Lehrermanual, a. a. O., S. 71
129) vgl.: Gawrilow, Caterina, Guderjahn, Lena, Gold, Andreas, Störungsfreier Unterricht trotz ADHS – Mit Schülern Selbstregulation trainieren – ein Lehrermanual, a. a. O., S. 63
130) Döpfner, Manfred, Schürmann, Stephanie, Lehmkuhl, Gerd, Wackelpeter und Trotzkopf, Hilfen für Eltern bei hyperkinetischem und oppositionellem Verhalten, a. a. O., S. 196
131) vgl.: ebda, S. 196 ff.
132) vgl.: Döpfner, Manfred, Schürmann, Stephanie, Frölich, Jan, THOP, Therapieprogramm für Kinder mit hyperkinetischem und oppositionellem Problemverhalten, S. 129 ff.

133) vgl.: Döpfner, Manfred, Schürmann, Stephanie, Lehmkuhl, Gerd, Wackelpeter und Trotzkopf, Hilfen für Eltern bei hyperkinetischem und oppositionellem Verhalten, a. a. O., S. 176–189
134) vgl.: Krowatschek, Dieter, Krowatschek, Gita, Reid, Caroline, Marburger Konzentrationstraining für Schulkinder, a. a. O., S. 75 ff.
135) vgl.: Lauth, Gerhard W., Naumann, Kerstin, ADHS in der Schule, Übungsprogramm für Lehrer, a. a. O., Arbeitsblatt 23 und 24 sowie S. 83 ff.
136) vgl.: Döpfner, Manfred, Schürmann, Stephanie, Frölich, Jan, THOP, Therapieprogramm für Kinder mit hyperkinetischem und oppositionellem Problemverhalten, S. 141
137) vgl.: Döpfner, Manfred, Schürmann, Stephanie, Lehmkuhl, Gerd, Wackelpeter und Trotzkopf, Hilfen für Eltern bei hyperkinetischem und oppositionellem Verhalten, a. a. O., S. 215 ff.
138) vgl.: Döpfner, Manfred, Schürmann, Stephanie, Lehmkuhl, Gerd, Wackelpeter und Trotzkopf, Hilfen für Eltern bei hyperkinetischem und oppositionellem Verhalten, a. a. O., S. 192 ff. und Döpfner, Manfred, Schürmann, Stephanie, Frölich, Jan, THOP, Therapieprogramm für Kinder mit hyperkinetischem und oppositionellem Problemverhalten, a. a. O., S. 141 ff.
139) vgl.: Döpfner, Manfred, Schürmann, Stephanie, Lehmkuhl, Gerd, Wackelpeter und Trotzkopf, Hilfen für Eltern bei hyperkinetischem und oppositionellem Verhalten, a. a. O., S. 263 ff.
140) vgl.: ähnliches Beispiel bei Lauth, Gerhard W., Naumann, Kerstin, ADHS in der Schule, Übungsprogramm für Lehrer, a. a. O., AB 29
141) vgl.: Steiner, Therese, Berg, Insoo Kim, Handbuch Lösungsorientiertes Arbeiten mit Kindern, a. a. O., S. 137
142) vgl.: Furman, Ben, Gut gemacht! Das „ich schaffs!"-Programm für Eltern und andere Erzieher, a. a. O., S. 36 ff.
143) vgl.: ebda.
144) Furman, Ben, Ich schaffs!, a. a. O.

9.2 Anmerkungen Teil II

1) vgl.: Born, Armin, Oehler, Claudia, Lernen mit ADS-Kindern, a. a. O., S. 19
2) vgl.: Interview von Hannes Vollmuth mit Prof. Wendy Wood, Gute Vorsätze„Machen Sie es einfach!, in: Süddeutsche Zeitung, 7.01.20, vgl. auch ihr Buch „Good Habits, Bad Habits, New York 2019
3) vgl.: ebda.
4) ebda.
5) ebda.
6) vgl..: ebda.
7) ebda.
8) Döpfner, Manfred, Schürmann, Stephanie, Frölich, Jan, THOP, Therapieprogramm für Kinder mit hyperkinetischem und oppositionellem Problemverhalten, a. a. O., Krowatschek, Dieter, Krowatschek, Gita, Reid, Caroline, Marburger Konzentrationstraining für Schulkinder, a. a. O., Lauth, Gerhard W., Schlottke, Peter F., Training mit aufmerksamkeitsgestörten Kindern, a. a. O.
9) vgl.: Krowatschek, Dieter, Krowatschek, Gita, Reid, Caroline, Marburger Konzentrationstraining für Schulkinder, a. a. O., S. 20, Petermann, Franz, Schmidt, Sören, Therapie-Tools, ADHS im Kinder- und Jugendalter, a. a. O., S. 113
10) Döpfner, Manfred, Schürmann, Stephanie, Frölich, Jan, THOP, Therapieprogramm für Kinder mit hyperkinetischem und oppositionellem Problemverhalten, a. a. O., S. 163
11) ebda.
12) vgl.: ebda. S. 15 f.
13) vgl.: Krowatschek, Dieter, et al., Marburger Konzentrationstraining für Schulkinder, a. a. O., S. 13, Krowatschek, Dieter, et al., Marburger Konzentrationstraining für Jugendliche, a. a. O.
14) vgl.: Krowatschek, Dieter, et al., Marburger Konzentrationstraining für Schulkinder, a. a. O., S. 20
15) vgl.: Krowatschek, Dieter, et al., Marburger Konzentrationstraining für Jugendliche, a. a. O.
16) vgl.: Lauth, Gerhard W., Schlottke, Peter F., Training mit aufmerksamkeitsgestörten Kindern, a. a. O.
17) vgl.: ebda., S. 245 f.
18) vgl.: ebda., S. 137–245
19) vgl.: ebda., S. 245–319
20) vgl.: ebda., S. 246 ff.
21) vgl.: Lauth, Gerhard W., Naumann, Kerstin, ADHS in der Schule, Übungsprogramm für Lehrer, a. a. O., S. 90 ff.
22) vgl.: Petermann, Franz, Schmidt, Sören, Therapie-Tools, ADHS im Kinder- und Jugendalter, a. a. O., S. 113–127
23) vgl.: Lauth, Gerhard W., Schlottke, Peter F., Training mit aufmerksamkeitsgestörten Kindern, a. a. O., S. 246 ff., Döpfner, Manfred, et al., THOP, Therapieprogramm für Kinder mit hyperkinetischem und oppositionellem

Problemverhalten, a. a. O., S. 168. Döpfner betont, nur in der Kombination von Selbstinstruktionstraining und Verstärkerplänen sei ein Effekt auch im Unterricht zu erzielen, vgl.: Döpfner, Manfred, et al., THOP, Therapieprogramm für Kinder mit hyperkinetischem und oppositionellem Problemverhalten, a. a. O., S. 16

24) vgl.: Lauth, Gerhard W., Schlottke, Peter F., Training mit aufmerksamkeitsgestörten Kindern, a. a. O., S. 128

25) vgl.: Krowatschek, Dieter, et al., Marburger Konzentrationstraining für Schulkinder, a. a. O., S. 22

26) vgl.: Lauth, Gerhard W., Schlottke, Peter F., Training mit aufmerksamkeitsgestörten Kindern, a. a. O., S. 251

27) vgl.: Döpfner, Manfred, Schürmann, Stephanie, Frölich, Jan, THOP, Therapieprogramm für Kinder mit hyperkinetischem und oppositionellem Problemverhalten, a. a. O., Baustein K16b, Arbeitsblatt K 16b.1, S. 331

28) vgl.: ebda., S. 167 , Krowatschek, Dieter, et al., Marburger Konzentrationstraining für Schulkinder, a. a. O., S. 23

29) vgl: Krowatschek, Dieter, et al., Marburger Konzentrationstraining für Schulkinder, a. a. O., S. 24

30) vgl.: Lauth, Gerhard W., Schlottke, Peter F., Training mit aufmerksamkeitsgestörten Kindern, a. a. O., S. 130

31) Krowatschek, Dieter, et al., Marburger Konzentrationstraining für Schulkinder, a. a. O., S. 24

32) ebda. S. 210–253

33) ebda., S. 216

34) in Anlehnung an ein ähnliches Beispiel bei: Lauth, Gerhard W., Schlottke, Peter F., Training mit aufmerksamkeitsgestörten Kindern, a. a. O., S. 220. Diese Aufgabenstellung kann auch mit Rechenaufgaben durchgeführt werden. ebda., S. 212 ff., Lösungswörter: Katze, Spielplatz, Schatz, Flugzeug, Brieftaube, Weltmeisterschaft, Schulferien, Freundin, Schwimmbad, Elefant

35) in Anlehnung und Weiterentwicklung an ähnliche Beispiele bei Seiler, Lilo, Vögeli, Andreas (1995): Lese-Training, Mülheim an der Ruhr, S. 72 ff., auch bei Krowatschek, Dieter, et al., Marburger Konzentrationstraining für Jugendliche, a. a. O., S. 133–175

36) Lösung: die Wiese

37) Lösung: 1: Benny Klein, Fußball, 2: Fußball und Skaten, 3: Max, Judo

38) Lösung: schwarz

39) Lösung: die grüne

40) Rush hour , ThinkFun

41) Tip over, ThinkFun

42) vgl.: Krowatschek, Dieter, et al., Marburger Konzentrationstraining für Jugendliche, a. a. O.,

43) Jacobs, Claus, Heubrock, Dietmar, Muth, Despina, Petermann, Franz, Training für Kinder mit Aufmerksamkeitsstörungen, Das neuropsychologische Gruppenprogramm ATTENTIONER, a. a. O., 2013, 5. Auflage

44) ebda., S. 11
45) ebda., S. 12
46) ebda., S. 11, S. 12 f.
47) vgl.: ebda., S. 28
48) vgl.: ebda., S. 13 ff.
49) ebda., S. 23
50) vgl.: ebda., S. 29, in einer älteren Auflage wird noch vermehrt von „selektiver“ Aufmerksamkeit gesprochen, ebda., 1. Auflage 2005, S. 15
51) vgl.: ebda., 2013, 5. Auflage, S. 13
52) vgl.: ebda, 2005, S. 15
53) vgl.: ebda., 2013, 5. Auflage, S. 13
54) vgl.: ebda., S. 13
55) ebda., S. 29
56) ebda.
57) vgl.: ebda., S. 27, ebda., 1. Auflage 2005, S. 39
58) ebda., 5. Auflage 2013, S. 29
59) vgl.: ebda., S. 33 ff.
60) ebda., S. 28
61) vgl.: ebda., S. 28
62) vgl.: ebda., S. 26 ff.
63) vgl.: ebda., S. 38 f.
64) vgl..: ebda., S. 44
65) vgl. ebda., S. 72 ff.
66) in Anlehnung an viele ähnliche Beispiele in: ebda., 1. Auflage 2005, z. B. S. 57
67) vgl.: Krowatschek, Dieter, et al., Marburger Konzentrationstraining für Schulkinder, a. a. O., S. 86
68) Anm: Zum Teil und am Rande hat Jacobs diesen Gedanken und auch Imaginationen in sein Konzept einbezogen., vgl.: z. B. Jacobs, Claus, Heubrock, et al., Training für Kinder mit Aufmerksamkeitsstörungen, Das neuropsychologische Gruppenprogramm ATTENTIONER, a. a. O., 5. Auflage 2013, S. 57 ff.
69) vgl.: Nickisch, Andrea, Heber, Dolores, Burger-Gartner, Jutta, Auditive Wahrnehmungs- und Verarbeitungsstörungen bei Schulkindern, a. a. O.
70) z. B. Bücken, Hajo, Skibbe, Edda, Ratz-Fatz, Aufgepasst und zugefasst!, www.haba.de
71) vgl.: Reimann-Höhn, Uta, Langsam und verträumt, ADS bei nicht-hyperaktiven Kindern, a. a. O.
72) vgl.: ebda., Nickisch, Andrea, et al., Auditive Wahrnehmungs- und Verarbeitungsstörungen bei Schulkindern, a. a. O.
73) vgl.: Dörner, Karin, et al., Geschichten für gestresste Kinder, Vorlesegeschichten zum Entspannen und Mutigwerden, a. a. O.
74) ebda., S. 30
75) vgl.: Hoberg, Kathrin, Schulratgeber ADHS, Ein Leitfaden für Lehrer/innen, a. a. O., S. 159
76) vgl.: ebda., S. 158

77) vgl.: ebda., S. 157, 160 ff.
78) vgl.: ebda., S. 177 ff.
79) vgl.: Lauth, Gerhard W., Naumann, Kerstin, ADHS in der Schule, Übungsprogramm für Lehrer, a. a. O., AB 17, S. 1–4
80) vgl.: Hoberg, Kathrin, Schulratgeber ADHS, Ein Leitfaden für Lehrer/innen, a. a. O., S. 163 ff., 203 ff.
81) vgl.: Lauth, Gerhard W., Naumann, Kerstin, ADHS in der Schule, Übungsprogramm für Lehrer, a. a. O., AB 17, S. 3
82) vgl.: Hoberg, Kathrin, Schulratgeber ADHS, Ein Leitfaden für Lehrer/innen, a. a. O., S. 116 ff.
83) vgl.: ebda., S. 118 ff.
84) vgl.: ebda.
85) vgl.: ebda., S. 120
86) vgl.: Döpfner, Manfred, et al., THOP, Therapieprogramm für Kinder mit hyperkinetischem und oppositionellem Problemverhalten, a. a. O., S. 180 ff., Döpfner, Manfred, Schürmann, Stephanie, Lehmkuhl, Gerd, Wackelpeter und Trotzkopf, Hilfen für Eltern bei hyperkinetischem und oppositionellem Verhalten, a. a. O., S. 293 ff., Lauth, Gerhard W., Naumann, Kerstin, ADHS in der Schule, Übungsprogramm für Lehrer, a. a. O., S. 95 ff. sowie Baustein 7 Folie 15
87) vgl.: Lauth, Gerhard W., Naumann, Kerstin, ADHS in der Schule, Übungsprogramm für Lehrer, a. a. O., Baustein 7 Folie 23
88) in Anlehnung an ein ähnliches Beispiel bei ebda., Baustein 7, Folie 35
89) Born, Armin, Oehler, Claudia, Lernen mit ADS-Kindern, a. a. O., S. 16 f.
90) ebda., S. 16
91) vgl.: ebda., S. 18 f.
92) vgl.: ebda., S. 22
93) vgl.: ebda., S. 19
94) vgl.: ebda.
95) vgl.: ebda., 23 f.
96) vgl.: ebda., S. 21
97) vgl.: ebda., S. 24
98) vgl.: ebda., S. 25
99) ebda., S. 35
100) vgl.: ebda.
101) vgl.: ebda.
102) Barkley, R., Attention-Deficit Hyperactivity Disorder, New York, London 1998, S. 125, zitiert nach: Born, Armin, Oehler, Claudia, Lernen mit ADS-Kindern, a. a. O., S. 36
103) Born, Armin, Oehler, Claudia, Lernen mit ADS-Kindern, a. a. O., S. 36
104) vgl.: Barkley, R., Attention-Deficit Hyperactivity Disorder, New York, London 1998, S. 125, zitiert nach: Born, Armin, Oehler, Claudia, Lernen mit ADS-Kindern, a. a. O., S. 36
105) Born, Armin, Oehler, Claudia, Lernen mit ADS-Kindern, a. a. O., S. 36
106) vgl.: ebda., S. 39

107) Die Methode der Verknüpfung von Begriffen über bildhafte Assoziationen wird von vielen Autoren genutzt. Vgl. z.B Geisselhart, Oliver und Roland, Best of Geisselhart, Die erfolgreichste Strategie des Gedächtnistrainings, Zürich, 3. Auflage 2015, S. 29 ff, Komarek, Iris, Ich lern´einfach, a. a. O., S. 126 ff. Die Idee, diese Methode als Zauberkunststück einzusetzen, lernte ich vor vielen Jahren auf einem Seminar kennen. Die ursprünglichen Urheber dieser Idee waren leider nicht mehr zu finden.
108) vgl.: Born, Armin, Oehler, Claudia, Lernen mit ADS-Kindern, a. a. O., S. 59 ff.
109) vgl. dazu: ebda., S. 73–113
110) vgl.: ebda., S. 131
111) Sie sind auch in der Mathematik einsetzbar. Vgl. dazu: ebda., S. 73–113
112) vgl.: ebda, S. 131, Hinweise zum Selberbasteln einer solchen Lernkartei: ebda., S. 133 ff.
113) vgl.: Freed, Jeffrey, Parsons, Laurie, Zappelphilipp und Störenfrieda lernen anders, a. a. O., S. 116
114) vgl.: ebda., S. 115
115) vgl.: Born, Armin, Oehler, Claudia, Lernen mit ADS-Kindern, a. a. O., S. 121
116) vgl.: ebda., S. 121, 129
117) vgl.: Freed, Jeffrey, Parsons, Laurie, Zappelphilipp und Störenfrieda lernen anders, a. a. O., S. 115 ff.
118) vgl.: Born, Armin, Oehler, Claudia, Lernen mit ADS-Kindern, a. a. O., S. 130
119) vgl.: Freed, Jeffrey, Parsons, Laurie, Zappelphilipp und Störenfrieda lernen anders, a. a. O., S. 117
120) vgl.: ebda., S. 119 ff.
121) vgl. z.B.: Geisselhart, Oliver, Lange, Helmut, Schieb das Schaf, Mit Wortbildern Vokabeln lernen, a. a. O.
122) vgl.: ebda, Titelblatt
123) vgl: ebda., S. 17
124) vgl: Freed, Jeffrey, Parsons, Laurie, Zappelphilipp und Störenfrieda lernen anders, a. a. O., S. 119 ff.
125) Diese Idee habe ich erstmals entdeckt bei Renate Thomsen, Seminar zum Schriftspracherwerb, Kreisel Hamburg
126) Hersch, Brian, Tabu, MB/Parker
127) vgl.: ein ähnliches Beispiel bei Iris Komarek. Ich lern einfach, a. a. O., S. 129
128) vgl.: Iris Komarek. Ich lern einfach, a. a. O.
129) vgl.: ein ähnliches Beispiel bei: ebda., S. 132
130) vgl.: Schulte-Körne, Gerd, Mathwig, Frank, das marburger Rechtscheibtraining, Göttingen, 6. Auflage 2019
131) Bauer, Christiane, Hegemann, Thomas, Ich schaff´s!- Cool ans Ziel, a. a. O., S. 116
132) vgl.: Mücke, Klaus, Probleme sind Lösungen, Potsdam, a. a. O., S. 328, Klaus Mücke zitiert hier Gunther Schmidt
133) vgl.: Bauer, Christiane, Hegemann, Thomas, Ich schaff´s!- Cool ans Ziel, a. a. O., S. 116 ff.

134) vgl.: Furman, Ben, Ich schaffs!, a. a. O., S. 94 f.
135) vgl.: Furman, Ben, Ich schaffs!, a. a. O., S. 88
136) vgl.: Furman, Ben, Ich schaffs!, a. a. O., S. 89
137) vgl.: Steiner, Therese, Berg, Insoo Kim, Handbuch Lösungsorientiertes Arbeiten mit Kindern, a. a. O., S. 137
138) vgl.: Furman, Ben, Ich schaffs!, a. a. O., S. 63 ff.
139) Croos-Müller, Claudia, Vortrag auf der Kreisel-Tagung in Hamburg, am 5.und 6. November 2016

9.3 Bildnachweis

Bilder 2a/b und 3, Seite 61; Bilder 4/5, Seite 62; Bilder 6/7, Seite 63; Bild Seite 291: © 2003 KFS/Distr. Bulls (Dik und Chris Browne)

Bild 10, Seite 77: © Peanuts Worldwide LLC/Distr. Andrews McMeel Syndicate/ Distr. Bulls

Bild 13, Seite 91: Handpuppe © Folkmanis – Alle Rechte vorbehalten!

Bilder 14–16, Seite 99: Handpuppen © Folkmanis – Alle Rechte vorbehalten!

Bild 37, Seite 203; Bild 38, Seite 204: In Anlehnung an ein ähnliches Beispiel bei Lauth und Schlottke

Bild 39, Seite 208: © ThinkFun – Alle Rechte vorbehalten!

© 2003 KFS/Distr. Bulls (Dik und Chris Browne)

Literatur

Imaginationen und metaphorische Geschichten

Dörner, Karin; Nebel, Christiane; Redlich, Alexander ([4]1997): Geschichten für gestresste Kinder, Vorlesegeschichten zum Entspannen und Mutigwerden. Freiburg.

Friebel, Volker; Knyphausen, Susanna zu ([4]1997): Geschichten, die Kinder entspannen lassen. München.

Garth, Maureen (1997): Der innere Raum, Neue Fantasiereisen für Kinder und Erwachsene. Braunschweig.

Görlitz, Gudrun ([2]2006): Psychotherapie für Kinder und Jugendliche. Stuttgart.

Holtz, Karl L.; Mrochen, Siegfried (2005): Einführung in die Hypnotherapie mit Kindern und Jugendlichen. Heidelberg.

Holtz, Karl L.; Mrochen, Siegfried; Nemetschek, Peter; Trenkle, Bernhard (Hrsg.) ([2]2002): Neugierig aufs Großwerden, Praxis der Hypnotherapie mit Kindern und Jugendlichen, Heidelberg.

Hüther, Gerald (2009): Die Macht der inneren Bilder, Göttingen.

Krowatschek, Dieter; Theiling, Uta ([3]2015): Geschichten von der Fly, Dortmund.

Manteufel, Eva; Seeger, Norbert ([3]1998): Selbsterfahrung mit Kindern und Jugendlichen, München.

Mills, Joyce C. und Crowley, Richard J. (1996): Therapeutische Metaphern für Kinder und das Kind in uns, Heidelberg.

Mohl, Alexa ([7]2000): Der Zauberlehrling, Das NLP Lern- und Übungsbuch, Paderborn.

Mrochen, Siegfried; Holtz, Karl-Ludwig; Trenkle, Bernhard (Hrsg.) ([3]1997): Die Pupille des Bettnässers, Hypnotherapeutische Arbeit mit Kindern und Jugendlichen, Heidelberg.

Renartz, Götz (1997): Die Zauberwiesenstrategie, unveröff. Manuskript, Mainz.

Teml, Helga und Hubert (1996): Komm mit zum Regenbogen, Fantasiereisen für Kinder und Jugendliche, Wien.

Trenkle, Bernhard (2012): Dazu fällt mir eine Geschichte ein, Direkt-indirekte Botschaften für Therapie, Beratung und über den Gartenzaun, Heidelberg.

Vopel, Klaus W. (1994): Kinder ohne Stress, Salzhausen.

Vössing, Heidrun (2007): Die Kraft innerer Bilder, Paderborn.

Wilk, Daniel (2005): Auf den Schultern des Windes schaukeln, Heidelberg.

Wilk, Daniel (2012): Die Melodie der Ruhe, Heidelberg.

Wilk, Daniel (2006): Ein Käfer schaukelt auf einem Blatt, Heidelberg.

Ziethoff, Karin: Der schnelle Löwe Jula, unveröffentlichtes Manuskript.

Lösungsorientiertes Arbeiten, ressourcenorientierte Interventionen und Grundlagenliteratur Kindertherapie

Bauer, Christiane; Hegemann, Thomas (⁴2013): Ich schaff's! – Cool ans Ziel, Heidelberg.

Brächter, Wiltrud (Hrsg.) (2014): Der singende Pantomime, Ego-State-Therapie und Teilearbeit mit Kindern und Jugendlichen, Heidelberg.

Croos-Müller, Claudia ([8]2015): Kopf hoch!, Soforthilfe bei Stress, Ärger und anderen Durchhängern, München.

Croos-Müller, Claudia ([7]2012): Nur Mut!, Soforthilfe bei Herzklopfen, Angst, Panik und Co., München.

Croos-Müller, Claudia ([5]2013): Viel Glück! Soforthilfe bei Schwarzsehen, Selbstzweifeln, Pech und Pannen, München.

Furman, Ben (2005): Ich schaffs!, Heidelberg.

Geisler, Ursula; Muttenhammer, Jutta (2016): Achtsamkeitsübungen mit Kindern und Jugendlichen, Paderborn.

Görlitz, Gudrun ([2]2006): Psychotherapie für Kinder und Jugendliche, Stuttgart.

Gräßer, Melanie; Hovermann jun., Eike (2015): Ressourcenübungen für Kinder und Jugendliche, Weinheim.

Hargens, Jürgen ([2]2005): Systemische Therapie ... und gut / Ein Lehrbuch mit Hägar, Dortmund.

Mücke, Klaus ([3]2003): Probleme sind Lösungen, Potsdam.

Prior, Manfred ([6]2006): MiniMax-Interventionen, Heidelberg.

Retzlaff, Rüdiger ([3]2009): Spiel-Räume, Stuttgart.

Schulz von Thun, Friedemann ([8]2001): Miteinander Reden 3: Das „innere Team" und situationsgerechte Kommunikation, Hamburg.

Steiner, Therese; Berg, Insoo Kim (2005): Handbuch Lösungsorientiertes Arbeiten mit Kindern, Heidelberg.

Steiner, Therese ([2]2013): Jetzt mal angenommen... Anregungen für die lösungsfokussierte Arbeit mit Kindern und Jugendlichen, Heidelberg.

Steiner, Therese, unveröff. Seminarmanuskript.

Storch, Maja; Riedener, Astrid ([2]2011): Ich pack's!, Selbstmanagement für Jugendliche, Bern.

Vogt-Hillmann, Manfred; Burr, Wolfgang (Hrsg.) ([3]2001): Kinderleichte Lösungen, Dortmund.

Konzentrationstrainings / Therapieprogramme

Döpfner, Manfred; Schürmann, Stephanie; Frölich, Jan ([2]1998): THOP, Therapieprogramm für Kinder mit hyperkinetischem und oppositionellem Problemverhalten, Weinheim.

Jacobs, Claus; Heubrock, Dietmar; Muth, Despina; Petermann, Franz (2005): Training für Kinder mit Aufmerksamkeitsstörungen, Das neuropsychologische Gruppenprogramm ATTENTIONER, Göttingen.

Jacobs, Claus; Heubrock, Dietmar; Muth, Despina; Petermann, Franz ([5]2013): Training für Kinder mit Aufmerksamkeitsstörungen, Das neuropsychologische Gruppenprogramm ATTENTIONER, Göttingen.

Krowatschek, Dieter; Krowatschek, Gita; Wingert, Gordon (2007): Marburger Konzentrationstraining für Jugendliche, Dortmund.

Krowatschek, Dieter; Krowatschek, Gita; Reid, Caroline ([11]2019): Marburger Konzentrationstraining für Schulkinder, Dortmund.

Krowatschek, Dieter; Wingert, Gordon ([4]2009): Marburger Verhaltenstraining (MVT), Dortmund
(Basiert in weiten Teilen auf: Krowatschek, Dieter (1996): Überaktive Kinder im Unterricht, Ein Programm zur Förderung der Selbstwahrnehmung, Strukturierung, Sensibilisierung und Selbstakzeptanz... Dortmund).

Lauth, Gerhard W.; Schlottke, Peter F. ([5]2002): Training mit aufmerksamkeitsgestörten Kindern, Weinheim/Basel/Berlin.

Petermann, Franz; Schmidt, Sören (2018): Therapie-Tools, ADHS im Kinder- und Jugendalter, Weinheim, Basel.

Kooperation mit Eltern

Döpfner, Manfred; Schürmann, Stephanie; Lehmkuhl, Gerd ([4]2011): Wackelpeter und Trotzkopf, Hilfen für Eltern bei hyperkinetischem und oppositionellem Verhalten, Weinheim.

Furman, Ben (2012): Gut gemacht! Das „Ich schaffs!" – Programm für Eltern und andere Erzieher, Heidelberg.

Klein, Jochen; Klein, Margarita (Hrsg.) (2003): Bindung, Selbstregulation und ADS, Eltern und Kinder in Krisen mit Zutrauen begleiten, Dortmund.

Klein, Jochen; Klein, Margarita: Die Familien- und Umfeldkarte, unveröffentlichtes Arbeitsmaterial der Lerntherapie-Ausbildung.

Lernen und AD(H)S

Bade, Eva; Thörner, Cordula (2016): Eselsbrücken, Hamburg.

Born, Armin; Oehler, Claudia ([4]2005): Lernen mit ADS-Kindern, Stuttgart.

Buchner, Christina ([4]2008): Der Räuber Thalamus und andere Geschichten, Freiburg.

Freed, Jeffrey; Parsons, Laurie (2001): Zappelphilipp und Störenfrieda lernen anders, Weinheim/Basel.

Gawrilow, Caterina; Guderjahn, Lena; Gold, Andreas (2013): Störungsfreier Unterricht trotz ADHS – Mit Schülern Selbstregulation trainieren – ein Lehrermanual, München/Basel.

Geisselhart, Oliver und Roland ([3]2015): Best of Geisselhart, Die erfolgreichste Strategie des gedächtnistrainings, Zürich.

Geisselhart, Oliver; Lange, Helmut ([6]2015): Schieb das Schaf, Mit Wortbildern Vokabeln lernen, München.

Hardeland, Hanna ([4]2015): Lerncoaching und Lernberatung, Baltmannsweiler.

Hoberg, Kathrin S. (2013): Schulratgeber ADHS, Ein Leitfaden für Lehrer/innen, München/Basel.

Klein, Jochen; Träbert, Detlef (2009): Wenn es mit dem Lernen nicht klappt, Weinheim.

Komarek, Iris ([4]2016): Ich lern einfach!, Das NLP-Programm für effektive Lerntechniken, München.

Lauth, Gerhard W.; Naumann, Kerstin (2009): ADHS in der Schule, Übungsprogramm für Lehrer, Weinheim/Basel.

Linderkamp, Friedrich; Hennig, Timo; Schramm, Satyam Antonio (2011): ADHS bei Jugendlichen, Das Lerntraining LeJA, Weinheim/Basel.

Reimann-Höhn, Uta (2002): Langsam und verträumt, ADS bei nicht-hyperaktiven Kindern, Freiburg.

Ryan, Peter (2002): Aufmerksamkeitstraining, wie geht das? Mülheim.

Simchen, Helga (2005): Kinder und Jugendliche mit Hochbegabung, Stuttgart.

Stenger, Christiane ([9]2006): Warum fällt das Schaf vom Baum? Gedächtnistraining, München.

Bilderbücher

Bohdal, Susi (1981): Selina, Pumpernickel und die Katze Flora, Zürich.

Boie, Kirsten; Brix, Silke (1992): Der kleine Pirat, Hamburg.

Cave, Kathryn; Riddell, Chris (1994): Irgendwie Anders, Hamburg.

Pauli, Lorenz; Schärer, Kathrin ([3]2014): Das Beste überhaupt – Meerschwein sein, Zürich.

Ross, Tony (1985): Ich komm dich holen, Stuttgart.

Schami, Rafik; Schärer, Kathrin (2013): „Hast du Angst?", fragte die Maus, Weinheim/Basel.

Thomas, Valerie (2007): Zilly, die Zauberin und die schwarze Katze, Weinheim.

CDs

Bonney, Helmut (2006): Training von Aufmerksamkeit und Impulskontrolle als Lernspiel TAIL, Human Solutions (Fulda).

Bonney, Helmut: Zappelix zaubert, Home/Praxisversion, Multimediamanufaktur Frankfurt.

Horn, Reinhard (2000): Angstfrei Klassenarbeiten schreiben, Lippstadt.

Reddemann, Luise ([7]2007): Imaginationen als heilsame Kraft, Stuttgart.

Traeger, Eugen: Der neue ADHS-Trainer, Arbeitsblätter, Lotte o. J.

Weitere erwähnte Literatur

Klein, Jochen (2011): Sensomotorik – Sprache – Schriftsprache, Spiele zur ganzheitlichen Lernförderung, Hamburg, Eigenverlag, KREISEL e. V.

Nickisch, Andrea; Heber, Dolores; Burger-Gartner, Jutta (2002): Auditive Wahrnehmungs-und Verarbeitungsstörungen bei Schulki, Dortmund.

Schulte-Körne, Gerd; Mathwig, Frank ([6]2019): Das Marburger Rechtscheibtraining, Göttingen.

Wood, Wendy (2019): Good Habits, Bad Habits, New York.

Zeitschriftenartikel

Schnabel, Ulrich, Aufmerksamkeit und Konzentration – Das Wesentliche im Blick, Die Zeit, Nr. 18, 28.4.2011.

Vollmuth, Hannes, Interview mit Prof. Wendy Wood, Gute Vorsätze, Machen Sie es einfach!, Süddeutsche Zeitung, 7.01.20.

Wikipedia, Internet-Artikel

KREISEL e. V., Institut für Weiterbildung und Familienentwicklung: www.kreiselhh.de.

Lerntherapie- Berufsbild: https://www.kreiselhh.de/lerntherapie/berufsbild-integrative-lerntherapie.

Wikipedia: Stichwort: Konzentration, Abruf: 5.2.2020.

Windolph, Andrea, Wie funktioniert die SMART-Formel?, http://projekte-leichtgemacht.de.

Vorstand der Bundesärztekammer, Sitzung vom 26.8.2005, Stellungnahme zur Aufmerksamkeits-/Hyperaktivitätsstörung (ADHS), Langfassung.

Internet-Adressen

KREISEL e. V., Institut für Weiterbildung und Familienentwicklung: www.kreiselhh.de

Lerntherapie-Berufsbild: https://www.kreiselhh.de/lerntherapie/berufsbild-integrative-lerntherapie

Raum für Notizen

Raum für Notizen

Raum für Notizen

Raum für Notizen

Raum für Notizen

Das neue Marburger Verhaltenstraining (MVT)

LESEPROBE aus B 5234 (Das neue MVT):

*„**Erfolgsfaktoren des MVT***
Da sich das MVT vorzugsweise an motorisch unruhige Kinder wendet, muss es ihren besonderen Problemlagen gerecht werden. Hierzu zählen u. a. ihre Unruhe, der angemessene Umgang mit anderen und das Einhalten von Regeln und Vereinbarungen.
Aus diesem Grund baut das MVT auf seine ursprünglichen Erfolgsfaktoren auf:
***Das Training in der Gruppe** – Sowohl die Herausforderungen als auch die Stärken motorisch unruhiger Kinder zeigen sich am besten in der Gruppe. Deshalb empfiehlt sich das MVT als Gruppentraining. Dergestalt ermöglicht es Kindern, in einem realistischen Setting Neues zu erproben und bedeutsame Erfolge zu erfahren.*
***Der Blick auf die Schule** – Ein Großteil ihres Lebens verbringen Kinder und Jugendliche in der Schule. Eine Klasse muss mit Hilfe von Prinzipien des Umgangs miteinander und Regeln sinnvoll zum (Lern-)Erfolg geführt werden. Weil hyperaktive Kinder hiermit häufig Schwierigkeiten haben, liegt der besondere Blick im Training hierauf.*
***Der Blick auf die Praxis** – Die praktische Umsetzung effektiver Methoden aus Psychologie, (Verhaltens-)Therapie und Pädagogik steht im Vordergrund. Alle vorgeschlagenen Übungen, Interventionen und Spiele sind theoretisch fundiert und haben bei mehreren Tausend Kindern den Praxistest bestanden.*
Das neue MVT ergänzt diese durch folgende Elemente:
***Der Methodenplan** – Zu Beginn der ersten Trainingssitzung liegt dieser ausgefüllt vor. Dadurch wird sowohl routinehaft auftretenden Abläufen (Begrüßung, Leisezeichen, etc.) als auch besonderen Situationen (modellhaft positives Verhalten von Kindern, Fehlverhalten usw.) vorausschauend und planvoll begegnet. Der Methodenplan bildet die Vorgehensweisen ab, die jeder Trainer zusätzlich zu den pädagogisch-psychologischen Interventionen einsetzt, um Kinder zum Erfolg zu führen.*
***Die Prinzipienorientierung** – Jeder Trainer definiert für seine Gruppen individuelle Prinzipien des Umgangs miteinander. Diese hält er im Methodenplan fest. Sie bilden die Grundlage des Handelns im Training und machen deutlich, wofür der Trainer steht. Sie geben den Kindern wertvolle Hinweise darauf, was es heißt, erfolgreich zu sein.*
***Das Grundmodul** – Sechs detailliert beschriebene Sitzungen bilden den Einstieg in das MVT. Zeitökonomisch umsetzbar behandeln diese die Hauptbereiche eines Trainings (Kennenlernen, Prinzipien, Regeln, Umgang mit anderen, etc.).*
***Die Erweiterungsmodule** – Sie vertiefen das Grundmodul und haben bestimmte Fragestellungen zum Thema. Der Trainer entscheidet entsprechend den Bedürfnissen der Gruppe über Ablauf und Inhalt der Sitzungen.*
***Die Ferientrainings** – Als einziges Training, das solche Angebote konzeptionell beinhaltet, gibt es den Teilnehmern eine Möglichkeit, Erlerntes in möglichst wirklichkeitsnahem Umfeld umzusetzen. Darüber hinaus machen sie den Kindern enorm viel Freude – trotz zusätzlicher Regeln und hoher Anforderungen.*
***Die Einbindung von Bezugspersonen** – Im Rahmen von Eltern- und Lehrkräfteworkshops vermittelt der Trainer grundlegende Informationen. Diese verändern nicht nur die Sicht auf das Kind, sondern erhöhen weiter die Bereitschaft effektiv an Hilfen für das Kind zu arbeiten.*
***Die Diagnostik** – Das Kennenlernen jedes Kindes kann sehr unterschiedlich aussehen: Von einem kurzen Treffen mit Eltern und Kind bis hin zu einer umfangreichen Diagnostik. Frau Prof. Dr. Caterina Gawrilow und Frau Dr. Friederike Blume haben zusammen in ihrem Beitrag den aktuellen Stand der ADHS Diagnostik mit dem besonderen Blick auf die schulische Situation zusammengefasst. Der Anwender entscheidet, welchen Umfang dieser Bestandteil in seinem Training einnimmt.*
***Die Orientierung am Response-to-Intervention (RTI)-Modell** – Das Marburger Verhaltenstraining ist in ein größeres Konzept eingebunden: den Marburger Trainings. Diese beinhalten zusätzlich das Marburger Konzentrationstraining (Krowatschek, D. et al., 2017) und den Methodenplan (angelehnt an u. a. Sprick, R., 2013 und Wingert, G. & R. Sprick, 2018). Da nicht jedes Trainingsprogramm für jede Fragestellung geeignet ist und es keine Methode für alle Schwierigkeiten gibt, ist eine solche Aufteilung notwendig. Auch das MVT ist nur für einen Teil der Kinder geeignet. Die Marburger Trainings versuchen, möglichst vielen Kindern eine Hilfestellung zu geben und orientieren sich deshalb an den Grundüberlegungen des RTI-Modells.“*

Dieter Krowatschek (†) | Gordon Wingert

Das neue Marburger Verhaltenstraining (MVT)

Kinder wahrnehmen – stärken – begleiten
Ein ressourcenorientiertes Programm für die Praxis

Mit Online Material @

Motorisch unruhige Kinder stellen heute – genauso wie vor 30 Jahren – ihre Lehrkräfte, Erzieher, Therapeuten und Familien vor besondere Herausforderungen: Aufgrund ihres Temperaments, ihrer Lebhaftigkeit und Impulsivität haben sie Schwierigkeiten:

- beim Einhalten von Regeln,
- bei der Regulation von Emotionen und
- bei der Steuerung ihres Redeflusses.

Gleichzeitig sind sie äußerst kreativ, witzig, lösungsorientiert, charmant und engagiert. Viele von ihnen erhalten die Diagnose AD(H)S. Sowohl ihre Probleme aber auch Stärken zeigen sich besonders dann, wenn sie mit Gleichaltrigen zusammen sind. Aus diesem Grund hat das Marburger Verhaltenstraining (MVT) als eines der ersten genau hier angesetzt: Es verstand sich schon immer als Gruppentraining. Kinder sollen von- und miteinander lernen. Damit sie erfolgreich sein können, benötigen junge Menschen solche Trainer, Therapeuten und Lehrkräfte, die Ressourcen wahrnehmen und stärken und Kinder in alltagsnahen Situationen begleiten und trainieren. Anhand dieser bewährten Struktur haben Gordon Wingert (enger Mitarbeiter und Ko-Autor von Dieter Krowatschek) zusammen mit *Prof. Dr. Caterina Gawrilow*, *Dr. Friederike Blume* und *Florian Erle* das erprobte Programm komplett überarbeitet. Zusätzlich haben sie die ursprünglichen Erfolgsmerkmale um solche erweitert, die sich in den Jahren seit der ersten Manualisierung als wertvoll herausgestellt haben: Die *Prinzipienorientierung* – Jede Gruppe trainiert vor dem Hintergrund vereinbarter Prinzipien des Umgangs miteinander. Sie geben den Kindern wertvolle Hinweise darauf, was es heißt, erfolgreich zu sein. Der *Methodenplan* – Als völlig neues Element ermöglicht dieser die Systematisierung psychologischer Methoden. Im Vorhinein ausgefüllt und planvoll umgesetzt macht er ein erfolgreiches Training wahrscheinlich.

▸ 6., völlig überarbeitete Auflage 2019, 344 S., farbige Abb., viele Kopiervorlagen, Beigabe: Material zusätzlich als Download, Format DIN A4, im Ordner | Alter: 6–14 | ISBN 978-3-8080-0846-1 | Bestell-Nr. 5234 | € 40,00

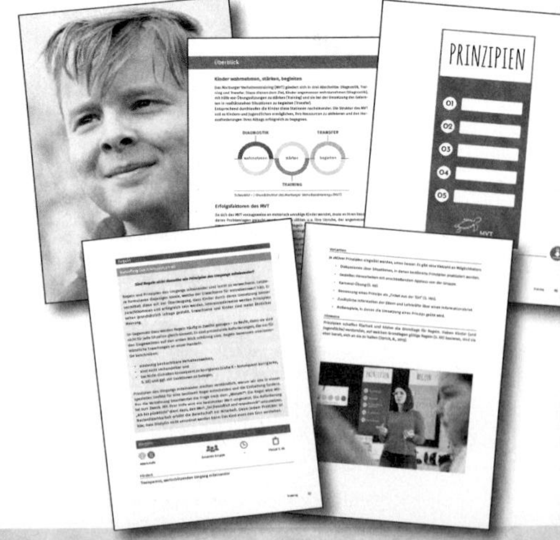

verlag modernes lernen

Schleefstraße 14, D-44287 Dortmund
Telefon 02 31 12 80 08, Fax 02 31 12 56 40
E-Mail: info @verlag-modernes-lernen.de
Leseproben und Bestellen im Internet: www.verlag-modernes-lernen.de

Lösungen erfinden ...

Filip Caby / Andrea Caby

BEST SELLER

Die kleine Psychotherapeutische Schatzkiste • Teil 1

Tipps und Tricks für kleine und große Probleme vom Kindes-, Jugend- und Erwachsenenalter

„Das handliche Buch ist hervorragend geeignet, immer wieder eine einzelne Intervention herauszugreifen, sich mit ihr zu beschäftigen und zu üben. Dabei erheben die Cabys getreu dem systemisch-lösungsorientierten Ansatz keineswegs den Anspruch, das allein selig machende Rezept erfunden zu haben. Sie sprechen freundliche Einladungen aus, was daraus wird, bleibt jedem selbst überlassen. Wahre Kompetenz lässt sich nicht verbergen. Deshalb mein Tipp: Greifen Sie zu, lassen Sie die exzellenten Anregungen wirken und probieren Sie aus, was Ihnen schmeckt. Finden Sie ganz im Sinne Milton Ericksons die Lösungen, von denen Sie NOCH nicht wissen, dass Sie sie kennen!" Monika Bohn, Oberursel

„Meines Erachtens darf dieses kompakte Sammelsurium 'spannender und aufregender' Interventionen in keinem Bücherregal eines Praktikers fehlen. Insgesamt kann ich konstatieren, dass das Buch 'up-to-date' ist auf dem systemischen Büchermarkt." Dennis Bohlken, systemagazin.

4., überarb. und erw. Auflage 2017, 224 S., Format 16x23cm, Ringbindung | **ISBN 978-3-942976-18-3** | **Bestell-Nr. 9403** | **19,95 Euro**

Andrea Caby / Filip Caby

BEST SELLER

Die kleine Psychotherapeutische Schatzkiste • Teil 2

Weitere systemisch-lösungsorientierte Interventionen für die Arbeit mit Kindern, Jugendlichen, Erwachsenen oder Familien

Das bietet die zweite Schatzkiste: • Neue Interventionen • Neue Indikationen • Erweiterung der Topics aus Band 1 • Noch mehr Beispiele! Die Arbeit mit Kindern, Jugendlichen, Erwachsenen, Familien oder Gruppen fordert den Therapeuten, Psychologen, Arzt, Pädagogen oder Berater immer wieder aufs Neue heraus ... Für jede noch so ungewöhnliche Herausforderung eine Idee zu haben, kreativ und flexibel reagieren zu können und dabei möglichst lösungsorientiert zu sein, ist nicht immer einfach. Aber es kann durchaus leichter werden, wenn erprobte Interventionen, besondere Fragen oder „verstörende" Kommentare griffbereit sind. Dies ist auch das Anliegen der Autoren in diesem zweiten Band – einer Übersicht über weitere originelle Ideen und Handlungsmöglichkeiten im beratenden oder therapeutischen Alltag. Mit etwas Phantasie, wohl platzierten Worten, einer Portion Humor, gewohnten Dingen oder unerwarteten Aktionen kann ein Gespräch plötzlich eine andere Wendung bekommen, eine Perspektive entstehen oder der Klient bzw. Patient erneut zum Nachdenken angeregt werden.

3., durchges. Auflage 2017, 256 S., farbige Abb., 16x23cm, Ringbindung | **ISBN 978-3-942976-23-7** | **Bestell-Nr. 9423** | **19,95 Euro**

Christiane Born-Kaulbach / Tido Cammenga / Joachim Welter (Hrsg.)

Wundersame Wandlungen zur Selbstwirksamkeit

Neue lösungsfokussierte Strategien der Begleitung von Kindern, Jugendlichen und Familien am Beispiel der Jugendhilfe – genial einfach – einfach genial

„Ob Sie im Bereich der Jugendhilfe, des Jugendamtes, von Beratungsstellen, Kinder- und Jugendpsychiatrien, Einrichtungen für Menschen mit körperlichen und/oder geistigen Einschränkungen oder auch in der Schule arbeiten, in diesem Buch werden Sie Anregungen finden, mit deren Hilfe Sie Bewährtes festigen und Neues erkunden und ausbauen können. Drei Einrichtungen unterschiedlicher Größe öffnen ihre Schatzkisten, um Sie zu ermutigen, sich davon anregen zu lassen und eigene Wege zu entwickeln. Hier werden lösungsfokussierte Verfahrensweisen und Methoden mit vielen Praxisbeispielen und Erläuterungen vorgestellt, die auf über 20 Jahren Erfahrung, Auswertung und Entwicklung beruhen. Die Verfahrensweisen ermöglichen es Ihnen, die Qualität Ihrer Kern-Arbeitsabläufe an den Schaltstellen der modernen Wirkungs- und Resilienzforschung auszubauen." Schweizerische Zeitschrift für Heilpädagogik

„Ein spannendes, kompaktes und optimistisches Buch, das den Blick auf schwierige Kinder und Jugendliche und den Blick auf die Möglichkeiten der Heimerziehung verändern und revolutionieren kann." Prof. Dr. Lilo Schmitz, socialnet.de

2. Aufl. 2020, 400 S., farbige Abb., Format 16x23cm, fester Einband
ISBN 978-3-8080-0768-6 | **Bestell-Nr. 4357** | **26,95 Euro**

Felicitas Bergmann / Delphine Bergmann

BEST SELLER

Krimskrams und Co.

Besondere und alltägliche Gegenstände in der Kindertherapie und Elternberatung

Wer „Schatzkisten" hat braucht auch „Krimskrams" ...

„Beide Autorinnen wenden sich aus der Praxisperspektive an die Leserschaft. Man erkennt es bereits beim Querlesen an dem Ideenreichtum und der eingängigen Struktur. Der Aufbau des Nachschlagewerkes ist selbsterklärend und einfach. ...Als angehende Verhaltenstherapeutin für Kinder- und Jugendlichenpsychotherapie möchte ich dieses Buch als sehr geeignet für den Praxisalltag bewerten. Es ist ein übersichtlicher Helfer bei schnellen Planungsabläufen im Therapiealltag für einen vergleichsweise geringen Anschaffungspreis.

Besonders wertvoll empfinde ich die Beispiele für die Psychoedukation zu verschiedenen Störungsbildern. Zudem regt das Buch dazu an, beschriebene Interventionen kreativ zu erweitern und eigene Methoden zu kombinieren. ... Insgesamt empfehle ich dieses Buch als bereichernde Grundausstattung für jede Kindertherapiepraxis." Yvonne Schulte, Verhaltenstherapie mit Kindern und Jugendlichen – Zeitschrift für die psychosoziale Praxis

2. Aufl. 2020, 256 S., Format 16x23cm, Klappenbroschur, Alter: ab 5
ISBN 978-3-8080-0791-4 | **Bestell-Nr. 4361** | **19,95 Euro**

vml verlag modernes lernen

Schleefstraße 14, D-44287 Dortmund
Telefon 02 31 12 80 08, Fax 02 31 12 56 40
E-Mail: info@verlag-modernes-lernen.de
Leseproben und Bestellen im Internet: www.verlag-modernes-lernen.de